KB079191

항공우주시대 항공력 운용

이론과 실제

| 개정증보판 |

항공우주시대 항공력 운용

이론과 실제

초　　판 1쇄 발행: 2010년 9월 3일
개정증보판 1쇄 발행: 2013년 7월 17일
개정증보판 7쇄 발행: 2022년 7월 25일

공저자: 이성만 · 강창부
발행인: 부성옥
발행처: 도서출판 오름
등록번호: 제2-1548호 (1993. 5. 11)

주　소: 서울특별시 중구 필동로 19, 4층 (삼가빌딩)
전　화: (02) 585-9123 / 팩　스: (02) 584-7952
E-mail: oruem9123@naver.com
ISBN 978-89-7778-344-7 93340

| 개정증보판 |

항공우주시대 항공력 운용

이론과 실제

이성만 · 강창부 공저

Airpower Employment in the Aerospace Age

Theory and Practice

Sungman Lee · Changboo Kang

ORUEM Publishing House
Seoul, Korea
2022

머리말

하늘을 날 수 있을 것이라는 꿈은 역사적으로 매우 일찍부터 인간의 마음을 사로잡았으나 윌버와 오빌 라이트 형제가 키티호크에서 자신들이 제작한 동력항공기인 라이트 플라이어호를 타고 12초 동안 하늘을 난 1903년에 이르러서야 비로소 그 꿈이 본격적으로 실현되기 시작했다. 그들이 제작한 항공기가 전쟁성에 납품되면서 전쟁무기로 변모되고, 항공력이 전장(戰場)에서 활용되기 시작하였다. 제1차 세계대전에서부터 최근의 전쟁에 이르는 역사적 과정 속에서 항공력은 전쟁을 수행하는 핵심적인 전력으로 성장해왔다. 이는 초기의 항공전략 사상가들이 예견했던 것처럼 '하늘을 지배할 수 있는가'라는 문제가 전쟁의 승패를 결정짓는 열쇠가 되었기 때문이다.

그러나 이렇게 항공력의 역할이 비약적으로 증대된 것은 자연적인 발전의 결과가 아니었다. 항공력이 발달하기 시작한 초기의 전쟁기획자들은 항공력의 고유한 특성과 잠재력에 대한 몰이해로 인해 항공력을 보조적이고 단편적인 역할에 한정시키곤 했다. 그러나 두헤(Giulio Douhet)를 비롯한 항공력 사상가들과 이론가들은 제공권, 전략폭격, 전략적 마비 등의 개념들을 발전시켜 항공력의 독립적인 역할과 그 능력의 탁월함을 공인받기 위해 헌신적인 노력을 경주했다. 그러한 노력의 결과로서 정립된 항공전략이론들은 오늘날 항공력을 이용해 전쟁 승리의 결정적인 여건을 조성할 뿐만 아니라 전쟁의 성격에 따라서는 사실상 항공력만으로도 전쟁을 종결시킬 수 있도록 하는 개념적 토대를 제공하고 있다.

항공기는 첨단과학기술의 총아로서 비약적인 발전을 거듭하였고 공중과 물리적으로 연결된 우주의 군사적 사용이 점증하게 되면서 이제 우주가 주무대가 될 날이 얼마 남지 않게 되었다. 오늘날의 전쟁수행 공간은 공중, 지상, 해양이라는 전통적 공간뿐만 아니라 우주, 사이버 · 전자기파 등 비전통적 공간까지 확대되고 유인항공기는 무인항공기로 대체되어 가고 있다.

이러한 급격한 변화에 대비한 항공우주력 사상과 이론을 다룬 종합적인 서적으로서『항공우주시대 항공력 운용』은 2010년에 초판 발행 이후 꾸준한 개정 · 수정을 거듭하여 이제 항공우주시대에 걸맞은 서적으로 성장하게 되었다. 항공우주시대 항공력 운용을 논하는 데 있어 항공전략은 핵심 주제이다. 본서가 항공전략에 관한 논의에 초점을 두는 것도 바로 그러한 인식에 기초한다. 따라서 전략의 내용들(목표·개념·수단)을 설명하는 항공전략의 개념, 전략사상과 적용사례, 항공력 운용이론, 항공우주력 건설 방향 등의 내용으로 구성되었다.

본서는 총 5개의 장으로 구성되었는데, 제1장에서는 전략의 기본개념, 전략과 정치, 전략수립과정, 항공전략의 개념, 항공력의 특성, 교리의 개념과 전략과의 관계 등을 다루고 있다. 제2장은 항공력이라는 개념의 탄생에 사상적·이론적 기틀을 제공한 초기 항공전략가들의 활동과 주요 사상 그리고 현대 항공전략사상가들의 이론에 대해 다루고 있다. 제3장에서는 주요 전쟁사례들을 통해 항공력 운용의 실제를 살펴봄으로써 전쟁수행에 있어서 항공력의 역할을 평가하고 그 바람직한 운용 방향에 대한 교훈을 도출하였다. 항공력의 운용에 대한 이론들을 다루는 제4장에서는 현대 항공력 운용이론, 주요 항공작전의 유형 및 그 이론, 그리고 합동작전수행개념으로서 유용한 효과중심작전(EBO), 네트워크중심전(NCW) 등의 작전개념들, 향후 비중있게 적용될 비정규전에서의 항공력 운용에 대한 논의를 담았다. 그리고 마지막 제5장에서는 장차의 전쟁수행에 있어 핵심적인 역할을 하게 될 항공우주력을 건설하기 위해 필요한 노력과 방법들을 주제로 다루었다. 보다 구체적으로, 전력구조의 개념과 전력구조를 결정하기 위한 정책적 요소들과 제한사항들이 다뤄지며, 항공력 전력구조와 미래전 양상을 대비한 주요 과제들에 대해 언급되고 있다. 아울러, 항공력이 적용되는 공간과는 완전히 다른 특성들을 갖고 있는 우주공간을 활용하는 우주력과 항공우주군의 건설방향이 논의되고 있다.

본서는 항공력에 관한 사상과 이론들을 체계적으로 이해하는 데 도움을 주는 항공력이론서로서, 장차 항공우주력의 특성과 가치를 올바르게 이해하고 이를 운용·발전시키는 데 중요한 지침서가 될 것으로 기대한다. 집필진은 본서를 군사학도들이 항공우주력에 대한 올바른 이해를 바탕으로 보다 심화된 연구에 도전할 수 있도록 관심과 동기를 유도하는 기본서로 기획했으며, 앞으로도 지속적인 내용 보완을 통해 본서가 보다 알찬 모습을 갖추어갈 수 있도록 노력할 것이다.

벌써 본서도 6차 개정증보판을 내게 될 정도로 꾸준히 발전했다. 이는 늘 졸저의 지속적인 출판을 허락해주신 도서출판 오름의 부성옥 대표님과 관계자 여러분들의 성원 덕분이라 생각되며 진심어린 감사의 인사를 드리고자 한다.

항공우주시대에 하늘을 사랑하는 모든 학도들이 하늘로, 우주로 비상하는 조국의 미래를 꿈꾸며, 그들이 대한민국의 하늘을 드높이는 으뜸 인재가 되기를 기원한다.

2021년 8월

필자를 대표하여

이성만

차 례

제1장

항공전략의 이해

Ⅰ. 전략의 개념
Ⅱ. 군사전략의 이해
Ⅲ. 군사전략의 수립
Ⅳ. 항공전략
Ⅴ. 군사교리

제1장

항공전략의 이해

I. 전략의 개념

1. 사회과학과 전략의 연구

전략에 대한 보다 정확한 이해를 위해서는 사회과학에 대한 전반적인 이해가 필요하다. 사회과학연구와 전략연구는 동일한 목적을 가지고 있지 않으며, 접근방식에 있어서도 동질적인 요소를 다소 상이하게 다루고 있다. 사회과학연구와 전략연구의 차이점을 비교적인 관점에서 접근한다면 전략에 대한 보다 정확한 개념을 정립하는 데 도움이 될 것이다.

사회과학은 사회의 여러 현상들을 묘사하고 인과관계를 설명하며, 이러한 설명을 바탕으로 미래를 예측하는 것을 목적으로 한다. 분쟁, 갈등, 전쟁 등을 포함한 현시대의 여러 가지 국제사회적 현상들은 학문적인 연구의 대상이며, 사회과학연구는 이러한 현상들에 대하여 근본적인 원인규명을 시도한다. 사회과학은 국제사회의 여러 현상을 대상으로 탐구하고, 묘사하며, 때로는 인과관계를 설명하고, 그러한 설명을 바탕으로 국제사회에서 미래에 일어날 현상을 예측하고자 한다. 따라서 사회과학연구의 궁극적인 가치는 현상들에 대한 설명의 정확성과 이를 바탕으로 한 예측력에 의해 평가될 수 있다.

여러 종류의 사회현상을 설명하기 위해 사회과학의 발전의 중심에는 이론, 가설수립, 사례분석, 가설검증, 이론의 수정 등의 반복적인 사회과학적 분석의 사이클이 있다. 근현대의 사회과학연구는 이론을 바탕으로 사례를 분석하며, 인과관계에 관련된 가설을 검증하는 형태로 진행된다. 사회과학 이론은 사회현상을 설명하기 위한 다양한 논리를 제공하는데, 동일한 현상을 설명하는 데는 단 하나의 이론이 존재하는 것이 아니라 많은 상이한 이론이 존재할 수 있다. 어떠한 사회현상이 명백한 진리이거나 사실로 증명된 것이 아닌 이상 그것을 설명하는 다양한 이론이 존재할 수 있으며, 분석의 수준에 따라서도 상이한 논리가 존재할 수 있는 것이다.

동일한 현상을 설명하는 많은 이론이 존재할 수 있다는 것이 모든 이론이 동일한 설명력과 예측력을 가지는 것을 의미하지는 않는다. 특정 현상을 설명하는 이론 중 어떤 것은 매우 정교하고 정확성이 높은 반면, 어떤 것은 정확성은 떨어지나 유사한 다른 현상과 관련지어 설명할 수 있는 일반화의 범위가 더 넓을 수도 있다. 사회과학자들은 한 이론이 가진 설명력의 정확성과 일반화의 범위를 그 이론의 가치를 평가하는 기준으로 삼기도 한다. 이론체계를 연구하는 학자들에 의하면, 그럴듯한 논리와 그 논리를 뒷받침하는 구체적인 사례를 가지고 탄생한 이론은 결코 사라지지 않는다. 다만, 이론은 설명력의 진보와 일반화의 과정을 거치면서 진화의 과정을 반복한다고 할 수 있다.

이론은 진화를 거듭하면서 이념체계로 발전할 수 있다. 국제정치의 현실주의나 자유주의, 경제이론이 진화한 자본주의나 사회주의 등이 이념체계로 발전한 대표적인 경우라 할 수 있다. 이념체계로 정립된 이론은 설명력의 범위가 매우 큰 반면, 때로는 특정한 사례의 인과관계를 설명하기 위한 가설이 기각될 가능성도 크다. 이렇듯 동일 사회현상에 대해서는 상이한 이론뿐만 아니라 상이한 이념체계가 존재하며, 이들은 상호 타당성과 예측성, 일반화를 위해 상호 경쟁하며 발전하고 있다. 경쟁체제에 있는 이념간에 한 동안의 병립기간을 거친 후 한 가지 이념체계가 주도권을 넘겨받으면, 하나의 이념체계가 주도하는 패러다임의 출현을 기대할 수 있다. 자연과학에서 사용하는 동일한 개념의 패러다임이 사회과학에서도 존재할 수 있느냐에 대한 문제에는 많은 논란이 있어 왔다. 그러나 인류사의 최근 수십 년 동안의 사회과학적 현상에는 일정한 패턴을 지배하는 패러다임이 존재할 수도 있다는 가능성이 확인되고 있다.[1)]

이러한 사회과학의 발전이라는 측면과 비교해 볼 때 전략은 다소 상이한 개념이다. 전략은 미래예측을 필요로 한다는 측면에서 이론과 유사한 기능을 가진다고 할 수 있다. 그러나 의도적 행위에 의한 결과를 유도한다는 측면과 뚜렷한 목적을 가진다는 측면에서는 차이점을 가진다. 이론이 특정의 현상 또는 사례에 대한 사실규명과 논리적 설명, 그리고 예측을 목표로 한다면, 전략은 전략을 수립한 주체가 가진 목적을 달성하는 것을 목표로 한다. 이론의 발전에 필요한 것이 논리와 사례, 이를 바탕으로 한 인과관계의 검증과정이라고 한다면, 전략수립에는 논리와 사례연구뿐만 아니라, 현실의 환경, 인간적인 요소(경험, 성향, 심리 등), 기술발전, 문화, 제도, 자원, 시간 등 많은 요소들에 대한 종합적인 통찰력을 필요로 한다.

이론이 객관적인 진실을 규명하기 위한 노력이라면, 전략은 마치 게임에서 승리를 목적으로 한 계획에 가깝다고 할 수 있다. 게임에서 이기기 위해 필요한 것은 이론이 아니다. 논리와 사례연구, 가설검증을 통한 사회과학적

---

1) 패러다임에 가장 근접한 최근의 국제사회 현상은 지구화(Globalization) 또는 세계화일 것이다. 사회주의와 공산주의가 민주주의와 시장경제에 패권을 넘겨주면서 국가와 민족 간 문화와 사회적 교류가 폭발적으로 확대된 시대적 특징을 나타내기 시작한 20세기 후반부터 인류는 지구화라는 패러다임을 형성하고 있다. 민주주의와 시장경제의 확산과 개방된 사회, 문화교류의 확산으로 대변되는 지구화가 자연과학에서 주장하는 패러다임의 성격에 정확히 일치하지는 않더라도 현시대는 이러한 지구화의 현상을 외면한 조직이나 국가가 지속 가능한 발전을 예측하는 것이 어렵게 되었다.

방법에 따른 추론으로 목표를 성취하기에는 현실적인 게임에는 너무나 많은 요인이 작용하고 있다.

사회과학이론과 전략의 근본적인 차이와 무관하게 전략은 이론화될 수 있다. 흔히 전략수립은 다방면의 깊이 있는 연구를 바탕으로 수립된다. 어떻게 하면 게임을 이기느냐 하는 문제에 대해서는 많은 이론이 존재할 수 있으며, 이것은 전략연구 또는 전략론에서 다루어진다. 그렇다고 전략연구 또는 전략론 그 자체로 전략을 수립하기 위한 충분조건이 될 수는 없다. 전략수립은 전략이론이 제시하는 논리를 그대로 수용하는 것이 아니라, 역사적 경험, 현장 환경, 심리, 문화, 사람, 기술 등의 다양한 요인이 작용하는 현장감 있는 무대에서 목표를 성취하기 위한 계획을 수립하는 것이다. 목표성취를 위해서는 기술과 과학(Art and Science)의 영역이 포괄되어야 한다.

전략론은 실제 전략수립에 반영되는 과정에서 시행착오를 경험하게 된다. 시행착오를 최소화하기 위해 전략이론은 전략수립에 포함되기 위해 교리화되는 과정을 거친다. 교리는 전쟁수행과 군사업무를 수행함에 있어 최선의 방법이라고 여겨지는 경험의 축적된 산물이자 원칙이다. 군사교리는 군사이론보다 현실적용성이 높은 정제된 지식체계로서 실용성이 있으나 이를 전략수립에 적용할 때는 보다 높은 현실적 수용성을 가져야 한다.

종합하자면, 전략론은 사회과학이 추구하는 진리규명을 추구하기보다는 목적을 추구하는 것으로서, 단일의 구분된 학문이기보다는 학제간(Interdisciplinary) 연구를 바탕으로 한다. 따라서 군사전략을 보다 깊이 이해하려 한다면, 고대에서부터 이어져온 군사전략사상의 흐름뿐만 아니라 역사, 정치, 경제, 심리, 사회, 문화, 지리, 기술 등의 다양한 학문분야에 대한 선행적인 이해도 필요하다. 적절한 수준의 학제간 접근을 통한 군사전략의 연구는 진리추구를 위한 학문적 성취보다는 실천적이고 현실적용이 가능한 군사력 운용 방책을 제시하는 것을 그 목표로 한다.

2. 이론가와 전략가

사회과학이론이 전략과 구분되는 것처럼 전략가와 이론가는 여러 가지 면에서 구분된다. 이론가는 지식을 축적하고 이러한 지식을 바탕으로 논리를 발견하며, 그 논리를 사례를 통해 검증하고, 비판가들로부터의 공격에 자신의 이론을 방어해 간다. 자신의 이론을 방어하는 과정에서 이론은 발전하고 때로는 반대되는 이론을 비판하기도 한다. 상당한 설득력을 가진 이론가라면 자신이 전개한 이론이 설명하는 범위와 다른 이론들의 영역을 분명히 인식하여 비판적인 논리에 대해서도 유연한 수용성을 가지게 된다.

반면, 전략가는 이론가와는 매우 상이한 특징을 가진다. 클라우제비츠는 "이론은 미래의 지휘관의 정신을 길러 주거나 스스로 자기교육을 할 수 있게 이끌어야 하지만 그를 전쟁터까지 따라가서는 안 된다"고 하면서, 전략가는 전략목표의 성취에만 모든 가치를 부여하여 현실과 미래에 대한 예리한 통찰력으로 승부해야 한다고 강조하였다. 만약 목표달성을 위해 논리나 경험이 필요하다면 전략가는 그것을 수단으로 사용할 것이며, 깊은 통찰력, 위기관리능력, 강인함, 신념이나 독특한 성격이 필요하다면 그것 또한 수단으로 수용한다. 전략가는 논리적일 수도 있고 비논리적일 수도 있으며, 일정하고 예측가능한 과거의 패턴에 익숙해질 수도 없다. 전략가는 자신의 논리를 비판하는 논리의 일부를 수용할 수 있으나, 불확실성의 한계에서 비롯된 논리적 부족에 대해서는 강인한 신념으로 극복해 나간다.

3. 전략을 구분하기 위한 요소

이렇듯 다양하게 사용하고 있는 전략의 개념을 구분하고 이해하는 데 필요한 주요한 요소들이 있다. 그것은 전략의 주체, 목표, 주요 수단 및 대상이다. 이러한 요소에 따라 전략의 정체성이 정해진다.[2)]

전략에는 그것을 수립하는 주체가 반드시 존재한다. 이것은 이론가가 이론을 정립하는 것과는 차이가 있다. 사회현상을 분석하고 설명하는 이론가에게 이론의 주체라는 표현을 쓰지는 않는다. 전략가는 전략가의 의도대로 상황을 이끌어가서 결국 상대를 내가 원하는 방향으로 행동을 유도하는 주체가 된다.

전략이해의 필수요소로 두 번째는 모든 전략에는 목표가 존재한다는 것이다. 목표가 없는 전략은 존재할 수 없다. 게임에서 게이머가 상대를 이기기 위한 목표를 분명히 가지는 것처럼 한 국가의 전략가는 국가이익의 성취라고 하는 일반적인 목표를 가지거나 국가안보목표의 성취라는 구체적인 목표를 가진다.

세 번째는 전략의 주체가 어떠한 목표를 가지고 전략을 수립하고 시행하기 위해 사용하는 주요 수단이 존재한다는 것이다. 수단은 목표를 성취하기 위해 사용하는 모든 것을 통칭한다.

마지막으로, 전략에는 대상이 존재한다. 상대가 누구냐, 상대의 특징이 무엇이며, 능력과 의지가 무엇인가 하는 것은 전략수립의 매우 중요한 고려요소가 된다. 때로는 특정 대상을 선정하지 않을 수도 있으나, 다수의 대상 또는 전략적용의 환경에 등장하는 불특정 다수의 행위자를 대상으로 할 수도 있다.

전략이해에 필요한 요소들을 기준으로 국가전략을 이해해보면, 국가전략의 주체는 국가이며, 목표는 국가의 생존과 번영을 포함하는 국가이익의 추구이고, 주요 수단은 정치외교, 군사력, 경제력, 정보력 등의 권력자산이 된다. 국가전략의 대상은 국가이익에 도움이 되거나 유해가 되는 모든 대

---

2) 스테판(Alan Stephens)은 "전략은 정치적 목표(objectives) 추구를 위한 군사력사용 계획"으로 보고 전략의 본질을 "조그마한 선전활동(a small advertising campaign)으로부터 전구수준의 군사적 활동까지 다양하게 변화하는 목표, 수단과 방법 간의 관계"라고 했다. 이 중에 목표(Ends)는 총체적 승리, 조건부 승리, 교착상태 또는 거부적 승리 등을 말하고, 방법(Ways)은 전략이 추구되는 형태로서 군사작전, 외교, 경제적 제재가 되며, 수단(Means)은 가용한 자원으로 국민, 무기, 국제적 영향력, 자금이 될 수 있다; Alan Stephens and Nicola Baker, *Making Sense of War: Strategy for the 21st Century* (New York: Cambridge University Press, 2006), p.8.

상이 될 수 있다. 특히 주권적 권위에 따라 군사력을 합법적으로 사용하는 전쟁을 상정해 볼 때 그 대상은 외부 국가의 군사력과 그러한 군사력의 사용의지가 될 것이다. 따라서 국가전략은 한 국가의 목표를 성취하기 위해 가용한 모든 국력의 도구를 사용하는 국가적 행위계획이라 할 수 있다.[3]

4. 인간의 합리성과 전략적 사고

어떤 사람의 행위가 자신이 얻고자 하는 목적을 달성하기 위하여 계산된 것일 때 그는 합리적으로 행동한다고 말할 수 있다. 스나이더에 의하면, “합리성이란, 잠재적인 이익과 손실 그리고 적의 행동의 개연성에 관한 진지한 계산에 의거하여, 자신의 가치를 극대화시키는 것이 최대한으로 보장되는 형태의 행위를 선택하는 것”으로 정의된다.[4] 그렇다면 어떠한 게임에서 모든 행위자가 합리적인 결정을 내릴 수 있을까? 궁극적으로 모두가 합리적인 선택을 계속한다면 그 게임의 승리자는 누가 될 것인가? 이러한 질문들은 전략가를 가장 곤혹스럽게 한다. 문제의 핵심은 합리성은 주관적으로 평가되어질 수밖에 없다는 데 있다. 어떠한 행위자가 자신의 행위에 대해 가장 합리적인 결정을 했다고 하더라도 보다 해박하고 객관적인 관찰자의 관점에서 본다면 그것은 비합리적인 결과를 가져온 것으로 판단될 수 있다. 또한 어떠한 행위자가 자신의 이익을 증진하기 위해 냉철하게 계산된 행동으로 완벽하게 합리적인 선택을 했더라도 목표로 하는 것을 취할 수 없다면 결과적으로 그는 합리적인 선택을 하지 못한 것으로 평가될 것이다.

합리적 선택이론에 따르면, 국가안보목표를 성취하기 위해 필요하다면 전쟁은 국가의 합리적 선택의 대상이 될 수 있다. 단, 성공적인 전쟁수행이

---

3) 국가전략(National Strategy)은 일반적으로 “국가이익을 달성하기 위해 국가의 모든 자원을 조성·관리하는 전략”으로 정의된다.

4) Glenn H. Snyder, *Deterrence and Defense* (Princeton N. J.: Princeton University Press, 1961), p.25.

국가전체에 있어 불안정한 평화보다 나은 상태를 가져올 수 없다면 그러한 선택은 비합리적인 것이 될 것이다. 합리적인 의사결정자라면 비록 전쟁에 승리를 하더라도 전쟁하기 전보다 못한 불안정한 상태 또는 평화가 더 위협받는 상태에 국가가 처할 것으로 예상된다면 결코 전쟁을 선택하지 않을 것이다. 따라서 합리적인 의사결정과정이 진행된다면 전쟁은 항상 최후의 선택이 될 수밖에 없으며, 양자가 모두 전쟁의 결과를 예측할 수 있을 정도로 완전하게 합리적이라면 전쟁은 존재하지 않을 수도 있을 것이다. 그러나 역사적으로 보면 나름대로 합리성을 지닌 주권국가에 의해 이러한 조직적 폭력행위는 반복되어져 왔다. 때문에 전쟁은 최소한 어느 한 쪽에서 합리성이 제한된 정책결정자에 의해 결정된다는 가설이 설득력이 있어 보이기도 한다.

정책결정자의 합리성은 여러 가지의 이유로 제한된다. 대표적인 원인은 정보부족, 의사결정자의 개인적 경험, 성향, 심리, 선입견 또는 외부로부터의 예측되지 못한 요인 등이다. 이러한 합리성의 제한이 오판에 의한 전쟁으로 이어진 경우는 인류사에서 어렵지 않게 찾아 볼 수 있다. 1971년에 있었던 인도와 파키스탄 간의 전쟁은 의사결정자의 심리적 오류로 인해 합리적 판단이 제한되어 전쟁으로 이어진 대표적인 예이다. 당시 장기간 내분을 겪고 있던 파키스탄에서 야하 칸(Yahya Khan)이 이끄는 서파키스탄 군대는 동파키스탄 정치인의 국가 지도자 선출을 무효화하기 위해 동파키스탄을 침공했다. 이 일로 동파키스탄으로부터 천만 명이 넘는 난민이 인도 국경으로 몰려들자 인도의 여(女)수상 인디라 간디는 파키스탄 내부로 5마일 정도 진입해서 물러나라고 최후통첩을 보냈다. 이에 야하 칸은 최후통첩에 굴복하는 대신 전쟁을 선택했고, 그 결과 순식간에 결정적으로 패배하고 말았다. 이 패배의 결과로 인도의 의도대로 동파키스탄은 방글라데시로 독립했다.

왜 야하 칸은 패배가 불을 보듯 뻔한 상황에서 전쟁을 택했을까? 학자들 사이에서는 최후통첩에 대한 야하 칸의 심리적 반응에서 그 답을 찾을 수 있다는 주장이 설득력을 얻고 있다. 야하 칸은 그러한 최후통첩을 허풍으로 받아들였다. 인도의 여수상으로부터 받은 최후통첩은 불안정한 남성주의적 자아를 가진 칸에게는 심리적으로 받아들일 수 없는 것이었던 것이다. 여성에 대한 개인적인 우월감으로 그는 인도군이 파키스탄군에 비해 5배 이상의 전력을 보유하고 있다는 사실을 외면한 채 항공력으로 인도에 대하여 선제공격하였던 것이다. 여성 경쟁자로부터 오는 협박에 대한 칸의 남성적 자아심리가 전쟁을 결정하는 오판의 요인이 되었던 것이다. 이렇듯 의사결정자가 현실세계에 대하여 왜곡된 이미지를 가지고 있거나, 현실세계에 연관성을 지니고 있는 모든 사실들을 제대로 파악하지 못하는 경우, 결과적으로 예기치 않은 비합리적인 결과를 낳을 수 있다.

개인은 완벽하게 합리적인 판단이란 불가능하고, 주어진 환경과 정보를 바탕으로 개인의 정신적, 심리적, 성격적, 경험적 특징으로 제한된 합리성(Bounded Rationality)을 가질 수밖에 없다. 전략가는 의사결정자들이 언제나 완벽하게 합리적이지도 않으며, 동시에 전적으로 비합리적이지도 않음을 가정한다. 모든 의사결정자들의 합리성이 제한되어 있다는 가정하에 전략가는 게임의 진행과정에서 합리성의 증진을 꾀하며, 마찬가지로 합리성이 제한되는 상대와의 게임에서 적절한 결과(Outcome)를 염두에 두고 전략적 선택을 계속하는 것이다. 전략가는 이익이 최대가 되도록 하는 최고의 합리성을 추구하되 그러한 추구로 인해 최악의 결과가 초래되는 것을 항상 경계해야만 한다. 이러한 의미에서 "최선의 결과를 얻지 못한다면, 최악의 결과를 피하는 것이 최선의 전략이 될 것이다"라는 명제를 음미해볼 필요가 있다.

게임에서 모두가 이기는 전략을 구사할 수 있으면 좋겠지만, 현실 속에서 그러한 게임이란 찾기가 쉽지 않다. 특히 국가 간의 군사력을 이용한 게임이라면 누군가 얻은 만큼 누군가는 잃어버리는 냉혹한 현실세계의 제로섬(Zero-Sum) 게임이 전개될 개연성이 높다.

5. 국가안보와 전략

국가안보란 일반적으로 "국가이익을 (각종) 위협으로부터 안보수단을 통하여 보호하는 것"으로 정의된다. 여기서 국가이익이라 함은 국가의 안전과 번영(발전)을 위하여 국민이 전체적으로 추구하는 가치를 말한다. 따라서 국가안보란 내·외부의 위협으로부터 국가의 생존이 보장되고 국가번영을 위한 적절한 이익추구행위가 보장되는 상태를 의미한다. 특히 국가의 생존은 가장 궁극적인 것이며, 주권, 국민의 생명과 재산, 영토와 영해와 같이 국가의 사활적인 이익이 지켜지는 것과 관련이 있다. 비록 국가의 사활적인 이익은 아니지만 국가번영을 위한 정당하고 적절한 이익추구행위가 제한된다면 이 또한 국가안보가 보장되었다고 할 수는 없을 것이다. 국제사회에서 국가의 이익추구행위는 필연적으로 국가 간에 협력과 마찰의 상호관계를 불러오게 마련이며, 특정 희소가치의 배분에 있어 국가 간의 협력이 불가능할 상황에 이르러서는 분쟁으로 이어질 수도 있다.

국제사회에서 이러한 분쟁을 조정하기 위한 도구로 국제법과 협약, 국제제도 등의 여러 가지가 존재하지만, 사안에 따라 협력이 불가능한 경우에는 폭력적인 수단을 사용하거나 사용할 것을 위협하면서 문제해결을 시도하는 국가가 있을 수 있다. 이러한 다소 거친 외교를 시도하는 국가와 인접한 국가의 국가안보는 불안정성에 노출될 수 있다. 국제사회에서 불안정성이 증가한다는 것은 국제기구, 제도, 신뢰관계 형성을 통해 안정되고 예측가능한 협력이 가능해지기보다는 행위자 중심의 이익추구 행위에 따라 폭력적이고 공세적인 행위자들로 인해 위협이 증가하는 것을 의미한다.

국제사회의 불안정성은 여러 가지의 원인에서 비롯된다. 국제체제의 관점에서 본다면, 현실주의가 말하는 힘의 불균형이나 패권국가의 부재, 신자유주의가 말하는 국제제도나 레짐의 기능약화, 혹은 구성주의의 주장처럼 국제사회의 규범적 구조가 평화적으로 형성되어 있지 않을 때 국제체제의 불안정성과 함께 국가안보에 위협이 증가될 수 있다. 어떠한 형태의 국제체제하에서든 국가는 국가가 보유한 권력수단을 이용한 정책과 전략의 시행으로 국가안보를 보장하기 위한 노력을 한다.

국제사회의 현실하에서 국가는 자국의 위상과 자원 등을 고려하여 각기 독특한 국가안보목표를 수립한다. 또한 국익을 뒷받침하는 국가안보목표를 성취하기 위한 국가의 주요 행위과정으로서 국가안보정책과 전략을 수립하고 적용한다. 국가안보정책은 다소 합법적이고 공개적이며 정형화된 틀에서 수립되며, 국가안보목표를 성취하기 위해 국가의 가용자원과 수단을 동원하는 종합적이고 체계적으로 공개된 구상을 담고 있다. 국가안보전략은 식별된 국가목표를 성취하기 위해 다소 비밀스러운 요소를 가지며, 식별된 국가목표를 성취하기 위해 어떠한 국력 수단을 어떻게 조합하여 사용할 것이냐를 계획하는 것과 관련되어 있다. 이러한 관점에서 혹자는 국가안보전략을 국가안보목표를 성취하기 위해 국력의 수단을 발전시키고 사용하는 노력을 조정하는 술(術, Art)이라고 정의하기도 한다.[5)]

II. 군사전략의 이해

군사전략은 각국 정부가 자국의 국가안보목표를 추구하는 과정에서 군사력을 어떻게 건설하고 배비(配備)하며 유사시 어떻게 사용할 것인가에 관한 방법과 기술을 다룬다. 군사력은 정치력이나 경제력과는 달리 목표달성을 위해 살상하고 강압하며 파괴하기 위해 국가적 수준에서 조직화되고 합법화된 폭력 수단을 말한다.

---

5) Dennis M. Drew and Donald M. Snow, *Making Twenty-First-Century Strategy, An Introduction to Modern National Security Processes and Problems* (Alabama: Air Univ. Press, 2006), p.17.

1. 군사전략의 고전적 개념과 범위

군사전략에 대한 고전적 개념의 기원은 전쟁의 기원과 맥을 같이한다고 할 수 있다. '어떻게 전쟁을 승리할 것이며, 유사시 전쟁을 승리하기 위해 전쟁을 어떻게 준비할 것인가?' 하는 문제는 군사전략의 핵심이었다. 고전적 개념의 군사전략은 전쟁을 상정할 뿐만 아니라, 전쟁에서의 장군의 기술이라는 측면을 강조한다. 전략(Strategy)의 어원인 'Strategos'가 그리스어로 '장군'을 의미하듯이, 전략은 '전장에서 전투를 이기기 위한 장군의 술(術)'을 의미하는 것으로 이해되었다.

이러한 개념은 상당히 오랜 기간 동안 전략연구가들에 의해 언급되어왔다. 19세기 프로이센 육군의 참모총장을 역임했던 몰트케(Moltke) 장군은 "고려 중인 목표를 달성하기 위해 장군의 의도대로 사용할 수 있는 수단들을 실제 적용시키는 것"으로 전략을 정의하였다. 클라우제비츠도 "전략이란 전쟁목적을 달성하기 위한 수단으로서 전투를 운용하는 것"으로 정의하면서 전투를 계획하고 지휘하는 장군의 역할을 전략의 핵심으로 이해하였다. 한편, 클라우제비츠는 '전쟁은 또 다른 수단에 의한 정치의 연속'이라고 정의하면서 정치적 목표를 달성하는 것이 장군의 권위를 넘어서는 국가적 권위에 속한다는 것을 암시하기도 했다. 전장에서의 전투를 강조하는 대신 전략을 정치와 직접적으로 연결하려 시도했던 사람은 리델 하트(Liddell Hart)이다. 그는 (군사)전략을 "정책목표(the ends of policy)를 달성하기 위하여 군사적 수단을 배분하고 적용하는 기술"로 정의했다. 그러나 그도 군사적 수단을 배분하고 적용하는 기술이 군사조직의 수장인 장군들의 계획에서 나온다는 것을 부인하지는 않는다.

이렇듯 근현대의 전략사상가인 클라우제비츠와 리델 하트조차도 군사전략은 군의 최고사령관들과 최고사령부의 고유 분야였다는 점을 부분적으로나마 인정하였다. 그러나 역사의 흐름은 "전쟁은 너무도 중대한 사안이어서 장군의 손에 맡겨 놓을 수 없다"고 한 제1차 세계대전 당시 프랑스의 총리였던 조루즈 클레망소(Georges Clemenceau)의 표현을 보다 의미 있게 받아들이게 한다. 그의 표현처럼 현대적 개념의 전략은 장군의 술로 표현되기에는 너무나 부족한 것이 되었다. 현대에 들어서면서 군사전략의 개념은 전쟁을 상정하여 군사력을 어떻게 배분하고 운용하느냐에 치중하기보다는 국가의 보다 포괄적인 정치적 목적을 달성하는 것에 비중을 두어야 할 필요성이 높아졌다. 정치적 목적을 달성한다는 취지에서 본다면, 전쟁뿐만 아니라 전쟁 이외의 군사작전이나 군사력을 직접적으로 사용하지 않더라도 여타 권력수단과 연계하여 정치적 목적을 달성할 때 보다 합리적이고 실용적인 성과를 거둘 수 있다. 이러한 점들을 고려하여 보다 큰 틀에서 군사전략의 개념이 정립될 필요성이 제기된다.

2. 군사전략의 현대적 개념

현대적 개념에서 군사전략사상의 가장 획기적인 변화를 가져온 것은 핵무기의 등장이다. 제2차 세계대전 말 맨해튼 프로젝트(Manhattan Project)에 의해 성공적인 실험을 거친 핵무기가 일본의 히로시마와 나가사키에 투하되었을 때, 그 결과는 핵무기 개발자들의 상상을 초월하는 것이었다.

이후 소련이 핵무기를 개발하고, 미소 양국 간 핵탄두와 운반체인 미사일 개발 등으로 핵무기 경쟁이 가열되기 시작하자 군사적 수단으로서의 핵무기의 유용성에 대한 심각한 의문이 제기되기 시작했다. 한 국가의 생존을 궁극적으로 위협할 수 있는 가공할 만한 무기를 군사적 차원에서만 다루는 데 한계가 발생한 것이다. 또한 히로시마와 나가사키의 최초 원폭 이후 핵무기가 실제로 사용할 수 없는 무기로 인식되면서 이러한 무기의 운용을 군 지휘관의 손에 맡겨둔다는 것은 정치적으로 매우 불안정한 것으로 여겨졌다. 핵시대 이후 현대적 의미의 군사전략은 전쟁준비와 수행을 위한 군사력 운용에 초점을 두기보다는 국가의 다른 권력수단과 연계되어 국가의 전반적인 안보목표를 성취하기 위한 계획이라는 의미가 강조되고 있다.

핵시대의 대표적인 전략 이론가인 오스구드(Robert Osgood)는 군사전략은 주요 수단으로 군사력뿐만 아니라 국력의 경제적·외교적·심리적 권력수단과 연계하여 강제력을 이용하는 전반적인 계획을 수립하는 것으로 이해되어야 한다고 강조한다. 그에 따르면 전략은 "명백한 수단 또는 은밀하거나 묵시적인 수단으로 외교정책을 효과적으로 지원하기 위해 경제적·외교적·심리적 권력수단과 연계한 군사적 강압력을 사용하기 위한 전반적인 계획"으로 정의된다. 이러한 정의는 전쟁을 상정하지 않고 군사적 강압력에 초점을 맞추고 있으나, 보다 포괄적인 국가안보목표의 성취라는 측면이 약하고, 군사력 건설과 배비, 운용의 측면에서 포괄적인 의미를 담고 있지 않다.

현대적 의미의 군사전략은 군사력을 직접적으로 사용하게 되는 전시뿐만 아니라 평시에도 군사력을 건설하고 배치하는 모든 것과 관련되어 있다. 또한 국가의 안보목표를 성취하기 위해 필요하다면 군사력을 직접적으로 사용할 수도 있으나, 군사력을 사용하지 않고 다른 여타수단과 연계하여 군사력을 간접적으로 사용하는(예를 들면, 강압 또는 억제) 노력 등도 군사전략 수립의 내용이 될 수 있다. 또한 군사력을 직·간접적으로 사용하는 것뿐만 아니라 군사력을 건설하고 배비하는 국가적 행위가 가지는 전략적 의미를 포괄하는 것이 필요하다. 이러한 고려사항을 반영하여, 현대적 의미의 군사전략을 정의하자면, "전·평시 국가안보목표를 달성하기 위하여 군사적 수단을 준비·운용하는 기술과 과학(Art and Science)"이라고 할 수 있다.

군사전략이 더 이상 장군의 계획에 머물지 않고 정치적 결정권을 가진 권위자의 손에 달려 있다면, 군사령관이 아닌 정치인이 군사력 운용을 지휘할 수 있을까? 실제로 그러한 사례는 1960년대의 베트남전에서 찾아볼 수 있다. 미국의 존슨(Lyndon B. Johnson) 대통령은 북베트남의 항공표적을 직접 선정했으며, 항공폭격의 실행과 중단시기를 직접 결정하면서 군사력 운용에 대한 정치적 최고결정자의 의지를 반영시켰다. 이는 베트남전의 제한적인 정치적 목표를 염두에 둔 정치인의 국가적 계산을 반영하기 위한 것이었다. 그러나 군사적인 측면에서 본다면 폭격의 효율성과 전략적 결정성이 매우 떨어진다는 군사전문가들의 비판을 면할 수는 없다.

3. 전쟁 상황에서의 군사전략

전시 최고의 국가안보목표는 전쟁에서 승리하는 것이다. 전쟁의 승리는 국가의 사활적인 이익과 관련된 정치적 목표가 성취됨을 의미한다. 전쟁에서 군사전략이 승리를 목표로 한다면, 전쟁을 대비해서 군사력을 어떻게 준비하고 전쟁이 일어나면 군사력을 어떻게 운용하여 승리를 거둘 것인가에 대한 계획이 전략에 포함될 것이다. 따라서 전쟁 이전에 전략이 준비되며, 전쟁이 진행되는 도중에도 전쟁 승리를 위해 필요한 수준에서 전략수정은 있을 수 있다.

흔히 치밀하게 계획된 군사전략이 전쟁에서 상대방의 강력한 군사력과 탁월한 전략에 의해서라기보다는 다른 요인들에 의해 성공적으로 수행되지 못하는 경우가 있다. 여러 가지의 이유가 있을 수 있으나, 클라우제비츠에 의하면, 전쟁수행 계획이 실제 전쟁에서 적용되기 어려운 이유는 '전쟁의 안개(Fog of war)', '우연(Chance)' 그리고 여러 가지의 '마찰요인(Friction)' 등에 의해 불확실성이 작용하기 때문이다.[6] 전쟁의 안개는 상대와 나의 능력과 의지에 대한 부정확한 정보로 인한 애매모호성을 야기하며, 우연은 복잡한 전쟁수행과정에서 예측불가능한 요소로 작용한다. 마찰요인은 탁상위의 계획이 실제 전쟁에서 실현되는 것을 방해하는 다양한 종류의 요소를 말한다. 클라우제비츠는 항상 불확실성을 내포하고 있는 전쟁상황에서 전쟁계획이 실제로 적용되는 데 있어 군사력의 운용능력과 전쟁의 결과에 부정적인 영향을 주는 모든 것을 마찰요인으로 표현하였다.

전쟁의 불확실성을 가져오는 요소들 가운데 현대 과학기술의 발전과 더불어 정보부재에 의한 전쟁의 안개와 우연의 요소들이 야기하는 불확실성의 수준은 상당히 줄어들고 있다. 그러나 마찰요인으로 인한 전쟁의 불확실성은 좀처럼 줄어들고 있지 않다. 그 주된 이유는 이러한 마찰이 기상

---

6) 클라우제비츠의 전쟁사상에 관하여는 다음의 저서 참고: 이종학, 『클라우제비츠와 전쟁론』(주류성, 2004); 클라우제비츠 저, 김만수 역, 『전쟁론』 제1, 2권(갈무리, 2007).

등과 같이 예측불가능한 요인들에 의해 야기되기도 하지만, 무엇보다도 두려움, 극도의 피로, 스트레스, 고통, 혼란 등과 같은 인간의 근본적인 속성에서 비롯되기 때문이다. 어떠한 과학기술을 동원하더라도 전쟁에서의 군인들의 공포심과 심리적인 불안감, 스트레스와 고통 등을 완전히 제거하는 것은 불가능할 것이다.

어쨌든 전쟁 승리를 목표로 한다면, 잘 만들어진 군사전략은 전쟁의 승리를 가져와야 할 것이다. 전략이 정치적 목표와 연결되어 있다면, 국가적 손실을 최소화하고 국익이 최대가 되는 것이 최상의 전략이 될 것이다. 국가이익이 최대가 되도록 하는 군사전략은 전쟁을 승리로 이끌어야 할 뿐만 아니라, 가능한 한 그러한 승리가 최단 기간에 최소한의 전쟁비용으로 성취되어야 한다.

이러한 측면에서 인류 최초의 전략사상가라 할 수 있는 손자의 전략사상을 다시금 묵상하게 된다. 손자는 전쟁의 목표는 정치적 목표들을 성취함을 의미하며, 정치적 목표의 핵심은 국가이익이라 하였다. 따라서 최선의 전략은 싸우지 않고 이기는 것이며, 만약 전쟁을 선택해야 한다면 최선의 전략은 국가의 손상이 최소화되는 것이라 하였다. 『손자병법』 제2장 작전편에서 손자는, 전쟁은 가능한 빨리 끝내고, 가능한 가장 적은 비용과 노력으로, 가장 적은 적의 사상자를 내며 승리를 성취하는 것을 목표로 해야 한다고 역설한다.

이러한 손자의 교훈은 과거보다는 현재와 미래의 군사력 운용에 있어 그 중요성이 더해지고 있다. 오늘날의 전략개념에서는 표적의 중요도를 고려하여 가장 효과적인 표적을 선정하여 공략하는 것이 핵심적인 관건으로 등장하고 있으며, 이러한 경향은 장차 더욱 가시화될 것이기 때문이다. 전쟁승패에 직·간접적으로 영향을 미치는 전략적 효과를 가지는 목표물을 전략표적이라 하는데, 전략표적에 대한 식별과 이에 대한 효과적인 공략은 전쟁승패의 관건이 되고 있다. 전쟁의 승패를 좌우할 주요한 목표물을 클라우제비츠는 중력중심(Center of Gravity), 조미니는 결정적인 전략적 지점(Decisive Strategic Points)이라 표현했다. 이러한 전략표적의 중요성을 가장 실감있게 강조한 사람들은 무엇보다 항공전략사상가들이다. 두헤, 미첼, 트렌차드, 세버스키와 같은 초기 전략사상가들은 하나같이 항공력을 전략목표에 대해 공세적으로 운용해야 함을 강조했다. 존 와든을 비롯한 현대 항공전략 이론가들 역시 전략표적의 중요성을 인정했으며, 적을 하나의 복합체계(System of Systems)로 보는 관점에서 체계마비를 가져올 수 있는 전략적 표적 식별과 그에 대한 효과적인 항공폭격의 중요성을 강조했다. 또한 미공군에서 시작되어 발전된 효과중심작전(Effects-Based Operations: EBO)개념은 적을 하나의 복합체계로 보고, 표적체계의 취약성과 가용수단을 고려한 효과기획으로 어떻게 효과적으로 전쟁목표를 성취하느냐 하는 문제를 보다 과학적으로 다루었다.

4. 군사전략의 내용[7)]

전략의 내용(content)은 주로 다음과 같은 용어들로 논의되어 왔다.

첫째는 전략의 차원(dimensions)이다. 여기에서 차원이란 전략이 효과적으로 수행되기 위해서 고려되어야만 하는 정치적, 사회적, 작전적, 병참적인 행동분야들(fields of activity)을 의미한다. 혹자는 전략을 작전, 병참, 사회, 기술의 4가지 차원으로 구분한다.[8)] 그에 의하면, 제2차 세계대전 이후 여러 차례 충돌이 발생했을 때 서방 강대국들은 혁명적 운동 그리고 정부를 전복하려는 움직임에 효과적으로 대처하려고 노력하였으나, 그러한 시도에서 여러 번에 걸쳐 군사적 그리고 정치적인 패배를 맛보았다. 그 이유로는, 이러한 무장충돌에서는 전략의 사회적 차원이 가장 중요하고, 작전적 또는

---

7) Julian Lider, " Towards A Modern Concept of Strategy," in Arther F. Lykke, Jr., ed., *Military Strategy: Theory and Application* (Carlisle Braarcks, Pa.: US Army War College, 1982), pp.387-388.

8) Michael Howard, "The Forgotten Dimensions of Strategy," *Foreign Affairs* (Summer 1979).

기술적 요인들은 사회·정치적 투쟁에 예속된다는 사실을 간과했기 때문이라는 것이다. 하워드와 달리 몇몇 전략이론가들과 정치가들은 전략을 기술적인 차원으로 축소시켰다. 즉, 그들의 견해에 따르면 핵무기 제조창의 기술적 능력이 전쟁의 운명을 결정한다는 것이다.[9] 그러나 하워드는 핵전은 싸워볼 수도, 승자가 될 수도 없는 것이라고 하였다. 왜냐하면 핵전은 결코 긍정적인 결과를 가질 수 없기 때문이다. 따라서 전략의 사회·정치적 차원은 평화 시에 우월할 뿐만 아니라 전쟁이 발생했을 때에도 작용한다는 것이다. 전쟁은 양쪽 진영에서 최소한의 손해를 입은 상태에서 가능하면 빨리 종결되어야 하는 것이며, 이것을 가능하게 하는 것은 전략의 사회·정치적 차원이다.

둘째는 수단이다. 이는 전략목적을 달성하기 위해 사용되는 여러 수단들 ―군사적, 경제적, 외교적, 이데올로기적, 기타―을 의미한다. 그리고 이것은 총합전략(overall strategy) 내의 부분전략(partial strategy) 속에서 나타난다. 앙드레 보프르(André Beaufre)는 총합전략 각 영역에서의 '작전전략' 즉, 결정된 목표들의 실천을 위해 작성되는 독특한 세부전략들을 분석했다. 그는 상반되는 두 개의 체제 간의 범세계적 대립관계를 총력전쟁(total war)으로 보고, 전략이란 총력전쟁에 어떻게 대비하여야 하며 그리고 총력전략(total strategy)으로써 전면전쟁을 어떻게 수행할 것인가를 규정하는 것이라고 생각했다. 그가 말하는 총력전쟁이란 4개의 하위 구성요소들, 즉 정치적, 경제적, 외교적, 그리고 군사적 요소들로 되어 있다.[10]

---

9) 전략의 기술적 차원의 강조에 대해 살펴보면, 미국의 여러 학자들은 전략의 미국적 개념은 군사적 문제를 기술적으로 해결하는 것을 탐구하는 데 기초를 두고 있다고 지적하였다. 예를 들면, 무기체계의 가능성을 강조하고 이러한 가능성의 관점에서 미래의 군사작전을 조명한다는 점에 기초를 두고 있다. 체계분석가들이 제시한 군사적 작전의 수학적 모델에서는 군사력의 전투적 가치가 기본적으로 화력에 의해 측정된다. 작전적 고려의 여지는 없다. Edward N. Luttwak, "The Operational Level of War," *International Security* (Winter 1980/81).

10) 앙드레 보프르는 프랑스의 장군이자 저명한 현대전략 이론가로서 전략의 수준을 총력 혹은 총체적 전략(total strategy), 총합전략(overall strategy), 그리고 작전전략(operational strategy)으로 구분하였다. André Beaufre, *Introduction to Strategy*

셋째, 전쟁에서 사용된 주된 방법의 관점이다. 이러한 접근법에서 전략의 내용은 두 개의 광의의 카테고리, 즉 개방적 방법(open methods)과 간접적 방법(covert or indirect methods)으로 구성되어 있다. 개방적 방법은 전쟁의 형태를 취하고 있으며, 간접적 방법은 평화 시에 이용하게 된다. 그러나 일부 학자들은 이제 전략은 전쟁전략(war strategy)에서 평시전략(peacetime strategy)으로 초점이 변화되고 있다는 견해를 피력하기도 한다. 쉘링(Thomas S. Schelling)은 군사전략은 "폭력의 외교"가 되었다라고[11] 함으로써 이제 군사전략이란 군사적 승리의 학문이 되는 것에 종지부를 찍고 강제의 기술(the art of coercion), 즉 위협과 억제의 기술이 되었다고 말했다. 부스(Ken Booth)는 전면전쟁은 생각될 수 없기 때문에, "위험상태까지 밀고 나가는 극한정책과 군사적인 시위가 적극적인 강제적 위협을 대신하게 되었다"라고 하였다. 즉, 평화 시의 전략에서는 억제, 공갈(blackmail), 그리고 은밀한 형태의 군사력 사용 등을 통해 약소국들의 양보를 강요하는 것을 지향하게 된 것이다.

넷째, 전략의 내용을 군사문제에서 보통 수행하는 주된 임무 중심으로 분석하는 접근법이다.[12] 이러한 접근법은 다음과 같은 군사기획(military planning)의 요소들을 그 내용으로 가지고 있다. 첫째, 전쟁(혹은 모든 가능한 형태의 전쟁)에서 추구하는 정치적 목적, 둘째, 전쟁에서의 군사적 목표(군사전략 목표라 불린다), 셋째, 군사목표달성을 추구하는 작전형태, 넷째, 전쟁의 군사적 그리고 나아가 정치적 목표 달성을 위한 적절한 전력의 개발 방법 등이 그러한 요소들이다.

(London: Faber & Faber, 1965).

11) Thomas C. Schelling, *Arms and Influence* (New Haven: Yale University Press, 1966), p.34.

12) Henry A. Kissinger, "Strategy and Organization," *Foreign Affairs* (April 1957).

5. 군사전략사상의 발전

역사적으로 문명의 발전과 함께하는 전략사상의 시대적 흐름을 발견할 수 있다. 흔히 역사적 전략사상의 흐름을 대륙, 해양, 항공 전략사상과 혁명전략사상으로 구분하여 설명한다.13)

대륙전략사상은 지상에서의 대규모 군대 간의 전쟁에 관련된 것으로, 지상군 전력운용의 관점에서 지정학적 고려요소를 중심으로 다룬 군사전략사상을 말한다. 지상군 위주의 전력운용은 공세와 방어, 직접접근과 간접접근으로 구분할 수 있다. 일반적으로 공세와 주력에 대한 직접접근이 조화를 이루고, 방어의 이점을 충분히 활용하는 것과 간접접근이 조화를 이룬다. 따라서 지상전략 사상가는 공세와 직접접근을 주장하는 학파와 방어와 간접접근을 주장하는 학파로 구분할 수 있다.

지상군 전략에서 공세는 전쟁의 주도권을 가지고 궁극적으로 승리를 가져올 수 있는 매우 중요한 전력운용방식이나 지형지세에 따른 장애, 병참지원의 문제, 기동의 제한 등의 이유로 매우 위험부담이 크다. 반면 지상에서의 방어는 익숙한 지형을 활용하여 사전에 준비된 방어전력을 구축할 수 있으며, 병참지원이나 후속전력충원에도 유리한 점이 있어 효과적인 전력운용이 가능하다. 일반적으로 지상에서의 방어는 공세보다 유리한 점이 많으므로 적은 전력으로 많은 공세전력을 방어할 수 있다고 인정되어 왔다. 공세적 직접전략의 주창자들은 주력부대와의 직접적인 전투를 통한 섬멸 또는 무력화로 전쟁을 승리로 이끌 수 있다는 점을 강조한다. 결정적인 전투(Decisive Battle)에서 집중된 전력으로 승리하는 것이 전쟁 승리의 핵심이라는 것이다. 반면 간접접근전략은 여러 가지 수단과 경로를 이용하여 주력부대를 우회하여 후방에 있는 표적을 공략함으로써 주력부대의 전투의지와 능력이 최대한 와해될 때까지 지상 주력부대와의 결전을 가능한 미루라

---

13) J. Mohan Malik, "The Evolution of Strategic Thought," in Craig A. Snyder (ed.), *Contemporary Security and Strategy* (New York, 1999), pp.13-48.

는 조언을 한다.

직접전략의 대표적인 사람은 마키아벨리와 클라우제비츠, 조미니 등을 들 수 있다. 마키아벨리는 전쟁의 목적은 적을 총체적으로 패배시키는 것이어야 하며, 이를 위해서는 국가의 전체전력을 총동원하여 전쟁에 동원하고 결정적 전투에서 승리해야 한다고 주장한다. 클라우제비츠는 적 지상군 주력부대를 중력중심(Center of Gravity)의 하나로 보았고, 조미니는 비록 실천적이고 전술적인 수준에서의 전력운용을 주로 다루었으나 결정적 지점(Decisive Point)의 중요성을 반복하여 주장하였다.[14)]

방어적인 간접접근전략을 주창한 대표적인 사상가로는 손자와 리델 하트 및 앙드레 보프르를 들 수 있다. 손자와 리델 하트는 지상에서는 공세보다 방어가 유리하므로 방어하고 있는 주력부대를 향해 먼저 공격하는 것은 심각한 손실을 초래하며 전략적으로 불리해진다고 보고 있다. 지상군 주력을 직접 공략하는 대신 우회하여 적 후방의 주요 거점을 선점하고, 주력부대를 지원하는 장비와 물자를 차단하여 지상군 주력부대의 전투의지와 능력이 최대한 상실될 때까지 주력부대와의 결전을 미루어야 한다고 주장한다.

이러한 간접접근은 적 주력부대의 물리력뿐만 아니라 감성적 또는 심리적 와해를 목표로 해야 함을 강조한다. 손자는 전략적 관점을 어떻게 전투를 최소화하면서 전쟁을 승리로 이끄느냐에 두었고, 리델 하트는 주력부대를 우회하여 취약지역을 공략하여 적의 전쟁의지를 감소시키고 주요 전력의 와해를 유도하는 것을 전력운용의 주요 목표로 하였다. 한편, 앙드레 보프르는 간접전략을 국가차원의 수준으로 끌어올렸다. 그는 리델 하트의 군사적 간접접근은 결국 군사적 승리를 목표로 하는 것이기에 직접전략의

---

14) 클라우제비츠와 조미니를 비교해보면, 조미니는 실천가(전술적 수준의 중점), 클라우제비츠는 철학자(전략적 수준에 중점)로 비유되기도 한다. 조미니는 작전 및 전술적 수준의 전투(실천적 매뉴얼)에 대하여 많이 다룬 반면 클라우제비츠는 전략적 수준을 많이 다루었으며 전투에서의 사기와 심리적 요소와 전쟁에서의 가변요소의 중요성을 강조하였다. 클라우제비츠가 언급한 중력중심은 적의 주력부대, 적의 수도, 적의 동맹국부대이다.

범주에 포함된다고 하면서, 외교, 강압, 억제와 같은 외부책략과 단편적방법(piecemeal method)과 침식방법(erosion method)의 내부책략을 수단으로 하는 간접전략을 주창하였다.15)

다음으로 해양전략사상은 19세기 말 미국의 해양전략사상가 마한(Alfred T. Mahan, 1840~1914)이 등장하면서 본격적으로 체계를 갖추고 주목을 받게 되었다. 마한은 역사적 고찰을 통해 강력한 해양력(sea power)을 갖춘 국가만이 진정한 강대국이 될 수 있으며, 제해권(command of the sea)의 확보가 국가의 번영과 안전보장을 담보한다고 보았다. 마한의 제해권이란 해양에서 인원과 물자를 자신의 의지에 따라 수송하는 능력을 확보하고 적의 능력을 거부하는 것이다. 이를 위해서 마한은 클라우제비츠의 영향을 받아 해상에서도 결정적 전투에서 전력을 집중하여 적의 주력함대를 섬멸하는 것이 제해권 확보를 위한 해양전략의 핵심이라고 보았다. 이를 위한 수단으로서 대양함대의 건설과 유지가 필요하다고 주장하였다. 이러한 사상의 영향으로 미국은 제해권 신장을 통해 패권국으로 등장하였고, 독일은 거함거포의 근대화된 해군건설에 박차를 가하게 되었으며, 제2차 세계대전 중 일본의 해양력 증강에도 크게 영향을 미쳤다. 또한 결정적 전투에서의 집중된 공격이라는 마한의 전략사상은 태평양전쟁 시 미국과 일본 간의 해전을 통해 현실화되었다.

이에 반해 영국의 전략이론가 콜벳(Julian S. Corbett)은 바다는 광대하기에 마한이 주장한 것과 같은 보편적이고 영구적인 바다의 통제는 불가능하며 제해권이란 핵심지역의 해양을 일정기간 통제하는 상대적인 개념이라고

---

15) 프랑스의 보프르(André Beaufre, 1902~1975) 장군은 간접전략을 "핵전을 회피하면서 작은 행동의 자유를 최대한 이용할 줄 아는 기술과 종종 군사적 수단 사용의 극단적인 제한에도 불구하고 주요 결정적 승리를 이루는 기술"로 정의했다. 또한 작전양상으로서 외부책략(exterior maneuver)을 "분쟁지역의 문제를 범세계적인 여론에 호소하여 국가행동의 자유영역을 최대한 보장하는 것"으로 그리고 내부책략(interior maneuver)은 외부책략에 의해 조성된 행동의 자유영역을 바탕으로 분쟁지역 내에서 이루어지는 책략으로 설명한다. A. Beaufre, *Stratégie indirecte: Introduction à la stratégie* (1963).

보았다. 따라서 그는 적군을 직접적으로 공격하기보다는 해상교통로(Sea Lanes of Communication: SLOC)의 통제와 중요한 지역에서의 적 선박 운행 통제, 해양봉쇄 등을 통해 적의 무역과 기동력을 제한함으로써 전쟁수행 능력과 의지를 결정적으로 약화시키는 것을 전략의 요점으로 생각했다. 중요한 해상로와 거점을 지배하여 제해권을 달성한다는 것은 간접접근전략으로서 지상에서의 전략적 승리에 결정적으로 기여한다는 것이다.

항공전략사상은 시대적으로 가장 늦게 등장했지만 군사전략사상의 측면에서는 획기적인 전기를 가져왔다. 초기 항공전략사상가로 일컬어지는 이탈리아의 두헤(Guilio Douhet, 1869~1930), 영국의 트렌차드(Sir Hugh Trenchard, 1873~1956), 미국의 미첼(William Mitchell, 1879~1936)과 세버스키(Alexander de Seversky, 1894~1974)는 항공기가 군사적 목적으로 사용되기 시작한 시기부터 항공력에 의한 전쟁의 승리를 예측했다. 이들의 공통된 주장은 전쟁에서 승리하기 위해서는 제공권(또는 공중우세)을 장악해야 하며, 항공력을 전략적 표적에 대하여 공세적으로 운용해야 한다는 것이었다. 또한 이러한 항공력을 건설하고 효과적으로 운용하기 위해서는 독립공군의 유지가 필요하다는 것이었다. 제공권을 장악하거나 공중우세를 유지한 측은 지·해상의 자군 군사력 운용에 자유를 제공하며, 적국의 지·해상군 작전에는 상당한 위협을 제공하기 때문에 시간이 지날수록 전세를 유리하게 이끌 수 있다. 그러나 보다 중요한 항공력의 임무는 전선을 공중으로 우회하여 국토 전반의 주요 전략표적을 공격함으로써 국민적 사기를 떨어뜨리고 전쟁수행의지와 능력에 결정적인 기반이 되는 국가주요산업기반과 능력을 와해하는 것이었다. 전장의 지상군 주력부대를 직접적으로 공격하기보다는 전쟁수행의지에 관련된 목표물을 먼저 공략해야 한다는 이들의 주장은 간접접근전략과 맥을 같이한다고 할 수 있다.

초기 항공전략사상가들은 공통적으로 지상에서의 작전과 달리 공중에서는 공세가 방어보다 절대적으로 유리하며, 전략표적에 대한 항공력의 지속적인 공세는 단기간에 전쟁을 승리로 이끌 수 있다고 믿었다. 이들의 신념이 현실화되기까지는 기술적으로 극복해야 할 많은 과제들이 있었고 지대공 레이더와 미사일의 등장 등을 예상치 못한 한계가 있었으나, 과학기술의 발전은 전략표적을 공격하는 공세적인 항공력운용이 유리한 쪽으로 흐름을 이끌어갔다.

한편, 군사전략 사상의 발전은 최근 대규모 정규전 대신 반란(혁명전, 테러리즘), 게릴라전과 같은 비정규전의 형태가 빈발하면서 이에 대한 논의도 활발하게 이루어지고 있다. 비정규전의 개념과 형태 그리고 이에 대응한 항공력의 운용에 대해서는 본서 후반부에서 다루기로 한다.

6. 군사전략의 체계

군사전략은 전쟁에서 군사력의 투사를 지도하게 될 때 실제적인 전투력 운용과 연결된 작전과 전술 등 하위개념들을 포함하게 된다. 작전은 작전술 또는 대전술(Grand Tactics)로 지칭되기도 하는데, 작전전구(Theater of Operation) 내에서의 대규모 군사행위를 계획하는 것을 의미한다. 예를 들면, 단일군 또는 합동군의 조합으로 특정 목표물을 공격하기 위하여 전력을 구성하고 투사하는 것이다. 전시 작전수준의 주요 표적은 최전선과 후방 어느 곳에든 위치할 수 있으며, 성공적으로 파괴되었을 때 적의 군사적 행동은 상당한 영향을 받는다. 작전수준의 대표적인 표적으로는 비행장, 야전군 지휘부, 주요 수송체계(교량, 항만 등), 유류저장소, 무기저장소, 야전군 주요전력, 주요 예비전력, 확보가 필요한 주요거점 등이 있다. 이러한 표적 중에 전쟁수행을 위한 중요한 능력과 의지를 포함하는 것인 경우에는 전략표적이 될 수도 있다. 전술은 교전 최일선에서 다양한 무기체계를 운용하여 전투가 이루어지는 수준의 전력운용 개념이다. 지상군의 사단 이하 전투력의 전투계획, 해군의 함정전술, 공군의 공중전투를 비롯한 다양한 전투 실행계획이 이에 포함된다.

전력운용의 수준에서 볼 때 전략은 국가목표 달성을 위해 전쟁 전반에 걸쳐 운용되는 전체 군사력 운용의 수준이다. 반면에 작전은 그 전쟁에서 하나의 전역(戰域) 또는 전략목표 달성에 필요한 대규모 군사작전을 위한 전력운용의 수준이며, 전술은 작전목표의 달성에 전제조건이 될 소규모 전투에서 승리하기 위한 전력운용의 수준이라 할 수 있다. 일반적으로 하위수준의 전력운용의 성공이 상위개념의 전력운용에 긍정적인 영향을 줄 것으로 가정되나, 실제에 있어 반드시 그렇지는 않다. 전술 수준의 전력운용에서 성공적이지 않더라도 작전수준에서 또는 전략수준에서 충분히 만회가 가능하다. 그러나 상위개념의 전력운용에서 실패한다면 하위수준에서의 전력운용은 궁극적으로 성공할 수 없다. 전력운용상 전략적인 실패가 진행되고 있다면, 전술적인 승리는 궁극적으로는 의미없는 것이 되고 말 것이다.

그러나 시간이 갈수록 전략, 작전술, 전술의 수준을 엄격히 구분하는 것은 점차 의미를 잃어가고 있다. 장거리 표적에 대해 빠르고 정확하게 공격할 수 있는 무기체계의 성능이 발전함에 따라 미래전의 전력운용에서는 전력운용의 규모에 비례하여 전략이 상승할 것이라고 가정할 수 없고, 전쟁의 전개양상이 전선에서 전략적 요충지까지 단계적으로 진행될 것이라고 가정할 수 없기 때문이다. 장차전에서는 단 2대의 스텔스 전폭기에 의한 전술적 기동과 전투수행만으로도 적 종심의 주요 표적에 대하여 전략적 효과를 가져올 수 있는 것이다.

III. 군사전략의 수립

전략의 수립은 목표달성을 위해 권력수단을 사용하기 전에 충분하게 완료되어야 한다. 특정 상대에 대해 분명한 목표를 가지는 전략은 사전에 공개될 경우 목표성취에 어려움이 예상되므로 주체자에 의해 비밀리에 주도면밀하게 수립된다.

1. 전략수립의 원칙

목표달성에 바람직한 전략수립을 위해 필요한 원칙으로는 미래 예측성, 목표지향성, 주체의 단일성, 수행능력의 상대성, 실행가능성과 비밀성 등을 들 수 있겠다.

미래예측성이란 전략이 그것을 적용할 시점에 가까운 또는 다소 먼 미래의 환경, 상황과 전략수립 대상에 대한 예지력을 바탕으로 수립되어야 한다는 것을 의미한다. 전략가는 과거나 현재의 지식에 대해 익숙할 뿐만 아니라 미래에 대한 예리한 통찰력을 보유하여야 한다. 정확한 예지력과 통찰력은 성공적인 전략수립의 필수조건이다.

목표지향성이란 전략을 수립할 때 반드시 전략의 목표를 분명히 가지고 전략수립에 반영해야 한다는 것이다. 목표가 추상적이거나 불분명할 경우, 분명한 목표를 가지고 단계적으로 접근하는 상대에 비해 결코 유리한 상황을 주도하기가 어려워진다.

주체의 단일성이란 전략을 수립하는 자가 다변적인 객체에 이끌리지 않고 일관된 주체성을 가지고 주도적으로 전략을 수립해야 한다는 것을 의미한다. 국가안보전략을 수립함에 있어 국가 내부의 다양한 행위자들에 의해 일시적이거나 가변적인 형태로 전략수립이 진행된다면 국가목표달성에 효과적인 전략수립은 어려워진다.

다음으로, 전략은 실행능력에 있어 상대적인 평가를 기초해야 한다. 전략가는 마치 게임에서와 같이 적대적 상대를 가진다. 게임에서 상대에게 이기는 것이 최상이듯이 상대를 제압할 수 있는 상대적으로 우세한 능력과 방법을 가져야 한다는 의미이다. 다음으로 전략수립은 반드시 실행가능성을 가져야 한다. 실행가능성이 전혀 없거나 낮은 전략은 아무리 탁월할지라도 종이 위의 계획이나 다름없다. 예측되는 미래 환경여건하에서 전략수립 주체가 가진 능력으로 수행이 가능할 때 실행가능성은 높아진다.

마지막으로 전략수립에는 비밀성이 필요하다. 비밀성은 전략의 내용이 상대 또는 상대와 연결된 제3자에게 의도하지 않게 사전 유출되어서는 안

된다는 것을 의미한다. 상대에게 유출된 전략은 상대방의 사전준비와 예측 가능성을 높여주기 때문에 목표달성을 위한 전략으로서의 유효한 기능을 상실할 수 있다.

2. 전략수립과 전략문화

전략연구를 하다 보면 나라마다 독특한 전략적 특징을 발견하게 된다. 이러한 특징은 많은 경우에 그 나라의 문화적 특성에서 비롯된다. 문화는 때때로 합리적인 판단을 저해하는 경우도 있으나 뜻하지 않은 기습효과로 작용하기도 하면서 전략적 결과에 중대한 영향을 미쳐왔다. 전략문화란 한 국가의 전략수립에 영향을 미치는 근본적인 가정, 신념, 태도, 인식과 사고체계, 선입견 등과 같이 관념적인 문화적 특성을 말한다. 중국 진(秦)나라의 전략적 방어선인 만리장성, 세계를 지배했던 칭기즈칸의 고기동성 텐트와 보르츠(육포), 프랑스의 마지노선, 베트남의 호치민 트레일, 구소련의 합리적 수준 이상의 핵(Nuclear) 교리 등에서 독특한 전략문화의 흔적을 발견할 수 있다.

전략문화는 전쟁의 결심과 관련된 의사결정과정(위험감수 또는 위험회피의 경향성), 군사적인 행동특성, 공세 또는 방어에 대한 선호, 특정 군의 역할에 대한 전략적인 선호, 전쟁수행의지, 전쟁에서 희생을 감내할 수 있는 수준 등에 다양하게 영향을 미친다. 예를 들어, 불안정한 러시아의 역사와 권위적 통치의 관습은 러시아 군대로 하여금 선제적이고 공세적인 교리를 선호하도록 영향을 미쳤다.[16)]

나라마다 독특한 전략문화의 근원은 다양하다. 일반적으로 그 나라의 지리적 환경과 지정학, 기후, 자원 등과 같이 근본적인 것과 역사와 경험, 정

---

16) Jack Snyder, *The Soviet Strategic Culture: Implications for Nuclear Options* (Santa Monica, Calf.: RAND Cor., 1977).

치적 특성과 사회문화적 가치 등의 사회적인 것, 그리고 민족적 신화와 상징 등과 같이 다소 미신적인 것과 심리적인 것들도 전략문화 형성의 원인으로 작용한다. 국가가 처한 지리적 환경은 군사력 건설과 군사전략 수립에 지대한 영향을 미쳐왔다. 산림이 풍부하고 습한 대지를 가진 베트남은 지하에 부비트랩을 설치하거나 땅굴을 이용하는 효과적인 방어전략과 기습적인 게릴라전으로 외침에 효과적으로 대응해왔다. 몽골은 광활한 대지에 빠른 기마병을 주무기로 하는 전략을 수립했으며, 광대한 영토를 가진 러시아는 종심방어의 전략적 이점을 선호해왔다. 본토방어보다는 해외의 군사적 투사력이 필요했던 미국은 마한의 해양전략사상에 고무되었으며, 산악지형으로 고립된 이탈리아에서 두헤는 지상의 장애물을 극복하는 항공전략사상을 최초로 설파했다.

흥미로운 것은, 한 국가의 영웅적인 인물 또는 존경받는 학자의 명언이 역사로 전해지면서 전략문화의 한 형태로 자리 잡을 수도 있다는 점이다. 중국의 왕조는 손자의 병법서에 나오는 수많은 금언을 전략적 지침으로 여겨왔으며, "인민은 물이요 혁명군은 물속의 물고기와 같이 싸우라"는 마오쩌둥의 명언은 중국 공산혁명 전략의 지침으로 자리 잡았을 뿐만 아니라 이후 베트남과 남미 등의 공산혁명의 투쟁방식에 자주 인용되었다.

문화에 관한 일반적인 인식은 한번 형성된 문화는 좀처럼 바뀌지 않는다는 것이다. 문화는 장기간의 사회화 과정에서 형성되어 그 나라의 유전적 특징처럼 작용한다. 과학기술의 발달, 국제사회 규범의 확산이나 강제력의 작용 등에 영향을 받을 수 있으나 이것이 국내외적으로 장기간의 사회화 과정을 거치지 않는다면 전략문화를 근본적으로 바꾸는 데는 한계가 있다. 미국적 군사혁신 모델의 확산이나 민주주의 규범의 확산이 특정 국가의 합리적인 전략적 판단에 영향을 줄 수 있으나 민주주의 규범이 국내외의 사회화 과정으로 정착되지 않거나 군사혁신의 필요성이 사회에서 절감되지 않는다면 그 나라의 전략문화에 근본적인 변화를 가져올 수는 없을 것이다.

3. 국가안보전략의 수립

"정치적"이라는 말은 광범위하게 해석한다면 희소자원에 대한 이해관계 충돌이 해소되는 방식의 의미를 내포한다. 라스웰의 표현처럼 정치는 누가 무엇을 어떻게 취하느냐에 관한 문제를 다루고 있다. 전략수립가의 일차적인 임무가 국가의 이익추구와 국가의 권력수단을 적절하게 연결하는 것이라고 할 때, 전략수립의 과정은 필연적으로 정치적 성격을 띠고 있다고 할 수 있다.

따라서 국가안보전략은 국가의 근본적이고 사활이 걸린 이해관계가 다루어지는 정치적 영역에서 수립될 수밖에 없다. 이러한 정치적 관점을 강조하면서, 전략은 국가가 가지는 이익이 무엇인지, 그러한 다양한 각각의 이익에 두는 국가적 우선순위가 무엇인지를 결정하는 과정이자, 그러한 이익을 성취하기 위해 국가가 보유한 적절하고 가용한 권력의 수단이 무엇인가를 판단하는 것이다.[17)]

국가안보전략 수립에 대한 정치적 권위의 역할은 매우 중요한데 크게 본다면, 국가안보목표 수립, 국력과 국가자원의 배분(우선순위 제공), 국가와 국민의지의 결집 등의 3가지로 구분할 수 있다.

먼저 정치는 국가안보전략의 성취동기가 되는 국가안보목표를 수립하여 제공한다. 어떠한 정치형태를 가지든 국가의 최고 통수권자는 국가안보목표를 수립하고 이러한 목표를 성취하기 위한 정책과 전략을 수립한다. 국가안보목표를 수립하는 정치의 역할은 국가안보전략 수립의 근본적인 원인을 제공하는 것이라 할 수 있다. 국가안보목표는 위협의 판단과 군사력의 전용성을 고려하여 공세적이거나 방어적인 형태로 수립될 수 있고, 군사력의 사용범위와 시기 등을 포함하게 된다.

다음으로 정치적 권위는 목표성취를 위해 사용될 권력수단의 우선순위

17) Dennis M. Drew and Donald M. Snow, *Making Twenty-First-Century Strategy: An Introduction to Modern National Security Processes and Problems* (Alabama: Air Univ. Press, 2006), p.50.

를 결정하며, 전략수행에 필요한 국가자원을 배분하는 역할을 한다. 정치적 권위에 의해 배분되는 권력수단과 국가자원은 전략수립의 원천이 된다.

마지막으로 정치적 권위는 국가적 의지와 국민의 의지를 결집하는 데 결정적인 역할을 한다. 국가의 정치적 의지는 전쟁을 시작하고 종결하는 원동력이 된다. 국민의 희생과 전쟁에 따른 비용지불 의지를 결집하는 것 역시 정치의 몫이다. 예를 들면, 제2차 세계대전을 일으킨 히틀러는 고도의 정치력으로 당권과 독일정권을 장악하고 국가와 국민의 의지를 결집하여 폴란드와 프랑스를 침공하였으며, 선동적인 정치적 리더십으로 독일국민으로 하여금 전쟁의 어려움을 감내하도록 항전의지를 상당 기간 동안 유지시켰다.

한 국가의 국가안보전략을 이해하는 데 중요한 정치적 고려사항 중 하나는 그 국가의 정치적 힘이 어디에서 나오느냐 하는 것이다. 민주주의 국가에서는 행정부, 입법부, 사법부로 권력이 분할되어 있으며, 행정부의 수반이 국가안보목표 수립을 담당한다. 권력의 균형과 견제가 적절히 이루어진 성숙한 민주주의체제에서는 국가자원의 배분과 국민동원을 위해서는 입법부의 동의나 사법부의 법적 판단을 근거로 하는 경우가 종종 발생하며, 이익집단이나, 여론과 언론도 그러한 과정에 일정한 역할을 담당한다. 반면, 모든 권력이 집권정당 또는 개인에 집중된 독재국가의 경우에는 국가안보전략 수립의 전적인 권한이 독재권력에 달려 있다. 따라서 한 국가의 국가안보전략을 이해하는 데 있어서는 이러한 정치과정과 체계에 대한 이해가 필요하다.

4. 군사전략의 수립

군사전략은 국가안보전략의 하위개념이자 정치적 종속성을 가지고 있다. 군사전략은 전쟁을 수반하든 혹은 수반하지 않든 간에 정치적인 효과를 유발하며, 군사전략을 수행하기 위한 어떠한 형태의 군사력 운용도 직·간접적으로 정치적 효과를 유발한다. 따라서 군사전략을 정치의 연장선상에서 볼 때, "전쟁은 또 다른 수단에 의한 정치의 연속이다"라고 한 클라우제비츠의 주장이 수용된다. 그러나 전략이란 전쟁목적을 달성하기 위한 수단으로서 전투를 운용하는 것이라는 그의 주장은 제한적으로만 수용이 가능하다. 왜냐하면, 국가안보전략이 반드시 군사력의 무제한 사용을 상정하지는 않기 때문이다. 대신 리델 하트의 주장처럼 전략은 정책목적을 달성하기 위하여 군사적 수단을 배분하고 적용하는 기술이라는 주장이 보다 설득력을 얻고 있다.

현대에 있어 군사전략을 수립함에 있어서 여전히 간과하지 않아야 하는 고려사항이 있다.

첫째는, 전쟁을 결심하기 전 그러한 결정이 인적, 물적 비용을 지불할 가치가 있는 충분한 정치적 목적을 가지고 있느냐 하는 것이며, 만약 그렇다면 군사전략은 이러한 정치적 목적 수행에 충실한가 하는 점이다. 전략적 승리는 그러한 정치적 목표가 얼마나 성취되었느냐에 따라 평가되어야 한다.

두 번째는, 과학기술의 발전에도 불구하고 전쟁은 여전히 불확실성을 내포하고 있다는 점이다. 전력, 정보, 기술 등 어떠한 요소들의 조합으로도 전쟁 승리를 예측할 수 있는 어떠한 수학공식은 존재하지 않는다는 점을 명심할 필요가 있다. 불확실성은 시·공간적 환경, 상대의 능력과 성향, 전쟁의 안개, 우연, 인간의 심리 등의 여러 영역에서 존재할 수 있다. 따라서 어떠한 상황에서 어떠한 상대에 대해서도 승리를 보장하는 일반화된 전략이란 존재할 수 없다. 클라우제비츠가 식별한 전쟁의 마찰요인에 대한 주장이 옳다면 과학기술이 발전하고, 전쟁양상이 변화함에 따라 전쟁의 마찰요인은 사라지는 대신 새로운 모습으로 변모할 것이다. 고도의 감시정보정찰능력, 실시간 지휘통제체계와 정밀공격능력을 기반으로 네트워크중심전(Network Centric Warfare: NCW) 수행이 가능한 국가라 하더라도 정보와 과학기술에 대한 지나친 의존에서 비롯되는 새로운 마찰요인을 피할 수는 없는 것이다.

세 번째로 고려해야 할 사항은 비록 현대 전략수립에 막대한 영향을 미치지만, 과학기술에 대한 지나친 신봉은 금물이라는 점이다. 기술은 수단일

뿐 결코 목적이 될 수 없으며, 전쟁수행 능력을 향상시킬 수는 있으나 전쟁의 본질을 변화시킬 수는 없다. 고도의 정보력을 바탕으로 항공기에 의해 사용된 정밀유도무기(Precision Guided Munitions: PGM)는 미국으로 하여금 베트남전쟁의 실패를 딛고, 아프간전과 이라크전에서 신속하게 군사적 승리를 거두게 하였지만, 군사력이 의도했던 정치적 목적은 이라크에서는 8년 만에(2011.12), 아프간에서는 20년이 지나서야 미군의 완전철수가 진행되었다.

국가안보전략의 한 부분으로서 또는 국가안보목표를 성취하기 위한 적절한 국력 수단으로서 군사력을 선택하였다면, 전략가는 그러한 목표를 달성하기 위해 군사력을 어떻게 건설하고, 배비(Deployment)하며, 운용(Employment)할 것인가에 대하여 집중적으로 고민하게 된다. 군사력의 건설은 국가안보목표의 성취에 필요한 군사력을 사전에 건설하는 것을 말하며, 군사력의 배비는 건설된 군사력을 국가의 지리적 요충지에 적정규모로 배치하는 것을 말한다. 그런가 하면, 군사력의 운용은 국가안보목표를 성취하기 위해 어떻게 군사력을 사용할 것인가에 관련된 개념이다.

군사력의 운용을 고려하기 이전에 군사력을 건설하고 배비하는 일은 매우 중요한 선결조건이 된다. 군사력의 '건설' 및 '배비'라는 개념은 전시 작전만을 나타내는 것으로 한정되는 것이 아니다. 예상되거나 혹은 현존하는 위협에 대해 요구되는 군사력을 미리 준비하고 사전에 적소에 배비함으로써 군사력에 의한 정치적 효과를 거둘 수 있고, 유사시에는 군사력 운용에 있어 유리한 위치를 선점할 수 있는 것이다.

포괄적인 의미에서 군사전략은 이러한 군사력의 건설과 배비, 그리고 군사력 운용의 개념을 모두 포함한다.[18] 평시에 군사력 사용 가능성에 대한

---

18) Dennis M. Drew and Donald M. Snow, *Making Strategy: An Introduction to National Security Processes and Problems* (Alabama: Air Univ. Press, 1988), pp.81-89. 저자들은 군사력 건설과 배비도 전략이라고 표현하였으나, 국가안보목표를 성취하기 위한 군사적 수단의 사용을 전제로 하는 군사전략의 개념을 모호하게 할 우려가 있어 본서에서는 구성요소로 표현한다.

예측을 근거로 군사력을 준비하는 것과 적절하게 배비하는 것은 필요시 군사력을 운용하는 데 있어 필수적이다.

1) 군사력 운용

군사력 운용이란 포괄적이고 국가적인 차원에서 군사력을 사용하는 것을 의미한다. 군사력 운용에 대한 결정은 위협이 감지됨에 따라 주기적으로 이루어지며, 전쟁뿐만 아니라 억제와 강압, 기타 민사작전 등 전쟁 이외의 군사작전이나 안정화작전에서의 군사력 운용도 포함한다. 군사력 운용을 결정하고 실행함에 있어 다루는 문제들은 '누구를 대상으로 어떠한 군사력을 언제, 어디서, 어떻게 사용하느냐' 하는 것들이다. 전쟁을 대비하여 군사력 운용을 기획하는 것은 전쟁 승리를 위한 군사전략의 핵심적인 작업이 될 것이다.

(1) 상대가 누구인가?

군사력 운용을 검토함에 있어 가장 우선되는 것이 누구를 상대로 할 것인가이다. 이는 흔히 주적(主敵)개념으로 표시되기도 하는데, 대상이 누구냐에 따라 군사력 운용의 틀은 달라질 수 있고, 이것을 준비하는 군사력 건설과 배비도 달라질 수 있다. 군사력 운용의 대상은 국가적 위협을 가져오는 국가나, 조직 등이 될 수 있으며, 공세적 전략을 추구하는 국가에게 있어서는 국가이익에 부합하는 안보목표설정 과정에서 불특정 다수가 대상이 될 수 있다. 전통적으로 군사력을 동원하여 문제해결을 해야 할 상대는 주로 국가였으나, 최근에 확인할 수 있는 것처럼 대규모 테러조직 등과 같이 국경을 넘나드는 글로벌 조직이 대상이 되기도 한다. 9·11 테러를 경험한 이후에 미국은 군사력 투사의 대상을 글로벌 테러리즘 네트워크로 정하였다. 이처럼 군사력 운용의 대상이 누구냐에 따라 군사력 운용방식은 달라질 수밖에 없다.

(2) 어떠한 군사력을 사용할 것인가?

군사력은 다양한 유형과 규모로 존재한다. 이러한 군사력을 조합하여 어떤 유형의 군사력을 어느 규모로 사용할 것인가 하는 문제는 전략가의 중요한 결정사항이다. 대규모 지상군을 중심으로 운용될 수도 있고, 공군과 해군의 첨단무기체계가 중심이 될 수도 있으며, 민사작전을 병행하는 지상군 특수부대가 중심이 될 수도 있다. 6·25전쟁 당시 중국 공산당은 기계화된 군사력 대신 개인화기로 무장한 대규모 병력을 이용해 게릴라전과 인해전술을 병행한 반면, 걸프전에서 다국적군은 대규모 지상군을 투입하는 대신에 토마호크를 비롯한 지대공 미사일과 항공력으로 상대가 도달하지 못하는 거리에서 장거리타격을 가하는 형태로 전력을 운용하였다. 이처럼 군사력의 사용 방법은 준비된 군사력을 특성에 맞게 사용하는 것으로, 전략의 한 부분이라 할 수 있다.

(3) 언제 사용할 것인가?

군사력을 사용할 시기에 대한 문제는 전략가가 매우 심각하게 고민하게 되는 문제들 가운데 하나이다. 경우에 따라 군사력을 직접적으로 사용하지 않고 간접적으로 사용할 수도 있다는 암묵적인 메시지를 전달하는 것만으로도 전략적인 효과를 거둘 수 있다. 그러나 필요시에는 최적의 효과를 고려하여 직접적으로 군사력을 투사할 시기를 판단해야만 한다. 군사력의 사용 시기는 국가의 여타의 다른 권력수단과 연계하여 국가안보목표의 달성 가능성에 대한 합리적인 판단에 기초하여 결정해야 한다.

(4) 어느 장소에서 군사력을 운용할 것인가?

군사력을 운용하는 장소에 관한 문제는 근대 이전의 전쟁사에 있어 전쟁 승리의 핵심적인 관건으로 작용해 왔다. 지상전력 위주로 지형지물에 따라 기동성이 제한되었던 과거의 전쟁에서는 적은 병력으로도 효과적으로 대군을 상대할 수 있는 전략적 거점 또는 전술적 요충지의 중요성이 매우 강조되었다. 과학기술이 접목된 무기체계를 운용함으로써 지상의 장애물을 극복해 갈 수 있는 현대전에서는 이러한 지형적 요충지의 중요성이 과거에 비해 다소 감소하였지만 여전히 군사전략의 중요한 부분으로 남아 있다.

장소는 군사력 운용의 효과를 최대화할 수 있는 군사력의 형태와 규모를 결정해 주기도 한다. 사전에 전개된 대규모 지상전력에 의해 효과를 볼 수 있는 장소가 있을 수 있으며, 항공력에 의해서만 군사적 효과를 기대할 수 있는 장소도 있을 수 있다.

대부분의 국가들은 국경을 접하고 위협이 될 수 있는 잠재적 적성국가를 상대로 군사력 운용을 준비한다. 한편, 외부로부터 국경에 대한 심각한 군사적 위협을 받지 않았던 미국은 군사력 투사의 장소를 주로 해외에서 선택하였으며, 상당수의 전력을 해외에서 운용하고 있다.

(5) 어떻게 사용할 것인가?

마지막으로 군사력의 다양한 수단을 어떻게 효과적으로 사용할 것인가의 문제는 군사력 운용의 핵심적인 소프트웨어라 할 수 있다. 군사력은 다양한 유형과 규모로 존재하는데, 이러한 군사력을 어떻게 조합하여 시너지 효과를 발휘할 것인가 하는 문제가 주로 논의된다. 자세한 내용은 작전전략 부분에서 다루도록 한다.

2) 군사력 건설

국가가 필요한 때와 장소에 군사력을 운용하기 위해서는 평시에 준비된 군사력이 존재해야 한다. 유사시의 군사력 운용을 고려하여 평시에 필요한 군사력을 준비하는 것을 군사력 건설이라 한다. 전쟁의 승패는 전쟁 이전에 이미 결정된다는 손자의 주장처럼 적절한 수준의 군사력을 평상시에 준비하는 것은 전략적으로 매우 중요하다. 제2차 세계대전 직전에 프랑스는 국경을 따라 견고한 마지노선을 건설하는 데 막대한 비용을 투자하였고, 구축된 마지노선에 만족하여 무기체계의 현대화에 소극적인 태도를 보였다. 반면에 독일은 항공력과 지상의 고속기동전력을 결합한 공세적인 전력을 준비하였다. 1940년 독일이 프랑스를 침공했을 때 프랑스의 마지노선은 높은 기동성을 보유한 독일군대의 우회에 속수무책으로 후방지역을 내어 주었고, 프랑스에 깊숙이 침입한 독일군은 프랑스군의 요새(수비대)를 무력화시키고 말았다.

군사력 건설은 군사력 운용에 필요한 군사력을 미리 준비하는 것과 관련되어 있기 때문에 국가자원의 배분과 그와 관련된 국가적 의지가 중요시된다. 군사력 건설에 동원될 수 있는 국가자원은 천연자원, 산업시설을 비롯해서, 인구와 과학기술, 경제력 등 국가가 보유한 모든 것이 될 수 있다. 국가자원의 양과 종류 그리고 어떻게 이런 자원이 군사력구조로 만들어지느냐 하는 것이 군사력 건설의 주요 관심사이다. 국가가 건설할 군사력의 양과 질을 결정할 때 빼놓을 수 없는 것은 경제력이다. 첨단 군사력을 건설하고 유지하는 데는 많은 돈이 들고, 이러한 비용부담으로 인하여 불가피하게 질적으로 우수한 무기체계 대신 양적으로 적절한 수준의 군사력 건설을 선택하기도 한다.

군사력 건설을 위한 국가자원배분에 대한 국가적인 의지는 국가 지도자의 의지와 역량뿐만 아니라 국민적 지지에 의해서도 표현될 수 있다. 국가자원이 풍부하더라도 그러한 자원을 군사력 건설에 동원할 국가적 의지가 부족하다면 목표로 하는 군사력 건설은 기대할 수 없을 것이다. 반대로 국가적 의지가 분명하더라도 국가자원이 제한적이라면 기대수준의 군사력 건설은 어려울 것이다. 이렇듯 국가자원과 국가적 의지는 군사력 건설의 필수조건이라 할 수 있다.

군사력 건설을 위한 중요한 선행과제는 무기체계의 양과 질, 병력의 규모와 훈련수준, 그리고 군사력의 유형에 따라 전력구조를 결정하는 것이다. 즉 어떠한 무기체계를 어느 정도 보유할 것이냐, 어떠한 규모의 병력을 어느 정도 훈련이 된 상태로 준비할 것이냐, 그리고 각 군(공, 육, 해군 및 해병대)별 또는 특정한 단위부대별 군사력의 규모와 무기체계는 어떻게 구비할 것이냐 하는 질문이 군사력 건설의 주요 과제가 된다.

군사력 건설에서 군사력의 양(Quantity)과 질(Quality)의 문제를 고려할 때 군사과학기술에 대한 수용은 매우 중요하다. 군사과학기술은 군사력의 질적인 측면에 획기적인 진보를 가져올 수 있기 때문이다. 첨단기술이 접목된 F-15K는 2세대 전투기인 F-4D/E 6대 이상을 투입해야 수행할 수 있는 제공임무를 담당할 수 있을 뿐만 아니라 F-4D/E가 도저히 할 수 없는 장거리 초계임무도 담당할 수 있다. 군사과학기술은 양으로 상쇄하지 못하는 기능을 제공할 수도 있는 것이다.

그러나 다음과 같은 몇 가지의 이유에서 군사력 건설에서 군사과학기술이 가지게 되는 중요성을 합리적인 수준 이상으로 과대포장해서는 안 된다.[19)]

첫째, 군사과학기술의 우위는 양에 의해서가 아닌 다른 이유로도 충분히 상쇄될 수 있다. 예를 들면, 제2차 세계대전의 아프리카 전역에서 영국 항공력의 질적인 우위는 항공력을 소규모로 분할 후 지상군 지휘관의 통제하에 운용됨으로써 그 효과가 상쇄되었고, 베트남전에서 미군의 기술적 우위는 정치적인 이유로 효과가 제한되었다. 그 외에 조직문화, 제도, 군사교리와 훈련의 미비 등과 같은 다양한 이유로 과학기술적 우위를 활용하지 못할 수 있다.

둘째, 과학기술이 제공하는 군사력의 질적 우위는 일시적이라는 점이다. 역사적으로 보면, 새로운 무기체계가 등장하면 그것을 대응할 전술이나 새로운 무기체계의 등장이 항상 뒤따랐다. 이것은 역사적 진보의 필연적 과정이었고, 과학기술의 발전은 그러한 진보를 보다 빠르게 재촉하고 있다.

셋째, 마모(Attrition)와 마찰(Friction)요인이 많은 전장에서 사용되는 첨단기술은 기대수준에 못 미치는 성과를 달성할 수도 있다. 때로는 합리적이지 못한 전력운용이 질적인 우위를 발휘하지 못하게 하는 상황이 얼마든지 조성될 수 있는 것이다. 예를 들어, 전장에서 근접항공지원작전에 투입된 F-15K는 F-4D/E 전폭기 이상의 효과를 기대하기 어려울 것이다.

---

19) 군사과학기술의 한계에 관해서는 Dennis M. Drew, *Recapitalizing the Air Force Intellect Essays on War, Air power, and Military Education* (Air Univ. Press, 2008)을 참조할 것.

3) 군사력 배비

군사력 배비란 건설된 군사력을 어떠한 규모로 어디에 배치할 것인가를 기획하는 것을 말한다. 군사력 운용과 건설에서 고려되는 요소들을 이해하는 것은 전력 배비를 이해하는 데 있어서도 매우 중요하다. 군사력 배비에서는 자신과 상대의 전력구조, 군사력 규모, 무기체계의 특성, 병참능력, 지형적 특징 등이 중요하게 다뤄진다.

일반적으로 국가방위를 우선적인 안보목표로 추구하는 국가는 외부로부터의 위협에 대비하기 위한 장소에 군사력을 배비한다. 예를 들면, 북한의 군사력을 주 위협으로 인지하고 있는 우리나라는 북한과 마주한 DMZ 부근에 지상군 전력의 대부분을 배치하고 있으며, 공군의 비행장과 해군의 해상전력도 유사시 북한의 즉각적인 위협에 대비하여 배비되고 있다. 반면에, 군사력을 해외의 공세적인 정치적 목표를 성취하기 위해 사용하고 있는 국가는 그러한 목표를 위해 군사력을 배비한다. 미국은 세계 150여 개 국가에 700개 이상의 군사기지에 50만 명 내외의 병력을 전개하여 미국의 세계 안보전략구상을 뒷받침하고 있다.[20] 주 위협이 존재하는 상황에서 이러한 위협에 대한 국가방위를 목적으로 하는 군사력 배비 계획은 그다지 복잡하지 않다. 그러나 불특정한 위협과 다소 공세적인 군사력 운용을 위한 군사력의 배비는 다소 난해할 수 있다. 2001년에 9·11 테러공격을 당한 이후에 미국은 전 세계 대비태세 재검토(Global Posture Review: GPR)를 통해 군을 소규모로 빠르게 행동하는 경향을 보이는 세계 테러리즘에 대해 신속 전개와 대응이 가능한 경스트라이크 부대로 재편했다.

군사력 운용에 있어 시간은 매우 중요한 개념이나 역사적으로 라이벌인 국가를 상대로 상당 기간 동안 대치해온 경우에는 군사력 배비에 있어 시간은 상수(常數)로 취급되어져 왔다.[21] 그러나 유사시 위협에 대한 군사적 대응 시간이 최소화되도록 하기 위해 군사력의 배비는 최적의 장소에서 최적

---

20) US Department of Defense, *Base Structure Report 2008*.

21) Dennis M. Drew and Donald M. Snow, *ibid.*(1988), pp.87-88.

의 전력으로 이루어져야 한다. 그러나 절대 간과되지 말아야 할 것은 상대방의 기습 또는 선제공격에 대한 취약성을 노출시키지 않도록 군사력이 배치되어야 한다는 것이다. 잘못된 배비는 유사시에 전혀 군사력을 사용하지 못하게 만든다. 제2차 세계대전에서 독일의 전격전 앞에 거의 무용지물이 되어버렸던 마지노선상의 프랑스 군사력이 그랬고, 1941년 독일이 소련을 침공했을 때 소련군의 군사력의 배비가 그러했다. 당시에 소련군은 상당수가 전진배치되어 있는 상태였는데, 독일군이 소련군의 후방지역을 신속히 공격, 포위 섬멸을 시도하였을 때 소련군 주력부대는 포위된 채 부대는 항복하거나 괴멸될 수밖에 없었다.

군사력 배비를 결정하는 데 있어서 고려해야 할 세 번째 요소는 유연성이다. 군대를 배치시킨다면 그것이 유익하게 배치되는 것이라고 가정할 수 있다. 그러나 만약 세계의 다른 지역에서 분쟁이 발발한다면 전진배치된 군대를 재배치하는 데는 많은 시간이 소요되고 정치적으로도 어려움을 겪게 된다. 국가가 당면한 안보와 정치적 상황에 유연하게 반응하면서 군사력을 적절히 배비하는 것은 매우 중요한 국가적 능력이다.

5. 작전전략의 수립

1) 작전전략의 개념

군사전략의 실행 단계에서는 광범위한 전선(최근에는 전 국토가 전장화되는 경향을 보이고 있다)에서 어떠한 군사력을 어떻게 운용하여 군사적 승리를 이루어 갈 것인가에 관한 실천적인 과제가 부여된다. 작전전략은 국가안보목표를 달성하기 위해 작전전구(Theater of Operation) 내에서 전역(Campaign)을 계획하고, 조화하여 지휘하기 위한 계획이다. 이러한 작전전략은 상이한 시·공간상에서 전개되는 일련의 작전들과 수많은 전술의 연결로 이루어진다.

전쟁의 작전적 수준과 같은 차원의 전략수준은 작전전략이다. 전쟁의 작전적 수준이라는 개념이 등장한 것은 1980년대 중반 러시아의 군사서적에서였다. 당시 구소련의 군사서적을 면밀히 연구한 미국은 그 내용이 고도의 군사전략과 전술 사이 수준의 전쟁을 강조하고 있음을 발견하였다. 이러한 발견에 대한 열쇠 중 하나는 구소련의 작전기동단(Operational Maneuver Group: OMG)이라는 용어였다. 전쟁의 작전적 수준에 대한 미국의 관심은 베트남전 실패에 대한 연구결과로 더욱 높아졌다. 베트남전에서 미군은 거의 모든 전투에서 전술적 승리를 거두었다. 하지만 이러한 전술적 승리가 전략적 혹은 정치적 승리로 전환되지는 못했으며, 베트남전 분석가들은 전투에서의 승리와 전쟁에서의 승리 사이에 어떠한 연결고리가 빠진 듯한 모습을 발견하였고, 이 연결고리에 반드시 존재해야 하는 것이 작전적 수준의 전력운용이라는 결론에 도달하였다.

현대전에서는 전투시간이 과거의 전쟁에 비해 훨씬 길고, 작전전구도 훨씬 광범위해졌다. 현대전은 단순히 전투(Battles) 혹은 관련된 전투의 결합(Operations)으로만 구성된 것이 아니라 특별한 목표를 지향한 작전들의 결합(Campaigns)이다. 그리고 현대전에서는 이러한 작전들의 결합 즉, 각기 다른 전역들을 조정하는 것이 매우 중요해졌다.

2) 합동작전

20세기의 전쟁의 특징은 3차원적 전쟁이다. 비록 육상, 해상, 공중 전투가 독특한 특성을 지니고, 때로는 각각 서로 독립된 것 같이 보이기도 하지만, 대부분의 중요한 전투와 작전은 상이한 성격의 군의 합동으로 이루어진다. 따라서 작전전략의 우선적인 임무는 특정 합동전투, 작전 또는 전역에서 육·해·공군의 독특한 능력들을 조화롭게 활용하여 상승효과를 얻는 것이다. 성공적인 작전전략은 상이한 전력특성을 가진 육상, 해상, 공중 전력이 원하는 시간과 공간상에서 통합화력을 발휘할 수 있도록 계획하는 것이다.

합동전역의 조화는 작전전략가들이 극복해야 하는 여러 가지 요소로 인해 종종 방해를 받는다. 가장 기본적인 방해요인은 각 군의 전략문화이다. 육군, 해군, 공군이 가진 각기 다른 세계관이 작전계획 수립, 표적우선순위

선정, 합동전력의 규모결정 등과 같은 모든 영역에서 자주 충돌한다. 지상군에 있어서 지속적인 승리는 단지 적의 전개된 군대를 파괴하는 것과 적의 지상지역의 점령, 적 주민의 지배, 그리고 정복된 지역에 승리자의 의지를 강요하는 것으로부터 나온다. 따라서 지상군의 관점에서 볼 때 모든 가용전력의 사용 시 제일 우선시되어야 하는 것은 즉각적이고 효과적인 지상전이다.[22)]

그러나 해군의 시각으로 보면 지상전투도 중요하나 공해와 해협의 목지점을 통제함으로써 해상에서 육지로 발생하는 사건들을 통제하는 것이 더 중요하다. 특히 섬나라의 성격을 지닌 나라의 경우에는 그것이 각별히 중요한데, 이는 해상병참선의 통제는 원정군을 유지하고 전개하는 데 절대적으로 필요한 최우선적인 부분이기 때문이다. 더 나아가서 해양의 통제는 현대 군사력의 기초가 되는 경제적 생존력을 유지하는 데 필수적인 천연자원과 시장에 접근하는 것을 거부함으로써 적을 교살할 수 있게 한다. 결론적으로, 해군의 시각에서는 해양통제를 획득하기 위한 전투가 최우선적이고도 지속적인 우선순위가 되어야만 하는 것이다.

한편, 공군도 육군과 해군의 경우와 비슷하게 적의 전쟁수행 의지와 핵심능력을 파괴하는 것에 군사행동의 목적이 있다는 관점을 가지고 있다. 하늘에서 방해받지 않는다면 항공력에 의해 적의 전쟁수행의지를 직접적으로 공격하고 핵심능력을 마비시킬 수 있다는 자신감으로 공군은 나름대로의 표적우선순위를 가지고 있다. 공군에게 있어 지상군 주력군은 단지 전쟁수행의 핵심능력들 중 하나에 불과하다. 항공력으로 타격할 수 있는 핵심능력은 항공력, 산업시설, 병참시설, 주요 하부구조 등 적국의 전반에 산재해 있다. 공군의 관점에서 압도적으로 우선시되는 목표는 하늘에서의 작전이 방해를 받지 않게 되는 것이다. 제공권 또는 충분한 수준의 공중우세가 없이는 전략폭격은 고사하고 적의 핵심능력에 대해 어떠한 차단임무도

---

22) 미 육군에서 개발된 적의 후방지역에 대한 종심 깊은 감시를 강조하는 공지전투(Air Land Battle) 교리는 육군의 전통적인 관점을 탈피한 시도였다.

효과적으로 수행할 수 없다. 공군은 공중통제가 없이는 그 밖의 모든 것이 실패할지도 모른다고 믿고 있다.

자원의 제한을 받는 합동전역에서 각 군의 우선순위가 상이하다는 점은 중요한 문제점을 야기한다. 예를 들면, 지상군에게는 공군지원의 필요성이 절실한 반면, 공군은 공중통제를 확보하기 위한 필사적인 교전을 수행하는 와중에 있을 수도 있어 지상군 지원에 사용할 수 있는 전력이 제한될 수 있다. 마찬가지로, 해군 항공지원도 또한 지상군에 의해 요구될 수 있지만, 해군 항공전력 역시 함대방어의 실패는 해양통제의 상실을 의미한다는 생각에서 함대방어에 묶여 버릴 수 있다.

우선순위에 대한 갈등과 문제점들은 지휘통제의 문제를 악화시킨다. 육군, 해군, 그리고 공군은 그들의 우선순위를 이해하지 못하고 적절히 판단하지 못하는 지휘관들에 의해 통제되는 것을 두려워한다. 이들은 부족한 자원을 낭비해 버릴지도 모를 전구지휘관에게 전체적인 통제권을 주는 것에 대해 심한 거부감을 가질 수도 있다.

지휘와 통제에 대한 논쟁은 지상군에 비해 양적으로 제한된 무기체계를 보유한 해군과 공군에게 있어 특별히 중요하다. 현대의 전함을 생산하는 데 수년이 걸리는 점을 감안하면 해군의 자산은 보충하기가 특히 어렵다. 어떤 의미에서 해전은 만일 함대가 파괴되면 오후 반나절 만에 패배할 수도 있다. 제해권을 향한 전투는 함정자원의 싸움이라 해도 과언이 아니다. 다소 폭은 적지만 이는 공군에도 어느 정도 똑같이 적용된다. 공군자산은 획득시간도 필요할 뿐만 아니라 비용 때문에도 단기간에 쉽게 보충될 수 없다. 제공권 장악을 위한 치열한 공중전투가 지속된다면 불과 몇 주 만에 항공력은 소진될 수 있다. 이러한 문제는 해군과 공군을 이용하는 데 능숙하지 못한 사람들에게 군대지휘와 통제를 허용하는 것에 대해 매우 심한 거부감을 갖게 하였다.

지휘와 통제의 또 다른 어려움은 상이한 성격의 전력을 지휘하여 상승작용을 가져오는 데 있다. 지휘와 통제의 조정 없이는 상승작용은 불가능하다. 과거 전사를 보면 합동작전이 가능한 영역에서 작전지휘권 문제로 인한 각 군 지휘관들 간의 잘못된 갈등의 사례를 흔히 찾아볼 수 있다. 1947년 공군을 육군으로부터 독립시켜 운영해온 미군도 이러한 어려움을 겪어왔다. 육군은 근접전투와 종심전투를 구분하기 위한 선을 긋고 있었으나 이 두 영역에서의 항공력운영에 대해서는 육군의 지역사령관이 통제해야 한다는 입장을 고수하였다. 대규모 지상군 주력부대가 주축이 되는 근접전투에 비해 종심전투의 경우 육군의 일부 기동전력만이 참여할 수 있고 대부분의 전력은 항공력에 의존할 수밖에 없기 때문에 지상군 지휘관들은 전선 너머의 전투보다는 자신들의 바로 앞에 놓여 있는 전투에 보다 많은 관심을 가지고 있었다. 그럼에도 불구하고 종심전투가 이루어지는 경우 주도권을 항공지휘관에 넘겨주려는 노력을 하지 않았던 것이다.

전쟁의 작전적 수준과 작전전략은 각 군종의 세계관과 우선순위에 의존하여 많은 것들을 만족스럽지 못한 상태로 남겨둔 채 어려운 결정을 요구하는 것이 사실이다. 그러나 이러한 어려움을 극복하고 합동작전에서 작전지휘관의 지휘통제는 확실히 안정되고 일관되어야 한다.[23)]

IV. 항공전략

1. 항공력의 개념

'항공력(air power)'이라는 표현이 처음으로 사용된 기록은 웰즈(Herbert G. Wells)가 1908년에 펴낸 공상 과학소설 *The War in the Air*이다. "다수

23) 미국은 이러한 문제에 대한 접근 방법으로 통합사령부 내에 균형된 합동참모에 추가하여, 교육, 교환근무, 합동근무를 통하여 군대 지휘관 개개인의 "합동성"을 증가시키고 있다. 이러한 노력을 하는 목적은 장교단이 편협한 자군의 이해관계에서 벗어나 장교단의 폭넓은 시각과 지식을 갖게 하기 위한 것이다.

의 항공정거장들이 설치되어 … 독일이 … 항공력(the air power)을 확보하고 세계를 지배할 수 있도록 하였다 ….”[24) 사실 항공력 개념을 정확하게 정의하기는 쉬운 일이 아니다. 윈스턴 처칠(Winston Churchill)은 “항공력은 군사력 중에서 가장 예측되기 힘들며, 심지어 정확한 용어로 그것을 표현하기도 어려운 것이다.”[25)]라고 밝힌 적이 있다. 초기 군사항공의 시대에 항공부대는 군사력을 표현하는 하나의 군종(軍種)으로서가 아니라 지상군이나 해군력의 보조적인 것으로 간주되는 경향이 있었다. 그러나 전장에서 항공력의 역할이 점점 증대되고 그 중요성이 크게 인식되면서 군사력을 표현하는 매우 비중 있는 세력(power)이 되었다. 오늘날에는 공중공간이 주무대인 항공력이 우주공간까지 확대된 우주력 개념을 포함하는 항공우주력(air and space power)이란 용어가 등장하여 빈번하게 사용되고 있다.

그러나 항공력을 우주력 개념을 포괄하는 광의의 개념으로 사용되기도 하는데, 현재 영국공군교리에서는 ‘항공력’이란 개념을 사용하면서 그 정의를 “인간의 행태나 사건의 진전에 영향을 주기 위해 공중과 우주로부터 힘을 투사할 수 있는 능력”[26)]이라고 하여 우주부분까지 포함시키고 있다. NATO에서도 항공력(Air Power) 개념을 사용하면서 우주력(Space Power)까지도 연관시키고 있다.[27)]

미공군에서는 항공력 대신에 항공우주력(Air and Space Power) 개념을 사용하고 있다. 즉, “범세계적인 전략적 군사력을 투사하기 위한 항공, 우주 및 정보체계의 상승작용적 사용”으로 간단히 정의하고 있다.[28)]

---

24) H. G. Wells, *The War in the Air,* 1908, Ch 5, cited in the Oxford English Dictionary: Supplement, 1972, p.49.

25) Cited in *British Air and Space Power Doctrine*, AP 3000 Fourth Edition, London, p.13.

26) RAF, “The ability to project power from the air and space to influence the behaviour of people or the course of events,” AP 3000, p.14.

27) Joint Air Power Competence Centre, *Air And Space Power in NATO: Future Vector*, Part 1, July 2014, p.v.

28) “The synergistic application of air, space, and information systems to project

우리 공군의 교리에서도 '항공우주력'이란 "국가의 이익을 증진하고, 국가안보목표 및 국방목표를 달성하기 위해 공중·우주·사이버 영역을 이용 및 통제하여 군사력과 영향력을 투사하는 능력을 의미하며, 항공우주공간에서 활동하는 유·무인항공기, 미사일, 우주자산 등의 무기체계와 항공우주력을 운용하는 인력과 조직을 포함한 모든 유·무형 전력을 말한다."[29]라고 정의하고 있다. 이를 종합하면 항공우주력이란 "정치·군사적 목적을 위해 항공우주공간에서 활동하는 모든 전력 및 이의 운용능력"으로 정의할 수 있다. 그러나 여기에서 우리는 복잡하고 더 심도 있는 논의가 필요한 우주력 분야는 제외한 일반적인 항공력(Air Power) 개념을 다루기로 한다.

2. 항공력의 특성

공중은 지상이나 해양과는 매우 다른 환경이다. 따라서 공군은 강점과 제한점의 측면에서 지상군과 해군과는 매우 다른 특성을 보유하고 있다. 이는 달리 말하면, 항공력은 다양한 기능을 수행함으로써 여러 가지 전략적, 작전적 및 전술적 효과를 형성하고 있으며, 항공력만의 독특하고 유일한 기능을 수행하기도 한다.

1) 항공력의 강점

항공력은 지표면 상공의 제3차원을 이용하는 독특한 능력을 가진다. 즉 공중의 항체들은 해군함정이나 지상의 차량들에 비해 훨씬 빠르고 훨씬 먼 도달거리를 가진다. 따라서 고도, 속도, 도달거리는 항공력의 일차적인 강점(기본 특성)으로 고려된다. 그러나 고도, 속도, 도달거리는 다음의 여러

---

global strategic military power"; U.S. Air Force, *Air Force Basic Doctrine*, AFDD1, 17 Nov., 2003.

29) 공군본부, 『공군기본교리』(2015), 공군교범 0, p.54.

가지 부가적인 강점(특성)들인 융통성, 편재성 및 치명성을 산출하기 위해 시너지 효과를 창출한다.

(1) **고도**(height): 일련의 고도 스펙트럼상에서 작동하는 항공기의 능력은 지표면상과 해저에서의 활동들을 지배하고 관측할 수 있는 능력을 갖도록 해준다. 그러한 능력은 적의 모든 군사력들이 전선에 있건 아니건 간에 그에 대하여 직접적인 화력의 사용을 허용해주며 또한 생존성에 있어 중요한 요소인 3차원에서의 기동을 가능하게 해준다.

(2) **속도**(speed): 항공기의 속도는 신속한 군사력의 투사를 보장해준다. 따라서 보다 빠른 속도는 주어진 기간 내에 보다 많은 임무들을 보다 짧은 시간 내에 완수할 수 있음을 의미한다. 전술적 수준에서, 고속도는 항공기가 적대적인 화력에 노출되는 시간을 줄여주며 그럼으로써 전투에서의 생존성을 증대시켜줄 수 있다.

(3) **도달거리**(reach): 지구는 70%가 물로, 그리고 30%는 땅으로, 그리고 100%가 대기에 의해 뒤덮여 있다. 그 결과 항공력은 비견될 수 없는 도달거리를 소유한다. 항공기는 산악장애물이나 광활한 해양과 같은 지표상의 지형들에 의해 방해받지 않은 채로 그 어떤 방향에서도 광대한 거리에서 군사력을 투사할 수 있다. 더욱이 항공력의 도달거리는 공중재급유의 사용을 통하여 최근에 엄청나게 확장되었다. 도달거리는 원거리에 있는 표적타격과 고립된 지역에의 접근을 위해서뿐만 아니라 직상공 비행이 거부된 특정의 국가를 우회비행하는 것과 같은 잠재적인 제약사항들을 극복하는 데 있어서도 중요하다.

(4) **융통성**(flexibility): 융통성은 고도, 속도, 거리의 특성을 복합적으로 운용할 수 있는 3차원의 공간에서 광범위하고 다양한 군사활동과 환경 및 상황에 신속하게 적응하는 포괄적인 항공력의 특성을 말한다. 이

러한 융통성은 항공작전을 정해진 목표(임무)로부터 다른 목표(임무)로 빠르고 결정적으로 전환할 수 있도록 해주며, 특히 항공력의 탁월한 기동능력은 광범위한 지역에 분산된 항공력을 원하는 목표 지역에 신속하게 집중할 수 있다. 예를 들면, GR1A 토네이도 항공기의 경우 정찰, 공대지 공격 및 공대공 자체방어(self-defense) 등을 위해 사용될 수 있다. 그렇기 때문에 토네이도는 하나의 임무를 수행하는 동안에도 다른 역할을 수행할 수 있으며 필요할 경우에는 공중에서 새로운 임무를 부여할 수도 있다.

(5) 편재성(ubiquity): 고도와 속도 그리고 도달거리 덕분에 광활한 범위의 지리적 영역을 관통하여 동시적으로 위협을 행사하거나 그에 대항할 수 있다. 이러한 편재성은 공간을 뛰어넘어 다양한 작전을 동시에 수행(병행작전)할 수 있는 능력을 강조하여 동시성(concurrency) 특성으로 표현하기도 한다.

(6) 치명성(fatalness): 치명성은 항공력의 다양한 무기체계를 사용하여 선정된 표적을 효과적으로 파괴하고 무력화시키는 특성이다. 치명성은 결정적인 표적을 신속·정밀하게 공격함으로써 요망효과를 달성할 수 있으며, 적의 작전능력을 치명적으로 저하시킨다. 특히 과학기술발전(스텔스 성능, 정밀교전 능력)은 항공력의 치명성을 증가시키고 있다.

2) 항공력의 제한점[30]

항공력은 강점뿐만이 아니라 일시성(impermanence), 탑재량(payloads)의 제한, 취약성(fragility) 등과 같은 고유의 제한점들도 가지고 있다. 항공력의 강점들과 마찬가지로 이러한 제한점들은 절대적인 것이라기보다는 상대적인 것이므로 그와 같은 맥락에서 이해해야 할 필요성이 있다.

---

30) RAF, AP 3000, pp.17-18.

(1) 일시성: 항공기는 무한정 공중에 체공하면서 임무를 수행할 수는 없다. 비록 공중 재급유가 항공기의 행동범위와 체공능력을 비약적으로 확장시켜주긴 했지만 여전히 비행 중의 재무장, 승무원 교체, 혹은 서비스를 할 수 있는 방법은 없다. 따라서 항공력이 창출하는 효과는 일시적이며 순간적인 경향이 있으므로 그러한 효과들을 지속시키기 위해서는 반복적으로 작전을 수행해야만 한다. 이러한 항공력의 일시성은 하나의 이점이 될 수도 있다. 예를 들면, 항공력의 일시성은 외국에 장기주둔하는 빌미를 만들어 이로부터 야기될 수 있는 잠재적인 군사적 및 정치적 부담을 회피하는 데 도움이 될 수 있다.

(2) 탑재량의 제한: 항공기로 운반될 수 있는 탑재량은 함정이나 지상차량으로 운반할 수 있는 탑재량에 비해 훨씬 제한된다. 따라서 항공기는 높은 가치의 이득을 제공하는 임무에 사용되는 경우 가장 효율적이다. 이것은 전투 그리고 수송과 같은 전투지원을 위한 임무에도 동등하게 적용된다. 비록 상대적으로 적은 탑재량은 불리함이 되겠지만, 이러한 불리한 점들은 항공기의 속도와 치명성 그리고 현대의 공대지 탄약의 정밀성, 높은 출격률(sortie rate) 등에 의해 부분적으로 보완될 수 있다. 더욱이 신속하게 투입된 소량의 무장은 나중에 투입되는 대규모의 무장에 비해 중대한 상황을 안정화시키는 데 있어 훨씬 큰 가치를 갖는 것일 수도 있다. 짚고 넘어가야 할 중요한 사항은 탑재량의 제한점들은 3차원을 이용하는 모든 시스템들에 공통적이라는 점이다. 그러한 점들은 특히 작은 날개면적을 가지고 있는 모든 미사일들의 주된 특징으로 꼽힌다.

(3) 취약성: 항공기는 공중에서 전력을 발휘하기 때문에 지상에서는 전력으로서의 역할을 하지 못하며, 많은 긴장상태에 놓이게 되어 지·해상 운반체보다 취약하다는 것이다. 또한 비행체들은 실용성을 가질 수 있을 정도로 가벼워야만 할 필요가 있으므로 장갑(armour)으로 보호

되는 수준도 아주 미약하다. 따라서 상대적으로 낮은 수준의 전투피해에도 치명적인 결과에 직면할 수 있다.

3) 여타의 고려사항들

상술한 항공력의 강점과 제한점들 외에, 항공력은 또 다른 매우 중요하면서도 잘 알려져 있는 특성들도 가지고 있다. 이러한 특성들도 항공력이 방위와 안보에 기여할 수 있는 능력에 영향을 미친다. 그러한 특성들은 다음과 같다.

(1) 비용(Cost): 하이테크 장비는 단순한 장비들에 비해 불가피하게 비용이 높다. 특히 군용항공기는 첨단기술을 적용하는 경향성이 있기 때문에 비용이 높을 수밖에 없다. 마찬가지로, 공중승무원들을 훈련하는 데에 있어서도 매우 높은 비용이 소요된다. 그러나 항공기는 어떤 임무에 있어서는, 최첨단 고성능의 항공기가 필수적이지만, 다른 경우에는 훨씬 저렴한 비용의 해결책으로도 충분할 수 있다. 마찬가지로, 훈련비용도 공중승무원이 비행하는 데 요구되는 항공기의 복잡성과 밀접한 관련이 있다. 모든 경우에 있어서 비용 그 자체는 비용 대 효과의 측면에서 균형을 이루어야만 한다.

(2) 기지 의존성(Dependency on Bases): 지·해상군이 군수지원용 병참부대나 항만을 필요로 하는 것 이상으로 항공력은 활주로가 있는 비행기지 의존성이 크다. 항공력은 비행기지로부터 각종 지원을 받아야 하므로 기지자체는 적으로부터 좋은 표적이 될 수 있다.

(3) 빛(Light)과 기상(Weather)에 대한 민감성(Sensitivity): 때때로 항공력은 여타의 군사력 형태에 비해 기상과 빛에 대해 훨씬 민감한 것으로 인식되었다. 확실히 악기상은 이착륙과 항법 그리고 표적획득에 어려움을 안겨준다. 그러나 모든 형태의 군사력의 운용은 어느 정도 기상과 빛

의 조건에 의해 영향을 받는다. 높은 파도에 둘러싸여 있는 국가들의 경우, 함정은 전투를 수행할 수 없고 때로는 항구를 떠날 수조차도 없다. 마찬가지로 호우에 의해 야기된 진흙은 지상군을 수렁에 빠져들게 할 수 있다. 최근 급격한 기술적 발전의 덕택에 많은 전투용 항공기들은 이제 모든 빛의 조건에서도 작전할 수 있게 되었고 또한 이들 중 다수는 전천후로 작전을 할 수 있게 되었다. 걸프전에서 기상은 진정한 작전제한 요소로 입증되었지만 단지 특정 유형의 작전들을 지연시킨 정도에 불과했다. 전반적으로, 야간은 공격기들을 제한하는 요인은 아니었으며, 오히려 그 반대였고, 이라크 종심 깊은 지역으로 행해진 대부분의 출격비행은 어둠을 이용하여 이루어졌다. 실제로, 어둠과 악기상이 제공해준 은폐는 보다 첨단의 전천후 항법과 표적획득 장치가 개발되고 전개됨에 따라 점점 더 항공력의 이점으로 변화되었다.

(4) 기술(Technology)에 대한 민감성: 항공력은 해양력이나 지상력에 비해 기술적인 변화에 보다 민감한 경향이 있다. 항공력은 기술의 산물이며, 기술적 발전은 불가피하게 항공력의 발전에 영향을 미친다. 항공력의 공세적 능력은 지대공 방어 기술의 발전에 의해 제한될 수 있다. 그러나 마찬가지로, 항공력의 공세적 능력은 스텔스와 같은 저탐지 기술상의 발전에 의해 크게 확대될 수 있다. 그러한 균형의 본질은, 항상 전반적인 기술발전의 방향과 속도에 의해 좌우된다.

3. 항공력에 관한 명제

항공력 진화 및 발전 100년간의 역사를 통하여 다수의 항공사상가들이 제기한 여러 가지 항공력에 관한 주장들은 그것이 경험을 통하여 인증(authentication)됨으로써 이론화된 것도 있고 또 인증되지 못한 하나의 공상으로, 또는 실현되지 못한 예언의 형태로, 그리고 심지어 거짓으로 취급된 채 남아 있는 것들도 있다. 전(前) 미공군대학 교수 멜링거(Phillip S. Meilinger)는 그동안 발표된 예언적 이론들과 또한 여러 가지 전쟁을 통하여 실험 및 검증된 사실들을 면밀하게 분석 및 종합하여 이를 10가지의 명제로 요약하고 있다. 이것은 한 세기 동안 성장 발전해온 항공력에 대한 이론적 집약이며 요체라고 평가할 만하다. 여기에 멜링거 대령의 항공력에 관한 10가지 명제를 간단히 소개한다.[31)]

〈표 1〉 항공력에 관한 10가지 명제

Ten Propositions Regarding Airpower

1. Whoever controls the air generally controls the surface.
2. Airpower is an inherently strategic force.
3. Airpower is primarily an offensive weapon.
4. In essence, airpower is targeting: targeting is intelligence; and intelligence is analyzing the effects of air operations.
5. Airpower produces physical and psychological shock by dominating the fourth dimension-time.
6. Airpower can simultaneously conduct parallel operations at all levels of war.
7. Precision air weapons have redefined the meaning of mass.
8. Airpower's unique characteristics require centralized control by airmen.
9. Technology and airpower are integrally and synergistically related.
10. Airpower includes not only military assets, but aerospace industry and commercial aviation.

31) Phillip S. Meilinger, "Ten Propositions Regarding Airpower," *Airpower Journal,* vol.10, no.1, USAF(Spring, 1996).

1) 하늘을 지배하는 자는 대개 지·해상도 지배한다

공군의 제1차적 임무는 우군의 지·해상 및 공중작전이 적으로부터 방해받지 않으며, 동시에 국가의 중력중심과 군사력이 적의 공중공격으로부터 안전할 수 있도록 적 공군을 패배 혹은 무력화시키는 공중우세 또는 제공권의 획득이다. 실제로 모든 항공이론가는 이 명제에 대해서 동의한다. 예를 들어, 두헤는 "제공권의 획득은 승리를 얻는 것이다(To have command of the air is to have victory)."[32]라고 간단하게 언명하였다. 같은 맥락에서 존 와든은 "1939년 독일군이 폴란드를 침공한 이래 적이 공중우세를 가진 상황하에서는 어떤 국가도 전쟁에서 승리하지 못했고 … 반대로, 공중우세를 유지하는 한 어떤 국가도 전쟁에서 패배하지 않았다."[33]라고 말했다. 공중우세의 획득은 아직까지 어떤 국가를 무릎꿇게 하는 정도에 도달하지는 못했다. 따라서 공중우세는 필수적인 것이지만 승리를 위한 충분한 조건은 되지 못하는 것으로 남아 있다. 그것은 단지 핵심적인 첫걸음일 뿐이다.

2) 항공력은 본질적으로 전략적 전력이다

국가의 "주요중심들(Vital Centers)"은 보통 후방 깊숙한 곳에 위치하고 있으며 군대와 방어성채(防禦城砦)로 보호된다. 따라서 항공기에 의한 공습 이전 시대에는 주요중심들을 격파하기 위해서 통상 적의 방어성채나 적의 군대를 대상으로 하여 군사력을 투입하여야 했다. 이에 따라 육군은 전장에서의 승리가 축적되면 결정적이고 전략적인 위치에 도달할 수 있다는 희망으로 열심히 적의 육군과 싸우는 전술적 도구가 되었다. 그리하여 전투에서의 과다한 출혈과 함께 전쟁 자체가 살상극이나 탈진상태를 연출하게 되는 경우가 많았다.

그런데 항공력은 전략과 전술 사이의 선을 압축함으로써 모든 일을 변화

32) Giulio Douhet, *The Command of the Air, trans. Dino Ferari* (Washington, D.C.: Office of Air Force History, 1983), p.25.

33) John A. Warden III, *The Air Campaign: Planning for Combat* (Washington: Pergamon-brassey's, 1989), p.10.

시켰다. 항공기는 전략적 수준의 효과를 획득할 수 있는 작전들을 일상적으로 수행할 수 있다. 따라서 지상군이나 함대 또는 지리적 장애물을 뛰어넘어서 직접 적의 핵심부를 강타할 수 있는 능력이 있기 때문에 지형이나 환경 때문에 직면했던 요구사항들을 제거한다. 항공전은 넓고도 전략적인 사고를 필요로 하기 때문에 항공지휘관은 전쟁을 순차적으로 보거나 한정된 모양으로 보아서는 안 되고 반드시 총체적으로 보아야 한다.

또한 항공력은 비살상용 전력으로서 큰 전략적 능력을 가지고 있다. 예를 들어, 1948~49년 동안에 있었던 베를린 전략공수작전은 아마도 베를린 장벽이 스스로 무너지기 이전의 냉전시대에 발생한 서방 측의 가장 위대한 승리로서 항공력이 무력을 전혀 사용하지 않고 달성한 것이어서 그 가치는 매우 크다고 할 수 있다.

3) 항공력은 1차적으로 공세적(攻勢的) 무기이다

전쟁에서 방어가 더 강력한 전쟁 방식이라는 생각은 지·해상전 이론가들에게는 자명한 것이다. 방어자는 참호 속에 숨을 수 있고 요새를 건설할 수도 있으며 우군 지역 내에서 작전을 지속할 수도 있고 또한 지형에 익숙할 수도 있는 이점을 가지고 있다. 그렇지만 공격자는 이토록 방어태세가 잘 갖춰진 적을 공격해야 하며 대개 적의 화력에 자신을 노출시켜야 한다. 더욱이 적의 영토 안으로 깊이 들어갈수록 우군의 보급원과는 거리가 멀어진다. 그러나 방어자세의 지속만으로는 결코 전쟁에서 승리할 수 없고 결국 공세적 활동이 필요하다.

항공력에 대해서는 이러한 육군의 공식이 적합하지 않다. 공군은 하늘이라는 광대하고 통행의 제약이 없는 곳에서는 어떤 방향으로도 적을 공격할 수 있다. 하늘에는 전선(前線)이나 측면(flanks)이 없으며 요새구축이 불가능하다. 따라서 공중방어는 비효율적인 것이고, 또 소극적 방어작전은 비실용적인 것이다. 효율적인 방어체계가 유지되더라도 국가의 중요지역을 전부 방어하기 위해 전력을 분산하는 것은 공격자에게 국지(局地)공중우세를 사실상 제공할 수도 있다.

한편, 항공력이 지닌 속도, 거리, 융통성 등의 특성은 항공력에게 편재성(偏在性, ubiquity)을 제공하였으며 항공력에게 공세적 능력을 고취하였다. 항공전에서는 일반적으로 공세를 통해 전승(戰勝)을 얻기 때문에 "공격이 최선의 방어이다(先則制人)"[34]라는 말은 항공전에서 필요한 변함없는 원칙이 되는 것이다.

4) 항공력의 핵심은 표적선정이고, 표적선정의 핵심은 정보이며, 정보의 핵심은 항공작전에 대한 결과분석이다

표적에 영향을 미치는 항공력의 능력은 표적식별 능력을 언제나 능가해 왔다. 걸프전은 표적의 존재를 알지 못하면 항공력의 운용이 비효과적일 수 있다는 것을 보여주었다. 예를 들어, 비록 다국적군 항공기가 이라크 내에서 식별한 모든 핵, 생물학 및 화학전 연구시설의 대부분을 파괴했지만, UN조사단이 전후에 이라크 내부를 샅샅이 뒤진 결과, 중요하지만 식별되지 않은 것이 훨씬 더 많았다고 한다.[35] 따라서 정보는 표적선정의 핵심이며, 항공력과 정보는 내적으로 통합되어 있어야 한다.

항공공격의 효과분석은 매우 중요하다. 과거에 사용하던 폭격피해평가(BDA)는 전술적 적용력을 가지는 방법이기 때문에 정밀공중공격의 효과측정에는 미흡하다. 전략수준에서의 평가문제는 이보다 훨씬 더 복잡하다. 즉 전략적 공중강타의 효과성을 측정하기 위해 사용되는 현용 기준은 불충분하다. 따라서 항공력은 전략적 전력이기 때문에 전략수준에서의 항공력의 효과성을 좀 더 잘 이해하고 측정·예견해야 할 것이다.

5) 항공력은 제4차원-시간을 지배함으로써 물리적 및 심리적 충격을 생산한다

전력을 신속하게 운용하면 느리게 운용할 때는 생기지 않는 물리적 및

34) 선수를 치면 상대편을 제압할 수 있다는 뜻으로 『사기(史記)』의 "항우본기(項羽本紀)"에 나오는 말임. *op.cit.*, 두산백과사전.

35) David Albright and Mark Hibbs, "Iraq's Bomb: Blue-prints and Artifacts," *Bulletin of the Atomic Scientists,* January-February 1992, pp.30-40 참조.

심리적 충격효과가 발생한다. 항공력은 특정지역에 막대한 양의 화력을 집중 투하할 수 있기 때문에 물리적 충격효과를 생산하며 이는 또한 심리적 효과까지 발생한다.

그러나 항공력의 높은 기동속도를 통한 기습은 시간을 정복함으로써 적의 심리에 영향을 미쳐 혼란과 무질서를 불러일으킨다. 관찰-판단-결심-행동 고리(Observe-Orient-Decide-Act Loop: OODA)라는 존 보이드(John Boyd)의 이론은 시간의 축소가 적에게 막대한 심리적 부담감을 주기 때문에 전쟁에서 결정적인 요소가 된다는 전제에 바탕을 두고 있다.[36] 항공력 운용에서 시간이라는 차원을 빼앗기게 되면 항공력이 갖는 심리적 충격 효과는 거의 없어질지도 모르는 것이다.

6) 항공력은 어떤 전쟁수준에서도 병행작전을 동시적으로 수행할 수 있다

병행전쟁은 상이한 전쟁 수준에서 상이한 표적을 상대하는 여러 가지 다른 전역들이 동시에 수행될 때 이루어진다. 공군은 작전적 및 전략적 목표로 옮겨가기 전에 전술적 전투를 승리하지 않으면 안 되는 지상군과는 달리 여러 가지 다른 전쟁 수준에서 별개의 전역을 수행할 수 있다. 예를 들어, 적국의 무기 생산공장을 공격하는 전략임무를 수행할 때에도 항공력은 적의 수송 및 보급체계를 혼란시키는 작전 수준의 전역을 수행할 수 있고, 동시에 항공력은 전술 수준에서 적의 야전 배치 군사력을 공격할 수도 있다. 또한 항공력은 동일한 전쟁 수준 내에서도 공중우세 전역과 전략폭격 전역처럼 상이한 유형의 항공전역을 동시에 수행할 수 있다.

항공력이 지닌 특성 중 핵심은 아마도 융통성일 것이다. 이는 항공력의 고도, 속도, 거리특성이 복합되어 항공기를 광범위하고 다양하게 활동할 수 있도록 하는 것이며 적 전력의 어떤 면에 대해서도 군사력을 개별적으로 또는 동시에 집중시켜 운용할 수 있다는 것이다. 이 융통성은 병행작전의

---

36) John Boyd에 대한 좋은 토론 내용은 David S. Fadok, *John Boyd and John Warden: Air Power's Quest for Strategic Paralysis* (Maxwell AFB, Ala.: Air University Press, February 1995) 참조.

수행에서 가장 분명하게 드러나게 된다.

7) 정밀 항공무기는 집중(mass)의 의미를 재정의하였다

집중은 오랜 기간 동안 전쟁의 원칙 중 한 가지로 고려되었다. 적 방어망을 돌파하기 위해서는 병력과 화력을 특정 지점에 집중시켜야 한다. 방어망을 돌파하는 화력이 강력해지고 병력이 대량으로 집중됨에 따라 방어망 자체도 매우 강력하게 되었다. 이에 지휘관들은 더욱더 보유전력을 분산·분할시키지 않고 집중시켜야 하는 경각심을 가지게 되었다. 따라서 집중의 원칙은 지상전을 지배했으며, 기획자들은 적이 탐지하기 전에 대량의 병력을 적절한 장소 및 시간에 집결 가능토록 보장하는 수송 및 통신 수단을 개선하는 데 관심을 집중시켰다.

이 원칙은 항공전에서도 사실로 드러나는 것 같았다. 2차 대전 시 폭격의 부정확성으로 정유시설 하나를 가동 중지시키는 데도 수백 대의 폭격기가 필요했고, 더욱이 하나의 표적을 파괴한 연후에나 다른 표적에 대한 공격으로 옮겨가야 했다. 이처럼 정밀성의 결여는 항공력으로 하여금 누적적 효과에 의존하는 소모전 상황에 빠지게 했으며, 본질적으로 항공력을 전술적 수준으로 몰아갔다.

군사기술이 발전하면서 폭격의 정확성이 향상됨에 따라 소요폭탄의 수량도 변화되었다. 미 공군은 제2차 세계대전 시 1개 표적파괴에 9,500개의 폭탄이 소요되었으나 2003년 이라크전에서는 B-2폭격기에 의해 1개 정밀유도무기(JDAM)로 1개 표적을 성공적으로 파괴시켰다. 효과중심작전(EBO)의 발달로 표적들은 이제 더 이상 대량의 표적이 아니며, 어떤 항공무장도 표적 전체를 무력화시키기 위해 사용되지는 않는다는 것이다. 따라서 정밀성의 향상은 집중이 지닌 의미를 무색하게 만들어 버린 것이다.

8) 항공력의 고유한 특성은 항공인에 의한 중앙통제를 필요로 한다

일반적으로 육·해군은 그들이 항공력을 운용해야 한다고 생각하며 또 운용할 수 있다고 생각한다. 새로운 무기체계의 영향력 범위가 확대됨에

따라 육군의 공격거리 역시 확대되고 동시에 활동영역도 넓어졌지만, 항공력에 비하면 아무것도 아니다. 항공기는 수백 마일 떨어진 지점에 몇 분 이내에 몇 톤의 무장을 운반할 수 있기 때문에 이러한 능력은 우리에게 작전적이면서도 전략적 수준의 사고를 요구하는 것이다. 따라서 항공인은 전쟁에 대하여 좀 더 넓은 시야를 가져야 한다. 그들이 운용하는 무기가 우주자산을 포함한 광범위한 체계로 이루어져 있고 따라서 전쟁의 모든 수준에서 영향력을 가지기 때문이다.

항공인들은 만약 지·해상군 지휘관이 항공력을 통제하게 되면 전역전반에 손상을 끼치면서까지 그들 자신의 작전 지원을 위해 항공력을 분할할 것이라는 점을 우려하여, 항공력의 중앙통제 필요성을 역설한다. 항공력은 그 사용목적이 전략적이건 전술적이건 간에 전체 전구에 걸쳐 신속하게 투입될 수 있어야 하는 것이다.

항공력을 지상군 지휘관들에게 배분하는 것은 항공력을 한 전구에서 다른 전구로 신속하고도 효율적으로 전환시켜서 항공력의 효율성을 극대화시키는 일을 사실상 불가능하게 만드는 것이다. 따라서 미래의 분쟁에서 우선순위를 결정하는 어려운 결심들은 반드시 항공력을 잘 알고 있는 사람이 해야 하는 것이다.

9) 기술과 항공력은 필수적이며 상승작용적인 관계가 있다

항공력은 기술의 산물이다. 항공력은 항공역학, 전자공학, 야금학 및 컴퓨터 기술 분야의 최첨단적인 발전에 의존한다. 항공력이 가진 우주적 능력 측면을 생각할 때 이 같은 기술의존성은 더욱 분명하게 나타난다. 우리는 금세기에 지상전쟁이 어떻게 발전되는가를 보아야 했는데, 기관총, 탱크 및 포의 발전 속도는 매우 느렸다. 그 속도가 비교 가능한 다른 어떤 시대보다도 필경 빨랐겠지만 1903년 키티호크(Kitty Hawk)에서의 최초 동력비행에서 스페이스셔틀 우주선에 이르기까지의 항공력 발전 속도에 비교한다면 아무 것도 아니다.

미국은 세계에서 기술적으로 가장 앞선 군사력을 발전시켰다. 특히 항공

력에 있어서는 우월성이 더욱 두드러진다. 어떤 국가도 현재 미국이 보유한 혁명적 정찰, 감시 및 통신 기능을 가진 우주 관련 하부구조를 따라올 수가 없으며, 따라서 오늘날 오직 미국만이 힘을 범세계적으로 투사할 수 있는 능력을 보유하고 되었다.

현대전은 첨단기술에 의해 좌지우지될 정도로 큰 영향을 받고 있다. 항공력은 특히 첨단기술에 대한 의존도가 높기 때문에 기술발전은 곧 항공력의 발전이라 생각할 수 있다.

10) 항공력은 군사적 자산뿐만이 아니라 항공우주산업과 상업항공까지 포함한다

항공기의 집합만이 항공력이 아니라는 사실은 거의 모든 이론가들에게 인식되어졌다. 일찍이 1921년에 미첼은 강력한 민간 항공산업의 중요성과 이 산업의 육성을 위한 정부의 역할 및 국민들에게 "항공정신(Air-mindedness)"을 주입시키는 일의 중요성에 대하여 글을 썼다.[37] 이와 유사한 정서가 세버스키(Alexander de Seversky)에 의해, 그리고 가장 최근에는 미국을 "항공우주(aerospace) 국가"로 발전시킨 항공 지도자들에게 이어졌다.[38]

첨단 군용기를 발전시키는 데 요구되는 고도의 기술, 복잡성, 고가성으로 인해 민간기업들이 자기자본으로 투자하기에는 한계가 따르며, 이에 정부와 기업들의 적극적인 역할이 필수적이다.

일찍이 두헤와 세버스키는 민간 항공기의 군용 폭격기나 수송기로의 전환 가능성에 대하여 언급하였다.[39] 오늘날 군사 및 상업용 항공기는 유사한 성격을 가지며 공생적 설계 관계를 가지게 되었다. 따라서 항공기의 제

---

37) William L. Mitchell, *Our Air Force: The Keystone of National Defense* (New York: Dutton, 1921), pp.143-158, 199-216.

38) Alexander P. de Seversky, *Victory through Air Power* (New York: Simon & Schuster, 1942), p.329; Donald B. Rice, *The Air Force and U.S. National Security: Global Reach-Global Power* (Washington, D.C.: Department of the Air Force, June 1990), p.15.

39) Douhet, *ibid.*, p.124와 de Seversky, *ibid.*, p.296.

작과 운용에 관계된 인력들(생산, 조종, 정비, 항법, 관제 등)은 상당하며, 현재 세계의 어떤 국가도 그 규모, 능력, 다양성 및 질적인 면에서 미국의 항공우주 전력과 경쟁 상대가 되지 못하고 있다.[40]

4. 항공력의 적용

항공력의 독특하고 특수한 특성들을 통한 효과성은 점진적으로 항공력의 적용범위를 확대시켜왔으며, 오늘날 항공력은 의사결정자들에게 예측이 불가할 정도로 방위 및 안보정책을 집행하는 데 있어서 광범위한 선택권을 제공해 줄 수 있다. 따라서 항공력은 전쟁을 수행하는 것뿐만 아니라 평화의 유지와 위기의 관리를 위한 중요한 수단이 되고 있다.

1) 평시

평시 항공력 운용은 전쟁억제의 주도적 역할을 할 수 있으며 전쟁억제의 실효성을 높이기 위한 강압과 함께 국제평화유지를 위한 다양한 활동을 지원한다. 보다 범위를 넓히면 "전쟁 이외의 군사작전(MOOTW)"[41] 또는 최근의 안정화작전(Stability Operations)에 해당되는 모든 활동이 해당될 수 있을 것이다.

(1) 전쟁억제: 억제라 함은 얻을 수 있는 이득보다 손실과 위험이 더 크다

---

40) 항공력이 미국의 군사전략을 지배하게 된 것에 관해서는 Col. Dennis M. Drew의 "We are an Aerospace Nation," *Air Force,* November 1990, pp.32-36 참조.

41) "전쟁 이외의 군사활동" 또는 "전쟁 이외의 작전(Military Operations Other than War)"이란 전쟁의 수준에 미치지 못하는 모든 군사활동에서 무력의 사용을 포함하는 제반작전을 말한다. "전쟁 이외의 작전" 교리는 미 합참의 개념변화에 따라 용어가 국제사회와 협력하여 위기상황이나 분쟁에 대응하여 수행하는 "평화작전"과 전시 자유화지역에서의 "안정화작전"으로 수정되었다가, 2015년판에서는 이 "안정화작전"을 삭제하고 "평화작전"에 포함시켜 설명하고 있다. 『공군기본교리』(2015), p.60.

는 것을 인식케 하여 상대국의 군사행동을 차단하거나 보복 또는 응징을 위협함으로써 상대국이 어떤 군사행동을 하지 못하도록 유도하는 것이다.[42] 항공력은 신속한 전개 및 침투수단과 정밀폭격 능력 등을 지니고 있으므로, 이를 이용해 적의 군사적 도발을 사전에 단호히 격퇴, 응징, 보복하겠다는 국가의지를 과시함으로써 전쟁발발을 억제할 수 있다.

(2) 강압(Coercion): 군사력을 강압적으로 사용한다는 것은 적이 이미 실시한 행동을 원상복구하게 하거나, 진행 중인 행위를 중지하게 하는 등 바람직하지 못한 행위 자체에 대해 영향을 주도록 군사력을 행사하는 것을 말한다. 강압은 위협의 행사를 목적으로 하고 있으며, 위협만으로 충분치 않고 힘을 사용할 경우에는 보다 제한적이고 선택적인 방법을 사용한다. 이때 힘은 적으로 하여금 다시 계산하게 하거나 분쟁을 상호간에 수락할 수 있는 선에서 종결토록 종용하기 위해 사용되기 때문에, 본보기나 시범적이거나 선별적으로 통제될 뿐만 아니라 점증적 방법으로 행사된다. 결국 강압은 상대방에게 단계적인 압박을 가함으로써 자신의 요구대로 따르도록 강요하는 것이다. 그래서 압력은 인상적이고 시의적절하면 되는 것이다. 따라서 분쟁 시에는 확전의 방지, 또는 자국의 요구관철을 위하여 항공력을 이용한 강압전략 수단으로서의 역할이 가장 우선적으로 고려될 것으로 본다.

로버트 페이지(Robert A. Page)는 항공강압전략의 타격유형으로 처벌(punishment), 리스크(risk), 거부(denial), 파면(decapitation) 등을 들고 있다. 적극적인 군사력 사용을 통한 강압으로서 처벌의 명백한 적용의 하나가 바로 국가에 의해 후원받은 게릴라나 테러리스트들에 의한 공격행위에 대한 대응이다. 그 같은 경우에, 침략당사자들을 직접 공격하는 것은 종종 불가능하지만, 그들을 지원하거나 부추기는 행위자

42) 공군본부, 『작전용어사전』 참고교범 1, 2009.10.

들을 처벌하는 것은 대체로 가능한 일이다. 또한 1981년 7월 7일 이스라엘이 이라크의 오시락 원자로를 폭격한 "바빌론작전"도 평시 항공강압의 대표적인 사례로 볼 수 있다. 항공강압은 물론 전시에서도 적용될 수 있다. 1972년 12월 북베트남이 파리 평화협상을 교착상태로 만들었을 때, 미국은 폭격에 의한 공격을 하노이와 하이퐁까지 확대하였다. 폭격이 있은 11일 후에 북베트남의 지도자들은 평화협상을 위한 테이블로 복귀에 동의하였다. 그러한 강압의 결과, 북베트남은 이전의 10월에는 자신들이 거부하였던, 실질적으로 동일한 조약에 서명하였다.

(3) 무력시위: 항공력은 국가이익과 목표 달성에 방해가 되는 특정한 상황을 거부하고, 국가의 의지를 표명하고 아군의 능력을 과시하기 위하여 적절히 사용될 수 있다. 시위의 형태는 군사훈련, 전력전개, 무기구입 등이 될 수 있다. 1976년 8월 한국의 비무장지대에서 자국의 병사 2명이 살해당하는 사건이 발생하자 미국은 신속하고도 보란 듯이 한국에 항공력을 파견하는 것으로 대응했다. 그러한 대응에 내포된 위협은 분명한 것이었으며, 북한은 신속하게 공식적인 사과를 표명했다.

(4) 경보: 공중경계는 영공방위를 위해 영토·영공·영해에서 적의 각종 위협에 대한 효과적 대응과, 국가적으로 중요한 행사시 안전을 보장한다. 이와 같이 항공력은 의도된 공격행위에 대한 적시의 사전 경보를 제공하는 데 사용될 수 있으므로 적절한 예방행동을 취할 수 있도록 해준다. 특히 E-737 공중조기경보통제기(AEW&C)와 J-STARS 같은 첨단 공중감시 시스템들은 잠재적 공격자들의 행동에 대한 엄청난 양의 세밀한 데이터를 제공할 수 있다.

(5) 평화유지 활동: 항공력은 세계평화를 위한 인도적 차원의 지원에 운용

될 수 있다. 첫째로는 국제관계를 증진시키는 데 도움을 줄 수 있다. 홍수, 기근, 태풍, 화산, 질병 혹은 지진 등 어떤 형태에 의한 것이든 재난이 닥쳤을 때, 대응속도는 가장 중요하며 따라서 항공력의 속도는 고통을 완화시키는 데 핵심적 역할을 하는 데 도움이 된다. 군용수송기는 위급한 자연적 재난의 초기 단계의 시기 동안, 신속하게 구호품을 운반하는 독특한 능력을 가지고 있다. 다음으로 안도감을 제공할 수 있다. 항공력은 평화에 대한 위협을 완화시키는 데 도움을 줄 수 있다. 3차원의 공간에서의 감시를 통해, 항공력은 잠재적인 적대국가가 공격행위를 개시하려는 상태에 있는 것이 아니라는 안도감을 제공해줄 수 있다. 부가하여, 항공력은 군비통제협약을 검증하는 데 사용될 수 있으며, 신뢰 및 안보의 구축을 증진하는 데도 중요한 역할을 할 수 있다. 위성 감시체계를 포함한 공중체공 시스템들의 능력, 유연성 등이 큰 역할을 하고 있다. 마지막으로 항공력의 구조 및 구호활동 역할을 들 수 있겠다. 군의 사기와 단결을 유지하고 전투자원을 보존함은 물론, 천재지변이나 기타 사고에 의한 국가재난 시 정부나 민간에 대한 구조, 구호활동을 신속하게 수행할 수 있다.

2) 전시

평시 전쟁억제 및 평화유지 등이 실패하고 무력분쟁을 낳게 되면, 항공력은 최소한의 인명손실로서 성공적으로 작전을 수행하는 데 결정적으로 기여할 수 있다. 필요한 때, 필요한 곳에 시간과 공간을 불문하고 군사력을 집중할 수 있는 항공력의 독특한 능력은 전장을 지배하는 특징이 되고 있다. 전시에 항공력은 정책결정자들에게 다음과 같이 광범위한 활동의 선택을 제공해준다. 여기에는 파괴(destruction), 거부(denial), 와해(dislocation), 지연(delay), 전환(diversion) 그리고 사기저하(demoralisation) 작전 등에 의한 결과로 나타나는 효과들이 모두 포함된다.

(1) 파괴: 항공력의 가장 명백한 전시 적용은 파괴를 위한 것이다. 화력을

집중할 수 있는 능력은, 공중공격의 본질에 고유하게 내재되어 있는 직접적 화력 적용성과 결부되었을 때, 항공력에 엄청난 파괴의 잠재력을 부여해준다. 특히 최근 걸프전 동안에, 항공력은 쿠웨이트 전역에서의 작전을 위해 전개된 이라크의 탱크, 야포 및 병력수송을 위한 장갑차들의 거의 절반을 연합군의 지상공격이 시작되기도 전에 파괴하였다. 바다에서도 이라크 해군의 87%에 해당하는 14척의 이라크 전함 전체가 연합국의 항공력에 의해 침몰되었다.

(2) 거부: 항공력은 또한 적국이 자신의 항공력, 지상군 및 해군력을 효과적으로 사용하는 능력을 거부·저지·봉쇄하는 데 사용될 수 있다. 가장 현저한 사례는 영국 전투(the Battle of Britain)이며, 이 전투에서 영국 공군은 전쟁 승리의 잠재력을 가진 적의 침공개시 기회를 거부하는 실질적이고 유일한 수단이었다. 또한 1973년 욤 키푸르(Yom Kippur) 전쟁 당시 골란고원(Golan Heights)에서의 전투를 들 수 있다. 기습공격을 당한 이스라엘군은 충분한 지상군 전력이 전개될 때까지 시리아군의 공세를 봉쇄하기 위해 항공력을 사용하였다.

(3) 와해: 와해는 적을 일시적으로 무력화시키는 것으로, 제한된 시간동안 적이 소유한 자원이나 능력을 사용할 수 없게 만드는 것이다. 와해를 가할 수 있는 항공력의 능력은 하나의 중요한 질적 측면이다. 심지어 항공기가 표적파괴에 실패하는 경우라 하더라도, 피해를 입힐 뻔했거나(near-miss damage) 부수적으로 끼친 피해가 사기에 미친 충격은 여전히 적의 중대한 정신적, 도덕적 그리고 물리적 와해를 야기할 수 있다. 와해는 지연과 혼란을 야기시키고 또한 부대의 응집력을 파괴한다. 예를 들면, 1944년 6월, 독일의 레흐(Lehr) 팬저사단은 연합국의 D-데이 상륙을 봉쇄하기 위해 르만(Le Mans)으로부터 전개를 하는 동안에 연합국의 지속적인 항공차단에 끌려갔다. 이 작전 동안 지속된 레흐 팬저사단의 소모는 상당한 수준이었지만 더욱 중요한 것은

부대 응집력이 상실되어 사단이 전장에 당도했을 때는 효과를 발휘할 수 없는 미약한 규모에 불과하였다는 사실이다.

(4) 전환: 항공력은 적군에 대한 파괴나 와해를 통하여 적으로 하여금 주 임무에서 이탈하여 준비되지 않은 타 임무로의 전환을 강요한다. 항공력은 전쟁의 각 단계에서 적의 민감한 표적을 집중적으로 공격함으로써 적의 전력 및 가용자원의 방향을 공격에서 방어로 돌리도록 강요한다. 이러한 특성은 적 지상전력의 도착을 지연시키거나 혹은 봉쇄나 파괴를 보다 용이하게 할 수 있는 지역으로 이동하도록 만들 수 있다.

(5) 지연: 파괴, 와해 혹은 전환으로 인한 효과는 다시 또 다른 전시 항공력의 중요한 효과인 지연을 창출해낼 수 있다. 방어의 상황에서, 적에 대한 지연의 부과는 방어를 강화해주거나 공격행위를 손상시킴으로써 우군 전력이 적의 공세행위를 보다 효과적으로 다룰 수 있게 해준다. 공세의 상황에서, 지연은 우군 전력이 적의 탈출을 방지할 수 있도록 해준다. 예를 들면, 1944년 6월, D-Day 상륙을 봉쇄하는 데 도움을 주기 위해 독일의 2개 팬저사단이 동부전선으로부터 전환하도록 만들었다. 이 항공차단 공격은 독일 팬저사단이 노르망디에 이르는 270마일의 험난한 잔여거리를 커버하는 데 9일이나 더 소요되도록 만들었다.

(6) 사기저하: 사기저하 또한 항공력이 창출해낼 수 있는 중요한 효과들 중의 하나이다. 사기저하는 전투능력의 모든 측면들에 관련되는 중요한 요소이다. 공중공격은 가해진 피해와는 상관없이, 사기를 저하시키는 특별한 효과를 항상 가진다. 항공력에 의한 사기저하 영향의 가장 좋은 사례는 아마도 걸프전이었을 것이다. 쿠웨이트와 이라크 남부에 대한 연합 지상공격인 DESERT SABRE 작전이 개시될 즈음, 공

중폭격은 대부분의 효과적 방어를 불가능하게 만듦으로써 이라크 군의 사기를 저하시켰다. 연합국 전력이 5백 명도 안 되는 연합군 사상자로 단지 5일 만에 약 10만 명의 전쟁포로를 창출하여 쿠웨이트를 해방시킬 수 있었던 것은 바로 이라크 군에 대한 공중공격의 사기저하 효과에 의한 것이었다.

5. 항공전략의 개념

우리는 항공력 운용문제를 다루고 항공작전을 논하면서 자주 '항공전략'이란 용어를 사용하게 된다. 단순히 전략과 전술체계에 대해 말할 때는 국가 대전략(national grand strategy), 군사전략(military strategy), 작전전략(operational strategy), 전술(tactics) 등으로 분류하게 되는데, 항공전략을 이러한 체계상의 일부분으로 분류하기에는 상당히 애매한 문제가 따른다. 그러나 우리가 말하는 항공전략은 군사전략의 일부로 생각할 수 있고, 각 군 수준의 작전전략으로 취급될 수도 있다.

따라서 공군의 작전전략을 'Air Force Strategy,' 또는 'Air Campaign'으로 불러도 무방하리라 생각한다. 항공력이 초기부터 발달해온 유럽이나 미국에서는 항공전략이라는 용어를 Air Strategy로 사용하고 있다. 항공력 이론 부문에서 선진국 중 하나인 영국의 공군교리에서는 "항공전략(air strategy)은 전쟁에서 항공력의 전반적인 운용계획"이라고 정의하고 있다. 또 항공전략을 3가지 영역으로 구분하여 항공전략의 구조를 형성하는 핵심으로 다루고 있다.

첫 번째 영역은 제공(Counter-Air) 활동이다. 제공 활동은 적의 공군을 억지하고 봉쇄하거나 패배시키기 위해 항공력을 사용하는 것으로 정의된다. 제공 활동의 전략적 목표는 원하는 수준의 공중통제를 달성하는 데 있다.

두 번째 영역은 대 지·해상전력(Anti-Surface-Force) 활동이다. 대 지·해상전력 활동은 적 지상군과(이나) 해군을 억지하고 봉쇄하거나 패배시키기 위해 우군 지·해상 및 해저전력과 협력하여 항공력을 사용하는 것을 포함한다. 대 지·해상전력 활동의 전략적 목표는 영토를 점령하거나 해상공간을 이용하는 데 필요한 적의 군사력을 박탈하는 데 있다.

세 번째 영역은 전략적 항공공세(Strategic Air Offensive)이다. 전략적 항공공세 활동은 적의 전쟁수행 능력을 파괴하거나 피해를 가하기 위해 정밀한 공격작전을 수행하는 데 항공력을 사용하는 것이다. 전략적 항공공세 활동의 전략적 목표는 적이 공격행위를 지속하는 데 필요한 능력과 의지를 분쇄하는 데 있다.

우리 공군에서도 항공전략을 "전쟁에서 항공력의 전반적인 운용계획"이라는 영국의 정의를 따르고 있으며 좀 더 범위를 넓혀 "한 국가가 전시나 평시에 있어서 주로 항공우주력에 의하여 그의 목표를 달성하고자 하는 전체적인 전략"으로 정의하기도 한다.[43)]

한편, '항공전략' 개념을 '전략'의 하위개념으로 정의한다면, 전략이 "전·평시 국가목표를 달성하기 위해 제 국력수단을 준비·운용하는 기술과 과학"이라는 정의에 따라 그 하위전략으로서 항공전략은 "전·평시 국가목표를 달성하기 위한 항공우주력을 준비·운용하는 기술과 과학"으로 정의할 수 있겠다.

V. 군사교리

전략수립 과정에 미치는 요인들은 수없이 많다. 이 절에서는 전략수립과정에 특별한 영향을 미치는 군사교리를 다루고자 한다. 군사교리는 국가목표를 달성을 위해 군사작전을 지도하는 근본적인 원칙이다. 이는 전략적 수준으로부터 작전술 및 전술 수준을 망라하며, 전술적 수준에 있어서 부대

---

43) 공군본부, 『작전용어사전』 참고교범 1, 2009.10.

편성과 작전을 지도하는 원칙들을 설정한다. 또한 전투를 승리로 이끌기 위한 전투수행과 행동의 지침을 제공한다. 이와 같이 교리는 그 엄청난 중요성에도 불구하고 정의가 잘 되어 있지 않으며 교리에 대한 이해가 부족하고 때로는 혼란스럽기까지 한 주제이다.

1. 군사교리의 개념

1) 교리의 원천: 교리의 가장 기본적인 원천은 경험이다. 어느 면에서, 교리는 과거에 일반적으로 성공적이었던 것을 모아놓은 것이다. 오랜 시간동안 되풀이된 활동의 성공과 실패는 현재 및 미래와 연관이 될 것이라는 믿음으로 일반화될 수 있다. 불행하게도, 과거의 모든 경험이 현재(미래는 말할 것도 없고)와 연관이 있는 것은 아니고, 오늘 연관이 있는 것이 미래에도 연관이 있다는 보장도 없다. 이처럼 교리는 항상 끊임없이 성장하고 진보하는 것이다. 그러나 오랜 시간 동안 자체 검증이 된 것으로 보이는 그러한 과거의 "교훈"은 교리적 믿음으로 일반화되었을 뿐만 아니라 소위 전쟁의 원칙 — 공리적 수준의 군사적 믿음 — 이라고 부르는 높은 수준의 추상적 개념으로까지 발전되었다.

물론, 교리가 단순히 경험의 결과만은 아니다. 스스로의 경험은 유용성의 한계를 갖는다. 프리드리히 대제가 지적한 바와 같이, 만약 경험이 가장 중요하다면 그는 충분히 많은 전쟁경험을 한 당나귀들을 야전사령관으로 임명했을 것이다.

그 실질적인 관건은 역사(경험) — 그리고 그 역사 속에 내재한 어려움 — 를 정확히 분석하고 해석하는 것이다. 모든 사람들은 다양한 요인에 의해 만들어지고 아주 다른 방법으로 역사를 해석하는 다양한 그들 나름의 렌즈를 통하여 역사를 본다. 그 결과, 역사의 교훈과 그 교훈을 현재와 미래에 적용하는 것에 대하여 나라마다 다르고 한나라 안에서도 군마다 다른 관점을 가지고 있다.

더구나 경험과 경험의 분석이 전적으로 교리의 원천이 되는 것은 아니다. 왜냐하면 신념의 기반이 되는 것 중에는 경험할 수 없는 주제도 있기 때문이다. 이것은 특히 핵문제—핵전쟁 억제 방안, 핵전쟁 수행 방안 등등—가 그렇다. 비록 제2차 세계대전에서 두 발의 핵폭탄이 사용되었지만, 상상의 확장이 결코 전면 핵전쟁에서 어떤 일이 일어날 것인가에 대한 경험적 예시로서 고려하게 할 수는 없다. 누구도 실제적인 경험, 또는 핵전쟁을 억제하거나 핵전쟁을 수행하는 최선의 방법을 보여주는 역사를 끌어올 수 없다.

2) 군사교리의 정의: 고대 희랍의 철학자들은 그들이 받들고 있는 사상의 근간을 나타내는 명제를 교리라는 용어로 표현했다. 그 후 교리라는 용어는 주로 신앙의 진리로서 공인되어 있는 교의(tenet) 또는 교조라는 뜻으로 많이 사용되었다.

그 교리라는 용어는 주의나 사상의 핵심원리라는 뜻으로 사용되었으며, 보다 광의의 개념으로 뚜렷한 권위가 있는 선언이나 정책도 교리의 일종으로 보았다. 오늘날에는 우리가 어떤 일을 할 때 그것을 합리적으로 하기 위해 행동을 지도해 주는 원리와 원칙을 교리라고 정의한다.

군사교리는 '군사(軍事: military affairs)'와 '교리(教理: doctrine)'가 결합된 용어로, 군사는 군대, 군비 및 전쟁 등에 관한 일로서 통상적으로 전쟁을 전제로 한다. 군사교리는 군의 철학과 존재의의와 목적을 제시해주는 군사전문가들의 신조이기 때문에 그 군의 특성, 규모, 구조 및 조직의 근원과 기초가 되기도 한다.

왜냐하면 한 군의 실제적인 특성이나 규모, 구조 및 조직은 그 군을 이끌어 나가는 지도자, 즉 그 군의 군사전문가들이 지지하고 채택하는 이념과 신념을 바탕으로 형성되기 때문이다.

초기의 군사교리연구자로서 다알 스미스(Dale O. Smith)는 군사교리를 "동시대의 군사사상을 표현하며 군지휘부에 의해서 채택되고 군사학교에서 가르치며 전쟁계획의 토대를 제공하는 일단의 전쟁관과 전쟁수행에 관한 원칙"[44]이라고 정의했다.

그 후 1960, 70년대를 거치면서 군사교리가 좀 더 정치적 성격을 가져야 한다는 주장이 제기되면서 정치적 상황과 그 변화에 대한 평가가 포함된 정치적·군사적 독트린(political-military doctrine)이 되었다. 특히 억제행위가 포함된 평시 군사력의 역할까지 포함되면서 확대된 교리 개념은 비군사적, 정치적 요소의 비중이 증대된 대전략 개념과 상통하게 되었다.

따라서 국가차원의 교리 및 군차원의 교리는 전략교리(strategic doctrine)로 각군교리는 작전술 또는 전술교리(tactical doctrine)로 불려졌다. 군사교리는 학자에 따라 다양하게 정의될 수 있는데 일반적으로 다음과 같이 몇 가지로 정의될 수 있겠다.

즉, ① 군사업무를 수행할 때 가장 잘 수행하기 위한 방법에 대한 믿음, ② 국가목표를 달성하기 위해 국가적 여건을 고려하여 공식적인 군사행동의 지침으로 승인된 군사행동체계, ③ 군사력으로 국가목표를 달성하기 위해 공식적으로 승인된 군사행동의 기본원칙과 지침[45] 등이다.

2. 군사교리의 유형과 체계

교리는 크게 3종류로 분류되어진다. 첫째는, '기본교리'로서 다른 모든 유형교리의 기반을 형성하며 그 범위가 넓고 개념은 추상적이다. 거의 영속적 성격을 지니고 있다. 예를 들면, "전쟁은 다른 수단에 의해서 행해지는 정책이다", "전쟁은 정책의 실패다" 등으로 표현된다.

둘째는, '환경적 교리'로서 특정한 작전환경 조건 내에서 군사력 운용에 대한 신념이다. 각군 교리가 이에 해당된다.

셋째는, '조직교리'로서 특정 군사조직이나 군사조직과 밀접하게 연관된

---

44) Dale O. Smith, *US Military Doctrine* (1965).

45) 공군본부, 『공군기본교리』 공군교범 0, 2015, p.8.

〈그림 1〉 교리 나무

집단의 운용에 관한 기본적인 신념이다. 이는 조직의 역할과 임무, 현행목표, 행정적 측면의 조직, 전력운용원칙 등으로서 교리출판물의 대부분을 차지하고 있다. 조직교리는 규정 또는 SOP(운영절차기준) 성격을 띠게 된다.

〈그림 1〉은 교리를 나무의 구성으로 표현하고 있다. 군사교리는 뿌리에 해당되며 역사(경험)에 박혀 있으며, 기본교리는 줄기에 해당되며 환경교리는 가지로서 나무줄기로부터 돋아났으며 각각의 가지는 서로 모두 연결되어 있다. 조직교리는 나뭇잎으로서 줄기와 가지에 의존하고 있으며 계절에 따라 변화한다는 것이다.[46)]

우리 군의 군사교리는 교범체계로서 기본교범, 기준/운용교범 및 전술교범 수준으로 분류하며, 운용군 형태에 따라 합동교리와 각 군 교리들로 구성되어 있다. 합동교리는 2개 군 이상의 군사력 운용에 관한 기본원칙과 지침으로 군사기본교리, 합동기준교리, 합동운용교리로 구분된다. 각 군 교

46) 데니스 M. 드류·도날드 M. 스노우 저, 김진항 역, 『전략은 어떻게 만들어지나』(서울: 연경문화사, 2000), pp.185-188.

리는 해당군의 군사력과 운용원칙을 설명한 교리이다.

여기서 기본교리는 군사력 운용의 핵심원칙과 신념이며, '군사기본교리'나 '공군기본교리'가 이에 해당된다. 기준교리는 군사력의 기능을 설명하고 기본교리 원칙을 군사활동에 보다 구체적으로 적용하는 방안을 제시하고 있다. 예를 들어 '합동기준교리(합동인사, 정보, 작전, 군수, 기획, 지휘통제)'가 이에 해당된다. 운용교리는 기준교리를 근거하여 작성하며, 작전형태와 지원기능별로 더 구체화된 원칙을 기술하고 있다. '합동운용교리(합동상륙작전, 방공작전, 정보작전, 안정화작전, 공병작전 등)'가 이에 해당된다. 마지막으로 전술교리로서 세분화된 목표달성을 위해 전술·전기와 무기체계의 적절한 운용 절차 등을 기술하고 있다.

3. 군사교리의 성격과 역할

군사교리는 군사사상, 군사이론과 유기적으로 상호보완적, 순환적 관계에 있다고 볼 수 있다. 또한 권위가 있어야 하나, 적용에는 융통성이 필요하며 계속적인 검토와 수정이 필요하다. 군사교리는 주요한 3가지의 역할을 하고 있다.

첫째는, 군 구성원에 대해 군사개념을 통일시켜 줄 수 있다. 군사교리는 군지휘부에 의해 채택되어 조직원에게 조직운용에 관한 공통된 철학, 언어, 목적을 제공해주고 있다. 그 결과 노력통일에 기여하고 구성원의 조화로운 활동과 상호이해를 위한 기반을 제공하게 된다.

둘째는, 건전한 판단과 사고를 위한 토대를 제공해 주는 것으로, 전쟁계획의 기반을 마련하고 행동의 지침을 마련해준다. 이는 결심을 위한 표준적인 사고의 과정, 창조적 실천개념을 설정하기 위한 판단의 논리적 근거를 제공하기 때문이다.

셋째는, 교육·훈련을 위한 최선의 원칙을 제공하는 것으로, 군사학교에서 가르치는 데 있어서 교리는 조직원의 사고력을 개발하기 위한 최선의 수단을 제공해 주고 있다.

4. 정책·전략과 교리

교리와 밀접히 관련된 용어로서 정책과 전략과의 관계를 살펴봄으로써 교리의 의미와 그 위치를 더 명확히 해 줄 수 있을 것이다. 우선 정책은 목표달성을 위해 "무엇을 할 것이냐(What to do)"에 중점을 두고 이를 달성하는 수단과 과제(Agenda)적 의미를 지니고 있다. 일반적으로 정치적 목적을 달성하기 위한 정책결정자의 의도적인 선택(방법과 책략)이 반영되어 있다. 따라서 군사력 운용에 대해 지시적, 명령적이며 그 원천은 국가나 군 등의 리더십에 있다고 할 수 있다.

전략은 주어진(정치적) 목표를 구현하기 위한 방법 즉, "어떻게 할 것이냐(How to do)"하는 방책적 개념이다. 이는 주어진 목표를 달성하기 위해 어떻게 임무를 수행할 것이냐? 어떤 작전을 어떻게 수행할 것이냐? 하는 것으로 사고의 과정과 방법에 관심이 있으며 구체적인 현상들에 제각기 답하는 것이 아니라 전체를 꿰뚫는 관점으로 볼 수 있다. 군사력 운용의 구체적인 방책으로서 정책에 근원을 두고 있으며, 정책달성을 위한 전반적인 목표와

〈표 2〉 교리와 정책, 전략의 관계

구분	교리	정책	전략
개념	군사력 운용의 원칙	군사력 운용에 대한 지시	군사력 운용의 구체적 방책
원천	경험, 이론, 기술	국가, 군 등의 리더십	정책
상관관계	전략의 결과는 교리의 기초인 경험이 됨	정책은 교리의 적용에 영향을 줄 수 있음	정책과 교리의 영향을 받음
적용	정책과 전략수립에 영향을 줌	전략을 통한 간접 적용	직접 적용

계획을 취급하고 있으며, 전략은 행동계획이며, 수단을 목적에 맞도록 적용시키는 술(術)과 과학이다.

교리는 군사전략 개념을 구현하는 것으로 전략수립을 위한 지식의 기반을 제공하게 된다. (군사)목표 달성을 위해 군사력을 어떻게 최선으로 사용할 것인가? 하는 군사력 운용의 원칙으로서 그 원천은 경험·이론·기술이다. 한편 '군사이론'은 군사문제를 법칙적, 통일적으로 파악하여 귀납적으로 법칙을 이끌어내어 꾸민 논리적 지식체계이다.

5. 항공우주교리

공군의 '항공우주교리'는 군사작전에서 항공우주력(air & space forces)의 적절한 사용을 기술하고 지도하는, 공식적으로 인가된 믿음과 전쟁수행 원칙들에 대한 진술이다.

교리를 3가지 수준인 기본교리, 작전교리(기준교리, 운용교리), 전술교리로 구분하였을 때, 공군교리체계는 기본교리로서 군사작전에서 항공우주력을 효과적으로 조직하고 운용하는 핵심적인 원칙과 신념을 제공한다.[47]

기준교리는 항공우주력의 주요기능에 대하여 설명하고 있으며 운용교리는 기준교리를 근거로 작성되며, 작전형태와 지원기능별로 보다 구체화된 원칙을 제시한다. 전술교리(교범)는 특정무기체계 운용방법, 즉 각급사령부, 비행단 등 특정무기체계나 시스템을 직접 운용하는 부대에서 발전시킨다.[48] 다음 그림은 군사교리체계를 국가, 군수준과 공군수준별로 설명하고 있다.

---

47) 『공군기본교리』(2015)의 주요 내용으로는 교리의 이해, 국가안보와 전쟁, 공군의 정체성과 임무, 항공우주력 등으로 구성되어 있다.

48) 공군본부, 『공군기본교리』 공군교리 1(2007.4.1), pp.13-14; 한편, 2011년 개선된 공군교리체계에 의하면, '전술교리'는 "교리를 근간으로 전술, 전기 및 절차 등을 자세히 기술한 문헌"인 '교범'으로 대체되었다.

〈그림 2〉 군사교리체계의 수준별 설명

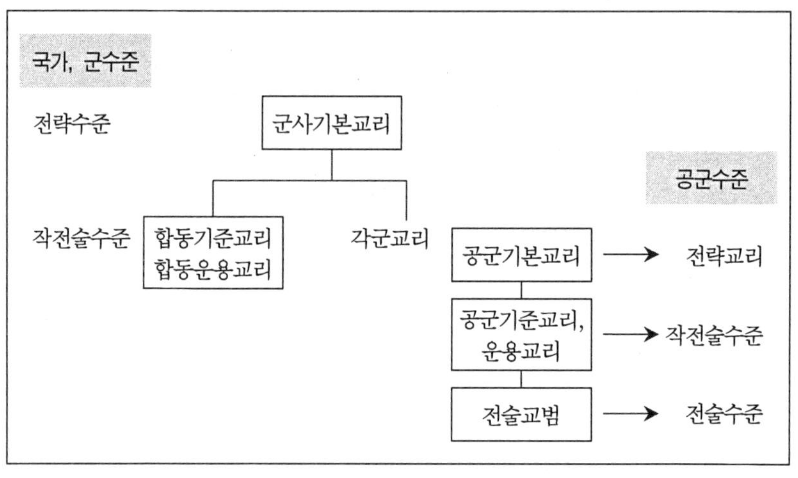

참고문헌

공군본부. 공군교리 2-1 항공작전. 2006.

_____. 『작전용어사전』 참고교범 1. 2009.10.

_____. 『공군기본교리』 공군교범 0. 2015.

드류, 데니스 M., 도날드 M. 스노우 저, 김진항 역. 『전략은 어떻게 만들어지나』. 서울: 연경문화사, 2000.

_____, 권영근 역. 『21세기 전략기획』. 서울: 한국국방연구원, 2010.

이종학. 『클라우제비츠와 전쟁론』. 주류성, 2004.

클라우제비츠 저, 김만수 역. 『전쟁론』 제1, 2권. 갈무리, 2007.

Albright, David, and Mark Hibbs. "Iraq's Bomb: Blue-prints and Artifacts." *Bulletin of the Atomic Scientists.* January-February, 1992.

Art, Robert J., and Kenneth N. Waltz, eds. *The Use of Force: Military Power and International Politics.* Rowman & Littlefield, 2004.

Baufre, Andre. *Introduction to Strategy.* London: Faber & Faber, 1965.

de Seversky, Alexander P. *Victory through Air Power.* New York: Simon & Schuster, 1942.

Douhet, Giulio. *The Command of the Air.* Dino Ferari, *trans*. Washington, D.C.: Office of Air Force History, 1983.

Drew, Col. Dennis M. "We are an Aerospace Nation." *Air Force.* November 1990.

Drew, Dennis M. *Recapitalizing the Air Force Intellect Essays on War, Airpower, and Military Education.* Air Univ. Press, 2008.

Drew, Dennis M., and Donald M. Snow. *Making Strategy: An Introduction to National Security Processes and Problems.* Alabama: Air Univ. Press, 1988.

_____. *Making Twenty-First-Century Strategy: An Introduction to Modern National Security Processes and Problems.* Alabama: Air Univ. Press, 2006.

Fadok, David S. *John Boyd and John Warden: Air Power's Quest for Strategic Paralysis.* Maxwell AFB, Ala.: Air University Press, February 1995.

Howard, Michael. "The Forgotten Dimensions of Strategy." *Foreign Affairs.* Summer 1979.

Kissinger, Henry A. "Strategy and Organization." *Foreign Affairs.* April 1957.

Luttwak, Edward N. "The Operational Level of War." *International Security* (Winter 1980/81).

Lykke, Jr., Arther F., eds. *Military Strategy: Theory and Application.* Carlisle Braarcks, Pa.: US Army War College, 1982.

Meilinger, Phillip S. "Ten Propositions Regarding Airpower." *Airpower Journal,* USAF. Spring 1996.

Mitchell, William L. *Our Air Force: The Keystone of National Defense.* New York: Dutton, 1921.

RAF. *British Air and Space Power Doctrine.* AP 3000 Fourth Edition.

Rice, Donald B. *The Air Force and U.S. National Security: Global Reach-Global Power.* Washington, D.C.: Department of the Air Force, June 1990.

Schelling, Thomas C. *Arms and Influence.* New Haven: Yale University Press, 1966.

Smith, Dale O. *US Military Doctrine.* 1965.

Snyder, Craig A., ed. *Contemporary Security and Strategy.* New York, 1999.

Snyder, Glenn H. *Deterrence and Defense.* Princeton N. J.: Princeton University Press, 1961.

Snyder, Jack. *The Soviet Strategic Culture: Implications for Nuclear Options.* Santa Monica, Calf.: RAND Cor., 1977.

Stephens, Alan, and Nicola Baker. *Making Sense of War: Strategy for the 21st Century.* Sydney: Cambridge University Press, 2006.

US Department of Defense. *Base Structure Report 2008.*

Warden III, John A. *The Air Campaign: Planning for Combat.* Washington: Pergamon-brassey's, 1989.

제2장

항공전략사상의 발전

Ⅰ. 줄리오 두헤(Giulio Douhet)

Ⅱ. 휴 트렌차드(Hugh Montague Trenchard)

Ⅲ. 윌리엄 미첼(William Lendrum "Billy" Mitchell)

Ⅳ. 알렉산더 세버스키(Alexander P. de Seversky)

Ⅴ. 존 보이드(John Richard Boyd)

Ⅵ. 존 와든(John Ashley Warden III)

Ⅶ. 항공전략사상 종합

제2장

항공전략사상의 발전

항공전략사상의 발전은 이른바 항공전략사상가들의 선구적이고도 예언적이며 자기희생적인 노력의 산물이라 할 수 있다. 그들의 사상은 거의 예외없이 강력한 저항과 논쟁을 야기했다. 그들은 우선 군 내의 동료 또는 상관들과 치열하게 싸워야 했으며, 국민적 지지를 얻기 위한 과정도 결코 순탄하지는 않았다. 그들의 사상은 군사과학기술의 발전과 실제적인 전쟁 수행의 과정을 통해 그 타당성이 입증되거나 논박되었으며, 이는 곧 보다 정교한 항공전략사상의 탄생을 가능하게 했다. 두헤, 트렌차드, 미첼, 세버스키와 같은 초기의 인물들과 보이드와 와든과 같은 현대의 인물들이 항공전략사상의 발전을 선도했던 인물들이었다.

I. 줄리오 두헤(Giulio Douhet)

줄리오 두헤(1869~1930)

이탈리아의 포병장교 두헤(1869~1930)는 흔히 '항공력의 아버지'로 불린다. 그는 전쟁에서 항공력이 할 수 있는 역할에 대해 숙고하고 자신의 생각을 저술로 남긴 최초의 인물이었다. 일찍이 1910년부터 비행(飛行)에 대해 글을 쓰기 시작했던 그는 제1차 세계대전 동안에 이루어졌던 무기기술의 발전에 대한 충분한 이해를 바탕으로 전후에 항공기의 전략적 활용을 촉진하는 이론을 정립하기 위해 노력을 집약했다. 이런 그의 노력은 1921년에 제공권 장악의 결정적 중요성과 전략폭격의 가치를 강조하는 『제공권(*The Command of the Air*)』의 발간[1]으로 그 결실을 맺게 되었다. 『제공권』의 발간과 함께 두헤는 20세기의 가장 대표적인 전략항공력 이론가로 자리매김하게 되었다.

두헤는 제1차 세계대전은 전쟁이란 불가피하며 전쟁이 발발하게 되면 그것은 총력적인 것이 될 것임을 보여주었다고 믿었다. 그는 제한전이나 대(對)반란전과 같은 종류의 전쟁의 가능성을 상정하지 않았다. 그의 개념은 불가피하게 국가의 전 자원들을 포함시키게 되는 전면적이거나 총력적인 전쟁에 고착되어 있었다. 그러한 전쟁하에서는 병사와 민간인 간의 구별이 없게 될 것이었다. 모든 국민은 전장에서부터 이전에는 안전했던 지역들에 이르기까지 편재해 있는 전쟁으로 인한 고통과 어려움에 노출되게 될 것이

1) 초판은 1921년에 발간되었으나 1927년에 재판(再版)이 출간되면서 내용이 더욱 정교화되고 확장되었다. 영문판은 Dino Ferrari에 의해 번역되어 1942년에 출판되었다.

었다. 국가는 생존하기 위해 가장 효율적인 방식으로 그들의 물자와 전쟁 수행 역량을 이용해야 할 것이었다.

그는 또한 현대의 기술적 발전으로 인해 지상(地上)에서는 타개할 수 없는 교착상태가 조성될 수밖에 없다고 믿었다. 지상에서는 방어가 공세에 비해 우세하다는 점을 보여주었던 제1차 세계대전을 목격했던 그는 지상전력은 정적(靜的)인 지상의 전선들에서 다시금 교착상태에 빠질 수밖에 없다는 결론에 도달했던 것이다. 그는 그러한 교착상태에 큰 변화를 불러올 수 있는 주요한 대안으로서 대규모 공중공세에 주목했다. 그는 전쟁에서 기동성을 복원시켜줄 수 있는 매체로서의 항공력에 대해 확신했다. 두헤가 보기에 항공기들은 3차원 공간에서 운용될 수 있는 능력으로 인해 지상전력의 진군을 가로막는 참호나 산, 또는 강들과 같은 지리적 장애물에 구애받지 않고 비행할 수 있었다. 게다가 항공기들은 지금까지는 지상전력과 다양한 요새들에 의해 보호되던 적국의 "주요 중심부(viatl centers)," 즉 하나의 국가가 기능할 수 있도록 해주는 주요 산업시설과 구조물들(두헤의 5개 기본표적체계: 산업체, 수송하부구조, 통신망, 정부건물, 국민의지 등)에 폭격을 가할 수 있었다. 게다가 항공기들은 어느 방향 또는 어느 고도에서든지 시간에 구애받지 않고 비행할 수 있기 때문에 전술적 기습을 달성할 수 있는 이점을 지니고 있었다. 이는 곧 그것들을 요격하거나 중지시킬 수 없음을 의미했다. 공중공격에 대해 취할 수 있는 유일한 방어는 사실상 효과적인 공격을 가하는 것뿐이게 된다. 그러나 국가들은 적의 공중보복에 대한 두려움 때문에 공격하는 것을 자제하게 될 것이었다. 두헤는 그러한 신(新)무기에 대해 진정으로 이해하고 있는 훈련된 항공인들(airmen)만이 그것을 지휘할 수 있도록 허용되어야 한다고 역설했다. 그러므로 그는 육군이나 해군의 통제에서 벗어난 독립공군의 창설이 필수적이며, 그러한 공군은 주로 스스로를 방어할 수 있는 능력을 갖춘 폭격항공기들로 구성되어야 한다고 주장했다.

두헤는 공중을 이용하게 되는 새로운 3차원의 전쟁에서는 제공권을 장악할 수 있는 항공전력이 없이는 충분한 국방을 달성할 수 없다고 믿었다.

그는 '제공권'이란 적(敵)은 비행할 수 없도록 하면서 스스로는 비행을 할 수 있는 능력을 보유하는 위치에 놓이게 되는 것을 의미한다고 정의했다.[2] 그는 제공권을 장악하는 것은 곧 승리하는 것을 의미하며, 공중에서 격파당하는 것은 적이 부과하는 조건을 그 내용을 막론하고 수용해야만 하게 되는 것을 의미한다고 주장했다. 두헤는 이토록 결정적인 중요성을 갖게 되는 제공권을 달성하기에 충분하도록 지상 및 해상 전력은 점진적으로 감축하는 반면 항공전력은 증가시킬 것을 권고했다. 그는 일단 제공권이 실현되고 나면 자체적인 항공전력을 건설한 국가는 적의 전쟁수행 역량 및 저항의지를 분쇄할 수 있다고 믿었다.

두헤는 새로운 항공무기를 육군과 해군에 보조적인 무기로만 활용했던 제1차 세계대전기의 비논리적인 항공력 운용개념에 대해 격앙했다. 그는 제1차 세계대전 동안에 양측이 공히 항공전력에게 독립적인 공세임무들을 부여함으로써 항공기를 보다 공세적이고 독립적으로 활용하는 일에 무관심했던 점에 대해 매우 비난했다. 그의 견해로는 당시와 같이 육군과 해군에 보조적으로 구성되어 있는 항공전력으로는 제공권을 장악할 수 없으며, 그것들은 또한 진정한 항공전력으로도 간주될 수 없었다. 그러므로 그는 지상과 해상, 그리고 적 영토의 심장부에 대해 강력한 공세를 감행할 수 있는 대규모 전투부대들로 구성된 독립적인 공군의 창설이 필수적임을 역설했다. 아울러 그는 그렇게 창설된 공군은 육군이나 해군과 동일한 지위를 인정받아야 한다고 믿었다. 그는 보조적인 수준의 항공전력은 제공권을 장악하기 위한 투쟁에 이렇다 할 영향을 미칠 수 없으므로 국가의 자원들이 허용하는 한 최강의 항공력으로 구성된 독립공군의 필요성에 대해 강조했다. 이런 맥락에서 그는 이탈리아가 어떤 상황하에서도 제한된 항공자원들을 육군이나 해군을 위한 보조적인 항공전력으로서나 지역방공, 또는 대(對)항공기 방어 등과 같은 부수적인 목적들을 위해 전용(轉用)하지 말 것을 역설했다.

2) Giulio Douhet(trans. by Dino Ferrari), *The Command of the Air*(New York: Coward-McCann, 1942), p.95.

두헤는 제공권을 장악하기 위해 독립공군에게 부여되는 최우선적이고 가장 주요한 임무는 적의 모든 항공적 수단들을 공중전을 통해서나 비행기지 또는 그것들을 생산하는 중심부들을 공격하여 파괴하는 것이 된다고 보았다. 특히 그는 전자보다는 후자의 효과성과 필요성을 강조했다. 두헤는 가능한 최단 시간 내에 적의 항공전력에 최대의 피해를 가해야 함을 강조했다. 그는 항공전은 “교전행위가 발생했을 때 이미 활용되고 있거나 그럴 준비를 갖춘 항공전력”에 의해 그 결과가 결정될 것이라고 주장했다. 이와 관련해 두헤는 집중(mass)의 원칙에 따라 초기부터 모든 항공전력들이 집중적으로 동원되어 활용되어야 할 필요성에 대해 강조했다. 그는 제공권을 장악함에 있어 다른 용도들을 위해 항공자산들을 예비해두는 것은 항공전의 추이가 적에게 유리하게 전개되도록 할 수 있다는 점을 경고했다.

두헤는 항공전에 있어서의 최상의 방어는 상대보다 대량의 항공력으로 상대의 항공력에 대해 압도적인 공격—특히 지상에서—을 가하는 것이라고 생각했다. 그는 “항공전에서는 방어적인 태도가 인정되지 않으며 공세만이 있을 뿐”이라고 주장했다. 그는 폭격기에 의한 과감한 공격을 통해 훨씬 더 대규모적인 방어군에 직면해서도 그 표적에 도달할 수 있다고 확신했다. 두헤는 스스로는 적이 가할 수 있는 공세에 대해 몰입하는 동시에 자신이 보유한 모든 항공자산들은 적에게 훨씬 더 큰 타격을 주기 위해 투입할 것을 요구했다. 그는 공중전이 발생할 수 있는 가능성에 대해 무시하지는 않았지만 공중에서 적을 찾아내어 그와 교전하는 것이 전략적 항공력의 목적이 되어서는 안 된다는 점을 강조했다. 두헤는 공중에서 적을 조우하는 경우에 공중전이 발생하는 것은 불가피하지만 적의 항공력을 격파하는 가장 효과적인 방법은 어떤 형태로든 그것을 지상에서 식별하여 파괴하는 것이라고 주장했다.

일단 제공권이 확보되면 독립공군은 육군과 해군의 보조적인 항공전력 수요를 충족시키기 위해 항공자산들의 일부를 제공할 수 있게 된다. 두헤는 방해를 받지 않고 공중으로부터 지상의 목표들에 가해지는 지속적인 공중공격을 상정했다. 그런 상황하에서 항공력은 적 영토 전역을 자유자재로 타격할 수 있게 된다. 즉, 병력, 기차, 해군기지, 선박, 병기고, 항구, 유류저장소, 철도역, 차고, 인구중심지, 교량, 도로, 교차로, 또는 기타의 표적들을 상대적으로 경미한 위험 속에서 타격할 수 있게 된다. 나아가 그는 고성능 폭탄과 소이탄, 그리고 독가스탄을 결합시켜 주요 인구중심지들에 대해 동시적인 폭격을 가함으로써 민간인들에게 공포심을 유발시키고 그들의 사기를 꺾어놓아야 한다는 점을 매우 강조했다. 두헤는 폭격은 그 물리적 효과들보다 심리적 효과들이 더 현저할 것으로 믿었다. 이는 폭격을 통해 유발된 공포가 주민들로 하여금 자국의 정부에게 전쟁의 종식을 요구하도록 만들 것으로 기대하였기 때문이었다. 그러한 공중활동은 전쟁의 흐름을 결정짓는 데 있어 결정적이지는 않을지 몰라도 매우 큰 역할을 하게 될 것이라는 것이 두헤의 확고한 믿음이었다.

두헤는 독립공군이 보유하게 되는 공격력은 그들이 자유자재로 쓸 수 있는 파괴물질이 얼마나 효과적인가 하는 점과 직접적으로 비례할 것으로 계산했다. 그 결과, 그는 파괴물질(특히 항공수단을 통해 운송되는 파괴물질)의 효과는 연구 및 개발을 통해 지속적으로 개선될 수 있으며, 또 그래야만 한다고 믿었다. 그는 독가스를 사용하는 것에 대해 주저하지 않았다. 사실 두헤는 그 끔찍한 효과 때문에 미래의 전쟁에서는 독가스가 크게 쓰일 것으로 믿었다. 두헤는 전쟁이란 인간적, 비인간적인 것으로 구분될 수 있는 것이 아니라 항상 비인간적인 것이 될 수밖에 없기 때문에 전쟁을 수행하면서 사용되는 수단들도 그것이 적에게 미칠 영향이나 해로움 등에 따라 용납이 가능한지 그렇지 않은지를 구분할 수 없다고 생각했다.

두헤는 자신이 지상 및 해상 전력들의 가치를 최소화하고자 하는 시도를 하고 있는 게 아님을 전제했다. 오히려 그는 3개의 전력이 하나의 불가분의 통일체를 구성하게 될 것이라고 지적했다. 그렇게 구성된 통일체는 단일한 포괄적인 지침하에서 결합되어야 할 것이었다. 그는 그러한 전반적인 행동의 통일과 협조가 3개의 군보다 상위에 있는 하나의 최상급 국방조직, 즉 국방부에 의해 가장 잘 이루어질 수 있다고 생각했다. 두헤는 한 명의 통합 지휘관의 지침하에 연합된 지상, 해상, 항공 전력들 간의 협조에 기반을 두는 새롭고도 한 단계 높은 수준의 전략적 작전에 대한 개념을 제시함으로써 당시의 전략적 사고의 흐름을 주도했던 것이다.

비록 제2차 세계대전은 두헤가 주장했던 적지 않은 요점들이 오류이었거나 과도하게 낙관적이었던 것이었다는 점을 입증해 보여주었지만 그렇다고 그의 주요한 관점들이 폐기되는 상황은 결코 연출되지 않았다. 제2차 세계대전은 그가 예견했던 것처럼 총력전적인 양상으로 전개되었지만 그가 예견했던 지상에서의 대규모적인 교착은 현실화되지 않았다. 주요 중심지들과 도시들에 가해진 폭격은 파괴적이었으며 사람들의 사기에 영향을 주었지만 그러한 행동들이 민간인들의 사기와 국민들의 저항의지에 가져다 줄 것으로 예상했던 치명적인 효과는 두헤가 예견했던 것보다 훨씬 덜했다. 영국에 대한 독일의 공습은 오히려 그와는 대조되는 효과를 가져왔다. 연합군이 독일과 일본에 가한 전략폭격도 궁극적인 승리를 이끌어내는 데는 큰 역할을 했지만, 두헤가 기대했던 것처럼 항공활동으로 인해 전세가 신속하게 결정되는 일은 현실화되지 못했다. 두헤가 기대했던 것과는 달리 유럽과 태평양에서 궁극적인 승리를 쟁취함에 있어 보다 결정적인 역할을 수행한 것은 오히려 대규모적인 지상 및 해상에서의 군사적 활동들이었다. 방공(防空)의 가능성에 대한 두헤의 가혹할 정도의 경시(輕視)에도 불구하고 영국 전투에서 영국의 전투기들은 독일의 전투기 및 폭격기 조종사들에게 상당한 손실을 가했다. 아울러 두헤가 가능할 것으로 상정하지도 않았던 대공무기들은 제2차 세계대전에서 그 효과성을 입증했다.

결과적으로 보았을 때 그는 항공기가 발전되는 것에 발맞춰 대공무기들도 병행적으로 발전할 것이라는 점을 간파하는 데 실패했던 것이다. 당시의 기술적 현실을 고려했을 때 레이더, 레이더 통제 요격체계, 전자식으로 통제되는 대공포 및 미사일, 정밀유도무기들을 장착한 초음속 전투기들과 같은 기술의 발전을 두헤가 적절히 예견하지 못했다는 점에 대해서는 이해가 가능한 부분도 있다. 하지만 그가 모든 방어적인 조치들에 대해 철저히 무시했던 점은 부인하지 못할 중대한 오류임에 틀림없다. 제2차 세계대전은 또한 두헤가 투하된 고성능폭탄들이 달성할 수 있는 파괴적인 효과들에 대해 상당 정도 과장했음을 드러내 주었다. 그러나 핵무기의 발전은 결정적인 전력으로서의 항공력에 대한 두헤의 사상에 새로운 생명력을 불어넣어주는 계기가 되기도 했다.

제2차 세계대전은 전략폭격이 중요하며, 그것은 많은 직접적, 간접적 결과들을 야기한다는 점을 입증해주었다. 그러나 전술공군 또는 보조항공대 또한 전쟁의 승패를 결정짓는 데 있어 주요한 역할을 했음도 사실이다. 유럽에서 있었던 대규모의 지상전투들과 태평양에서 있었던 해전들에서 육군, 해군, 해병의 전술항공력이 제공한 직접적, 간접적 지원들은 승리를 이끌 수 있는 여건을 형성해 가는 데 있어 불가결한 요소들로 기능했다. 뒤에 이어질 한국이나 베트남에서의 경험들도 현대전을 수행하는 데 있어 항공전력이 지상 및 해상의 전력들과 유기적으로 연합해야만 할 절대적인 필요성을 재확인시켜주게 될 것이었다. 이동식 공중 수송, 공격, 연락 항공기로서의 헬리콥터의 개발은 보조적인 항공대의 절대적인 필요성을 더욱 강조해 주었다.

총괄적으로 보면 두헤는 폭격의 물리적 효과와 심리적 효과들 모두를 공히 과대평가하는 오류를 범했다고 할 수 있다. 공중공격하에서 민간주민들은 그가 예상했던 것과 같이 신속하게 무너지지는 않았다. 제2차 세계대전 이후의 사례들이 반복적으로 보여주었듯이 모든 전쟁이 총력전의 양상으로 진행되지도 않았다. 그런가 하면, 공중공격에 대한 방어도 가능해졌으며, 지상전에서도 교착상태가 반드시 조성되지는 않았다. 즉, 기계화와 새로운 전술들, 그리고 항공력을 결합시킴으로써 지상전에서도 기동성이 복원되었던 것이다. 이러한 사실은 두헤가 주장했듯이 전술공군이 "낭비적이고 해로우며 불필요한 것"이 아니라 상당 정도 필수적인 존재임을 의미하는 것이었다. 마지막으로, 두헤의 인식과는 달리 다양한 정도의 국제법적, 도덕적 제약들은 전쟁에서 점점 더 그 영향력을 증대시키고 있으며, 이러한 추세는 향후에도 더욱 강화될 것으로 판단되고 있다.

II. 휴 트렌차드(Hugh Montague Trenchard)

휴 트렌차드(1873~1956)

트렌차드는 영국 공군(Royal Air Force)이 세계 최초로 독립적인 지위를 가진 공군으로서 탄생하는데 결정적인 기여를 했던 인물로서 "영국 공군의 아버지"로 널리 알려져 있다. 트렌차드는 수차례의 시험에 낙방한 뒤인 1893년에 가까스로 Royal Scots Fusiliers에서 보병장교로 임관함으로써 파란만장한 군 경력을 시작했다. 그러나 그는 비범한 기개와 결의에 차 있던 인물이었다. 남아프리카전쟁(1899~1902년)에서 폐에 심각한 부상을 당했던 그는 재활에 성공한 뒤 친구의 권유에 따라 1912년에 왕립항공단(Royal Flying Corps)에 합류했다.

이는 트렌차드 자신의 향후 경력뿐만이 아니라 영국 공군의 역사까지도 근본적으로 바꿔놓게 될 역사적인 사건이었다. 제1차 세계대전이 발발했을 당시 그에게는 판보로우(Farnborough)[3]에 소재한 왕립항공단의 비행단을 지휘하며 독일의 비행선들에 의해 위협을 받고 있던 영국본토에 대한 방공(防空)과 프랑스의 전선에서 복무할 새로운 비행대대들을 훈련시키는 책임이 부여되었다.[4]

그 뒤 트렌차드는 1914년 11월에 프랑스의 메르빌(Merville)에 본부를 두고 있는 제1비행단(First Wing RFC)을 지휘하게 되었다. 다음 해 8월에는

3) 잉글랜드의 남동부에 있는 햄프셔(Hampshire)의 북동부에 위치해 있는 도시이며, 에어쇼(Farnborough Airshow)로 유명하다.

4) 이로써 트렌차드는 당시 왕립항공단 총 전력의 1/3을 지휘하게 되었다.

핸더슨경(Sir David Henderson)의 뒤를 이어 왕립항공단을 총괄 지휘하는 단장에 임명되어 1918년 1월까지 영국 육군 내의 항공병과를 이끌었다.

전후 그의 견해와 정책은 명확히 드러났다. 우선 그는 공중제패(air supremacy)를 달성해야 할 필요성에 대해 강조했다. 그가 보기에 이는 필요한 경우에는 폐물이 된 항공기들을 이용해서라도 적의 전선에서 독일군과 교전함으로써만 달성이 가능해질 것이었다. 다음으로 그는 왕립항공단이 정찰과 포병과의 공조(共助), 그리고 결국에는 전술폭격을 통해 야전의 육군을 지원해야 할 필요성을 강조했다. 전략폭격을 중시하게 되는 전후의 그의 관점은 왕립항공단을 상당 정도 지상전력의 하인격으로 보았던 제1차 세계대전기 동안의 그의 입장으로부터 상당히 변화된 것이었다. 애초에 그는 독립공군(Independent Air Force)[5]이 창설되는 것에 부정적이었으며, 창설 직후에는 항공부(Air Ministry)의 공군참모총장직에서 사임하기도 했다.[6] 그런가 하면 1918년 6월경에는 독일의 공장들에 대해 전략폭격을 감행하는 책임이 부여되었던 독립공군을 자신이 지휘하는 것을 순전히 시간과 인력, 그리고 돈을 낭비하는 것으로 간주하기도 했었다.[7]

어찌되었든 간에 1918년 6월 15일에 트렌차드는 낭시(Nancy)에 본부를 두고 있던 독립공군의 수장(首長, GOC, Independent Air Force)으로 임명되었다. 그가 이끄는 독립공군은 독일의 비행장과 철도, 그리고 산업중심지들에 대해 집중적인 폭격을 수행했다. 1918년 9월에는 쌩-미히엘 전투(Battle of Saint-Mihiel)가 진행되는 동안에 미국의 항공대를 간접적으로 돕기도 했

5) 영국 공군(Royal Air Force)의 일부로서 육군이나 해군과의 조율 없이 독일의 수송, 산업, 항공전력의 거점들에 대해 전략폭격을 가하는 데 동원되었던 조직이었다. 공식적으로는 1918년 6월 6일부로 창설되었다.

6) 트렌차드는 1918년 1월 1일부로 항공부의 공군참모총장에 임명되었으나 항공부장관(Air Minister)이었던 로써미어경(Lord Rothermere)과 불화(不和) 중에 있었다. 트렌차드는 서부전선에서 진행되던 항공작전을 최우선시했음에 반해 로써미어 장관은 4,000대의 항공기를 대(對)잠수함작전을 위해 해군에 제공하기로 약속하기도 했다.

7) J.M. Bourne, *Who's Who in World War One* (London & New York: Routledge, 2001), p.290. 그는 공군력을 지상에서 육군을 지원하는 데 집중시키고자 했다.

다.[8] 1919년 초에 육군성장관 겸 공군성장관에 취임한 처칠(Winston Churchill)은 트렌차드로 하여금 공군참모총장에 재취임하도록 설득했다. 그 결과, 그는 1919년 3월 31일부로 참모총장으로 재취임했다. 영국 공군의 수장으로서 트렌차드는 육군과의 차별성을 강조하기 위해 공군 내에 새로운 장교계급체계를 만들어 냈으며, 크란웰(Cranwell)에 사관학교를 설립하는가 하면, 1922년에는 안도버(Andover)에 공군참모대학을 창설했다. 아울러 해군성의 반대에도 불구하고 왕립해군항공대(Royal Naval Air Service)를 공군으로 흡수했다. 1927년 1월 1일에 공군 원수로 진급한 그는 이후에도 1929년 12월까지 참모총장으로 영국 공군의 발전을 주도했다. 영국 공군의 전통 속에서 트렌차드는 거의 신화와 같은 비중을 차지하고 있다고 할 수 있다. 그는 저술을 거의 남기지 않았고 청중 앞에서 연설을 하는 데도 서툴렀으며 영웅적인 리더로서의 개성을 소유하지도 못했다. 그러나 영국 공군 내에의 그의 영향력은 의심의 여지없이 실로 막대한 것이었다.[9]

앞에서 언급했듯이, 원래 트렌차드는 항공대를 육군에 보조적인 존재로 인식하는 데 있어 확고한 입장을 견지했었다. 육군에 소속되어 있던 왕립항공단, 특히 트렌차드가 지휘하는 동안의 항공단은 야전의 육군을 지원하는 것을 자신들의 주요한 역할로 간주했다.[10] 마찬가지로 전술(前述)했듯이 애초에 그는 독립공군의 탄생에 부정적인 입장을 견지했으며 전략폭격에 대한 생각에도 반대했었다. 그는 당시에 진행되고 있던 전쟁에서 영국이 감당해야 할 핵심적인 역할은 프랑스에서 치열하게 전쟁을 수행하고 있던 영국원정군(British Expeditionary Force: BEF)이 감당하고 있던 역할과 동일하다고 굳게 믿었다. 때문에 그는 왕립항공단이 우선적으로 수행해야 할

---

8) 종전 후에 트렌차드는 독립공군 지휘관의 직을 코트니(Christopher L. Courtney) 장군에게 넘겨주고 본국으로 돌아왔다.

9) Phillip Meilinger, "The Historiography of Airpower: Theory and Doctrine," *Journal of Military History*, April 2000, p.481.

10) Neville Parton, "The Development of Early RAF Doctrine," *Journal of Military History*, October 2008, p.1158.

임무는 지상전력을 지원하는 것이라고 확신했던 것이다. 그는 또한 당시의 지상군 지휘관들이 그랬듯이 대규모 공세가 승리의 열쇠라는 확신을 공유하고 있었으며, 항공전력의 경우에도 항공기들의 집중을 바탕으로 하는 공세작전이 중요함을 강조했다.[11]

그러나 이런 그의 입장은 전후에 급격히 변화되었다. 전후에 그는 별도의 공군을 조직하는 일과 전략폭격을 적극적으로 옹호하는 방향으로 선회했다. 전후의 불안정하고 비우호적인 국방여건하에서 그는 항공력이 하나의 지원병과로서 남아 있어야 한다고 생각하고 있던 육군과 해군으로부터 갓 탄생한 공군을 지켜내는 데 더욱 골몰하게 되었다.

트렌차드는 적의 주요 중심부를 폭격하여 적의 싸우고자 하는 의지를 분쇄함으로써 승리가 달성될 수 있다고 믿었다. 그는 적의 산업, 통신, 교통망, 그리고 경제에 대한 파괴는 근로주민들의 일상생활에 타격을 가하고 실업과 곤경을 유발시켜 그들로 하여금 전쟁의 종식을 요구하도록 만들 것으로 생각했다. 그가 전략폭격을 통해 적국의 사기를 쉽게 꺾을 수 있다고 믿게 된 것은 독일의 공습이 영국의 민간인들에게 상당한 곤경을 초래했음을 확인했던 결과였던 것만은 아니었다. 독일의 패배 또한 사회적 붕괴(social breakdown)에 의해 촉진되었던 것으로 이해되었으며, 전시 폭격피해를 조사하는 팀들의 결론도 독일에 대한 전략폭격의 전반적인 효과가 실제적으로 가해졌던 피해가 시사하는 것보다 컸다고 결론내린 바 있었다.

이러한 문제들에 대한 트렌차드의 견해는 장차 있을 수 있는 분쟁에서 영국과 제국을 방위할 수 있는 최상의 수단이 무엇인지에 대한 논쟁이 진행되었던 1920년대 초 동안에 더욱 강화되었다. 이 기간 내내 그는 최상의 방위란 적국에게 산업적인 마비를 야기하고, 특히 전쟁을 지속적으로 수행하고자 하는 의지를 파괴하게 될 전략적 공중공세를 통해 적의 본토를 공격하는 것임을 역설했다.[12] 전후의 경제적 압박 속에서 갓 탄생한 영국 공군

---

11) 트렌차드가 지휘하던 프랑스 주둔 왕립항공단은 집중적 공세를 중요하게 여긴 탓에 상당한 손실을 당하곤 했다.

이 지속적으로 독립성을 유지하면서 존재해야 할 근거를 찾아야 할 절박한 필요성에 직면해 있던 트렌차드에게 있어 독립적인 전략폭격에 대한 강조는 선택이 아니라 필수였다.

주민들에 대한 직접적인 공격의 필요성을 강조했던 두헤와는 달리 트렌차드는 주요 기간시설들을 파괴함으로써 민간인들의 사기가 붕괴되도록 하는 간접적인 방법을 선호했다. 적 국민의 사기를 표적화하는 것에 대한 트렌차드의 생각에는 다소 모호한 면이 없지 않다. 그러나 그는 폭격은 국제법에 따라 부수피해의 발생을 제한하는 가운데 이루어져야 하며, 군사적으로 중요한 도시지역의 표적들, 즉 국가기간시설 및 생산체계상의 주요 중심부들이 공격의 대상이 될 수 있다고 생각했다.

두헤와 마찬가지로 트렌차드도 항공력이 전쟁에서 결정적인 역할을 할 수 있다고 믿었다. 그러나 그는 그것이 몇 주 만에 전쟁을 종식시킬 수 있을 것이라는 믿음에 대해서는 경계했다. 오히려 공중공격의 효과는 누적적으로 나타날 것이기 때문에 작전은 지속적으로 이루어져야 한다고 생각했다. 당시의 다른 항공력의 옹호자들처럼 그는 공중우세를 확보하는 것이 모든 다른 군사작전의 전제조건이라고 믿었다. 그러나 제1차 세계대전을 통해 비행장을 공격하는 것이 제한적인 성공을 거두는 것으로 그치는 사례를 목도했던 그는 공중우세를 확보하기 위한 투쟁이 적어도 어느 정도는 공중에서도 발생되어야 한다고 생각했다. 두헤가 그랬듯이 트렌차드도 공세가 보다 강력한 형태의 전쟁수행 방식이라는 믿음을 견지했다. 폭격기의 능력에 대해 확신했던 그는 폭격기들이 호위를 받아야 할 필요성에 대해서도 부정적인 입장을 피력했다. 뿐만 아니라 야간항법이나 표적획득, 폭격의 정확도와 관련된 문제들은 관리가 가능한 문제들로 간주했다. 그는 그러한 폭격이 민간인들의 사기에 미치는 효과는 그것으로 인해 야기되는 물리적인 효과보다 더 강력하다고 믿었다.

---

12) Walter Kudrycz, "A Practical Prophet?: Arthur Harris, the Legacy of Lord Trenchard, and the Question o f 'Panacea' targeting," *Air Power Review,* Spring 2002, p.33.

영국이 처해 있던 안보환경의 특수성에 주의를 기울였던 트렌차드는 공군이 공중공격이나 그에 대한 위협을 통해 다른 병종(兵種)보다 경제적이고 효율적으로 식민지를 통제할 수 있다는 점을 역설했다. 그의 공중통제 이론은 지상의 장갑차부대들에 의해 지원을 받는 가운데 이루어지는 비교적 소규모의 공중공격으로도 육군에 의해 작전이 수행되었을 때보다 훨씬 더 적은 병력으로 식민지들에서 발생하는 사태들을 효과적으로 진압할 수 있다는 점을 강조했다. 지상전에 대해 잘 이해하고 있었던 그는 제1차 세계대전이 진행되는 동안에는 항공전력이 지상군을 지원하도록 하는 데 헌신하고 여분의 항공기들만이 독립적인 작전에 투입될 수 있도록 한 바 있었다. 그러나 전후에 그는 점점 더 육군과 해군의 전력들은 부수적인 존재이며 공군의 전략폭격이 최우선적인 것임을 전파하기 시작했다.

III. 윌리엄 미첼(William Lendrum "Billy" Mitchell)

미첼은 제2차 세계대전이 발발하기 전에 활약했던 미국의 항공이론가들 중 가장 주요한 인물이다. 제1차 세계대전기에 전투조종사로서 독일군의 전선을 횡단비행했던 최초의 미국 비행사였던 미첼은 쌩-미히엘(Saint-Mihiel) 전투[13] 시에는 거의 1,500대에 이르는 항공기들을 지휘하기도 했다.[14] 전후에 유럽으로부터 복귀한 그는 전시에 항공전력을 지휘하고 연합군 항공지휘관으로 활약했던 경험 덕택에 육군항공대의 부사령관에 임명되었다.[15]

---

13) 1918년 9월 12일부터 15일까지 미국원정군(American Expeditionary Force)과 48,000명가량의 프랑스군이 미국의 John Pershing 장군의 지휘하에 독일의 진지에 대해 가한 공세로서, 미육군항공대(United States Army Air Service)가 주요한 역할을 담당했다.

14) 미첼은 '현대 공군의 아버지(father of the modern Air Force)'라고도 지칭된다.

15) 제1차 세계대전 동안에 미첼이 보여준 리더십과 전투기록에 비춰볼 때 전후에 그는 항공대의 사령관에 임명될 것으로 널리 예상되었다. 그러나 퍼싱(Pershing) 장군은

윌리엄 미첼(1879~1936)

장차의 전쟁에 있어 항공력이 갖게 될 절대적인 중요성에 주목했던 그는 항공력에 투자하는 규모를 증가시킬 것을 역설했다. 특히 그는 항공대임시여단(Air Service Provisional Brigade)을 이끌며 다양한 해군선박들에 폭격을 가하는 시험을 실시했으며, 2,000파운드 폭탄으로 과거에 독일의 전함이었던 오스트프리슬랜드(*Ostfriesland*)호를 격침시킴으로써 항공력의 효과를 과시해 보이기도 했다.

미첼은 수많은 연설과 논문을 통해 독립적이고도 강력한 공군을 건설할 것과 국가가 군사적, 상업적, 일반적인 것을 막론하고 모든 유형의 항공자산들을 갖춘 강건한 항공능력을 갖출 것을 주창하는 최선봉에 섰다. 항공력에 대한 그의 열성적인 캠페인과 항공력을 발전시키는 데 책임이 있던 이들을 향한 그의 공개적인 비판은 1925년에는 결국 군사재판으로 이어졌으며 다음 해 초에 그가 육군을 떠나는 계기가 되었다.[16)]

항공력에 관한 미첼의 저술활동은 매우 왕성했다. 그는 항공과 관련된 수십 편의 논문들뿐만 아니라 3권의 주요한 책도 발간했다. 그의 첫 저작(著作)이었던 『우리의 공군: 국방의 열쇠(*Our Air Force: The Key to National Defense*)』(New York: Dutton, 1921)는 제1차 세계대전이 끝난 직후에 발간된 것으로서 향후의 저술들에 비하면 상대적으로 온건한 논조를 담은 것이었다. 그는 이 책에서 항공력을 혁명적인 무기로 묘사하기는 했지만 다른

계속해서 지상전력에 의해 항공력이 전술통제되도록 하기 위해 메노허(Charles T. Menoher) 소장을 사령관에 임명했다. 항공력에 관한 견해차로 인해 그는 상관들과 매우 불편한 관계를 지속했던 것으로 알려져 있다.

16) 1926년 1월에 사임한 그는 항공력에 관한 저술 및 강연 활동에 전념했다. 그러나 군문을 떠난 뒤로 군사정책과 여론에 대한 그의 영향력은 급격히 줄어들기 시작했다.

오스트프리슬랜드호의 격침시범장면

병종들과 동등한 지위를 차지해야 하는 것으로 간주했다. 제1차 세계대전에 참전하는 동안 목격한 바에 입각하여 그는 항공력을 지상 및 해상 전역들에 대한 주요 기여자로 이용할 것을 제안했으며, 그것들을 대체하는 존재로 인식하지는 않았다.

그러나 이런 그의 시각은 1925년에 들어 극적으로 변화했다. 보수주의와 자군(自軍)중심주의에 혐오감을 갖게 된 그는 점점 더 해군과 육군 내의 주요 상관들에 대해 공격을 가하기 시작했다. 1925년에 발간된 『항공력을 통한 방위: 현대 항공력의 발전과 가능성들(*Winged Defense: The Development and Possibilities of Modern Air Power*)』(New York: Putnam, 1925)에서 그는 전략폭격을 핵심적 기반으로 하는 독립공군이 필요함을 강조했다. 특히 이 책에서 그는 해군에 대해 신랄하게 공격했다. 그의 비판은 해군의 선박들이 공중공격으로부터 스스로를 방어할 수 있는 능력에 대해 집중되었다.[17] 그런가 하면, 군문을 떠난 후인 1930년에 발간된 『항로들(*Skyways*)』(Philadelphia: Lippincott, 1930)에서는 전략폭격의 결정적인 중요성과 해양력의 중요성 감소, 독립공군의 필요성에 대해 더욱 힘주어 역설했다.

---

17) 원래 미첼은 함대를 방어하는 데 필요하다는 차원에서 항공모함에 대해 긍정적인 견해를 가졌었다. 그러나 나중에 그는 항공모함의 필요성에 대해 철저히 부정적인 입장을 견지하게 되는데 이는 모든 항공자산들을 독립적인 별도의 병종, 즉 공군의 휘하에 통합시키고자 하는 그의 목표에 위협이 되는 것으로 판단했기 때문인 것으로 추정된다.

미첼은 통합된 국방부하에서 별개로 구성되어 육군이나 해군과 동등한 지위를 갖으며 독립적인 공군으로 조직된 항공력이 미 대륙을 방어하는 가장 효과적이고도 경제적인 수단이 될 수 있음을 확신했다. 그는 해외의 적과 싸워야 할 때에도 항공력은 적의 육군 및 해군을 격파하지 않고도 적의 주요 중심부들을 결정적으로 공격할 수 있다고 생각했다. 그러한 항공력은 "항공사상을 가진(airminded)" 국민들을 보유한 국가들에서 가장 잘 생성될 수 있을 것이었다. 미첼이 판단하기에 미국은 이와 관련하여 상당한 잠재력을 가지고 있으나 여전히 더욱 발전되어야 할 필요성이 있는 상황에 놓여 있었다.

항공력에 대한 자신의 이론을 발전시킴에 있어 미첼은 다음과 같은 주요한 가정들에 기초했다.

- 항공력의 등장은 군사(軍事)를 혁명적으로 변화시켜 놓았다.
- 제공권은 가장 중요한 필요조건이다.
- 항공력은 본디 공세적이며, 폭격기는 언제나 표적에 도달할 수 있다.
- 대공포는 비효과적이다.
- 항공력은 해군에 비해 미 대륙을 보다 경제적으로 방어할 수 있다. 해전(海戰)은 이제 진부한 것이 되고 말았다.
- 항공인은 특별하고도 엘리트적인 혈통을 가진 이들로서, 그들만이 항공력을 적절히 운용하는 법에 대해 이해할 수 있다.
- 미래의 전쟁은 총력전으로서 모든 이들이 전투원이 될 것이며, 지상에서는 방어 측이 점하게 되는 우세가 지속될 것이다.
- 민간인의 사기는 무너지기 쉬운 것이다.

미첼은 산업체, 국가기간시설, 그리고 심지어는 농업과 같은 주요 중심부들을 파괴함으로써 민간인들의 사기를 무너뜨리는 것을 선호했다. 그는 공중우세를 달성하는 것이 다른 모든 군사작전들을 위한 선행조건인 것으로 판단했다. 미첼은 두헤가 강조했던 바와 같이 지상에서 적의 항공력에 대해 공격을 가해야 할 필요성에 대해서는 어느 정도 인정하면서도 공중우세의

군사재판에 임한 미첼

달성이란 대부분 공중전에 의해 달성될 수 있다고 주장했다. 그런가 하면, 그는 대공포의 효과성에 대해서는 평가절하 했다. 일단 공중 우세가 달성되면 항공력은 주요 중심부들에 대한 다양한 작전들에 자유롭게 활용될 수 있을 것으로 생각했다. 때때로 모호한 면이 없지는 않았지만 미첼은 주요 중심부를 산업, 기반구조(기간시설), 농업과 같은 것으로 보았으며, 그것들이 파괴되었을 경우에는 민간인들의 사기 저하가 초래될 것으로 판단했다.

미첼은 공군이 전쟁에 있어 가장 주요한 전력이며, 육군은 부수적인 역할을 하게 되고, 해군은 그보다 덜한 역할을 하게 될 것으로 믿었다. 그런 맥락에서 적의 육군이나 해군을 격파하는 것은 잘못된 목표가 될 수밖에 없었다. 미첼이 보기에 진정한 목표는 적의 의지로서, 이는 적의 지상 또는 해상 전력들을 격파하지 않고도 도달할 수 있는 것이었다.

미첼은 군복을 입은 자신의 동료들보다는 미국의 대중들을 설득하고자 하는 목적의식 속에서 항공관련 저술활동에 매진했다. 그 결과 발간된 그의 대부분의 저술들은 순전히 선전에 지나지 않거나 대중들에 대한 각별한 호소문의 성격이 있는 것으로 범주화되어 왔다. 그러나 미국의 항공발전을 위해 정부와 대중여론을 상대로 항공전략사상을 지속적으로 전파하고 육군 및 해군과 격렬한 논쟁을 마다하지 않았던 그의 열정과 신념은 오늘날 자타가 공인하는 세계 최강의 미 공군이 탄생되는 기반을 이루는 데 핵심적인 추력(推力)이 되었음에는 이론(異論)의 여지가 없다.

Ⅳ. 알렉산더 세버스키(Alexander P. de Seversky)

알렉산더 세버스키(1894~1974)

에이스(Ace) 전투기조종사이자 전쟁영웅, 항공기 설계자, 사업가, 저술가, 이론가이기도 한 세버스키는 제2차 세계대전기 동안에 미국인들 사이에서 가장 잘 알려져 있고 가장 인기가 있었던 항공관련 인물들 중의 한 명이다.[18] 세버스키는 1894년에 러시아제국의 일부였던 트빌리시(Tbilisi)에서 태어나 제1차 세계대전 시에는 러시아 해군의 전투조종사로 활약했으며 전후에는 미국으로 이주했다.[19] 그는 항공기회사들[20]을 설립하고 P-47 "썬더볼트(Thunderbolt)"의 전신(前身)이었던 P-35[21]를 포함하는 몇몇 독창적이고도 중요한 항공기들을 설계하는데 성공하기도 했다.

---

18) Phillip Meilinger, "Alexander P. de Seversky," *Air & Space Power Journal* (Winter 2002), p.8.

19) 전투조종사로서 첫 번째 전투 임무를 수행하는 동안에 세버스키의 항공기는 격추되어 그 결과 그는 한 쪽 다리를 잃었다. 그러나 그는 의족(義足)을 이용해 재활에 성공했으며 결국에는 전투 임무로 복귀하여 13대의 독일항공기들을 격추시켰다. 1917년에 러시아는 그를 주(駐) 미국 무관으로 파견하였으나 러시아혁명 후에 세버스키는 러시아로 귀국하지 않고 1927년에 미국에 귀화했다.

20) 1923년에 설립했던 Seversky Aero Corporation은 1929년의 증권시장 붕괴로 무너졌으며, 1931년에는 새로이 Seversky Aircraft Corporation을 뉴욕의 롱 아일랜드(Long Island)에 설립했다. 이 회사에서는 항공기뿐만 아니라 폭격조준기, 공중재급유 장비들도 만들었다. 이 회사의 이사회는 제2차 세계대전이 가까워올 즈음에 가난한 사업가에 지나지 않았던 세버스키를 퇴출시키고 회사명을 Republic으로 변경해 버렸다. 그 이후로 세버스키는 항공력에 대한 저술 및 강연 활동에 주의를 기울였다.

21) 전신이 철제로 된 최초의 단좌전투기로서 매우 빨랐으며, 당시의 다른 전투기들에 비해 비행가능거리가 상당히 길었다.

제2차 세계대전이 임박해옴에 따라 세버스키는 점점 더 항공력의 활용에 대한 저술활동에 주의를 기울였으며, 이는 진주만공격이 발생한 직후인 1942년에 『항공력을 통한 승리(*Victory Through Air Power*)』(New York: Simon and Schuster, 1942)의 발간으로 그 결실을 맺었다. 이 책은 5백만 명 이상이 읽는 베스트셀러가 되었으며,[22] 월트디즈니(Walt Disney)는 이를 바탕으로 애니메이션 동영상을 제작하기도 했다.

제2차 세계대전이 종전된 후에도 그는 항공과 항공력의 전략적 이용에 대해 강의와 저술활동을 계속했으며, 1950년에는 『항공력: 생존의 열쇠(*Air Power: Key to Survival*)』를, 그리고 1961년에는 『아메리카: 무너지기에는 너무 젊다(*America: Too Young to Die*)』를 발간했다. 그는 항공력이 전쟁을 혁명적으로 변화시켰으며, 이제는 그것이 결정적으로 중요하게 되었다는 점을 대중들에게 설득시키는 것을 스스로 자신의 임무로 삼았다.

세버스키는 전략항공력에 대해 헌신적으로 옹호했으며, 그의 비전은 1946년의 전략공군사령부(Strategic Air Command)[23]의 창설과 B-36(Convair) 및 B-47(Stratojet)과 같은 항공기들의 발전으로 이어졌다. 세버스키는 지상전력이나 해양력에 의존하여 독일이나 일본을 격파하고자 하는 모든 제안들을 거부했다. 그에게 있어 그런 것들에 의존하는 것은 시대에 뒤처진 전쟁의 형태였다. 대신에 그는 가급적 미국 영토 내에 기지를 두면서 운용되는 장거리 항공력이 지상전역보다 경제적이고 해상전역보다 신속하게 추축국들을 무릎꿇게 해줄 것으로 믿었다. 특히 세버스키는 "지구횡단 폭격기(inter-hemispheric bomber)"의 개발 필요성을 역설하기도 했다.

세버스키는 항공력을 적의 가장 중요한 중심이 되는 적국의 수도, 산업체, 정부 등을 직접적으로 공격할 수 있는 능력을 갖춘 본질적으로 전략적

---

22) 1942년 8월 중순에 *New York Times* 베스트셀러 목록에 처음 등장한 후 4주 동안 1위를 차지했다. 그의 문어(octopus)머리 강타 비유는 4장의 전략마비개념 참고.

23) 1942~1991년간에 미국의 지상기반 폭격기들과 지상기반 대륙간탄도미사일(ICBM) 전략핵무기의 작전적 운용을 책임졌던 조직으로서, 전략폭격 및 ICBM 작전을 지원하는 데 필요한 기반구조들에 대한 통제도 담당했다.

인 무기로 인식했다. 그는 항공력이 전술적 수준, 또는 전력 대(對) 전력(force against force) 간의 전쟁을 수행하는 육군을 전술적으로 지원하는 것은 그 고유한 능력을 낭비하는 것이라 믿었다. 그가 보기에 본디 전략적인 무기인 항공력은 전략적으로 사용되어야 했으며, 전략적으로 중요한 표적들을 공격하는 데 사용되어야 했다. 세버스키는 대중의 의지를 특별한 표적으로 삼는 것에 대해서는 부정적인 입장을 보이면서 대신에 산업표적의 중요성을 강조했다. 그는 적의 산업시설 중 어떤 부분을 표적으로 선택해야 하는지에 대해서는 구체적으로 밝히지 않았지만, 산업적 기반구조(infrastructure)의 모든 분야를 파괴하는 항공전역에 각별한 관심을 보였다. 이와 연계된 맥락에서 세버스키는 또한 공중우세 획득의 필요성에 대해서도 강조했다. 그는 공중우세를 획득하기 위한 투쟁은 가능한 한 조기(早期)에, 최상의 노력을 들여 수행되어야 한다고 주장했다. 적의 비행장이나 항공기 제작공장에 대한 공격을 통해 공중우세를 달성할 것을 주문했던 두헤와는 달리 세버스키는 공중전에 대한 대응책을 갖추어야 할 필요성에 대해서도 언급했다. 이러한 맥락에서 세버스키는 당시의 미국의 전투기들이 다른 주요한 국가들의 전투기들에 비해 열등함을 지적하기도 했다.

세버스키는 해군력은 시대에 뒤떨어진 것으로서, 항공력과 대적한 상황에서는 속수무책이 될 수밖에 없는 존재로 간주했다. 그는 항공모함의 효용가치에 대해서도 부정적인 입장을 견지했다. 그가 보기에 항공모함은 적에게 좋은 표적이 될 뿐이었다. 그는 지상기반 항공기들에 비해 함재기들은 그 성능이 뒤떨어진다고 판단했으며, 해양에서 육지로 전력을 투사하는 항공모함의 능력도 인정하지 않았다. 그러나 세버스키는 항공력만으로 독자적으로 전쟁에서 승리할 수 있다고 주장하지는 않았다. 그는 다만 현대전 수행에 있어서의 지배적이고도 결정적인 요소로서의 항공력에 대해 강조했을 뿐이었다. 세버스키가 보기에 항공력이 적을 항복하도록 몰고 가는 동안에 육군 및 해군이 수행해야 할 중대한 임무는 적을 고착시키고 적의 항공기지를 탈취하고 보존함으로써 우군의 공군이 적국의 심장부에 대해 전략적인 타격을 가할 수 있도록 하는 것이었다.

세버스키의 시각으로는 전쟁은 이미 총력전화되어 있는 것처럼 보였다. 그는 국민 모두가 전쟁을 수행하는 방법을 결정하는 과정에서 나름대로의 의견을 견지해야만 한다고 생각했다. 이는 군인과 민간인들의 구별이 더 이상 존재하지 않는 상황 속에서 모든 국민은 전쟁으로 인한 궁극적 대가를 치러야 할 대상이 될 수밖에 없기 때문이었다. 그는 국가 전체에 영향을 미치는 모든 다른 정책들의 경우와 마찬가지로 전쟁에 대한 모든 전략도 국민들이 결정해야 한다고 주장했다. 세버스키는 교육받은 대중은 자신의 의견을 군의 정책을 결정하는 정치인들에게 알릴 수 있으므로 대중을 교육하는 것이 자신의 책무라고 믿었다.

부분적으로는 과장과 논쟁의 여지가 있는 논리가 발견되기도 하지만 세버스키의 『항공력을 통한 승리』가 항공력을 운용하는 문제에 대한 미국 대중들의 여론을 형성하는 데 중대하게 기여했다는 점에는 의심의 여지가 없다. 일반 대중은 그를 한 명의 이론가로 여겼으며 그의 사상은 그리 독창적이지 못했다.[24] 그러나 세버스키는 항공전의 미래를 예견하기 위해 논리와 역사에 대한 자기 자신의 해석을 활용했던 한 명의 예언가였다. 그는 다른 어떤 이들도 대적할 수 없는 방식으로 수백만 명의 미국인들에게 새로운 전쟁무기의 근간(根幹)을 이해할 수 있도록 이끈 인물이었다.[25]

---

24) Meilinger는 그를 항공사상을 합성하고 대중화한 인물로 평가한다.

25) Phillip Meilinger의 위의 글, p.8.

V. 존 보이드(John Richard Boyd)

존 보이드(1927~1997)

와든(John Warden)과 함께 대표적인 현대항공전략가로 인정받고 있는 보이드는 항공력을 이용한 전략적 마비(strategic paralysis) 이론, 특히 심리적·시간적 마비의 개념을 구체화한 인물이다. 그는 미 공군의 전투조종사로서 한국전쟁과 베트남전에 참전했던 경력의 소유자였다.[26)] 보이드가 한국전쟁에 참전한 것은 전쟁의 후반기였다. 그는 F-86 세이버(Sabre)기를 조종하는 최상급 기량을 갖춘 조종사로서 30~40회의 전투임무를 수행했으며, 확전의 가능성을 최소화하기 위해 압록강 너머로 Mig-15를 추격할 수 없도록 했던 공식적인 지침에도 불구하고 1953년 6월에는 Mig-15 한 대를 추격하여 손실을 가하기도 했던 것으로 전해진다.

전설적인 공중전투 기량을 갖추고 있었던 조종사였던 보이드는 오늘날에도 대부분의 전투조종사들이 사용하는 공중전술들을 개발하는 데 기여했다. 1960년에 그가 쓴 『공중공격연구(*Aerial Attack Study*)』와 공중전에 대한 그의 기동-대응기동(maneuver-counter maneuver) 또는 전술-대응전술(tactics-counter tactics) 접근법은 공대공 전투의 발전에 상당 정도 기여했다. 그는 전투조종사훈련학교(Fighter Weapons School)가 네바다(Nevada)주의 넬리스(Nellis) 공군기지에 설립되는 것을 도왔으며, 1954~60년간에는

---

26) 보이드는 애초 미 육군에 입대하여 1945~47년 동안 육군항공단(Army Air Forces)에서 복무했었다. 그러나 그 후 1951년부터 1975년까지 미 공군에서 장교로 복무하여 대령으로 예편했다. 그는 암으로 인해 1997년에 70세의 나이로 세상을 떠났다.

그곳에서 직접 비행교관으로 근무하기도 했다.[27)]

1960년 초에 보이드는 민간수학자였던 크리스티에(Thomas Christie)와 함께 공중전에 있어서의 에너지-기동성 이론(Energy-Maneuver 이론: E-M이론)을 만들어냈다.[28)] 이는 항공기들 간의 기동성을 비교하고 보다 나은 성능을 보장해줄 수 있는 보다 나은 설계를 제공할 수 있는 길을 열어주어 전투기를 설계하는 데 있어서의 세계적인 기준으로 자리매김하게 되었다. 실제로 그는 F-15 "이글(Eagle)"과 F-16 "파이팅 팰콘(Fighting Falcon)"을 개발하고 설계하는 데 기여했다.

1975년에 공군에서 퇴역한 이후에 보이드는 국방부차관실 전술공군국에서 프로그램분석 및 평가를 위한 자문관으로 활동했다. 그는 미 국방부 내에서 1970년대 말과 80년대 초의 군사개혁운동을 이끌었던 것으로 알려져 있다. 사실, 사고(思考) 및 조달 체계의 개선, 실제적 시험을 기초로 한 무기체계 선택 등과 같은 그의 요구들은 그리 인기를 얻지 못했었다. 그러나 보이드의 존재는 전임 국방부장관이자 상원의원들이었던 아스핀(Les Aspin)과 체니(Dick Cheney), 전임 상원 국방위원장 누운(Sam Nunn), 그리고 전임 해병대 사령관이었던 그레이(Al Gray) 장군과 같은 일단의 주요 인물들에게 잘 알려져 있었다.

그는 그들 앞에서 자신의 이론들에 대해 몇 차례 브리핑을 한 적이 있었다. 그의 사상과 그가 행한 브리핑들은 미 해병대에 주요한 영향을 주었으며, 실제로 해병대교범(Fleet Marine Field Manual: FMFM) 1 "전쟁수행(Warfighting)"을 작성하는 데 영감을 주기도 했다. 뿐만 아니라 그는 육군

---

27) 전투기학교에서 근무하는 동안에 보이드에게는 '40초 보이드(Forty Second Boyd)'라는 별명이 붙여졌다. 그는 꼬리를 물고 있는 상대방 항공기를 40초 내에 제압하여 격추시킬 수 있는 위치에 서 있지 못하게 되면 40달러를 벌금으로 내겠다는 제안을 하고 다니곤 했다. 6년간에 걸쳐 3,000시간이 넘는 전투훈련을 경험했던 그는 늘 10초 만에 적을 제압하는 데 성공하곤 했다.

28) 그는 1960년 여름부터 당시 34세의 나이에 Georgia Tech에서 산업공학 학부과정 공부를 시작했다. 일찍이 보이드는 경제학을 전공하여 University of Iowa를 졸업한 바 있었다.

교리에 대한 진지한 재검토로 "공지전투(AirLand Battle)"[29]라는 개념을 도출해 내는 데에도 주요하게 기여했다. 보다 중요한 점은 그가 '사이클 타임(cycle time)'과 '상대 의사결정 주기의 내부로 진입하기(getting inside the adversary's decision cycle)'와 같은 개념들을 설명하고 전파하는 데 크게 기여했다는 점이었다. 주요 인사들의 관심과 인정(認定)은 그의 입지를 튼튼히 하고 그의 사상을 발전시키고 전파하는 데 도구적인 역할을 했다.

보이드는 자신의 가장 유명한 브리핑이었던 "분쟁의 패턴(Patterns of Conflict)"과 "승패에 대한 담론(A Discourse on Winning and Losing)"을 1,500회 이상이나 강연했다.[30] 그 결과, 그가 강조했던 전략적 환경 조성, 현대 전장(戰場)의 유동성에 대한 적응, 시간을 하나의 동맹으로 사용하기, 상대의 능력을 저하시키기 위해 보다 신속한 OODA 루프 사이클(Loop cycle)을 활용하기와 같은 개념들은 이제 군내에서 결코 낯설게 취급받지 않게 되었다. 그러나 보이드의 사상은 군내뿐만이 아니라 국내외의 사업계 및 학계에도 깊숙이 침투했다. 혁신과 감정이입(empathy), 신뢰와 팀워크의 중요성, 정신적 요소들을 고려해야 할 필요성과 비선형적 사고의 필요성, 지각(知覺), 지휘관의 의도, 정보, 리더십의 자질과 같은 요소들에 대한 그의 강조는 그의 사상이 보다 광범위한 영향력을 발휘하도록 해왔으며,

29) 1982년부터 1990년대 말까지 유럽에서 전쟁을 수행하기 위한 미 육군교리의 기초가 되었던 전반적인 개념적 틀이다. 공지전투는 공세적 기동방어를 실시하는 지상전력과 전선에 배치되어 있는 적 전력들을 지원하는 후방 전력들을 공격하는 항공전력 간의 긴밀한 협력을 강조한다. 오늘날에는 "네트워트중심전(Network-Centric Warfare)" 개념으로 대체되었다.

30) 원래 각 브리핑은 1시간 정도로 계획되었으나 경우에 따라서는 이틀에 걸쳐 15시간 동안 지속되기도 했다.

지금도 이는 지속되고 있다.

보이드는 걸프전 시 이라크 침공을 위한 전략을 발전시키는 데 상당한 기여를 한 것으로 알려져 있다. 1981년에 보이드는 체니 의원 앞에서 "분쟁의 유형"을 브리핑했던 적이 있었다. 1990년에 보이드는 건강상의 문제로 플로리다로 거처를 옮겼으나 체니[31)]는 그를 복귀시켜 사막의 폭풍작전(Operation Desert Storm)을 위한 계획들을 수립하는 데 핵심적인 역할을 수행하도록 했다. 실제로 그는 남부 이라크의 사막지역에서 '레프트 훅(left-hook)' 공격을 가하기 위한 계획을 수립하는 데 상당히 기여한 것으로 알려졌다.[32)] 1997년 3월에 보이드의 사망 소식을 접한 미 해병대 사령관 크루락(Charles C. Krulak) 대장은 며칠 뒤에 *Inside the Pentagon*지의 편집자에게 편지를 보내 다음과 같이 그의 업적을 기렸다.

> 그는 미국의 전쟁술 발전에 있어 그 누구도 그를 능가할 수 없을 정도의 기여를 한 수준급의 지식인이었습니다. 실제로 그는 1980년대에 각 군, 특히 해병을 휩쓸었던 군사사상의 개혁을 이끌었던 중심적인 인물이었습니다. 보이드로부터 우리는 시간을 하나의 동맹으로 삼아 전장에서 의사결정의 경쟁을 하는 법에 대해 배웠습니다 … (중략) … 사막에서 전투비행단이나 기동사단을 지휘했던 것과 마찬가지로 존 보이드는 확실한 승리의 주역이었습니다. 그의 사상과 그의 이론, 그리고 그의 생애를 뛰어넘는 영향력은 사막의 폭풍작전을 수행함에 있어 우리와 함께 했습니다.[33)]

분쟁에 대한 보이드의 이론은 '신속한 전환기동(fast transient maneuver)'

---

31) 체니는 조지 부시(George H. W. Bush) 행정부하에서 1989년 3월에 국방부장관으로 임명되어 1993년 1월까지 재직했다. 그는 부시(George W. Bush) 행정부하에서 2001년 1월부터 2009년 1월까지 부통령을 역임하기도 했다.

32) 2월 24일이 미 제7군단은 이라크에 대한 지상공격을 감행했다. 이때 미 제18공수군단은 남부 이라크의 방어가 허술한 사막을 횡단하는 대규모적인 'left-hook' 공격을 감행했다. 이 공격으로 이라크의 제45보병사단은 손쉽게 무력화되었다.

33) Letter to the Editor, Gen. C.C. Krulak, *Inside the Pentagon,* March 23, 1997, p.5.

으로 대변되는 공중기동전[34]에 관한 전술적 개념이 확장된 것이었다. 그는 그 방향에 있어 물리적이거나 공간적이기보다는 심리적이고 시간적인 형태의 기동전을 옹호했다. 그러한 기동전의 군사적 목표는 '기습적이고 위험한 작전적 또는 전략적 상황들을 조성함으로써 적 지휘부의 정신과 의지를 깨뜨리는 것'이 될 것이었다. 이러한 목적을 달성하기 위해서는 상대방보다 빠른 템포와 리듬으로 작전을 수행해야만 한다. 즉, 보이드가 주창한 기동전은 급격하게 조성되고 본질적으로 불확실한 전쟁의 상황들에 적이 정신적으로 대처할 수 있는 시간을 확보하지 못하게 함으로써 적으로 하여금 무력해지도록 하는 것을 목표로 삼고 있는 것이다. 이를 위해 수행되는 군사작전은 적에게는 고도로 유동적이고 위협이 되는 상황을 조성하고 영속화시키며, 적이 그와 같은 환경에 적응할 수 있는 능력을 교란하거나 박탈해버리는 것을 목표로 하게 될 것이었다.

보이드는 성공적인 작전을 위해 필요한 자질들을 주도권(initiative), 조화(harmony), 다양성(variety), 민첩성(rapidity)의 4가지로 식별해 제시했다. 그러한 자질들은 모두 전쟁의 원칙들 중 간명(簡明), 기동, 기습과 같은 원칙들을 뒷받침해줄 수 있는 것으로, 집단적으로 활용되면 불확실하고 마찰(friction)로 가득 찬 전쟁의 환경에 적응하거나 그러한 환경을 조성할 수 있도록 해줄 수 있는 것들이었다. 보이드는 자신에게 발생할 수 있는 마찰을 최소화함으로써 전장에서 발생하는 변화에 적응할 수 있는 능력을 개선해야 할 필요성에 주목했다. 뿐만 아니라 그는 상대에게 마찰을 발생시키거나 그들이 직면하고 있는 마찰을 활용함으로써 충돌을 우군에게 유리하게 형성해나갈 수 있다는 점에 대해서도 각별한 관심을 가졌다. 그는 우군 측의 마찰을 최소화하고 적의 마찰은 극대화하는 개념을 주도권, 조화, 다양성, 민첩성이라는 핵심자질들과 연계시켰던 것이다.

우군 측의 마찰을 최소화하기 위해서는 상대보다 신속하게 행동하고 대

34) 하나의 기동 사건/상태로부터 다른 기동 사건/상태로 비규칙적이고 급격하게 옮겨가는 것을 의미한다.

응해야만 한다. 이는 지휘계통 내에서 보다 낮은 수준에서 주도권을 행사함으로써 가장 잘 달성될 수 있다. 그러나 일이 수행되는 방법에 대한 분권적(分權的)인 통제는 무엇이 왜 수행되어야 하는지에 대한 중앙집권적인 지휘에 의해 지도되어야만 할 필요가 있다. 단일한 지휘관의 의도를 공유하는 것은 다양한 전술적 행동과 대응들 간에 작전적·전략적인 조화가 형성되고 유지될 수 있도록 보장해준다. 목표의 공유와 지휘관의 의도를 가장 잘 만족시킬 수 있는 방법에 대한 관점의 일치가 없는 가운데서 발휘되는 하위수준에서의 행동상의 자유는 노력의 통일을 저해하고 마찰을 증가시킬 위험을 유발할 뿐인 것이다.

그런가 하면, 적의 마찰을 증가시키기 위해서는 최대한 신속하게 수행될 수 있는 다양한 조치들을 동원해 적을 공격할 수 있는 능력이 구비되어야 한다. 이러한 다양하고 신속한 조치들의 치명적인 결합은 가장 위협적인 사건들이 무엇인지를 적절히 식별해내고 그에 대처할 수 있는 상대의 역량에 부하(負荷)를 가하는 데 기여한다. 저항할 수 있는 상대의 물리적, 정신적인 능력을 꾸준히 감소시킴으로써 상대의 저항의지 또한 분쇄할 수 있게 되는 것이다.

작전적인 수준에서 보이드는 전역(戰役)계획을 발전시키고 이를 수행하는 데 이용되는 상대의 전투작전과정을 심각하게 교란시킬 필요성에 대해 강조한다. 이러한 교란은 신속하면서도 반복적으로 모호하지만 위협적인 사건들과 기만적이지만 위협적이지는 않은 사건들의 결합체를 적에게 제공함으로써 발생시킬 수 있다. 시간적인 압박이 가해지는 상황하에서 발생하는 이러한 다수의 사건들은 순식간에 상대방이 자신의 생존을 위협할 것으로 믿는 행동들과 실제로 이루어지는 일들 간의 불일치와 편차를 만들어내게 된다. 상대방이 위협에 적절하게 대응하고 나아가 궁극적인 생존을 확보하기 위해서는 인식과 실제 간에 존재하는 그러한 불일치들을 제거해야만 하게 된다. 이러한 상황을 조성하기 위해 작전의 목표는 정보를 가공하고 결정을 내리며 적절한 행동을 취하는 상대의 능력을 교란시킴으로써 그들이 그런 위협적인 비정상적 상황들을 제거하지 못하도록 하는 데 맞춰져야 한다. 그렇게 되면 결과적으로 상대방은 더 이상 자신에게 일어나고 있는 일이 무엇인지와 어떻게 그것에 대응해야만 하는지를 결정하지 못하게 된다. 결국 상대가 경험하게 되는 초기의 혼란은 마비적 공포로 인해 악화되고 그의 저항할 수 있는 능력과 의지는 기능을 중지하게 되는 것이다.

전략적인 수준과 관련하여 보이드는 상대의 정신적, 인지적, 물리적 존재물에 침투하여 그의 도덕적 힘을 와해시키고, 정신적 이미지를 혼란케 하며, 운용을 교란하고, 그의 체계에 부하를 가해야 할 필요성에 대해 언급했다. 이러한 전략적 존재물들을 마비시키기 위해 보이드는 모든 힘과 움직임의 중추인 중심(CoG)을 파괴하는 대신에 그러한 중추들을 한 데 묶는 정신적-인지적-물리적 연결점들(linkages)을 공격하여 중심들이 서로 협력하지 못하도록 해야 한다고 주장한다. 작전적 수준에서 볼 때 요망되는 최종결과는 적의 내부적인 조화와 실제 세계와의 외부적인 연결성을 파괴하는 것이다. 이론적으로는 그러한 내·외적 유대의 절단은 마비를 발생시키고 저항을 붕괴시키게 된다.

보이드의 전략적 사상에 있어 결정적인 중요성을 부여받게 되는 것은 시간(time)의 개념이다. 시간은 공간에 못지않게 중요하거나 오히려 그것보다도 중요하다는 것이 보이드의 확고한 신념이었다. 그의 전략적 사고에 있어 핵심적인 위치를 차지하는 다양성, 민첩성, 조화, 주도권 등은 모두 '시간적 경쟁'에 관한 그의 인식과 관련되어 있는 것이었다. 시간을 이용해 할 수 있는 일들은 다양하며, 시간적으로 민첩한 행동을 취할 수도 있고, 시간과 공간을 조화시킬 수 있으며, 또한 시간을 이용해 주도권을 확보할 수도 있게 된다. 게다가 시간은 다른 전쟁수행의 요소들과는 달리 이동하거나 유지되거나 보호되어야 하는 것이 아니라 그저 그렇게 존재할 뿐이다. 그러나 올바른 시간에 행동을 취하는 것은 올바른 장소에서 그렇게 하는 것보다 더한 중요성을 갖게 된다.

보이드는 개인적이거나 조직적이거나 할 것 없이 모든 합리적인 인간의 행동은 관찰(Observation), 판단(Orientation), 결심(Decision), 행동(Action)이라는 4가지의 개별적인 과업들을 지속적으로 순환시키는 과정으로 묘사될

〈그림 1〉 OODA 루프(Loop)

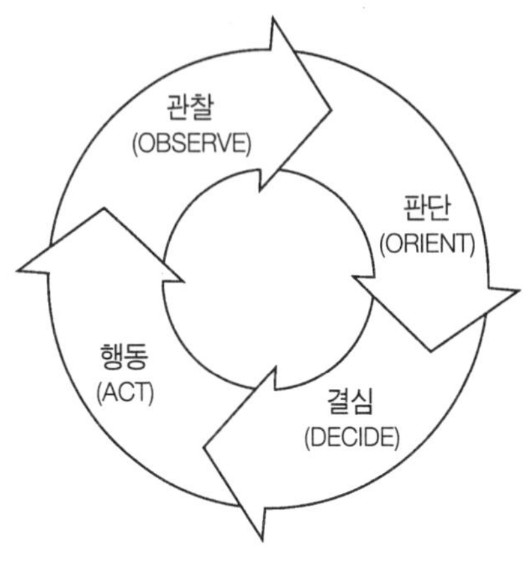

수 있다고 믿었다. 그는 그러한 의사결정의 주기를 "OODA 루프(loop)"로 지칭했다. 이런 구성물을 이용해 설명하자면, 승패는 서로 대적하는 쌍방이 각각의 OODA 루프를 통해 이루어지는 '관계적 움직임(relational movement)'에 따르게 되는 것이다. 즉, 적보다 빠르고 정확하게 관찰하고 방향을 설정하여 결심하고 행동에 임하는 자가 승자가 되는 것이다. 그렇게 함으로써 승자는 상대로 하여금 스스로에게 함몰되도록 하고, 결국에는 적의 대응이 당면한 상황에 총체적으로 부적절한 것이 되도록 만든다. 이러한 OODA 루프에서 유리해질 수 있도록 해주는 속도와 정확성을 획득하여 승리하는 데 있어 그 열쇠는 효율적이고 효과적인 판단(orientation)에 있다.

복잡하고 끊임없이 변화하는 분쟁의 세계에서 생존하고 번영하기 위해서는 스스로 효율적이고 효과적으로 판단해야 한다. 이는 우리가 직면하는 매우 다양한 위협적, 비위협적 사건들을 이해하고 그것들에 대처하는 것을 돕기 위해 신속하고 정확하게 심상(mental image) 또는 구도(schema)를 발전시켜야 함을 의미한다. 이러한 이미지 만들기 또는 판단은 이전에 묘사되었던 것을 파괴(분석)하고 다시 만들어내는 것(합성)에 다름 아니다. 그러한 과정이 잘 이루어지도록 하는 것이 승리를 달성하는 열쇠가 되는 것이다.

우리가 구성해내는 심상들은 우리의 개인적인 경험과 유전적 유산, 그리고 문화적 전통들에 의해 형성되기 마련이다. 그것들은 결국에는 우리의 결심과 행동, 그리고 관찰에도 영향을 미치게 된다. 특정의 심적 구도(mental schema)에 걸맞은 관찰은 특정의 결심과 행동들을 요구한다. 그러한 결심과 행동들의 적시성(適時性)과 정확성은 신속하게 전개되고 영원히 불확실한 전시(戰時)의 사건들에 대해 판단(orient)하고 재판단(reorient)하는 우리의 능력과 직접적인 관련을 갖는다. 실제 세계와 그러한 세계에 대한 우리의 심상 간에 존재하는 불일치는 부정확한 대응을 유발시킨다. 이는 또 혼란과 잘못된 판단을 낳아 후속(後續) 의사결정의 정확성과 속도 모두를 감소시켜 버린다. 그러한 잘못된 판단은 교정이 되지 않고 방치되었을 경우에 OODA 루프를 지속적으로 팽창시켜 결국에는 죽음의 함정이 되고 말 것이다.

보이드는 분쟁에서 승리하는 것은 상대의 OODA 루프 내부로 침투하여 그곳에 머무는 것으로부터 출발한다고 주장했다. 그는 군사지휘관들은 두 가지의 상호보완적인 방법들을 통해 그렇게 할 수 있다고 언급했다. 첫째, 그는 주도권을 장악하고 각 대응 간의 조화를 통해 자신에게 발생되는 마찰을 최소화해야 한다. 우군이 직면하게 되는 마찰을 감소시키는 것은 자신의 루프를 '팽팽하게' 하는, 즉 자신의 결심-행동 주기의 시간을 가속화하는 역할을 한다. 이러한 '마찰 조작(friction manipulations)'은 위협적이면서도 예측이 불가능한 방식으로 적의 OODA 루프 내에서 지속적으로 작전을 수행할 수 있도록 해준다. 초기에 이는 적의 진영 내에서 혼돈과 혼란을 야기한다. 하지만 궁극적으로는 그에 대처할 수 있는 능력과 그에 저항할 수 있는 의지가 동시적으로 마비되면서 공포와 두려움이 더욱 전면적으로 부각되도록 한다. 보이드는 적의 '마음-시간-공간'에 침투하여 그의 '정신적-인지적-물리적' 존재를 와해시킬 것을 강조했다. 그러나 그는 그러한 추상적인 목표들을 완수할 수 있는 작전적인 세부사항들에 대해서는 거의 제시해 주지 못하고 있다.[35] 이러한 세부사항의 결여는 상대적으로 불분명한 정치적 목표를 구체적인 군사적 방법과 수단들로 전환시켜야 할 주된 책임을 갖고 있는 전투수행자들 ― 이들은 통상적으로 실용주의적인 접근을 선호한

35) A.H. Killey, "Beyond Warden's Rings?: A human systems approach to the more effective application of air power," *Air Power Review*, vol.8(Spring 2005), p.27.

다—에게는 각별한 절망감을 가져다 줄 수 있다.

역설적이게도 충돌의 시간적 차원을 강조하는 보이드 이론의 최대의 강점은 동시에 잠재적인 약점이 되기도 한다. 보이드의 이론은 빠른 페이스의 작전과 단기전을 선호하는 미국인들의 성향을 반영하면서 상대보다 빠른 템포로 작전을 수행하는 것이 매우 중요하다는 점을 가정한다. 그는 OODA 루프를 신속하게 깨뜨리는 측이 보다 빠른 템포 때문에 상대를 마비시키게 될 것으로 믿었다. 이는 일부의 경우에 사실일 수 있다. 그러나 상대가 각별히 속공(速攻) 스타일의 전투수행에 적응이 되어 있는 경우에는 우리가 빠른 작전 템포를 추구한다 해도 그들은 우리의 속도를 감퇴시키는데 주력을 기울일 수밖에 없다. 상대가 우리의 보다 빠른 페이스에 말려들기를 거부하고 의도적으로 그 템포를 감속시키고자 하는 경우에는 전반적으로 우리가 속도에 있어서는 상대적으로 유리하다 할지라도 우리가 의도한 대로 결실이 맺어지지는 못할 가능성이 다분하다.[36] 뿐만 아니라 자신의 이론들을 뒷받침하기 위해 보이드가 군사사에서 발췌해내는 사례들은 매우 취사선택적이어서 그의 전체적인 사상체계가 상당히 신중하게 접근되어야 할 필요성도 지적되고 있다.[37] 또한 지휘통제의 기본적인 과정은 OODA 사이클의 순환적이고 반복적인 과정이라는 보이드의 대전제와는 달리 실제적인 지휘통제의 과정은 순환적이지 않다는 점이 지적되기도 한다. 예를 들어, 실제 전쟁의 수행 시에 지휘관 및 참모들은 일단 행동에 옮긴 후에 시간을 두고 관찰하지 않으며, 계속적으로 관찰하다가 필요한 경우에 행동에 옮기곤 한다는 점이다. 실제적으로는 관찰, 판단, 행동이 지속적인 과정에 해당하며, 결심은 그러한 행동들의 결과로서 종종 행해지게 된다는 점이 보이드의 OODA이론을 비판적으로 평가하는 논리의 기반이 되고 있기도 하다.[38]

---

36) David Fadok, *John Boyd and John Warden: Air Power's Quest for Strategic Paralysis* (Thesis: Air University, 1995), pp.14-19.

37) "The Historiography of Airpower: Theory and Doctrine," p.496.

38) Jim Storr, *The Human Face of War* (London: Continuum, 2009), pp.12-13.

오늘날 보이드의 이론은 정보우세(information superiority)가 보다 빠른 작전템포를 보장해줌으로써 결정적인 이점을 제공한다는 점을 설명하는 이론적 기초가 되고 있다. 이는 적의 지휘통제 과정은 교란하고 우리의 지휘통제 과정은 개선하는 것이 성공을 위한 핵심적 필수사항임을 강조한다. 실제로 OODA 루프를 신속하게 하여 적보다 빨리 생각하여 행동을 취한다거나 적의 의사결정주기 내로 침투한다는 생각은 미국의 군사공동체 내에서 주류적인 사고로 자리매김하고 있다.

그러나 'OODA 루프를 신속히 하는 것'에 대한 사고만으로는 애초에 보이드가 자신의 생각을 설명하기 위해 동원했던 OODA 루프 구성물을 적절히 해석해낼 수 없다. 그는 『승패에 대한 담론(*A Discourse on Winning and Losing*)』에서 OODA 루프를 초월하여 다른 많은 생각들에 대해 논하고 있으며, 여기에는 조직문화에 대한 주제까지도 포함된다. 사실, 보이드의 연구는 전략적인 행동 전반에 대한 이론에 해당하며, 보다 정확히 말하자면 경쟁적 환경에 처해 있는 복잡한 적응성 있는 체계들의 생존과 성장의 힘에 대해 논하고 있는 것이다.

VI. 존 와든(John Ashley Warden III)

미 공군의 퇴역 대령인 와든은 "20세기 후반기 미 공군의 선도적인 항공력 이론가" 또는 "우리 시대의 가장 창의적인 인물들 중의 한 명일 뿐만 아니라 미국의 첫째가는 전략사상가들 중의 한 명"으로 불려왔다.[39] 미 공군사관학교를 졸업한 이후에 미 대륙 내에서뿐만이 아니라 베트남, 독일,

---

39) 1983~86년간에 미 국방대 총장을 역임했던 미 공군의 Perry M. Smith 소장은 J. A. Olsen, *John Warden and the Renaissance of American Air Power* (Washington: Potomac Books, 2007)에 대해 언급하면서 와든을 이와 같이 평가했다.

존 와든(1943~현재)

스페인, 이탈리아, 한국 등지에서 여러 보직들을 역임한 그는 단 퀘일(Dan Quayle) 부통령의 정책연구 및 국가안보문제 특별보좌관(1991년)으로 일하기도 했다. 또한 1992년에는 공군지휘참모대학장에 임명되어 3년간의 재임기간 동안에 전술 및 전기(戰技)를 교육하는 데 초점을 맞추고 있던 대학의 전체 구조와 커리큘럼을 완전히 바꾸어 중견장교들을 교육하는 세계적인 군사교육기관으로 발전시키는 데 성공했다.

와든은 독일의 비트부르그(Bitbrug)에 주둔하는 제36전술전투비행전대의 전대장 직(職)을 마친 뒤인 1989년에 미 국방부로 배속받았다.[40] 그곳에서 그는 전쟁수행개념의 개발을 총괄하는 책임을 맡아 항공력에 대한 자신의 사상들을 정립하고 발전시켜 갔다. 그러한 역할을 수행하는 동안에 와든은 항공전략에 대한 최고의 권위자로 폭넓게 인정받게 되었다. 실제로 1990년에 이라크가 쿠웨이트를 침공함으로써 걸프전이 발발했을 때 쿠웨이트를 해방시키기 위한 계획은 와든이 이끄는 미 국방부의 체크메이트 기획단(Checkmate Planning Group)에 의해 마련된 것이었다. 와든과 그의 팀은 파월(Colin Powell) 합참의장과 슈워츠코프(Norman Schwarzkopf) 다국적군 사령관에 의해 부여된 과업들에 신속하게 반응하여 전략적이면서도 공세지향적인 계획을 제시했다.[41] 파월 합참의장은 와든의 독창적인 개념이 사막

40) 와든은 소령이던 1975년 8월부터 이미 미 국방부에서 중동지역 관련 담당으로 재직한 바 있었다.

41) *The Times*의 워싱턴 주재 기자인 Sarah Baxter는 체크메이트단이 원래는 소련의 위협들에 대응하기 위해 만들어졌으나 1980년대 동안에는 쓸모가 없어졌다가 와든 대령에 의해 활력을 되찾게 되었다고 평가했다. 그들은 걸프전 초기의 전격전적인

의 폭풍작전(Operation Desert Storm)에 있어 항공전역을 기획하고 이행하는 데 있어 중심이 되었다고 진술한 바 있다.[42] 그는 이라크의 전략적 중심(Center of Gravity: 이하 CoG)에 대한 전략공격을 요구하는 항공전역을 설계했다. 그의 핵심적인 저술인 『항공전역: 전투를 위한 기획(*The Air Campaign: Planning for Combat*)』(Washington: National Defense University Press, 1988)은 아직까지도 미 공군대학의 주요 교재로 읽히고 있다.[43]

『항공전역』의 주된 테마는 항공력은 최대의 효과, 최소의 비용으로 전쟁의 전략적인 목적을 달성할 수 있는 독특한 역량을 가지고 있다는 것이다. 항공력의 고유한 특성인 속도, 거리, 유연성은 항공력으로 하여금 유혈적인 전투들에 임하고 있는 지상 또는 해상 전력들이 도달할 수 있는 범위를 초월하여 적이 보유한 능력들의 모든 스펙트럼들을 신속하고도 결정적으로 타격할 수 있도록 해준다. 이러한 와든의 테마에 있어 가장 핵심적인 것은 적의 전략적 중심(CoG)에 관한 클라우제비츠식의 개념이었다. 와든은 중심을 "적의 가장 취약한 지점이자 공격이 결정적이게 될 수 있는 가능성이 가장 높은 지점"이라고 정의했다.[44] 그러한 중심들을 제대로 식별해내는 것

항공전역을 기획하는 책임이 주어졌다. Sarah Baxter, "Secret US air force team to perfect plan for Iran strike," *The Times Online* (UK), 2007년 9월 23일자. http://www.timesonline.co.uk/tol/news/world/asia/article2512097.ece (검색: 2010년 1월 24일).

42) Olsen, *John Warden and the Renaissance of American Air Power,* p.3에서 재인용.

43) 와든은 그 자신이 국방대학(National War College)의 학생이었던 1986년에 항공전에 대한 진지하고도 지속적인 연구를 시작했었다. 그해에 그가 썼던 논문이 발간된 것이 바로 *The Air Campaign*이다. 와든은 1995년에 공군을 떠났다. 항공전역의 출간 시에 당시 국방대 총장이었던 Perry Smith 소장은 "이 책은 지난 10년 동안에 쓰여진 항공력에 대한 책 중에 가장 중요한 책이다. 장차의 전투에 대해 관심을 갖고 있는 이들이라면 누구든지 이를 읽어야 한다. 바로 이것이 내가 쓰고 싶었던 그 책이다"라고 칭송한 바 있었다. Olsen, *John Warden and the Renaissance of American Air Power,* p.81에서 재인용.

44) John Warden, *The Air Campaign: Planning for Combat* (Washington: National Defense University Press, 1988), p.7.

이 군사작전을 기획하고 수행하는 데 있어 결정적인 첫 단계가 되는 것이다.

와든은 전략적 사고의 중요성을 역설하면서 적을 수많은 하위체계들(subsystems)로 구성된 하나의 체계로 보아야 할 필요성에 대해 역설했다. 그는 '하나의 체계'라는 맥락에서 적을 이해하는 것은 최소한의 노력과 최대의 성공 가능성하에서 그들로 하여금 우리의 목표를 자신들의 목표로 받아들이도록 강요하거나 유도할 수 있게 해준다고 주장했다. 이상적인 상황인 경우에 그러한 하위체계들은 조화를 이룬 상태에서 기능함으로써 그 유기체는 생존하고 번성하게 된다. 그러나 실상은 특정의 체계들이 다른 체계들을 통제하기 때문에 전자의 체계들이 상대적으로 더욱 중요해지는 반면에 다른 요소들은 외견상 긴요해 보이기는 하지만 유기체를 유지하는데 있어 사실은 중요치 않은 경우가 엄연히 존재하곤 한다.

와든은 전자와 같은 체계들을 마비시킴으로써 생물학적 유기체처럼 하나의 국가도 마비될 수 있다고 믿었다. 즉, 군사적인 행동으로 전략적인 마비가 유발될 수 있다는 것이다. 와든은 전략적 마비는 적으로 하여금 작전을 수행하기 위한 어떠한 물리적인 행동도 취할 수 없게 만들 것으로 믿었다. 그러한 효과들을 달성하기 위한 열쇠는 적을 연관된 일단(一團)의 체계들로 간주하는 것이다. 그렇게 함으로써 전략가들은 중요한 체계들을 식별해내고 덜 결정적인 표적들에게 노력이 낭비되는 것을 피할 수 있게 되는 것이다. 와든은 이러한 체계접근법(system's approach)이 항공력을 가장 효율적으로 사용할 수 있도록 해줄 것으로 믿었다.

와든은 적의 체계에 대한 고찰을 그 '중심(CoG)'으로부터 출발시킬 것을 주문한다. 그는 국가, 산업조직, 또는 테러조직과 같은 전략적 존재물은 물리적 요소와 생물학적 요소들 모두를 가지고 있으나 이러한 전체 체계들과 각 하위체계의 중심에는 지침을 제공하고 의미를 부여하는 인간—개인 또는 지휘집단—이 존재함을 지적한다. 지침을 제공하는 그러한 이들을 리더라 부르며, 각 하위체계는 그들에 의존해 기능한다. 와든은 그런 리더들이 전략적 중심으로서, 전략적인 전쟁에서는 우리의 모든 행동이 그들을 '상징적인, 하지만 때때로 사실적인 표적(figurative, and sometimes literal target)'으로 삼아야 한다고 주장했다. 한 국가의 리더십이나 지휘통제 기능에 필수적인 표적들에 대한 타격은 적이 그 도시나 다른 지역들을 방어할 수 있는 능력을 완전히 무력화시키거나 적어도 방해할 수 있게 된다.

공격군이 "리더십" 기능을 무력화시키면 다른 체계들은 추가적인 공격에 대해 취약해지거나 무력화되게 된다. 적국의 전략적 중심을 불능화시키거나 파괴하면 적이 정치적, 경제적, 군사적 힘의 요소들을 지휘하지 못하게 될 것이다. 체계들 간의 특정한 위계에 대한 공격은 궁극적으로는 표적이 된 국가의 붕괴를 불러올 수도 있는 것이다. 이론적으로 항공력의 편재성은 보다 많은 수의 전략적 중심들이 공격에 취약해지도록 하여 항공전력에게 보다 높은 수준의 전략적 결정성을 제공하게 될 것이다. 항공력을 이용해 리더십 표적을 타격하는 궁극적인 목적은 적 최고 지휘부의 정신(또는 마음)을 파괴하는 것이 될 것이다.

와든은 전쟁에 대한 간접적인 접근을 주창했다.[45] 와든은 적 체계의 '근육'을 공격하기보다는 보다 간접적인 접근법으로 그와 유사한 효과를 유발시키는 것을 옹호했다. 국가의 지휘부가 불능화되거나 휘하의 전력들에게 지침을 제공할 수 없게 되면 그 군사적 자산들은 훨씬 더 신속하게 무용지물처럼 되어버릴 수 있었다. 와든은 간접접근법을 통해 작전을 수행하는데 있어 항공력이 중추적인 역할을 할 수 있을 것으로 예견했다. 그는 현대의 항공기들이 가진 특성과 지원능력, 정밀유도무기 등을 고려해볼 때 항공력은 리더십으로부터 경제적 능력에까지 이르는 일련의 체계들을 파괴하거나 불능화시킬 수 있는 능력을 가지고 있다고 보았다. 즉, 항공력은 병행전을 수행할 수 있으며, 지휘관은 이를 이용해 광범위한 목표들을 신속하게 타격할 수 있게 된다.

적을 하나의 체계로서 분석하면서 와든은 〈그림 2〉와 같이 모든 전략적인

---

45) 와든은 텍사스공대(Texas Tech University)의 대학원생이었을 때 영국의 군사이론가였던 리델 하트(Basil H. Liddell Hart)와 교분을 쌓았던 것으로 알려져 있다. 와든은 1975년에 석사학위를 받았으며, 그의 논문은 대전략 수준에서의 의사결정에 관한 것이었다.

〈그림 2〉 5개 동심원 모델

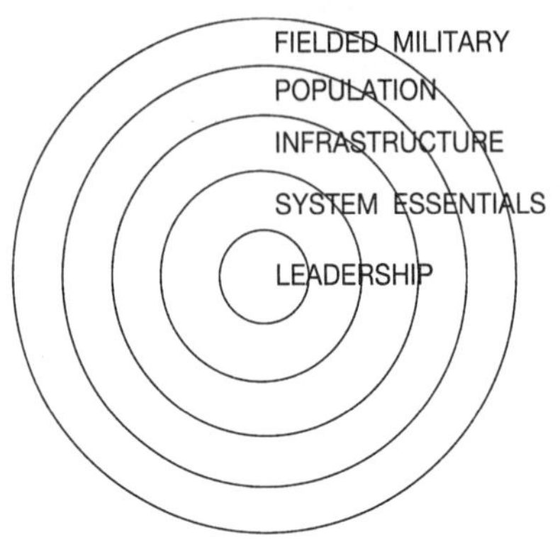

존재물들(strategic entities)에게 적용될 수 있는 5개 동심원 모델(five-ring model)을 제시했다.[46] 특히 그는 하나의 체계로서의 국가에 있어 그 주요한 중심이 되는 5가지의 체계 또는 일반적 영역들을 선정하여 제시했다. 이 모델은 어떻게 전략적 마비를 통해 적을 불능화시킬 것인가를 논하는 데 있어 그 근간이 되는 분석의 틀을 제공해준다. 와든이 선정한 5개의 체계는 리더십(leadership), 유기적 필수요소(organic essentials), 기반구조(infrastructure), 인구(population), 야전전력(fielded forces)이었다. 그는 다음의 표와 같이 5개의 체계로 인체와 국가의 구성을 대조하여 설명했다.[47]

인체의 경우, 중심 ― 또는 전략적 중심 ― 이 되는 것은 두뇌이다. 두뇌는 인체 전체 또는 모든 부분에 리더십과 지침을 제공해주는 기능을 담당한다. 두뇌라는 존재는 다른 것들과는 달리 그 대체물이 있을 수 없기 때문에 절대적인 필요성을 갖는다. 이때, 두뇌에는 정보를 내부적, 외부적으로 수집하고 전파할 수 있도록 해주는 눈과 다른 기관들도 포함된다. 때문에 와든

46) 와든은 적의 체계에 대한 개념이 보다 유용하고 이해가능해지도록 하기 위해 단순화된 모델을 사용할 것을 제안한다. 그는 그러한 모델이 실제를 완벽히 비춰주지는 못하지만 복잡한 현상에 대한 이해가능한 상을 제공해줌으로써 우리로 하여금 그것을 가지고 무언가를 할 수 있도록 해준다고 지적한다. 그는 5개 동심원 모델이 대부분의 체계들을 수용가능한 정도의 정확성을 가지고 묘사해주며, 필요시에는 쉽게 이를 확장시켜볼 수도 있다고 판단했다.

47) 와든의 원 분석에는 마약범죄조직(Drug Cartel)과 전기격자(Electric Grid)도 5개 체계에 따른 구분의 대상으로 포함되어 있다.

〈표 1〉 5개 체계로 본 인체와 국가

	인체	국가
리더십	두뇌 • 눈 • 신경	정부 • 통신 • 안보
유기적 필수요소	음식과 산소 (긴요 인체기관을 통해 변환됨)	에너지 (전기, 유류, 식량, 돈)
기반구조	혈관, 뼈, 근육	도로, 비행장, 공장
인구	세포	주민
전투 메커니즘	백혈구	군, 경찰, 소방관

의 모델에 있어 국가의 중심부에는 살아 있는 유기체의 두뇌에 필적하는 리더십(leadership)이 자리한다.

하나의 국가에 있어 가장 중요한 리더십은 정부이다. 이는 궁극적으로는 다른 국가에게 패배를 인정할 것인지의 여부를 결정짓는 것도 정부이기 때문이다. 리더십은 정보를 수집 및 처리하고 그것에 기반하여 행동에 임할 수 있는 능력을 필요로 하게 되는데, 이 모든 기능들은 상대방이 타격을 가해 국가의 기능에 영향을 끼칠 수 있는 대상이 된다. 즉, 적의 리더들이나 지휘통제 구조에 대한 직접적인 타격은 분쟁을 지속시킬 수 있는 상대의 능력에 영향을 줄 수 있는 것이다. 그러나 정치지도자들이 고도의 기동성을 보이거나, 군사적인 행동이 어려운 지역에서 활동하거나, 또는 너무 다양하여 효과적으로 피해를 입힐 수 없게 되는 경우에 리더십 표적들에 대한 직접적인 파괴는 가능하지 않을 수도 있다.

와든은 그런 경우에는 리더십에 대해 직접적인 타격을 가하는 대신에 다른 표적들을 공격함으로써 적 리더십으로 하여금 항복을 받아들일 수밖에 없도록 하기에 충분한 내적 압력을 생성해낼 수 있다고 믿었다. 그런 리더십 표적들에는 행정, 입법, 사법 및 기타의 기능들이 포함될 수 있다.

한편, 모든 체계는 통상적으로 유입 에너지와 그것을 다른 형태로 변환시켜주는 기관들과 같은 유기적 필수요소들(organic essentials)을 필요로 한다. 인간에게 있어 이는 우선적으로 음식과 산소를 의미하며, 다음으로는 음식과 공기 등을 사람의 신체가 사용할 수 있는 형태로 변환시켜 주거나 전달해주는 심장, 폐, 간과 같은 주요한 기관들을 의미한다. 이런 유기적 필수요소들이 없으면 두뇌는 그 전략적인 기능을 수행할 수 없게 되는 반면, 뇌가 없는 경우에는 그러한 기관들이 통합적인 지원을 제공하는 데 필요한 지시들을 받을 수 없게 된다.

이와 마찬가지로 국가도 리더십만으로는 존재할 수 없다. 인체의 경우와 마찬가지로 국가도 국가 전체에 에너지를 제공함으로써 그 존재를 지속시킬 수 있도록 해주는 에너지원, 식량, 그리고 재정적 자원들을 포함하는 원료들(raw materials)을 필요로 한다. 그러한 표적들, 특히 식량원을 공격하는 것은 그렇게 함으로써 유발될 수 있는 윤리적 이슈들이나 국내적, 국제적 여론과 같은 다른 전략적 함의들 때문에 신중해야 한다. 그러나 산업국가들은 산업과 교통이 기능할 수 있도록 해주는 석유자원을 필요로 하며, 그것이 효과적으로 제지되었을 경우에 그 산업 및 군사적인 활동들은 그 기능에 심각한 저해(沮害)를 받게 된다. 아울러, 에너지의 결여는 국가리더십의 행동에 영향을 미치고 국가의 하부 행위자들에 의한 활동을 심각하게 제한하게 된다.

와든은 국가의 유기적 필수요소들이 계속적으로 기능이 저하되도록 하면 체계 전체의 붕괴로 이어질 수 있다고 믿었다. 이는 그 국가로 하여금 하나의 정책이나 전쟁을 지속하기 어렵도록 만들거나 그렇게 하는 것이 물리적으로 불가능해지도록 하고, 그러한 동심원에 가해진 손상으로 인해 중대한 정치적, 경제적 충격에 휘말리도록 강요받게 할 것이었다. 보다 구체적으로, 와든은 정유시설이나 전력생산 설비와 같은 에너지원 관련 표적들을 파괴하면 국가를 마비시킬 수 있다고 믿었다. 그렇게 함으로써 국가 전반에 걸쳐 발생한 대대적인 혼란으로 인해 산업생산, 교통, 경제활동, 그리고 국민들의 생활은 급격한 변화를 경험하게 된다. 그러한 손실들에 대응하거나 그것들을 경감시키고자 하는 국가지도부에 대한 압력은 정책의 변화를 강제하게 될 것이다.

와든의 모델에 있어 세 번째 동심원은 기반구조(infrastructure)에 해당한다. 여기에는 인체의 경우 뼈나 동맥 또는 근육들이 해당되는데, 이것들은 하나의 유기체가 움직이고 행동을 취할 수 있도록 해주는 기능을 수행한다. 사회 또는 국가의 경우, 이러한 기반구조에는 도로, 철도망, 항만, 발전소, 공장 등이 포함된다. 기반구조에 해당하는 잠재적인 표적들은 많은 수의 활동들을 필요로 하며, 그러한 활동들 중의 어떤 것들은 다른 것들에 비해 더 큰 가치를 부여받게 되기도 한다. 주요 기반구조를 파괴하거나 불능화하는 일은 타격이 가해지면 운용에 교란을 초래할 수 있는 긴요한 요소들을 찾아내기 위한 신중한 분석을 선행적으로 요구한다. 게다가 지휘관들은 기반구조에 대한 공격이 분쟁이 종결된 후에 가져올 수 있는 영향에 대해서도 고려해야 한다.

자신의 모델에서 네 번째의 동심원에 해당하는 인구(population)에 대해 설명하면서 와든은 인체의 경우 수십억 개의 세포들이 이에 해당한다고 언급했다. 그는 세포들이란 중요하기는 하지만 일정 부분에 손실을 당해도 생존하는 데는 문제가 없음을 상기시킨다. 국가도 국민들 사이에서 발생한 일정 수준의 인적 손실은 감내할 수 있다는 점에서 이와 유사성을 지닌다고 할 수 있다. 그러나 대중이 그러한 손실을 너무 과도한 것으로 인식하게 되는 경우에 공중공격하에서 국민들로부터의 경제적, 군사적 지원은 꺾이게 될 수도 있을 것이다.

와든의 동심원 모델에 있어 가장 외곽을 차지하는 체계는 야전에 배치된 군사력으로 구성된다. 야전군사력은 국가를 공격으로부터 보호하는 "전투메커니즘(fighting mechanism)"을 나타낸다. 와든은 성가신 기생충이나 바이러스들의 공격으로부터 신체를 보호해주는 백혈구와 같은 특화된 보호세포들이 이와 같은 기능을 수행한다고 생각했다. 야전군사력은 그 자체가 강력한 힘을 보유하기 마련이지만 다른 동심원들로부터의 지원에 상당 정도 의존하기도 한다. 때문에 이 동심원을 직접적으로 공격하는 대신에 지원하는 동심원들을 타격하여 그러한 전력이 저항을 할 수 없는 지경에 이르도록 약화시킬 수 있다. 야전군사력에 대한 직접적인 타격은 상당한 시간을 필요로 하며, 보다 중요한 다른 동심원들을 향해 돌파를 달성하기까지는 많은 사상자를 발생시킬 수 있는 위험성이 있다. 와든은 전략적 전쟁이란 적의 군사력과는 아무런 연관이 없다는 점을 이해하는 것이 필수적으로 필요함을 각별히 강조한다. 그는 전략적 전쟁을 수행함에 있어 진정한 표적이 되는 것은 군사력이 아니라 그들을 운용하는 전반적 체계(whole system)임을 지적한다.

앞에서도 언급했듯이 와든은 체계의 맥락에서 사고해야 할 필요성을 강조한다. 그는 우리가 인체의 여러 부분들에 다양한 수준의 중요성을 할당할 수는 있지만, 사실 그러한 각 부분은 하나의 체계를 구성한다는 점에 주목한다. 때문에 그러한 체계의 어느 부분이 제대로 기능하지 못하게 되면 신체의 나머지 부분에도 다소간의 중요한 효과를 가져오게 되는 것이다. 그런가 하면 신체의 각 부분은 또한 그 자체가 하나의 체계가 되기도 한다. 와든은 전략적 존재물 또는 체계는 많은 하위체계들로 구성되며, 각 하위체계는 그것들이 조직화된 방식의 맥락에서 그러한 존재 또는 체계 전체를 반영한다는 점을 지적한다.

와든의 5개 동심원 모델의 경우 각 동심원의 내부에는 그 특정의 동심원에게 있어서의 "모든 힘과 움직임의 중추"인 하나의 중심(CoG) 또는 일단(一團)의 중심들이 존재한다. 그것(들)이 파괴되거나 무력화되는 경우에 해당 동심원은 효과적으로 기능할 수 없게 되고, 이는 또 정도의 편차는 존재할 수 있지만 체계 전반에도 영향을 주게 된다.[48] 각 동심원 내에 존재하는 그러한 주요 중심부들을 정확히 식별해내기 위해 와든은 진정한 중심이 드러날 때까지 특정의 동심원을 다시 5개의 하위동심원들(sub-rings)로 추가적으로 나누어볼 것을 제안한다.

와든은 적의 군사력이 아니라 그 전체적인 체계를 표적으로 삼는 전략적

---

48) 와든은 전체 체계에 영향을 주는 정도는 그 동심원이 그의 모델에서 안쪽에 있는 것인지 바깥쪽에 있는 것인지에 따라 달라질 것이라고 주장한다.

인 전쟁을 수행할 것을 주문했다. 그는 적의 체계를 구성하는 주요한 요소들을 공격함으로써 전략적인 효과를 창출해낼 수 있다는 점에 각별한 주의를 기울였다. 특히 그는 하위체계들 또는 동심원들에 대한 공격을 통해 전략적 마비(strategic paralysis)를 달성할 수 있는 가능성에 대해 강조했다. 와든은 전략적 마비를 달성하기 위해 가장 효과적인 전역기획(campaign planning)은 항상 리더십을 그 최우선적이고도 가장 중요한 초점으로 삼아야 한다고 주장했다. 리더십을 표적으로 삼지 못하는 경우에도 항공전략가들은 여러 동심원들 중에 그 중심을 선택함에 있어 여전히 지휘관의 마음(심리)에 초점을 맞추어야 한다고 강조했다. 이러한 동심원들 내에는 타격을 받았을 경우 일정 수준의 물리적 마비를 유발시킴으로써 적 지휘부의 마음에 추가적인 저항의 대가가 매우 큼을 인지할 수 있도록 해주는 중심들이 존재한다. 리더십 중심에 대한 파괴나 무력화는 체계에 총체적인 물리적 마비를 유발하게 되는 반면, 다른 동심원들 내에 존재하는 중심들에 대한 성공적인 공격은 부분적인 물리적 마비를 유발시키게 된다. 후자의 경우에도 리더십에게는 감당할 수 없을 정도의 심리적 압박을 부과하게 될 것이다. 와든은 전쟁의 요체(要諦)는 적의 가장 안쪽에 있는 전략적 동심원인 그 지휘구조에 압력을 가하는 것임을 역설했다. 이때 군사력은 그러한 목적의 달성을 위해 동원되는 하나의 수단에 지나지 않게 된다. 와든은 적 리더십의 마음을 표적으로 삼아 적 체계의 부분적 또는 총체적 마비를 통해 적으로 하여금 자발적으로 정책을 변화시키도록 하는 전략공격 이론을 정립했다.

와든의 항공전략이론은 걸프전 이후에 더욱 정교화되었다. 특히 그는 전략공격의 중요성과 전략적 수준에서의 국가의 취약성에 대해 강조했으며, 전략적, 작전적 공중우세를 상실했을 때의 치명적인 결과들에 대해서도 다루었다. 아울러 병행전(parallel warfare), 즉 전구 전역에 걸쳐 전략적 중심들에 대해 거의 동시적으로 공격을 가하는 군사활동의 압도적인 효과에 대해 역설했다. 뿐만 아니라 집중 및 기습의 원칙을 재정의하는 데 있어 스텔스 또는 정밀무기들이 가지는 가치에 대해 강조했으며, 항공력은 대부분의 작전적 또는 전략적 수준의 충돌에서 핵심적인 전력으로서 전장을 지배하게 될 것임을 강조했다.

와든은 적의 체계를 마비시키기 위해 가장 선호되는 접근법으로서 병행공격(parallel attack)을 강조했다. 그는 소규모적이기는 하지만 고비용적이며 수리나 대체가 어려운 전략적 수준의 소수의 주요 표적들에 대해 병행적인 공격을 가할 것을 주문했다. 순차적인 공격과 비교해볼 때 병행공격은 효과적으로 대응할 수 있는 능력을 적으로부터 앗아가 버린다. 이러한 병행공격 사상에는 전력을 집중 및 재집중시키는 데 통상적으로 많은 시간이 소요되고 적을 제압하기도 어려웠던 과거에 비해 오늘날에는 기술적 발전으로 인해 적의 모든 전략적, 작전적 수준의 취약점에 대해 거의 동시적인 공격이 가능해졌다는 와든의 인식이 저변에 깔려 있다.

와든은 속도, 고도, 거리, 유연성(융통성)을 고유의 특성으로 하는 항공력은 5개 동심원의 각 부분 모두를 동시적으로 타격하는 병행공격을 수행할 수 있다고 보았다. 그러한 타격은 다양한 유형의 2차, 3차적인 효과들을 유발시키고 동심원들 간의 압력을 생성시키게 된다. 그가 제시한 모델에서 가장 중심부에 자리한 리더십 동심원은 그러한 압력들에 각별히 취약할 것이었다. 지리적 경계를 초월할 뿐만 아니라 전략적, 작전적, 전술적 수준 모두에서 운용될 수 있는 항공력은 병행공격을 수행하여 적 리더십의 행동변화를 강제하는 데 결정적으로 기여하게 될 것이라는 것이 와든의 확신이었다.

5개 동심원 모델에 기초하여 항공력을 이용하여 적의 체계에 병행공격을 가함으로써 전략적 마비를 달성할 것을 주문했던 와든의 항공전략사상은 걸프전의 항공전역 기획에 기여했음에도 불구하고 몇 가지 측면에서 비판의 대상이 되기도 했다. 우선, 다른 "체계분석(system analysis)" 접근법들도 그래왔듯이 와든의 사상도 일종의 환원주의에 기초하고 있다는 점이 지적되고 있다. 즉, 그 또한 복잡하고 역동적인 사회문화적 현상들(즉, 전략적 존재들의 구성, 운용, 그리고 상호작용 등)을 그들의 기본적인 일부분이나 그것들이 행하는 기능들로 축소시키고자 시도한다는 점이다.[49] 그러는 가운데 그의 이론은 더 큰 설명력을 확보하지 못하거나 실제와의 연관성을 상실할 수 있는 위험에 노출될 수밖에 없게 된다.

뿐만 아니라, 적의 체계에 대한 와든의 분석이 옳았다 하더라도 리더십을 우선적으로 표적화하는 그의 법칙이 반드시 최선의 효과(또는 성과)로 이어지지는 않는다. 인간의 두뇌와의 비유가 매력적이기는 하지만 실제상에서는 중심부의 리더십 동심원이 항상 가장 중요한 표적이 되지는 않는다. 다른 동심원들 또는 동심원들 간의 연결매개가 보다 나은 중심(CoG)를 제공할 수 있으며, 실제로도 그런 경우가 존재하는 게 사실이다. 와든은 바깥쪽의 동심원 표적들이 선택되는 경우에는 그것이 리더십이 비용 대(對) 이득을 계산하는 데 영향을 줄 수 있는 경우에 한정되어야 함을 시사한다. 그러나 이는 그러한 계산이 적을 격파하는 것과 관련이 있음을 가정한다. 그러나 이는 그럴 수도 있고 그렇지 않을 수도 있다. 리더십이 결정할 수 있는 영역이 있듯이 인구나 군사력이 결정할 수 있는 부분도 존재한다. 가장 중요한 것은 진정한 중심이라는 것은 반드시 그 리더십에만 한정되는 것이 아니라 그 사회 전체가 상대적으로 중시하는 것들이라는 점을 인식하는 것이다.

그런가 하면, 정신적인 것이 물질적인 것에 비해 3:1 정도로 더 중요하다는 나폴레옹의 관찰과는 대조적으로 와든은 전쟁의 물질(물리)적인 측면들에만 초점을 맞추고 있다. 그는 개별 병사의 물리적인 힘에 의존하던 과거의 환경과는 달리 오늘날에는 탱크, 항공기, 포, 선박 등과 같은 물질적인 것들에 의존하지 않고는 임무를 달성할 수 없어 그것들을 빼앗기면 적에게

---

49) 일찍이 John's Hopkins University의 전략학 교수로서, 2007년 3월에 미 국무장관 Condoleezza Rice에 의해 국무부 고문으로서 임명되기도 했던 코헨(Eliot Cohen)은 "사회과학자들이 무능한 장군들을 만들어낸다(social scientists make bad generals)"고 지적한 바 있었다. 그는 군사전략에 대한 그러한 분석적 접근법은 적을 "수동적인 표적들이 모인 것(a passive collection of targets)"으로 간주하고, 적이 우리와 유사한 것으로 가정하며, 인간적 본성보다는 기술이 전쟁에서 지배적인 요소가 될 것으로 가정하는 것을 경계했다. Eliot Cohen, "Strategic Paralysis: Social Scientists Make Bad Generals," *The American Spectator* (November 1980), p.27.

영향을 미칠 수 있는 능력이 거의 영(零)의 상태로 저하된다고 생각했다. 이런 맥락에서 그는 적의 물리적인 측면을 파괴할 수 있는 항공력과 정밀무기들의 등장에 각별히 주목했던 것이다.50) 와든은 전쟁에서의 전투효과성을 다음과 같은 방정식으로 계산할 수 있다고 생각했다.

물리적 힘 × 정신적 힘 = 전투효과성(성과)

그는 오늘날의 세계에서 전략적인 존재물들은 그것이 개별적인 국가이건 게릴라조직이건 간에 물리적인 수단들에 상당 정도 의존하고 있기 때문에 방정식상의 물리적 측면이 영(零)의 상태가 되면 세상에서 가장 최상 수준의 사기로도 훌륭한 전투효과를 낳지는 못할 것이라 주장했다.51) 그러나 와든이 스스로 인정하듯이 물리적인 측면을 영의 상태로 몰고가는 것, 또는 적의 체계를 전멸시키는 일은 역사상 드물었을 뿐만 아니라 그 수행이 극히 어렵고, 그 자체가 정신적인 문제들을 내포하게 되며, 그것이 유발할 수 있는 의도치 않았던 결과들로 인해 실제적으로는 그리 유용하지도 않은 게 통상적이다. 그렇다면 결국 정신적인 힘의 문제는 여전히 남아 있게 되는 것이다.

뿐만 아니라 와든의 이론은 대응성이 없는 적에 대해 취해지는 일방적인 조치들에 대해서만 다루고 있기 때문에 행동-대응(action-reaction)의 주기와 실제적인 전쟁수행에 있어 가시적으로 등장할 수밖에 없는 마찰(friction)들을 무시하고 있다고 비판을 받기도 한다. 실제로 그는 사막의 폭풍작전에 의해 선도된 전쟁의 혁명이 클라우제비츠식의 대부분의 인식들을 폐기시켜가

---

50) 와든은 전쟁에서 사기, 마찰, 안개와 같은 모든 것들이 사라지진 않았지만 이제 우리는 그것들을 물리적인 것과는 유리되어 있는 하나의 개별적 범주로 묶을 수 있게 되었다고 주장했다.

51) 와든은 적의 물리적 측면은 이론적이나마 완벽히 파악할 수 있고 예견할 수 있는데 반해 정신적인 측면은 예견할 수 있는 영역의 밖에 있으므로 우리의 전쟁노력은 주로 물리적인 측면을 지향해야 한다고 주장한다.

고 있다고 주장하기도 했다. 즉, 그는 행동과 대응, 공격의 정점(culminating points), 마찰 등은 순차적인 전쟁(serial war)과 정밀하지 못한 무기들과 관련된 사항들로 치부해버리고 있다. 그러나 이론적으로는 가능할지 몰라도 대응이 거의 없고 마찰로부터 자유로운 절대적인 전쟁(real war)을 상상하기란 사실상 불가능하다. 기술보다는 인간적인 요소들이 전쟁의 흐름에 보다 주요하게 작용하는 통제요소(controlling element)가 되는 경우에는 기술적인 혁명에도 불구하고 전쟁은 예측불가능하고 비선형적(nonlinear)인 현상으로 남아 있게 될 것이다.[52)]

와든의 항공전략사상에 대한 다양한 평가에도 불구하고 독자들 사이에서는 그가 기존의 틀을 깨뜨리는 데 성공했다는 점에 대한 공통적인 인정이 존재한다. 그는 항공력의 활용에 관한 기존의 교리와 관행을 지적으로 깨뜨리는 데 성공했다. 뿐만 아니라 그는 계급적 위계상의 다양한 제약들이 엄연히 존재함에도 불구하고 이를 깨뜨리고 자신의 사상을 실행에 옮기고자 부단히 노력했던 인물로 평가된다. 그런 과정에서 그는 중대한 변화를 일으키는 하나의 촉매가 되었으며, 재래적인 수단들을 가지고 전략적으로 항공력을 적용하는 잃어버린 기술을 부활시키는 데 중대한 역할을 수행했다.[53)] 와든은 1990년대 동안에 특징적으로 나타나서 오늘날까지도 지속적으로 발전하고 있는 항공우주사상에 있어서의 르네상스기를 대변하는 주요한 상징으로 자리매김하고 있다.[54)]

52) Fadok, *John Boyd and John Warden: Air Power's Quest for Strategic Paralysis*, pp.23-29.

53) Olsen, *John Warden and the Renaissance of American Air Power*, p.276.

54) 위의 책, p.285.

VII. 항공전략사상 종합

두헤, 트렌차드, 미첼, 세버스키와 같은 초기의 항공전략사상가들과 보이드나 와든과 같은 현대 항공전략사상가들은 모두 각기 자신이 속한 시대적, 지리적, 군사적, 기술적 환경 속에서 일정 정도 다른 내용과 형식, 그리고 과정으로 항공력의 결정적인 중요성에 대해 강조했다. 그들의 항공전략사상은 하나같이 우호적이지 않은 환경 속에서 고난과 투쟁의 과정을 거치면서 발전되거나 강화되어온 것들이었다. 그런가 하면, 그들이 항공력의 중요성에 대해 역설하면서 두었던 강조점이나 현실인식이 늘 동일했던 것은 아니었다. 그러나 그러한 편차들에도 불구하고 그들이 견지했던 항공전략사상의 본질적인 내용들은 다음과 같이 몇 가지로 대별(大別)될 수 있다.

첫째, 그들은 공히 제공권의 장악, 또는 공중우세의 달성이 전쟁수행에 있어 부여받게 되는 결정적인 중요성에 대해 확신했다. 주요 활동 시기에 차이가 있기는 하지만 위에서 살펴 본 항공전략사상가들은 공중우세의 달성은 전쟁의 주도권을 장악하고 유지하며, 후속 항공작전의 성공을 보장하고, 지·해상군의 작전을 지원하여 조기에 전승(戰勝)을 달성하기 위한 선결조건이라는 인식을 공유했다. 나아가 그들은 특정의 상황에서는 공중우세의 달성만으로도 군사적인 승리를 보장할 수 있다고 주장하기도 했다. 이러한 인식들을 바탕으로 그들은 공히 공중우세의 달성에 최우선적인 노력이 집중되어야 함을 역설했다.

둘째, 그들은 공히 항공력을 전략적으로 활용해야 할 필요성에 대해 강조했다. 특히 전략폭격사상은 그들의 가장 핵심적인 항공전략사상에 해당한다.[55] 전략폭격은 전략적, 작전적 수준에서 운용되며, 정치적 목적을 직

55) 와든은 『항공전역』에서 항공력의 전략적 활용에 대해 광범하게 다루지는 않았다. 그는 전략공격이 전구지휘관이 수행해야 할 중요한 임무임을 언급했으며 특정의 상황에서는 그것이 전승을 이끄는 도구가 될 수도 있음을 시사하기도 했다. 그러나 그는 전략폭격에 대한 통일된 개념을 발전시키지는 않았다. 게다가 와든의 전략적 항공력에 대한 개념을 분석해보면 표적화(targeting)의 토대가 되는 그의 철학이나 그가 선

접적으로 지향하기도 한다. 항공력의 전략적 활용을 위한 표적설정의 우선순위에 있어서는 각 항공전략가들 간에 다소간의 견해차가 존재했던 것이 사실이지만, 항공력의 차별화된 특성을 전략적, 공세적으로 활용해야 할 절대적 필요성에 대해서는 공유된 확신이 기저(基底)에 깔려 있었다. 항공전략사상가들로 하여금 지상군이나 해상군의 보조적인 전력으로서 항공력을 인식하는 당시의 관행에 대해 근본적이고도 공세적인(관점에 따라서는 과격한!) 도전을 가하도록 하는 자극이 되었던 것은 바로 그러한 확신이었다. 뿐만 아니라, 초기 항공전략사상가들에게 있어 항공력을 전략적으로 운용해야 할 필요성은 독립적 존재로서의 공군의 필요성을 주창하기 위한 가장 강력한 논리적 근거를 제공해주는 것이기도 했다.

셋째, 항공전략사상가들은 경제적인 전력이자 결정적인 전력으로서의 항공력의 가치에 대해 주목했다. 세계대전의 암울한 경제적, 사회적 여파 속에서 당시로서는 다분히 혁신적이었던 항공사상을 전개해야 했던 초기의 항공전략사상가들뿐만이 아니라 한정된 국방예산과 경제적인 전쟁수행에 대한 요구가 지속적으로 증가하는 국방여건 속에서 활약했던 현대의 항공전략사상가들에게도 항공력은 '경제적 전쟁'에 대한 최상의 해법을 제공하는 듯이 보였다. 특히 두헤와 트렌차드, 그리고 미첼은 각각이 속해 있던 국가가 처한 전후의 경제여건 속에서 항공력이 향후의 분쟁에 있어 결정적인 지배요소, 즉 적은 경비와 희생으로 위기에 신속하게 대처할 수 있는 전력임을 널리 알리는 데 노력을 집중했다. 전략적 마비를 통한 적의 정책변화 강제를 모색했던 보이드와 와든 역시 항공력을 결정적인 전력으로서 활용함으로써 보다 경제적인 전쟁을 수행할 수 있다는 점에 대해서는 확고한 신념을 공유했다. 그들은 공히 항공력이 국가안보를 보장하는 최상의 군사적 도구임을 확신했다.

넷째, 그들은 또한 본질적으로 공세적인 무기로서의 항공력에 대한 인식

호했던 표적들이 초기의 항공전략사상가들과는 상이함을 발견할 수 있다. 와든은 전쟁의 작전적 수준에만 거의 배타적으로 초점을 맞추고 있다. Olsen, *John Warden and the Renaissance of American Air Power*, p.76.

을 바탕으로 항공력을 공세적으로 운용해야 할 필요성에 대해 강조했다. 항공력은 전략적 기습을 위해 달성할 수 있는 최상의 전력이다. 기습은 적이 미처 예상하지 못하고 저항할 수 없는 시간과 방향에서 예상치 못한 방법을 동원해 수행되었을 때 가장 효과적일 수 있다. 항공력이 가진 고유한 특성들은 항공력의 공세적 운용이 그러한 기습을 달성하는 데 있어 가장 효과적이고 효율적인 방안이 될 수 있는 강력한 잠재력을 제공한다. 이러한 기습은 적에게 물리적 또는 심리적(시간적) 마비를 가해 전략적인 효과를 달성하는 데 결정적으로 기여하게 될 것이다. 항공전략사상가들은 공히 "최상의 방어는 훌륭한 공격"이라는 믿음을 공유했다.

다섯째, 그들은 모두 항공력에 대한 중앙집권적 지휘의 필요성에 주목했다. 두헤와 같은 초기의 항공전략사상가들의 경우에는 이에 대한 입장이 비교적 뚜렷이 드러나는 반면에 현대의 전략사상가들은 이에 대해 별도의 명시적인 언급을 하고 있지는 않지만, 그들 간에 존재하는 항공력의 중앙집권적 지휘에 대한 저변(底邊)의 공감대에 대해서는 의심의 여지가 없다. 그들은 공히 항공인(airman)이 항공전역에 대한 완전한 통제권을 장악해야 함을 시사했으며, '중앙집권적 지휘통제와 분권적 임무수행'의 가치에 대한 믿음을 공유했다. 항공력에 대한 중앙집권적인 지휘는 작게는 특정의 항공작전, 크게는 항공전역(air campaign) 전반에 대한 통합적이고 체계적인 기획을 가능하게 하는 결정적인 요소가 된다. 이렇게 중앙집권적으로 기획된 항공전역은 분권적인 항공작전 또는 과업 수행으로 그 완결성을 더하게 된다. 오늘날의 군구조 속에서는 각군이 나름의 항공자산들을 운용하고 있지만 이들이 동원되는 항공전역에 대한 기획과 그에 기반한 항공전력의 실제적인 운용에는 여전히 중앙집권적 통제의 필요성이 널리 인정되고 있다.

▌참고문헌

Bourne, J.M. *Who's Who in World War One.* London & New York: Routledge, 2001.

Cohen, Eliot. "Strategic Paralysis: Social Scientists Make Bad Generals." *The American Spectator.* November 1980.

Douhet, Giulio (trans. by Dino Ferrari). *The Command of the Air.* New York: Coward-McCann, 1942.

Fadok, David. *John Boyd and John Warden: Air Power's Quest for Strategic Paralysis.* Thesis: Air University, 1995.

Killey, A.H. "Beyond Warden's Rings?: A human systems approach to the more effective application of air power." *Air Power Review,* vol.8. Spring 2005.

Kudrycz, Walter. "A Practical Prophet?: Arthur Harris, the Legacy of Lord Trenchard, and the Question of 'Panacea' targeting." *Air Power Review.* Spring 2002.

Meilinger, Phillip. "Alexander P. de Seversky." *Air & Space Power Journal.* Winter 2002.

______. "The Historiography of Airpower: Theory and Doctrine." *Journal of Military History.* April 2000.

Melinger, Phillip, ed. *The Paths of Heaven: The Evolution of Airpower Theory.* Alabama: Air University Press, 1997.

Mitchell, William. *Winged Defense: The Development and Possibilities of Modern Air Power.* New York: Dover Publications, Inc., 1998.

Olsen, J. A. *John Warden and the Renaissance of American Air Power.* Washington: Potomac Books, 2007.

Parton, Neville. "The Development of Early RAF Doctrine." *Journal of Military History.* October 2008.

Seversky, Alexander. *Airpower: Key to Survival.* New York: Simon and Schuster, 1950.

______. *Victory through Airpower.* Garden: Garden City Pub., 1943.

Storr, Jim. *The Human Face of War.* London: Continuum, 2009.

Warden, John. "The Enemy as a System." *Airpower Journal.* Spring 1995.

______. *The Air Campaign: Planning for Combat.* Washington: National Defense University Press, 1988.

제3장

항공력 운용의 주요 사례(史例)

Ⅰ. 항공력의 탄생
Ⅱ. 제1차 세계대전(1914.7.28~1918.11.11)
Ⅲ. 제2차 세계대전(1939.9.1~1945.9.2)
Ⅳ. 한국전쟁(6·25전쟁, 1950.6.25~1953.7.27)
Ⅴ. 베트남전(1965.11.1~1975.4.30)
Ⅵ. 제3차 중동전(6일전쟁, 1967.6.5~6.10)
Ⅶ. 걸프전(1991.1.17~2.28)
Ⅷ. 코소보(Kosovo)전(1999.3.24~6.9)
Ⅸ. 아프가니스탄(Afghanistan)전(2001.10.7~12.22)
Ⅹ. 이라크(Iraq)전(2003.3.20~5.1)

제3장

항공력 운용의 주요 사례(史例)

1903년에 이루어진 라이트형제(Wright Brothers)에 의한 최초의 동력비행으로부터 최근의 이라크전쟁에 이르기까지 항공전의 역사는 불과 100년 남짓에 지나지 않는다. 그러나 지난 100년은 전쟁양상의 획기적인 변화를 선도하는 전력으로서의 항공력 또는 항공우주력의 급격한 발전을 특징적으로 보여주는 눈부신 역사였다. 물론 그것은 항공력의 한계와 과제들을 확인하게 되는 역사이기도 했다. 그런가 하면 우리는 지난 100여 년의 역사를 통해 항공력 또는 항공우주력의 본질을 이해하고 그것을 가장 효과적이고 효율적으로 운용하기 위한 교훈을 학습해왔다. 이러한 역사적 경험은 작전영역이 지상, 해상, 공중뿐만이 아니라 우주와 사이버공간으로까지 확장되고 있는 미래의 안보환경을 예측하고 준비하는 데 밑거름이 되고 있다.

I. 항공력의 탄생

라이트형제에 의한 최초의 동력비행

주지하듯이 세계 최초의 동력비행은 1903년 12월에 라이트 형제에 의해 캐롤라이나주 키티 호크(Kitty Hawk) 인근의 킬 데블 힐스(Kill Devil Hills)에서 12초 동안에 120피트에 이르는 거리를 비행함으로써 이루어졌다. 그러나 인간이 비행(飛行)을 하기 시작한 것은 훨씬 이전부터였다. 특히, 항공력이 전시에 결정적인 역할을 수행할 수 있다거나 그렇게 될 것이라는 인식은 라이트형제가 비행을 실시하기 훨씬 이전부터 존재해왔다.

다에달루스(Daedalus)와 이카루스(Icarus)에 대한 그리스 신화와 하늘을 나는 법에 정통했던 것으로 믿어졌던 이들을 숭배했던 고대의 문화들은 그 가장 오랜 증거로 언급된다. 그러나 공중을 나는 장치들을 발명해 이를 군사적으로 처음으로 이용했던 이들은 BC 300년경의 중국인들이었다. 당시에 그들은 연을 발명하여 적군을 탐지하고 그들의 움직임을 따라잡기 위해 사람들을 공중으로 들어올리기도 했으며, 이를 거리 측정, 풍향 및 풍속 조사, 신호, 통신 등의 용도로 군사적으로 사용하기도 했다. 그런가 하면, 중세의 유럽과 중동에서는 탑이나 산에서 뛰어내려 외투를 미친듯이 퍼덕거리며 활공을 시도했던 이들이 존재했다. 약 1488년경에 레오나르도 다 빈치(Leonardo da Vinci)는 혁신적이고 기묘한 디자인의 비행물체를 설계하기도 했다.[1] 그러나 비행을 향한 최초의 실질적 진일보는 18세기에 이루어졌다. 브라질 태생의 포르투갈 신부 구스마오(Bartolomeu de Gusmão)가 기구를

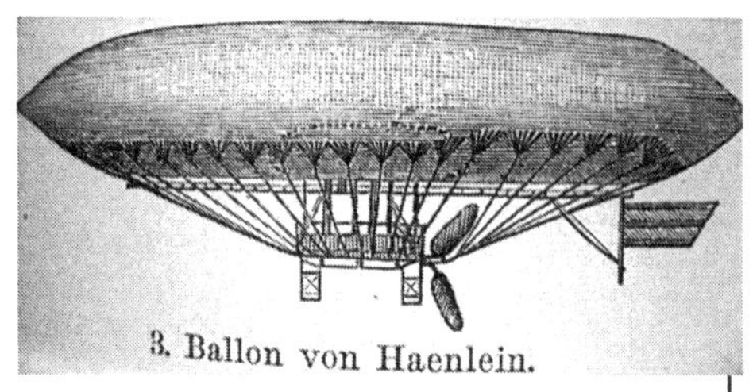

Paul Haenlein이 고안한 동력기구

발명하여 1709년 8월에 리스본에 있는 카사 다 인디아(Casa da India)홀에서 최초로 선보였던 것이다.[2]

진정한 의미에서의 최초의 비행장치였던 열기구는 뜨거워진 공기는 상승한다는 사실에 착안한 프랑스의 몽골피에르 형제(Joseph-Michael and Jacques-Étienne Montgolfier)에 의해 개발되어 1783년 9월에 첫 시범비행을 가졌다.[3] 사람이 탑승한 최초의 기구를 만든 이들도 그들이었다. 그들이 만든 최초의 유인(有人)기구는 1783년 11월에 파리를 출발하여 25분 동안에 약 2.5마일을 이동하는 데 성공했다. 최초의 조종가능한 기구는 앙리 지파드(Henri Giffard)에 의해 만들어져 1852년에 첫 선을 보였으나 증기기관에 의해 동력을 제공받는 관계로 너무 느려 비효과적이었다. 이 문제를 해결한 이는 독일의 하엔라인(Paul Haenlein)이었다. 그는 1872년에 내연기관 동력장치를 이용하는 기구를 띄우는 데 성공했다.

기구를 군사적으로 처음 사용한 것은 프랑스 혁명전쟁과 나폴레옹전쟁기 동안의 일이었다. 1794년의 플뢰루스전투(Battle of Fleurus)에서 프랑스 혁명군은 최초로 적의 움직임을 관찰하기 위한 군사적인 목적으로 기구를

---

1) 다빈치는 비행 현상에 대해 심취하여 새들에 대해 많은 연구를 진행했으며, 몇 개의 비행물체들을 설계하기도 했다. 그 대부분은 비실용적이었으나 행글라이더는 성공적으로 만들어져 선보였다.

2) 그는 연소(combustion)를 통해 공 하나를 지붕에까지 추진시켰다. 포르투갈의 왕 요한 5세(John V)는 그의 발명을 치하하여 그를 쿠임브라(Coimbra)의 교수로 임명했다. John Buckley, *Air Power in the Age of Total War* (London: UCL Press, 1999), pp.22-23.

3) 이 시범에는 왕 루이 16세와 여왕 마리(Marie Antoinette)가 임석한 가운데 베르사이유궁 앞에서 군중들이 운집한 가운데 이루어졌다. 첫 비행에서 기구는 약 8분가량에 걸쳐 2마일(약 3km)의 거리를 비행했으며, 고도는 약 1,500피트에 달했다.

사용했다. 그런가 하면, 1849년에는 오스트리아인들이 최초로 기구를 공격적인 목적으로 사용하게 되었는데, 그들은 베니스(Venice)에 폭탄을 투하하기 위해 대략 300기의 열기구들을 사용했지만 그 효과는 미미했다.

군에서 기구들을 최초로 대규모적으로 사용한 것은 미국의 남북전쟁 동안에 연방육군기구단(Union Army Balloon Corps)[4]에 의해서였다. 기구가 군사적으로 유용할 것이라는 미국 내의 초기의 생각들은 공중공간을 활용하는 것이 지도작성에 줄 수 있는 이점들에 주목한 것이었다. 때문에 초기에 기구들은 지형조사단(Topographical Engineers)과 함께 임무를 수행했었다. 그런가 하면 공중정찰에 있어 기구가 갖는 가치에 대해 처음으로 주목했던 사람은 당시 포토맥군(Army of Potomac)을 지휘하고 있던 맥도웰(Irvin McDowell) 장군이었다. 그는 깃발신호를 통해 지상에 있는 포수로 하여금 육안으로 관측이 안 되는 표적들에 대해 보다 정확한 포격을 가할 수 있도록 하는 데 기구를 사용했다.

유럽인들 사이에서 항공전력에 대한 진정한 관심을 불러일으킨 것은 보불전쟁(普佛戰爭: 프러시아와 프랑스와의 전쟁, 1870~71년)이었다. 제한된 수의 기구들이 사용되었지만 파리 포위전 동안에 프랑스군은 기구를 이용해 우편을 운송했으며, 프러시아 진영에 선전물을 투하하기도 했다. 이후 20년 동안에 프랑스, 영국, 독일, 이탈리아, 미국, 오스트리아, 러시아 등지에서 기구를 이용하는 전력들이 탄생되었다.

항공력의 발전에 있어 다음의 진일보는 조종이 가능한 비행선(airship)의 개발이었다. 비행선은 풍향에 크게 구애받지 않고 어떤 방향으로도 비행할 수 있는 능력을 갖춘 동력기구였다. 일찍이 1784년에 프랑스의 블랑샤흐(Jean-Pierre Blanchard)는 손으로 동력을 만들어내는 프로펠러를 기구에 장착하여 공중에서 추진되는 기록된 최초의 비행체를 만들어 냈다. 그러나 비행선 개발이 본격적으로 이루어지기 시작한 것은 1870년대 동안이었다. 1872년에 프랑스 해군의 뒤뻬 드 롬므(Dupuy de Lome)는 9~11km/h의 속

4) 1861년 여름에 로우(Thaddeus S.C. Lowe) 교수에 의해 설립되고 조직화되었다.

도를 제공하는 2마력 엔진에 의해 동력을 제공받으며 8명가량의 사람들을 수송할 수 있는 제한적이나마 항법이 가능한 기구를 공중에 띄웠다. 그것은 보불전쟁 기간 동안에 파리와 지방 간의 통신을 위해 이용되었던 기구들에 대한 개선책으로서 개발된 것이었다. 완전히 통제가 가능한 최초의 자유비행은 1884년에 프랑스육군의 비행선인 라 프랑스(*La France*)가 8.5마력의 전동기와 435kg에 달하는 배터리의 도움으로 23분 동안에 8km를 비행하면서 달성되었다.

블랑샤흐에 의해 설계된 최초의 기구비행체

1888~97년 동안에 독일의 다이믈러(Gottlieb Daimler)와 뵐페르트(Fredrich Wölfert)는 가솔린엔진에 의해 동력을 제공받는 3대의 비행선들을 만들어냈다. 그러나 1897년에 그들이 만든 비행선은 시범을 보이던 중에 폭발하여 두 탑승자 모두가 사망하고 말았다. 그런가 하면, 그 전 해인 1896년에는 크로아티아의 슈와츠(Schwarz)에 의해 만들어진 경식(硬式) 비행선(rigid airship)이 베를린에서 첫 비행을 실시했으나 사고를 발생시키고 말았다. 그럼에도 불구하고 슈와츠의 경식 비행선은 제펠린(Ferdinand von Zeppelin) 백작으로 하여금 일련의 제펠린 비행선들을 만들어내도록 하는 자극제가 되었다. "비행선의 황금기"를 열었던 제펠린 비

Lake Constance에서의 제펠린 비행선의 최초 비행

행선들은 진정으로 조종이 가능한 비행선의 출현을 만방에 알리면서 보다 참된 의미의 항공력이 탄생했음을 상징했다.

익히 알려져 있다시피, 미국의 라이트형제(Orville과 Wilbur)는 1903년 12월 17일에 중(重)항공기(heavier-than-air aircraft)를 이용해 세계 최초로 제어가 가능한 동력 유인비행을 성공시켰다. 그러나 중항공기를 이용한 비행에 대한 과학적 고찰은 일찍이 19세기 동안에 시작되었다. 중항공기를 이용한 비행을 처음으로 주창했던 인물은 영국의 케일리경(Sir George Cayley)이었다.[5] 그는 동력비행이 발전하기 반세기 전에 동력비행의 원리와 가능성을 놓고 치열하게 고민했던 항공공학의 선구자였다. 비행에 관한 그의 이론과 이를 실현하기 위한 그의 활동들은 헨슨(William Samuel Henson), 스트링펠로우(John Stringfellow), 더 나아가 독일의 릴리엔탈(Otto Lilienthal)과 같은 다음 세대의 항공학자들에게도 영향을 주었다.

1903년에 라이트형제는 동력장치를 갖춘 플라이어 I(*Flyer I*)을 만들었다. 날개폭이 12.2m, 무게가 283kg에 달했으며 77kg의 엔진이 12마력을 내던 플라이어 I은 첫 비행에서 12초 동안에 6.8mph의 속도로 120ft(약 36m)의 거리를 비행하는 데 성공했다.[6] 그러나 라이트형제의 실험은 여기에서 끝나지 않았다. 그들의 부단한 노력과 실험은 플라이어 II와 III의 추가적인 개발로 이어졌다. 뿐만 아니라 자신들이 성취해낸 역사적인 사건들을 홍보하고 그 가치를 공식적으로 인정받고자 하는 형제의 노력도 부단히 이어졌다.

실제 전쟁에 비행기를 군사적으로 사용한 최초의 사례는 1911년의 이탈리아-터키 간의 전쟁이었다. 이 전쟁에서 이탈리아의 육군항공단은 리비아(Libya)의 아인 자라(Ain Zara)에 있던 터키군의 캠프에 폭격을 가했다. 그런가 하면, 1912년에는 제1차 발칸전쟁에서 불가리아군이 아드리아노플(Adrianople)에 있는 터키군의 진지들을 폭격했다.

---

5) 1832~35년 동안 영국의회의 의원으로 활약했으며, '공기역학의 아버지'라고도 불린다. 그는 비행의 원리를 이해한 최초의 진정한 과학적 인물로 평가된다.

6) 2, 3차 비행에서는 각각 175ft(약 53m)와 200ft(61m)를 비행했으며, 고도는 지상 약 10ft 정도였다.

II. 제1차 세계대전(1914.7.28~1918.11.11)

제1차 세계대전은 주요한 규모의 충돌에 항공기가 최초로 사용되었던 역사적인 사례에 해당한다. 이 전쟁 동안에 양측은 애초 관측의 목적으로 기구나 비행기들을 사용했다. 구체적으로 항공기들은 정보를 수집하고 포격의 방향을 유도하는 역할을 수행했다. 그러나 적의 관측을 방해하고자 하는 욕구는 다른 비행기나 기구들에 대한 공격이 개시되어 점점 더 빈번해지도록 만들었다. 이는 공중전(air battle)의 탄생을 불러왔다. 도그파이트(dogfight)라 불렀던 공중전을 위한 전술이 시행착오를 반복적으로 거치면서 함께 발전했다. 네덜란드의 안소니 포커(Anthony Fokker)에 의해 개발된 동조기어(synchronization gear)를 장착한 포커 아인데커(Fokker Eindecker)의 등장과 이에 대응하여 1916년 중반 이후부터 연합군 진영에서 등장한 새로운 항공기들은 본격적인 공중전의 역사를 열었다.

그런가 하면, 양측은 폭격, 기총사격, 해상정찰, 대(對)잠수함전, 선전물 투하 등의 목적으로도 항공기를 사용했다. 특히 독일은 제펠린 비행선과 나중에는 고타(Gotha)와 같은 항공기를 동원해 영국을 폭격했다. 이러한 폭격은 영국민들의 대혼란을 야기했지만, 이는 영국이 방공전력을 강화하고 세계 최초로 영국 공군(Royal Air Force)이 독립공군으로서 탄생되는 결정적인 계기가 되기도 했다. 그러나 제1차 세계대전기의 항공전에 대한 기존의 연구들은 항공전력이 지상군을 지원할 수 있는 다양한 효과들을 달성하는 정도와 방법에만 거의 배타적으로 집중해왔던 것이 사실이다. 이는 그 구체적인 형태에는 차이가 있지만 장차 항공력이 수행하게 되는 거의

이륙중인 독일공군의 Fokker Eindecker 전투기

모든 역할과 임무들이 제1차 세계대전을 통해 발전하게 된다는 사실을 평가절하하는 결과를 낳아왔다. 이는 또한 같은 기간 동안에 항공력이 수행했던 보다 독립적이고도 주요한 역할들이 적절한 학문적 관심을 받지 못하게 되는 배경이 되기도 했다. 1918년 동안, 특히 같은 해 8월 8일의 아미엥(Amiens)전투에서부터 11월 11일에 종전이 선언될 때까지의 마지막 백 일간(The Hundred Days)의 영국의 항공력 운용은 공지(空地) 간 협력의 질(質)과 수준(水準) 면에서 그 효율성이 절정에 달했던 것으로 평가된다.

1918년 여름에 영국 공군은 서부전선 상공에서의 제공권을 사실상 장악하고 있는 유리한 상황에 놓여 있었다. 이러한 상황을 바탕으로 영국 공군은 공중관측으로 포가 효과적으로 운용되도록 하는 데 결정적인 역할을 수행했으며, 절대적으로 중요한 지점에 항공기를 투입하여 정확한 포격을 유도해내는 능력은 독일군의 반격을 무력화하는 데 결정적으로 기여하기도 했다. 그런가 하면 포대들이 탄착관측 항공기들과 통신하기 위해 사용하던 무선기지들이 기술적인 고장을 일으켰을 때는 낙하산을 이용해 새로운 부속품들을 투하시켜 기지들이 최단시간 내에 재가동될 수 있도록 도왔다. 뿐만 아니라 유동표적들(fleeting targets)에 대한 항공기 운용에 있어서도 두드러진 발전이 있었다.

육군협조기들(army cooperation machines)이 적합한 지상표적을 발견하면 이는 중앙정보국(Central Information Bureaux: CIB)[7]으로 보고되고, 이윽고 가장 인근의 영국 공군 전진착륙기지(Advanced Landing Ground)[8]로 그러한 정보가 전달되었다. 전투기들이 육군협조기가 위치한 지점에 도달하게 되면 협조기는 그들을 의도된 표적의 상공으로 유도하여 공격을 감행할 수 있도록 해주었다. 중앙정보국는 이처럼 항공기가 적의 표적들을 공격하기 위해 신속하게 배치될 수 있도록 해주었을 뿐만 아니라 표적에 대한

7) 포격관측 임무를 협조하기 위해 1916년에 설립된 조직으로서 CIB로 명명되기 전에는 중앙무선기지(Central Wireless Stations)로 불렸다.

8) 항공기가 공세를 진행하는 동안에 연료를 재충전하거나 재무장하기 위해 비행장으로 복귀하지 않아도 되도록 하기 위해 만들어졌다.

구체적인 사항들을 인근의 포대들에게도 전달하여 항공기가 표적에 도달하기 전에라도 교전을 할 수 있도록 해주었다.

이 시기의 항공기들은 탱크의 진격을 지원하여 영국군의 진격이 성공을 거둘 수 있도록 하는 데도 결정적으로 기여했다. 당시의 탱크들에게 있어 기계적인 고장 외에 가장 주요한 장애물은 대(對)전차포(anti-tank gun)였다. 항공기들은 우군 탱크들이 적 탱크들의 사거리 내에 진입하기 전에 그것들과 교전하여 무력화하는 역할을 수행했다. 대전차포들에 대항하여 항공력을 사용하는 일은 영국의 탱크들을 효과적으로 운용할 수 있도록 해주는 주요한 인자(因子)가 되었다. 영국 공군은 또한 전선을 향해 진격하는 독일의 제대들에 대한 대규모 항공차단작전을 실시하기도 했다. 항공기들은 철도 및 도로 요충지들뿐만 아니라 잔존해 있는 독일군의 저항거점들을 공격하는 임무도 수행했다.

제1차 세계대전, 특히 1918년 동안의 항공작전들은 향후의 항공작전을 위한 몇 가지의 중요한 교훈들을 남겼다. 무엇보다도 아미엥(Amiens)전투 등은 항공자산들에 대한 지휘통제에 있어 한 명의 지휘관이 공중에서 진행되는 노력들을 총괄적으로 통제해야 할 필요성을 명백히 보여주었다. 아울러 효과적인 항공자산의 운용을 위해서는 치밀하고 신중하게 마련된 계획이 반드시 필요하다는 점도 보여주었다.

그런가 하면, 제1차 세계대전의 항공전은 제공권 또는 공중우세를 장악하는 것이 향후 작전수행에 있어 결정적으로 중요하다는 점을 보여주었다. 공중우세의 확보는 정찰항공기들을 통한 가치 있는 정보들의 수집을 가능하게 해주었다. 그렇게 수집된 정보들은 적의 방어진지들을 보다 정확하게 파악할 수 있도록 해주었으며, 포들을 통해 그것들을 표적화할 수 있도록 했다. 아울러 탱크와 항공기 간의 협력적 작전수행은 탱크들이 전장에서 보다 높은 수준의 효과를 달성하는 데 있어 매우 결정적으로 기여했다. 무엇보다도 종전 전 마지막 백 일간의 영국군의 경험은 향후 항공력이 없는 가운데 전쟁에서 승리하는 것은 믿을 수 없을 정도로 어려워질 것이며 나아가 종국에는 불가능하게 될 것임을 보여주었다.[9]

III. 제2차 세계대전(1939.9.1~1945.9.2)

제2차 세계대전은 실험적인 성격의 항공전이 진행되었던 제1차 세계대전의 경우에서 발전하여 항공전의 본격적인 개막을 알렸다. 항공기의 획기적 발전은 기술적 진보가 바탕이 되었다. 개전될 무렵에 대부분의 항공전력들은 복엽기들을 운용하고 있었다. 그러나 전쟁을 경험하면서 소련의 U-2기를 제외하고 그 모든 것들은 퇴역의 대상이 되고 말았다. 단발엔진을 가진 단엽기들이 독일과 일본의 선도하에 개발되어 보편적으로 쓰이게 되었으며, 영국, 미국, 소련도 보다 신형의 모델들을 개발해내는 경쟁에 뛰어들었다. 그런가 하면 쌍발엔진을 가진 전투기들에 대한 독일의 실험은 실패로 끝났는데 반해 미국의 쌍발엔진 전투기들은 태평양전쟁에서 그 가치를 입증했다. 무엇보다도 중대한 변화는 항속거리의 증가였다. 항속거리의 증가는 곧 폭격기들을 보다 원거리까지 호위할 수 있게 되었음을 의미했다. 그런가 하면 제트추진 항공기의 등장은 전혀 새로운 항공전의 양상을 예고했다.

전투기들이 자동 봉입 연료탱크(self-sealing fuel tanks)를 장착하고, 속도와 항속거리가 증가되며, 보다 많은 무장을 탑재할 수 있게 된 반면에 폭격기들의 발전도 두드러졌다. 주로 미국과 영국에 의해 개발된 4발엔진 폭격기들은 쌍발엔진 모델들보다 항속거리가 길었고 훨씬 더 많은 폭탄들을 실어나를 수 있었다. 이들은 독일과 일본의 도시들과 공장들, 그리고 기타 설비들에 대한 전략폭격의 책임을 떠맡게 되었다. 표적을 타격하는 급강하 폭격기의 능력을 과신한 나머지 4발엔진 폭격기의 개발에 뒤처질 수밖에 없었던 추축국으로서는 이 부문에 있어 상당히 불리한 처지에 놓일 수밖에

9) 제1차 세계대전기 영국의 항공력 운용, 특히 공·지 간 협력에 관해서는 David Jordan, "The Royal Air Force and Air/Land integration in the 100 Days, August-November 1918," *Air Power Review,* vol.11(Summer 2008), pp.12-29; Sebastian Cox, "The Air/Land relationship - an historical perspective 1918-1991," *Air Power Review,* vol.11(Summer 2008), pp.1-10; A.D. Harvey, "The Royal Air Force and Close Support 1918-1940," *War in History,* vol.15(2008), pp.462-486을 참조할 것.

없었다. 그런가 하면 모든 항공전력들은 특히 지상전력을 지원하기 위한 용도로 계속해서 쌍발엔진 폭격기들을 사용하기도 했다.

전쟁을 계속해서 수행하고자 하는 적의 역량과 의지를 파괴하기 위한 전략폭격의 개념은 제2차 세계대전을 통해 전장에서 실제적으로 적용되고 평가되었다. 전간기(戰間期) 동안에 항공력에 대한 이론가들은 전략폭격이 미래의 유럽에서의 전쟁에 있어 근본적인 요소가 될 것이라고 단정했었다. 결국 나치(Nazi)의 전시(戰時)경제를 무너뜨린 것은 연합군이 가한 폭격의 무게였다. 게다가 항공기뿐만 아니라 승무원들의 생명이라는 면에서 보았을 때도 전략폭격을 위한 노력들은 그 대가가 엄청나게 큼이 입증되었다. 전략폭격은 지상과 해상에서의 전쟁이 독일에 가한 동시적인 압력들 때문에 그 효과를 발휘할 수 있었다. 그러나 전략폭격이 연합군의 궁극적인 승리에 기여한 바에 대해서는 이론의 여지가 없는 게 사실이지만 정작 연합군의 승리에 항공력이 가장 크게 기여한 것은 항공력의 다재다능성(versatility)이었다. 항공기는 방공(防空), U-보트 탐색, 지상작전 지원, 공수작전, 정찰 등의 방면에서 연합군의 승전 확보에 결정적으로 기여했다.

제2차 세계대전기에 항공력은 그 초기부터 결정적인 역할을 수행했다. 독일 공군은 독일군이 폴란드전역을 수행함에 있어 신속하게 공중우세를 확보하고 도시들과 교통망에 타격을 가해 폴란드의 동원을 철저하게 방해함으로써 전격전의 성공적인 수행에 결정적으로 기여했다. 그런가 하면 독일의 기갑전력에 대한 근접항공지원도 대부분 성공적이었다. 공군의 지원이 없었다면 노르웨이에 대한 공격도 불가능했을 것이었다.

그러나 독일 공군은 상상했던 것보다도 강력한 상대였던 영국 공군을 상대로 고전을 면치 못했다. 1937년에 영국 공군의 전투기사령부 사령관으로 부임한 휴 다우딩(Hugh Dowding)은 방어체계를 정교하고 효과적으로 만들기 위해 기술적인 변화들을 이용하는 일련의 혁신들을 단행했었다. 반면에 독일 공군은 영국 공군에 대해 과소평가했다. 영국의 전투기들은 독일의 Bf-110에 비해 열세하다는 독일 공군 정보국장 슈미트(Beppo Schmid) 대령의 보고와는 달리 영국 공군의 전투기들은 Bf-110에 비해 우세했으며, 사용하는 연료도 항공기의 성능을 향상시켜주고 있었다. 게다가 독일 공군은 영국이 통합방공체계를 보유하고 있으며, 그 속에서 전투기들은 효과적인 지휘통제체계에 의존하고 있다는 점에 대해서도 이해하지 못하고 있었다. 예를 들어, 독일 공군이 영국 전투 초기에 레이더기지들에 대한 폭격을 중단해버렸던 점은 이를 반증해준다고 할 수 있다. 영국이 복잡한 방공체계를 가지고 있다는 사실을 그들이 이해했었다면, 그들은 그러한 기지들이 영국의 전투기들이 의존하고 있는 눈에 해당된다는 사실을 이해할 수 있었을 것이었다.

1. 영국 전투(Battle of Britain, 1940년 7월 10일~10월 31일)

영국 전투를 통해 히틀러는 영국 공군, 특히 그 전투기사령부(Fighter Command)에 대해 공중우세(air superiority)를 달성하고자 했다. 공중우세는 영국해협(English Channel)에 대한 통제권을 획득하기 위해 반드시 필요했으며, 영국해협을 통제하는 일은 영국본토 침공을 위한 바다사자작전(Operation Sea Lion) 수행의 선결조건이었다. 독일 공군의 공중우세 달성은 침공하는 독일의 함대들이 성공적으로 해협을 횡단할 수 있도록 하고 영국의 해상 및 공중 전력이 그들의 작전을 방해하지 못하도록 해 줄 것으로 기대되었다. 독일의 해군, 육군, 공군은 제각각 침공의 방법과 침공의 장소에 대한 자체적인 계획들과 생각들을 가지고 있었지만 그들 간의 상호조율은 거의 없다시피 했다. 명확한 것은 그들은 공히 독일 공군의 제해권 달성에 전적으로 의존하고 있었다는 점이다.

애초에 독일 공군(*Luftwaffe*)은 잉글랜드 남부에 위치한 전투기사령부를 격파하는 데는 4일 정도가 걸릴 것으로 추정하였다. 그 뒤에는 4주간의 공세를 통해 폭격기들과 항속거리가 긴 전투기들이 영국본토 전역의 모든 군사설비들을 파괴하고 영국의 항공산업을 와해시키고자 했다. 이를 위해 독일 공군은 우선 해안지역의 비행장들을 공격하고 그 이후에는 런던을 방어하고 있는 비행장들을 공격하기 위해 점진적으로 내륙으로 향할 계획을 세웠다. 이 모두를 위해서도 해협과 잉글랜드 상공에서의 공중우세의 확보는 독일 공군이 가장 시급하게 해결해야 할 선결과제였다. 이를 위해서는 영국의 전투기사령부가 지상에서건 혹은 공중에서건 간에 파괴되어야만 했다.

문제는 독일의 전투기들이 중대한 기술적 한계들을 갖고 있었다는 점이었다. Bf110이 기동성이 우수했던 영국의 전투기들에 비해 취약했던 관계로 대부분의 호위 임무는 Bf109가 맡아서 해야 했다. 이는 Bf109들이 폭격기들을 호위하는 임무들에 얽매이도록 만들었으며, 폭격기에 보조를 맞추기 위해 감속된 상황에서 비행하고 기동해야 했기 때문에 전투기 조종사들의 손실률은 치솟을 수밖에 없었다.

그런가 하면 독일 공군은 영국과의 전투가 진행되는 상당 기간 동안에 적이 갖고 있는 진정한 역량과 전력, 배치 등에 대한 확실한 정보를 확보하지 못한 가운데 작전을 수행해야만 했다. 이는 독일의 정보조직들이 상호간의 경쟁관계에 의해 분열되어 있었을 뿐만 아니라 그들의 정보수집 활동도 아마추어적인 수준에 머물러 있었기 때문이었다. 1940년 7월 16일에 슈미트에 의해 작성된 영국 공군과 영국의 방어역량에 대한 보고서는 이러한 상황을 가장 극명하게 보여주는 것이었다. 그 보고서에는 영국 공군의 무선방향탐지(Radio Direction Finding: RDF) 네트워크와 통제체계의 역량에 대한 정보가 결여되어 있었다. 그 결과 전투기사령부 휘하의 많은 비행장들이 전혀 공격을 당하지 않았으며, 전투기 비행장들에 대한 공습은 폭격기나 해안방어기지들에 잘못 가해지곤 했다. 뿐만 아니라, 폭격이나 공중전의 결과들은 계속해서 과장되었다. 승리에 대한 직감으로 도취된 가운데서 독일 공군의 수뇌부는 점점 더 현실과 괴리되어가기 시작했다. 이러한 상황들은 일관된 전략이 적용되지 못하도록 하는 결과로 이어졌으며, 그러한 가운데서 독일 공군은 한 가지 유형의 표적에 초점을 맞추어 체계적으로 타격하지 못하고 표적(목표)의 변경으로 영국 공군에게는 회생할 수 있는 결정적인 계기를 제공하고 자신들의 전력은 급격히 소진시켜버리는 치명적인 실수를 범했다.

본격적인 영국 전투는 4개의 국면으로 진행되었다. 7월 10일부터 독일 공군은 해협과 해협항들(Channel Ports)에 있는 호송선단들(shipping convoys)과 남부 해안의 RDF 기지들과 마을들에 대해 공격했다. 호송선단들의 상공에서 순찰을 계속해야 할 필요성은 영국 공군의 조종사들과 항공기들에 상당한 압박을 가하고 연료를 낭비하도록 만들었으며, 격침되는 선박수의 급증에 따라 영국 해군성으로 하여금 해협에서 추가적인 호송선단을 조직하는 일을 포기하도록 만들었다. 이러한 공습에 사용되었던 항공기들 중에는 융커스 Ju87 급강하폭격기들도 포함되어 있었다. 그것들의 위력은 상당한 것이었지만 급강하 시에는 영국 공군의 허리케인(Hurricanes)이나 스핏파이어(Spitfire)의 공격에 매우 취약했다. 스투카(*Stuka*) 전력의 보존을 위해 결국 독일 공군의 총사령관 괴링(Hermann Göring)은 그것들을 전투에 투입하기를 단념했으며, 이는 독일 공군의 주된 정밀폭격무기가 제거되고 정밀공격의 부담이 이미 과부하에 걸려 있는 상태였던 *Epro* 210에게 넘겨짐을 의미했다. 그런가 하면 Bf110 역시 단발엔진 전투기들과의 공중전에 취약함이 입증되어 전투에 투입되는 규모의 축소를 가져왔다.

영국의 조기경보체계가 파괴되고 해안의 마을들이 침공을 용이하게 할 정도로 무력화되었을 것이라고 믿은 독일 공군은 다음 단계의 계획을 실행에 옮기기 시작했다. 8월 13일에 영국 공군 제11전대의 비행장들에 대한 대규모 공습이 개시되었다. 공습의 목적은 잉글랜드 남동부에 위치하고 있는 영국 공군을 지상이나 공중에서 파괴하는 것이었다. 독일 공군은 상이한 표적들에 대해 상이한 수준의 공격을 동시에 가함으로써 영국의 방어망에 대한 압박을 가중시키고자 했다. 우선 그들은 4개의 레이더기지들에 대해 공격을 가함으로써 다우딩체계를 무력화시키고자 했다. 그러나 그러한 공습들은 영국의 레이더들을 타격하는 것이 얼마나 어려운지를 다시금 보여주었다. 그런가 하면 영국 공군 전투기들이 전진착륙지들(forward landing grounds)로 이용하던 해안의 비행장들에 대해서도 일련의 공격들이 가해졌다. 비행장들에 대한 이러한 공격들은 점점 더 내륙을 향했다. 8월 19일에 괴링은 항공기 공장들에 대한 공격을 명령했으며, 같은 달 23일에는 비행장들을 공격하라는 명령이 내려졌다. 특히 8월 24일경부터 독일 공군의 제2항공전단(*Luftlotte* 2)과 영국 공군의 제11전대 간에는 치열한 전투가 이어졌다. 독일 공군은 전투기사령부를 격파하는 데 전력을 집중시켰으며, 비행장들에 대해 반복적으로 공격을 가했다.[10]

독일 공군의 공격은 매우 위협적이었으며, 전투기사령부는 응급조치들에 의존할 수밖에 없었다. 실제로, 이 기간 동안에 영국 공군의 손실은 심각했다. 8월 15일부터 9월 5일간에 영국 공군에서는 377대의 전투기들이 파괴되고 212대는 손상을 입었다.[11] 항공기 생산으로 항공기들은 대체할 수 있었지만, 조종사 대체율은 그 급격한 손실률을 따라잡을 수 없었다.[12] 심각한 조종사 및 전투기 손실에 따라 전투기들을 템즈강 북쪽으로 철수시키자는 제안이 있었지만, 이는 바로 독일군이 원하는 것으로서 사실상 그들에게 필요한 지역에서의 공중우세를 제공해줄 뿐이라는 판단에서 제11전대는 필사적인 저항을 이어갈 수밖에 없었다.

전투기사령부에 계속적인 압박을 가하기 위해 독일 공군은 야간공습을 개시하여 영국 공군이 주간에 입은 손실을 복구하지 못하도록 하기도 했다. 그러던 중 8월 24일 밤에 런던의 몇몇 지역들이 폭격을 받게 되었다.[13] 이 사건은 영국 전투의 흐름을 뒤바꿔 놓게 되는 결정적인 전환점이 되었다. 이에 대한 보복으로 영국 공군은 폭격기사령부의 폭격기 81대를 동원해 8월 25~26일의 야간 동안에 베를린의 산업 및 상업 표적들에 대해 폭격을 가했다. 이러한 보복공격은 애초에 민간 중심지들에 대한 공격을 금지시켰던 히틀러를 격노하게 만들어 그로 하여금 런던에 대한 보복공격을 명령하

---

10) 차후 2주 내에 감행되었던 33차례의 대규모 공격들 중에 22차례는 비행장들에 대한 공격들이었다.

11) Derek Wood & Derek Dempster, *The Narrow Margin: The Battle of Britain and the Rise of Air Power 1930-1940* (Barnsley: Pen & Sword Military Classics, 2003), p.312.

12) 영연방에 속한 호주, 캐나다, 뉴질랜드, 로데시아, 남아프리카공화국뿐만 아니라 프랑스, 벨기에, 팔레스타인(유대인), 폴란드, 체코 등지의 조종사들도 영국 공군의 전력을 보강해주었다.

13) 일부 역사가들은 일단(一團)의 *Heinkel* He 111들이 실수로 East End와 런던의 중심부를 폭격한 것으로 믿고 있으나 그러한 견해는 여전히 논쟁거리로 남아 있다.

게 만들었다.[14] 이러한 폭격 표적의 급작스런 전환은 버틸 수 있는 극한점에 이미 달해 있었던 영국 공군의 제11전대에게 기사회생의 기회를 가져다주었다. 목표의 변환은 제11전대에게 비행장들과 레이더기지들을 복구할 수 있는 시간을 제공하여 다시금 방어망을 정상적으로 가동시킬 수 있도록 했다.

세 번째 국면에서 독일 공군은 도시들과 산업시설들에 대한 공격으로 영국인들의 사기를 꺾고 전투항공기들을 생산하는 공장들을 파괴할 수 있기를 희망했다. 그들은 또한 영국 공군의 전투기들이 도시들을 보호하기 위해 보다 집단적으로 대형을 편성하도록 유도함으로써 독일 공군이 보다 쉽게 그들을 공격하여 공중우세를 장악할 수 있게 되기를 기대했다. 9월 7일에 거의 4백대에 달하는 폭격기들과 6백대 이상의 전투기들을 동원한 대규모의 일련의 공습들이 런던의 이스트 엔드(East End) 지역에 있는 표적들에 대해 가해졌다. 독일 공군의 런던에 대한 공습은 점점 더 무차별적으로 변해갔다. 이에 대해 영국 공군은 대규모 전투기 편대들을 형성해 독일의 폭격기들이 폭탄을 투하하기 전에 공격을 가했다. 정보장교들로부터 영국 공군의 전투기사령부가 비행장들에 가한 이전의 공습들로 인해 사실상 무력화되었다고 얘기를 들은 바 있었던 독일 공군의 조종사들은 대규모의 허리케인 및 스핏파이어 편대들의 등장을 충격적으로 받아들였다. 전술과 표적을 변화시킴으로써 독일 공군은 사실상 영국 공군의 전투기사령부를 도와준 셈이었다.

10월로 접어들면서 독일 공군이 보유한 주간폭격기들의 손실은 점점 더 심각해졌다. 그에 따라 그들은 야간에만 폭격을 실시하기 시작했으며, 이는 영국의 도시들에게 막대한 피해를 가져왔다. 그러나 영국 공군은 공중요격(Airborne Intercept: AI)레이더를 장착한 야간전투기들을 개발해 운용하기 시작했다. 주간 동안에는 독일 공군의 전투기들—대개 Me 109들—이 영국 공군의 전투기들과 교전하고 남동부 상공에서 진행되던 방어작전들을

14) 히틀러는 1940년 8월 1일에 내린 지령(指令) 제17호를 통해 독일 공군이 자체적으로 영국의 도시들에 대해 폭격하는 일을 금지하고 보복의 수단으로 그러한 공격을 명령할 수 있는 권한을 자기 자신에게로 국한시킨 바 있었다.

교란하기 위한 크고 작은 공습을 계속했다. 야간공격으로 인해 이미 피로한 상태에 있던 영국 공군은 그러한 공습들로 인해 더 전선을 신장시킬 수밖에 없었다. 영국 공군이 선택한 전술은 15,000~20,000피트 상공에서 규칙적인 공중순찰을 도는 것이었다. 이는 항공기로서나 조종사로서나 희생이 크고 비효율적인 운용방법이었으나 이를 통해 독일 공군의 손실은 증가하기 시작했다. 기상 또한 악화되면서 결국 독일의 공습은 10월 말에 중단되었다. 그 시점에서 독일군은 그 해에 영국 공군을 격파할 수 없음을 깨닫게 되었다. 러시아 침공을 준비하고 있던 그들은 바다사자작전을 무기한 연기하다 결국에는 포기하고 말았다.

영국 전투는 히틀러의 군대가 당한 최초의 패배였으며, 승리의 열쇠로서의 공중우세가 가지는 중요성을 극명하게 보여준 대표적인 사례(史例)로 평가된다. 극도의 역경을 이겨내는 과정을 통해 오히려 더욱더 원기를 얻어갔던 영국의 대중여론은 두헤(Giulio Douhet)와 같은 전전(戰前)의 항공이론가들이 역설했던 전략폭격 — 특히 민간인에 대한 — 이 종국적인 승리를 달성하는 데 기여할 수 있는 실질적인 효과성에 대해 의문을 제기했다. 독일 공군은 중요한 영국의 산업들에 대해 몇 차례의 눈부신 공격을 감행했지만 영국의 산업적 잠재력을 파괴할 수는 없었으며, 그러기 위한 체계적인 노력도 거의 이루어지지 못했다. 영국 전투는 가용한 현대적인 모든 자원들을 사용해 그 효과를 극대화할 수 있는 능력을 갖춘 진영은 독일 공군이 아니라 영국 공군이라는 점을 입증해 보여주었다.[15] 영국이 보유한 전투기전력의 규모와 그들이 장비, 훈련, 사기의 면에서 유지하고 있었던 전반적인 질적(質的) 우세는 독일 공군으로 하여금 어떤 의미 있는 승리를 달성하는 게 사실상 불가능하게 만들었다.

15) 그러나 영국 전투에서의 승리는 영국으로서도 막대한 대가를 치르고 달성한 것이었다. 1940년 7월에서 12월 사이에 총 23,002명의 민간인들이 사망하고, 32,138명이 부상을 당했다.

2. 전략폭격

두헤, 트렌차드, 미첼과 같이 폭격기의 독립적인 역할을 강조했던 전간기의 항공이론가들은 적에게 직접적이고도 주요하며 독립적인 공중공격이 가해질 수 있으며, 이는 적으로 하여금 강화(講和)를 청하도록 강제할 것으로 믿었다. 그러한 역할은 장거리폭격기들이 적 영토의 깊숙한 곳까지 침투하여 도시지역들뿐만 아니라 산업시설들도 파괴함으로써 달성될 수 있을 것으로 가정되었다.

그러나 실제의 전투들에서 지상군에 대한 직접적인 지원의 차원 밖에서 이루어진 추축국의 폭격은 도시들에 대해 폭탄을 투하하는 일에 지나지 않았는데, 그것들은 산업적 표적들을 타격할 수도 있었지만 보다 흔하게는 주거지역들에 타격을 가하곤 했다. 예를 들어, 폴란드의 도시들에 대한 독일의 폭격은 실제로는 무작위적인 것이었으며, 바르샤바(Warsaw)의 항복은 민간주민들에 대해 가차없는 무차별 폭탄공격이 가해질 것임을 위협함으로써 달성된 것이었다. 그런가 하면, 프랑스를 함락하는 데 독일 공군이 기여했던 골자는 그 전술적 지원작전이었으며, 파리에 대한 독일의 공습이 어떤 주요한 역할을 하였는지에 대해서는 여전히 회의적인 질문의 대상으로 남아 있다.

영국, 미국, 소련의 항공산업의 성격과 생산성을 오산(誤算)했을 뿐만 아니라 몇 개의 전선에 걸친 전력 소모로 인해 독일 공군은 결국 연합군 전력에 의해 수세로 내몰리고 말았다. 영국은 독일의 산업, 특히 석유산업에 대한 폭격에 노력의 주요한 부분을 할당했다. 그러한 과정에서 그들은 전투기들에 대한 취약성을 감소시키기 위해 야간에 비행하고 대공화력에 대한 취약성을 감소시키기 위해 고고도로 비행하는 폭격기들은 심지어 양호한 기상상태의 야간에도 표적을 거의 맞출 수 없다는 점을 발견하게 되었다. 그러한 상황에서 영국이 취할 수 있는 선택안은 대부분의 폭격을 포기하든지 타격하기에 충분할 정도로 큰 독일의 도시들을 표적으로 설정하는 것이었다. 영국정부는 후자의 대안을 선택했다. 결국 미국의 항공기들까지도 합세하면서 영국의 폭격기 전력은 독일의 도시들에게 점점 더 많은 피해들을 가했다.

그렇지만 독일의 수뇌부는 1943년 7월의 함부르그(Hambrug) 공습이 있을 때까지 동부와 서부 모두에서의 공세를 강조하며 전투항공기들로 우선순위를 변경하지 않았다. 강조점이 전투기들로 옮겨지고 동부전선으로부터 추가로 전투기들이 전용(轉用)되면서 1943년 10월에는 독일에 대한 주간폭격이 중지되기에 이르렀지만, 독일은 이미 이전의 공습들로 인해 자신들의 항공기공장들을 분산시켜 놓은 상태였다. 이는 독일 내의 항공기 생산에 몇 달 간의 손실을 강제했으며, 독일의 전시(戰時)산업은 이로 인해 심각한 타격을 받을 수밖에 없었다.

1943~44년 겨울 동안의 베를린에 대한 대규모 공격은 그러한 노력이 성공적이었는지에 대한 질문뿐만이 아니라 지역폭격(area bombing)이라는 전반적인 개념 자체가 정당한 것인지에 대한 질문을 야기했다. 지역폭격이 승전을 가져올 수 있다는 폭격기사령부 사령관 해리스(Air Chief Marshal Sir Arthur Harris)의 믿음과는 대조적으로 독일은 폭격으로 인해 패전으로 내몰리지는 않았다. 폭격이 계속됨에 따라 독일은 대공포 전력을 꾸준히 강화시켜 이에 의존하여 방어에 임했다.[16] 연합군도 엄청난 규모의 병력, 물자, 기타 자원들을 폭격공세에 투입했다. 특히 1943년 8월에 미 육군의 항공전력에 의해 수행된 레겐스부르크(Regensburg)의 산업시설들에 대한 공격은 독일의 ME-262 생산시설에 심각한 손실을 가했다.

1944년 2~3월 동안에 연합군의 신형 장거리전투기들이 독일 공군에 비해 우세를 점하게 되어 독일의 깊숙한 지역에까지 다시금 주간폭격이 가해질 수 있게 되면서 폭격전역은 새로운 국면을 맞이했다. 그 이후로 전략폭격기들이 독일의 통신망들을 파괴하고 나중에는 독일의 교통망들도 표적화함으로써 연합군의 침공을 지원했다. 이러한 노력들은 상당한 성공을 거두

16) 최대치에 달했던 1944년 8월의 경우에는 무려 39,000곳의 포대들에 백만 명 이상이 복무하고 있었던 것으로 전해진다.

었다. 그런가 하면 같은 해 동안에 미국의 항공전력들은 독일의 석유산업에 대해 공세를 가했다. 그러나 영국 공군은 지역폭격의 관행을 쉽게 바꾸려 하지 않았다. 그들은 썬더클랩작전(Operation Thunderclap) 계획을 통해 베를린의 심장부를 폭격함으로써 독일의 민간인들의 사기에 결정적인 타격을 가하고자 했다. 그러한 공격은 22만 명가량의 사상자를 발생시키고, 독일의 주요 인사들이 인적 손실을 당하도록 함으로써 독일의 사기를 꺾어놓을 수 있을 것으로 상정되었다. 현실성에 대한 의문으로 인해 이러한 계획의 구체적 사항들은 이행되지 못했지만, 그 계획에 담겨 있었던 개념은 다양한 방식으로 적용되어 결실을 거두기도 했다.

일본을 대상으로 한 미국의 항공전역은 전략폭격의 효과를 가늠해볼 수 있는 또 하나의 중요한 사례였다. 태평양전쟁의 마지막 몇 달 동안에 일본의 본토, 특히 그 산업시설들은 미국의 항공전력에 의한 지속적인 폭격의 대상이 되었다. 특정 산업표적들에 대한 몇 달간의 전략폭격을 통해 극도로 신장된 항속거리와 일본 상공의 급격한 제트기류의 문제로 인해 폭격의 정확성을 기대할 수 없다고 결론을 내린 미국은 유럽에서 영국이 선택했던 바처럼 원거리 표적들에 대한 폭격 자체를 포기하기보다는 도쿄를 시점으로 하여 도시들에 대한 지역폭격으로 전환했다. 그러한 공격은 남아 있는 일본의 전시생산력에 심각한 타격을 가하고 민간주민들을 공포로 몰아넣었다. 결국, 1945년 8월에 있었던 항공기에 의한 원자폭탄의 투하는 새로운 전략적 시대를 예고해주었지만 그것이 일본이 패배한 근원적인 원인이 되지는 못했다. 즉 원자폭탄이 투하되는 시점에 일본은 이미 항복할 수밖에 없는 상황에 처해 있었다는 것이다.[17] 그러나 전략폭격을 통해서도 조기(早期) 승전을 가능하게 하는 전력으로서의 항공력의 효과가 무실될 수는 없을 것이다.

일련의 다소간의 성과에도 불구하고 제2차 세계대전의 폭격전역들은 전

17) Charles Townshend (ed.), *The Oxford History of Modern War* (Oxford: Oxford University Press, 2005), p.151.

략폭격을 주창했던 전간기 항공사상가들이 제기했던 극단적 예견들의 타당성에 대해서는 의문을 제기했다. 전략폭격에 대한 미국의 방대한 보고서들과 그것에 대한 영국의 공식사(公式史)는 비록 전자가 일본의 경제를 약화시키는 역할을 수행하는 데 있어 전략폭격이 가지는 중요성에 대해서는 보다 수용적인 기조를 견지했지만 전반적으로는 유럽에 있어 전략폭격공세들이 미친 영향에 대해서는 평가절하하는 경향을 취했다. 전략폭격의 주요한 역할은 독일의 개발 및 생산 역량에 타격을 가함으로써 1943년 이후에 독일이 새로운 무기들에 힘입어 전세(戰勢)를 자신들에게 유리하게 이끌어가지 못하도록 하고자 하는 연합군의 노력에 의미있는 도움을 준 것이었다. 그러나 폭격이 가져다 줄 것으로 기대되었던 사기저하 효과는 예견되었던 수준에 미치지 못했으며, 지속적인 폭격은 폭동이나 봉기보다는 오히려 반감과 저항의지의 고취를 조장하고 말았다.[18]

IV. 한국전쟁(6·25전쟁, 1950.6.25~1953.7.27)

1950년 6월의 남한에 대한 북한군의 기습적인 침공으로 인해 발발하여 약 3년간 지속되었던 한국전쟁의 항공전역은 대체적으로 5개의 국면으로 설명될 수 있다. 한국전쟁에서의 항공력 운용 사례는 전시 항공력이 전쟁의 전반적인 경과와 성패에 미칠 수 있는 영향과 한계를 동시에 보여준다. 특히 한국전쟁에서의 항공전역은 전시 공중우세 달성과 공세적 항공력 운용의 지대한 중요성을 보여주는 동시에 '정치적인 무기'로서 항공력에게 가해지는 제약들의 예(例)를 집약적으로 보여준다.

18) G.L. Weinberg, *A World At Arms: A Global History of World War II* (Cambridge: Cambridge University Press, 1994), pp.574-581.

1. 개전 초기 항공전

한국전쟁 개전 초기의 항공력 운용에 있어 드러났던 가장 고질적인 문제는 전구 항공력을 운용하는 지휘체계상의 혼란이었다. 특히 맥아더를 비롯한 지상군 주요 지휘관들의 항공력의 작전적, 전략적 가치에 대한 인식부족은 보다 바람직한 항공력 운용을 어렵게 했다. 맥아더를 비롯한 극동군 총사령부의 항공력 운용에 대한 간섭은 항공력에 대한 중앙집권적 통제를 어렵게 하고, 항공력의 역할을 지상군에 대한 근접지원으로 한정시켜 항공력 운용 효과의 극대화를 어렵게 했다.[19)]

참전 초기에 극동공군은 작전가능 범위의 제한으로 인해 공중우세 확보에 어려움을 겪었다. 원칙적으로 38도선 이북 지역에 대한 항공작전은 금지되었기 때문에 북한 내 비행장을 공격함으로써 적 항공력을 조기에 무력화하지 못했다. 북한공군기에 의해 수원비행장이 피습된 이후에 38선 이북에 대한 공격은 허가되었지만, 지상전역이 열세에 몰릴 때마다 극동공군은 지상전역에 대한 근접지원에 임무의 우선순위를 배정해야 했다. 북한공군에 의해 추가적인 피해를 입고난 뒤에 항공전력은 다시 공중우세 확보를 위한 노력으로 전환되었고, 김포, 평양, 온정리의 북한공군 항공기 및 활주로를 파괴하고 난 이후인 7월 20일에 이르러 비로소 공중우세는 달성될 수 있었다.

공중우세하에서 제5공군의 전투기 전력은 적의 군대와 수송망을 집중적으로 공격했으며, B-26 경폭격기들은 전선 후방의 보급물자집적소와 교량을 파괴하여 북한군의 진격을 저지했다. 이러한 공세는 북한군으로 하여금 야간이동, 야간전투로 전환하도록 강제했다. 이러한 공중지원은 북한군의 남진속도를 둔화시켜 UN군으로 하여금 낙동강 방어선을 형성할 수 있도록 해주었다.

---

19) 맥아더는 B-29기 또한 지상군에 대한 근접지원의 역할을 수행하도록 했으며, 극동공군폭격기사령부는 7월 하순까지 교량 50여 개를 파괴하는 전과를 달성했을 뿐이었다.

2. 낙동강 방어선 형성기

낙동강 방어선을 사수해야 할 상황에 놓여 있던 UN군에게 있어 공·지 전력 간의 긴밀한 협조는 매우 중요했다. 다행스럽게도 공중우세를 확보한 상황하에서 UN군은 8월 중 하루 평균 238회의 근접지원을 받을 수 있었다.[20] 북한군의 대공세로 인해 UN군의 방어선이 돌파될 때마다 항공력은 이를 저지하는 최선봉에 서서 괄목할만한 성과를 달성했다. 공습에 대한 공포는 식량부족 다음으로 북한군 병사들의 사기를 저하시키는 주요한 원인이 되기도 했다.[21]

그런가 하면 이 시기의 항공전역은 항공차단작전의 중요성을 부각시켜 주었다. 8월 3일에 맥아더는 북한군의 모든 수송을 차단하기 위해 서울 북방에 차단선을 설정할 것을 명령했다. 이에 따라 평양, 함흥, 원산, 서울 등을 주요 차단지점으로 선정하여 폭격기사령부의 전력을 동원해 철도 및 간선도로들을 지속적으로 파괴했다. 이는 북한군의 증원 및 보급에 중대한 차질을 가져왔다. 그러나 이러한 차단작전은 근접지원 요청들에 의해 끊임없이 방해를 받았다. 전체 항공전역에서 차지하는 비율이 점증하기는 했지

〈표 1〉 개전 초 극동공군 근접지원 및 항공차단 임무 비율 추이[22]

기간	전체 출격 횟수	근접지원	항공차단
6.25~6.30	567	408(72%)	59(10%)
7.1~7.31	7,541	4,635(61%)	1,023(14%)
8.1~8.31	15,481	7,397(48%)	2,963(19%)
9.1~9.31	15,054	5,696(38%)	3,818(25%)

20) R.F. Futrell, *United States Air Force in Korea, 1950-1953* (Washington: Government Printing Office, 2000), p.113.

21) 공군본부, 『UN공군사 上』(1978), p.87.

22) 상게서, p.79.

만, 그 효과가 단기간 내에 가시적으로 드러나지 않는 항공차단작전의 속성은 전쟁 초기 항공전력 운용상의 우선순위에서 있어 근접지원에 뒤처지도록 만들었다. 개전 초 4개월간 극동공군의 임무수행에 있어 압도적인 비율을 차지했던 것은 근접지원이었다.

3. 반격 및 중국군 참전기

UN군이 9월 15일의 성공적인 인천상륙작전에 힘입어 대반격에 나선 이후에 극동공군은 중국 공군의 참전 가능성에 대해 염려하기 시작했다. 그러나 맥아더는 중국에는 공군력이 없다고 판단한 나머지 제8군과 제10군을 분할하여 운용하고 이들을 지원하는 항공력도 극동공군과 제1해병비행단 간에 분리시켰다. 급속하게 진행된 북진으로 인해 보급선이 신장된 가운데 제8군은 공수(空輸)에 의존하여 보급지원을 받아야 했던 반면에, 공산군은 만주지역을 통해 보급지원을 받고 있었다. 문제는 확전의 가능성을 염려한 미 행정부의 지시로 인해 압록강 너머에 대해서는 공격이 금지되어 있었다는 점이었다. 특히 중국군이 참전을 준비하고 있음을 파악하고 난 뒤에도 만주의 군사기지를 파괴하고자 하는 극동공군사령관의 건의는 받아들여지지 않았다. 단지 국경 일대의 일부 교량 및 시설에 대한 폭격만이 승인되어 11월 19일까지 중국군이 사용할 것으로 예상되었던 주요 보급중심지와 교통요지(要地)의 75%에 대해 타격이 이루어졌으나 중국군은 이미 10월 중순에 월경(越境)한 상태였다.

중국군의 전면적인 공세에 직면하여 11월 말부터 UN군은 공격에서 방어로 전환할 수밖에 없었다. 이때 맥아더는 적 병력의 집결이 이루어지고 있는 압록강 너머에 대한 극동공군의 폭격을 합참에 건의했지만 확전을 염려한 합참은 해법을 오히려 조속한 휴전협정의 체결에서 찾고 말았다. 이에 따라 UN군은 후퇴할 수밖에 없었으며, 극동공군은 전쟁 초기에 담당했던 적 지상전력의 진군을 둔화시키는 역할을 다시금 떠맡을 수밖에 없었다.

이 시점에서 항공전력이 감당해야 했던 또 하나의 중요한 역할은 철수로 인해 보급로가 길어지거나 고립된 지상의 전력들에 대해 공중보급지원을 실시하는 것이었다. 실제로 이 기간 동안에 전투수송사령부는 총 393회의 출격을 통해 부상자 228명을 후송하고, 병력 3,891명과 화물 2,988.6톤을 수송했다.[23] 예기치 않은 퇴각 중에도 UN군 지상전력이 대부분의 전투력을 보존할 수 있었던 것은 UN군이 압록강 주변을 제외한 한반도의 전 지역에서 거의 절대적인 공중우세를 점하고 있었기 때문이었다.

4. UN군의 재반격기

1950년 10월 말경부터 중국 공군은 Mig-15기를 투입해 한국전쟁에 본격적으로 개입하기 시작했다. 한국전쟁 동안의 중국 공군의 양적인 팽창은 인상적인 것이었다. 1950년 12월 당시 650대의 항공기를 보유하고 있던 중국 공군은 이듬해 6월경에는 1,050대를 보유하게 되고, 그 다음 해 8월에 이르면 Mig-15기만 해도 총 586대를 보유하게 되었다. 그들은 UN군의 항공전력이 공격할 수 없는 만주지역의 기지들을 이용해 전쟁 발발 이후에 단 한 번도 빼앗긴 적이 없는 UN군의 절대적인 공중우세에 심각한 도전을 가했다. 그러나 그들은 북한의 서북부 지역에서 국지적인 공중우세를 달성하는 데 보다 역점을 두었다. 실제로, 1951년 2월경에 이르러 북한 서북부 지역에서의 공중우세는 공산진영으로 넘어갔다. 이에 대해 UN군 진영은 공산진영의 비행장들에 공격을 가하는 방식으로 대응했으나 휴전협정이 체결되는 1953년 7월까지도 북한 서북부 지역에서의 절대적인 공중우세를 다시 회복하지는 못했다.

소련 공군 또한 1950년 11월 1일부터 한국전쟁에 뛰어들었다.[24] 이로써

---

23) 공군본부, 『6·25전쟁 항공전사』(2002), p.279.

24) 중국군에 대한 공중지원을 임무를 맡은 소련 공군의 부대는 제64전투비행군단이었으

북한 서북부 지역에서의 공중우세는 더욱 위협을 받게 되었다. 이들은 미 공군의 공습으로부터 한·중 국경 반경 75km 내에 위치한 북한의 교통망들을 방어하는 임무를 수행했다. 소련 공군의 참전으로 인해 폭격기들은 이전에 비해 고고도에서 폭탄을 투하해야만 했으며, 그것도 전투기들의 엄호를 받는 가운데서 이루어져야 했다. 결국에는 격추되는 폭격기들이 증가함에 따라 1951년 10월에는 B-29를 동원한 주간폭격을 중단해야만 했다. 그러나 참전 사실을 숨기고자 했던 스탈린의 정치적 의지로 인해 소련 공군은 보다 공세적으로 운용되지 못하는 한계를 가지고 있었다.

1951년 2월에 UN군의 제한적인 공격으로 수원과 김포의 비행장들이 탈환됨에 따라 극동공군은 다시금 전면적인 항공차단작전을 재개할 수 있었다. 그러나 이 시점에서의 문제는 달성해야 할 군사적인 목표가 한반도의 통일에서 휴전협정을 UN 측에 더 유리하게 이끌고 갈 수 있는 환경을 조성하는 것으로 이미 변화되어 있었다는 점이었다. 미국은 아시아 전반에 대한 전략적 재검토의 결과를 바탕으로 1951년 5월 17일에 고착화를 최종적으로 확정지은 NSC 48/5를 채택했다. 이 문서는 한국문제에 대한 미국의 입장이 궁극적으로는 통일된 자주민주주의국가의 건설에 있으나 현실적으로는 한국의 영토를 38도선 이북으로 다소라도 확대한 상태에서 적절한 휴전협정하에 적대행위를 종결하고 이후 적당한 시기에 비 한국군은 철수함과 아울러 북한의 재침에 대비하여 한국군을 강화시킬 것 등을 목적으로 하고 했다. 이 문서에서 모색했던 방향은 휴전에 이르기까지 일관된 정책 지침이 되었다.

며, 이날 소련 공군의 미그기들은 중국 심양과 안산에서 출격하여 미 공군의 F-82 2대를 격추했다.

5. 휴전 협상기

1951년 7월부터 1953년 7월까지의 2년간의 기간은 양 진영이 자신들에게 유리한 조건하에서 휴전을 성립하기 위해 나름대로의 군사적 압박수단을 모색하던 시기였다. 이 기간 동안에 공산진영은 공중우세의 확보를 위한 일련의 노력들이 이렇다 할 성공을 거두지 못하자 지상군의 수적 우위를 활용한 대규모 지상공세에 의존했다.

휴전회담에 응하기는 했지만 매우 비협조적이었던 공산진영에게 압박을 가하기 위해 UN군은 항공력을 활용하여 차단작전 및 항공압박작전을 수행했다. 그러나 다시 한 번 표적선정에 있어서는 견해가 갈렸다. 극동공군은 평양을 비롯한 북한 내 주요도시를 집중적으로 폭격하고자 했지만 휴전협상을 거부할 수 있는 구실을 공산진영에 제공할 수도 있음을 염려한 합참은 이를 허용하지 않았다. 대신, 1951년 5월부터 12월까지 전선으로 운반되는 적 보급물자의 수송망을 파괴하기 위한 '교살(絞殺)작전(Operation Strangle)'이 수행되었다. 극동공군은 광범위한 철도수송망을 표적으로 하여 이를 파괴하는 데 역점을 두었다. 그러나 장기간에 걸쳐 단일표적에 대해 공격이 이루어지면서 공산진영의 대공포가 점점 더 피해를 가중시키고 타격을 입은 철도들을 복구해내는 속도가 날로 단축되어가면서 차단작전은 한계를 드러내고 말았다.

나름대로의 성과가 있기는 했지만 이러한 항공차단작전이 기대되었던 수준의 효과를 달성하지 못한 데는 몇 가지의 이유들이 있었다. 우선, '교살작전'을 수행하는 항공전력들에 대한 중앙집권적 지휘체계가 정립되어있지 못했다. 애초 이 작전을 제안했던 제5공군이었지만, 항공전역의 수행은 극동공군 폭격기사령부와 해병항공대, 해군항공대, 그리고 기타 UN군 항공전력 간에 분산되어 이루어졌다. 그런가 하면, 공산진영의 대응능력을 과소평가한 것도 차단작전의 효과를 극대화하는 데 방해요소가 되었다. 공산측은 강제노무자들로 구성된 책임복구반을 체계적으로 운용하여 타격을 입은 궤도와 교량을 빠른 속도로 복구해냈으며, 집중적으로 운용된 그들의 대공포는 UN군 항공전력에 점점 더 많은 손실을 강제했다. 차단작전이 애초 설정되었던 목표를 달성하는 데 실패하면서 다시금 근접지원의 비중이 상대적으로 증가했다. 그러나 근접지원은 공산측 지상군을 격퇴하는 신뢰할 만한 해법이 될 수 없었다.

1952년 5월 12일에 리지웨이(Matthew Ridgway) 대장의 뒤를 이어 새로이 UN군사령관으로 부임한 클라크(Mark Wayne Clark) 대장은 공산진영으로 하여금 휴전제안을 받아들이도록 강제할 수 있는 수준의 강력한 행동의 필요성에 대해 인정했다. 그는 "받아들이기 힘든 대가를 지불하지 않고 적에게 압력을 가할 수 있는 능력을 가지고 있는 것은 항공력뿐"이라고 믿었다.[25] 전쟁 발발 후 2년이 경과한 뒤에서야 항공력은 전쟁을 종결로 이끌 수 있는 핵심적인 전력으로 공인받게 된 것이었다. 실제로 극동공군은 1952년 6월 24일부터 27일까지 730회의 출격으로 수풍발전소를 비롯한 13개의 발전소들을 공격하여 작동이 불가능한 상태로 만들어 놓았다. 이로써 북한은 심각한 전력(電力)마비 상태에 놓일 수밖에 없었으며, 이번에는 복구수준도 매우 저조했다. 중국도 본토 동북부의 전력생산에 타격을 입어 군수공장들의 생산성에도 상당한 피해가 발생했다. 그러나 이러한 중국의 피해는 영국과 미 의회 등지로부터의 비난을 불러 왔으며, 결국 1953년 5월경에 이르러 발전소 공격은 중단될 수밖에 없었다.

휴전협상이 지지부진해지면서 극동공군은 공산진영을 압박할 수 있는 또 다른 표적을 찾기 시작했다. 그들이 결국 찾아낸 표적은 저수지들이었다. 저수지에 대한 공격은 공산진영의 보급물자들 중 식량으로 사용되는 것은 쌀이며, 보급되는 물자들을 공격하는 것이나 그러한 물자들을 생산해 내는 원천을 파괴하는 일은 동질적인 것이라는 인식에 기초한 것이었다. 그러나 과거의 발전소 공격이 유발했던 반응을 유념하고 있던 극동공군사령관 웨이랜드(Otto Paul Weyland) 대장은 적의 교통로를 차단할 수 있는 지역에 있는 저수지에 대해서만 공격을 승인했다. 이에 따라 보용강 상류

25) 공군본부, 『UN공군사 下』(1978), p.25에서 재인용.

에 위치한 독산댐이 최우선적인 표적으로 선정되어 1953년 5월 13일에 59대의 전폭기들을 동원하여 폭격했다. 이 공격으로 신의주-평양 간의 철도선상에 위치한 5개의 교량들이 파괴되고 2마일에 이르는 도로가 파손되었으며, 강물의 범람으로 인해 하류지역의 건물 900채와 순안비행장이 수장되었다. 그런가 하면 5월 15일에는 차산저수지가, 같은 달 21일에는 권가저수지가 추가로 파괴되었다. 이러한 항공압박은 5월 25일에 휴전협상이 재개되고 향후 UN 측의 요구대로 협상이 진행되어 7월 27일에 마침내 휴전협정이 조인되도록 하는 데 중대한 역할을 감당했다.

전술(前述)했듯이, 한국전쟁에서 미 극동공군을 중심으로 한 UN군 항공전력이 수행했던 항공전역은 확전의 가능성을 염려하는 정치적 고려에 의해 전쟁이 근원적으로 제한전쟁으로 정의된 상황에서 항공력이 수행할 수 있는 역할의 수준을 여실히 보여주었다. 전쟁 초기에 거의 절대적인 공중우세를 확보한 상황에서도 정치적인 간섭과 제약은 전략적이고 독립적인 항공력 운용을 원천적으로 불가능하게 했다. 게다가 항공전역을 지상전역을 보조하는 맥락에서 이해하고 진행시켰던 맥아더를 비롯한 주요 지휘관들의 인식부족도 항공력이 가진 커다란 잠재력을 적절히 활용하는 데 부인하지 못할 걸림돌이 되었다. 전쟁 후반에 본격적인 항공압박작전이 시행되기 이전에 항공력은 주로 근접지원과 항공차단의 임무 사이에서 전황의 변화와 지휘관의 판단에 따라 일관성없이 그 비중의 변화를 경험해야 했다. 이는 항공력의 운용을 전술적인 역할로만 국한시키고 그 전략적인 잠재성을 발휘하지 못하도록 했다.

그럼에도 불구하고, 다소간의 부침(浮沈)이 있기는 했지만 UN군의 항공전력이 전쟁 초기에 달성해낸 공중우세가 전쟁 전반(全般)을 통해 비교적 안정적으로 유지되었던 점이 중국군 참전기 동안에도 UN군의 지상전력에게 전투력을 보존하고 재반격할 수 있는 여건을 조성해줄 수 있었다는 점에서 한국전쟁에서의 항공전역은 개전 초기에 공중우세를 달성하는 일이 가지는 중요성을 역설해주었다고 할 수 있다.

V. 베트남전(1965.11.1~1975.4.30)

미국이 군사적으로 베트남의 상황에 개입하기 시작했던 1964년의 북베트남에 대한 공중공격 계획의 목표는 증원병력 및 보급물자의 남쪽 유입을 차단하고 북베트남의 공격에는 그에 상응하는 대가를 치르도록 하는 것이었다. 구체적으로는 북베트남에게 남베트남을 방어하고자 하는 미국의 확고한 의지를 전달하고, 남베트남군의 사기를 고조시키며, 북베트남이 베트콩(Viet Cong)에 대한 지원을 계속하는 경우에는 그에 상응하는 대가를 치르게 될 것임을 명확히 하고자 했다.

그러나 항공력 운용의 구체적인 방향에 대해서는 군과 민간 정책조언자들의 견해가 상이했다. 한국전쟁에서의 항공력 운용사례가 보여주었던 교훈들을 인지하고 있던 합참은 항공력을 이용한 '신속한 압박(quick squeeze)' 형태의 강력하고도 결정적인 전역 수행을 건의했지만[26] 존슨(Lyndon Baines Johnson) 대통령의 민간보좌관들은 폭격의 범위와 강도에 있어 제한적인 '완만한 압박(slow squeeze)'을 건의하여 이를 관철시켰다.

이러한 접근법은 1965년 3월부터 1968년 11월까지 진행된 롤링썬더작전(Operation Rolling Thunder)으로 구체화되었다. 롤링썬더작전은 존슨 대통령과 맥나마라(Robert S. McNamara) 국방장관이 부과한 제약들에 입각하여 이루어지는 8주간의 항공전역으로서 기획되었다. 외교적인 제안들과 결합된 그러한 선택적인 압력은 북베트남으로 하여금 침략을 종식시키도록 강제해줄 것으로 기대되었다. 3월 2일에 쏨방(Xom Bang) 인근의 탄약고에 대한 공격으로 개시된 이 작전은 원칙적으로 공격을 북위 19도선 이남의 표적들에 대해서만 허용했다. 공군수뇌부는 작전의 기본적인 개념이 지나치게 제한적임을 지적하고 북베트남의 심장부를 타격하는 항공전략의 필요

26) 8월 말에 합참의장은 북베트남의 교통망, 교량, 철도, 조선소, 군대숙영지, 보급창고 등에 대한 8주간의 항공전역 수행으로 파괴되어야 할 94개의 표적들을 작성했지만 중국이나 소련의 직접적인 개입을 염려한 존슨 대통령은 이를 허용하지 않았다.

성을 역설했지만, 국방장관은 항공력의 역할을 남베트남 내에서 지상전역을 지원하는 것으로 국한시켰다. 미국의 민간 정책입안자들은 파괴보다는 파괴의 위협이 미국의 결연한 의지를 보다 영향력 있게 전달해줄 것이라는 '점진주의(gradualism)'를 표방했다.

작전의 초기부터 타격해야 할 표적과 공격의 시점, 사용할 항공기와 무기들의 수와 유형, 심지어는 공격의 방향까지도 좌우했던 것은 워싱턴이었다.[27] 하노이(Hanoi) 30해리(60km) 내와 하이퐁(Haipong)항 10해리(19km) 내에서의 공중공격은 엄격히 금지되었다. 확전의 가능성을 염려하여 중국과의 국경을 따라 30마일의 완충지대도 확대되었다. 그러나 그런 제한적이고도 완만한 항공전역으로 북베트남에 '신호'를 보내고자 하는 미 행정부의 의도는 그다지 효과를 보지 못했다. 오히려 북베트남은 미국의 폭격 중지와 미 병력의 남베트남으로부터의 철수 등을 평화협상 개시의 전제조건으로 내세웠다. 이에 따라 이듬해에 이르러 점차적으로 20도선 이북의 표적들에 대한 공격이 허가되기 시작했으며, 북동 및 북서부의 철도망에 대한 폭격작전도 승인되었다. 그러나 '파괴적인 항공전에 맞선 인민들의 전쟁'하에서 북베트남의 저항은 미국에게 상당한 대가를 치르도록 했다. 특히, 대공포의 집중적인 운용과 성능 면에서는 열세이지만 '히트 앤드 런 매복작전'을 수행했던 북베트남 공군의 전투기들은 매우 위협적이었다. 특히 롤링썬더작전 기간 동안에 발생했던 손실당한 미국의 항공기들 중 80%가량은 대공포화에 의한 것이었다.[28]

이러한 상황에 직면하여 롤링썬더작전의 타당성에 대한 비판이 상원국방위원회(Senate Armed Services Committee) 등으로부터 제기되어 1968년 2월에는 맥나마라 장관이 사임하기도 했다. 결국, 롤링썬더작전은 1968년 3월에 이르러 북베트남을 평화협상의 테이블로 이끌기 위한 일환으로 전면

27) John Morocco, *Thunder from Above: Air War, 1941-1968* (Boston: Boston Publishing Co., 1984), p.55.

28) Wayne Thompson, *To Hanoi and Back: The U.S. Air Force and North Vietnam, 1966-1973* (Washington: Smithsonian Institution Press, 2002), p.311.

중지되고 말았다. 1953년 3월부터 1968년 11월간에 미 공군의 항공기들은 북베트남에 대해 153,784 공격소티를 소화했으며, 864,000톤의 폭탄들이 롤링썬더작전 동안에 북베트남에 투하되었다.[29] 그런가 하면 미국의 경우 506대의 공군기, 397대의 해군기, 19대의 해병대기가 손실을 당했으며, 작전 동안에 745명의 승무원들이 격추를 당해 255명이 사망했다.

결과적으로 롤링썬더작전이 실패로 끝난 것은 두 가지의 이유 때문이었다. 첫째, 민간 정책입안자들이나 군이나 할 것 없이 북베트남이 인내할 수 있는 수준에 대해 과소평가했다. 특히, 민간인들은 자신들이 추구하는 정책들이 바람직한 항공력 운용을 심각히 제약할 수 있다는 점을 제대로 파악하지 못했을 정도로 항공력에 대해 적절히 이해하지 못했다. 그런가 하면 군은 초기에 당면한 분쟁에 적합한 전략을 제안, 발전, 수정시키지 못했다.

평화협상을 위한 미국의 시도에도 불구하고 롤링썬더작전이 중단된 이후에 북베트남은 공세를 남쪽으로 확대하였다. 그런 가운데 1969년 1월에 새로이 대통령으로 취임한 닉슨(Richard Milhous Nixon) 대통령은 베트남전에 관한 전략을 수정할 필요성을 느꼈다. 그 일환으로 1973년 5월 10일에는 새로운 항공차단작전인 라인베커 I(*Linebacker* I) 작전이 개시되었다. 라인베커 I 작전은 철도교량들과 주요 보급물자집적지역들, 그리고 철도조차장들을 주요 표적으로 삼아 파괴함으로써 북베트남을 그 외부적인 보급원으로부터 고립시키고, 저장 및 환승 지점들을 파괴하며, 북베트남의 방공체계들을 파괴하거나 적어도 그것들에 손상을 가하는 것을 목표로 했다. 제7공군(The Seventh Air Force)과 제77기동전단(Task Force 77)의 전술전투항공기들이 북베트남에 대해 대규모적인 폭격작전을 감행하면서 작전은 개시되었다. 5월 말까지 하노이에서 중국 국경선 간의 철도노선상에 위치한 13개의 교량들이 파괴되었으며, 하노이와 하이퐁 간의 4개 교량들도 추가로

29) 상게서, p.303. 롤링썬더작전 기간 동안에 투하된 폭탄의 양은 한국전쟁기를 통틀어 투하된 653,000톤의 폭탄들과 태평양전쟁 동안에 미군에 의해 투하된 503,000톤에 비해 많은 것이었다.

파괴되었다. 그런가 하면, 비무장지대(DMZ)를 향하여 남쪽으로 향하는 몇 개의 교량들도 파괴되었다. 이는 남베트남의 전장에 직접적인 영향을 미쳐 5월 한 달 동안에 북베트남군(PAVN)의 포격횟수를 반감(半減)시키기도 했다.[30] 라인베커작전에서는 최초로 정밀유도무기들이 광범위하게 사용되어 전자광학 및 레이저유도 폭탄들이 실전에서 선보였다. 라인베커작전은 정밀유도무기가 항공력이 운용되는 방식을 바꿔놓았던 최초의 현대적 항공전역으로서, 항공전의 역사에 있어 하나의 분수령이었다.

라인베커작전 동안에는 적 방공체계들에 대한 체계적인 공격도 이루어졌다. 약 200대의 요격기들을 보유하고 있던 북베트남공군은 그러한 공격에 강력하게 대항했지만 훈련상태가 우수했던 미 해군의 조종사들은 5~6월 동안에 살상률(kill ration)에 있어 6:1 정도의 우세를 유지했다.[31] 그런가 하면, 공군은 작전이 개시된 첫 두 달 동안에 1:1의 격추율을 경험했다. 공군의 조종사들은 낡은 전투대형 — 예를 들어 '플루이드 포(fluid four) 대형'[32] — 을 사용하고 미흡한 공중전투훈련과 초기 조기경보체계에 존재하는 결함 등으로 인해 효과적인 작전수행에 곤란을 겪었다. 그러나 8월에 들어 실시간 조기경보체계들이 도입되고, 승무원들의 전투경험이 증가하며, 북베트남의 지상통제요격 능력이 저하되면서 살상률은 미 공군에 유리하게 변화되었다.

남베트남에서의 공세의 부진과 라인베커작전에 의한 북베트남의 황폐화

---

30) 그러나 이러한 감소는 폭격으로 인해 당장 포탄이 부족해져서가 아니라 폭격으로 인해 발생한 보급차질을 고려해볼 때 기존 포탄의 보유량을 가능한 한 보존하고자 하는 의도에서 이루어진 것이었다.

31) John Morocco, *Rain of Fire: Air War, 1969-1973* (Boston: Boston Publishing Company, 1985), p.144.

32) 2대의 항공기가 한 쌍을 이루어 비행하는 대형으로, 두 대의 전투기들이 전면에서 300야드 정도가 이격된 채 비행하고 그 측면으로 2,000~3,000야드, 후방으로 600야드, 그리고 1,000야드 상공에서 두 대의 또 다른 전투기들이 비행을 하는 대형이다. 이 대형은 통상적인 Finger-Four 대형보다는 유연하지만, 이 대형에서는 리더에 해당하는 항공기들만이 사격을 할 수 있고 바깥쪽의 항공기들은 취약해지게 되는 단점이 있었다.

는 북베트남으로 하여금 8월 초에 협상테이블로 복귀하도록 설득하는 데 도움을 주었다. 북베트남은 보다 적극적으로 협상에 임할 것을 약속했으며, 남베트남의 대통령이었던 구엔 반 티우(Nguyen Van Thieu)를 축출하고 민족해방전선(National Liberation Front)이 참여하는 연립정부가 이를 대체하도록 하라는 요구도 철회했다. 이에 따라 닉슨 대통령은 10월 23일에 20도선 이북에 대한 모든 폭격을 중지시켰다. 이는 다시 한 번 하노이와 하이퐁을 공격금지구역으로 설정하게 만드는 것이었으며, 이로써 라인베커작전도 중단되게 되었다.

라인베커작전은 긴요한 보급원들을 고갈시킴으로써 북베트남의 공세가 무디어지게 하는 데 결정적인 역할을 수행했다. 9월에 이르면 북베트남으로 유입되는 물자들은 5월에 비해 35~50% 감소되었다. 4개월 동안에 라인베커작전은 롤링썬더작전이 3년 반의 기간 동안에 걸쳐 달성했던 것들보다 중요한 군사적 성과를 달성할 수 있었다. 이처럼 라인베커작전이 상대적으로 성공적으로 수행될 수 있었던 것은 몇 가지의 사유에 기인한 것이었다. 우선, 베트남 문제에 대응하는 데 있어 닉슨 대통령은 전임이었던 존슨 대통령에 비해 상대적으로 단호했다. 이는 항공력이 공세적, 탈(脫)전술적으로 운용될 수 있는 가능성을 상당 정도 증가시켜주는 것이었다. 둘째, 롤링썬더작전의 경우에 비해 군은 표적을 선정하는 데 있어 상대적으로 확대된 재량권을 행사할 수 있었다. 셋째, 정밀유도무기와 같은 군사기술의 발전은 폭격전역의 새로운 시대를 열 수 있는 물리적 기반을 제공했다.

그러나 평화안 체결이 임박했다는 기대는 그리 쉽게 현실화되지 못했다. 1972년 10월 8일에 파리에서 개최되었던 회담으로부터 시작되었던 평화협상은 이렇다 할 성과를 달성하지 못하고 12월 16일에 결국 파국을 맞고 말았다. 12월 14일에 파리에서 돌아온 키신저(Henry Alfred Kissinger) 국가안보보좌관은 북베트남에 최후통첩을 보내고 북베트남이 72시간 내에 휴전협상 테이블로 복귀하지 않을 경우 "심각한 결과들"이 초래될 것임을 위협했다. 바로 그날 미 합참은 공군에게 새로운 폭격전역을 계획하기 시작하도록 지시했다. 기한이 경과된 이틀 후인 12월 18일에 미군은 하노이를 다시금 폭격하기 시작했다. 라인베커 II(*Linebacker* II) 작전으로 명명된 이 폭격전역에서는 전술항공기들보다는 B-52기들이 집중적으로 투입되는 것으로 계획되었다. 이는 북베트남 내의 몬순기후가 전술 전폭기들에 의한 육안 식별 폭격을 어렵게 만들 것으로 예상되었기 때문이었다.[33)]

전략공군사령부(Strategic Air Command)에 의해 마련된 작전계획은 폭격기들이 야간에 3파(波)에 걸쳐 하노이를 향해 접근해갈 것을 계획했다. 제1파의 표적들은 켑(Kep), 푹 옌(Phuc Yen), 호아락(Hoa Lac) 등지에 위치한 북베트남의 비행장들과 옌 비엔(Yen Vien)에 소재한 창고단지들이었다. 반면에 2파 및 3파는 하노이 자체 부근에 위치한 표적들을 표적으로 삼았다. 이러한 공격에 대해 북베트남군은 SAM을 집중적으로 운용하여 저항했다. 전날 야간에 가해졌던 것과 유사한 공격들이 반복되면서 북베트남의 방공전력은 타격의 패턴을 예견할 수 있게 되었으며, 표적이 되는 지역들에 미사일들을 집중적으로 배치하여 운용함으로써 B-52기들을 비롯한 미군의 공세전력에 상당한 손실을 유발시켰다. 그럼에도 불구하고 폭격기들은 철도, 물자집적지역, 화력발전소, 창고단지, 석유생산품 저장지역 등을 표적으로 삼아 계속해서 공격을 가했으며, 12월 23일경에는 SAM 사이트들과 비행장들이 표적목록에 추가되었다. 북베트남의 방공체계는 공세에 투입되는 항공기들의 수(數)와 전폭기들에 의해 투하된 많은 양의 레이더교란용 금속 파편(chaff)들에 의해 압도되기 시작했다. 결국, 12월 26일에 북베트남은 협상테이블로의 복귀할 의사를 미국 측에 전달했으며, 29일에 닉슨은 20도선 이북에 대한 항공작전을 중지시켰다.

라인베커 II 작전 동안에 B-52들은 북베트남을 폭격하기 위해 총 741 소티를 출격하여 그중 729 소티의 임무를 실제적으로 완결지었다. 18개의 산업적 표적들과 14개의 군사적 표적들에 대해 15,237톤의 폭탄들이 투하되었으며, 전폭기들도 추가로 5,000톤의 폭탄들을 투하했다.[34)] 10대의

---

33) B-52기들에는 자체적인 레이더폭탄항법체계(Radar Bomb Navigation System)가 장착되어 있었다.

B-52가 북베트남 상공에서 격추되었으며, 추가로 5대가 라오스(Laos) 등지에서 손상을 당하거나 충돌했다. 33명의 B-52 승무원들이 임무 중 사망하거나 실종되었으며, 33명은 포로가 되었다.

베트남전은 미국이 전술적으로는 성공하였지만 전략적으로는 실패했던 전쟁으로 평가된다. 미국은 점진주의적 전략을 유지함으로써 전략적인 실패를 야기했으며, 이는 항공력의 공세적, 전략적 역량을 적절히 활용하는 데 있어서의 실패로 이어졌다. 그런가 하면 확전 가능성에 대한 염려로 인해 전쟁수행의 최종목표를 '전쟁에서의 승리'에 두지 않고 '의지전달'이나 '평화협상 성사'에 둔 것도 항공력의 공세적이고도 지속적인 운용으로 누적적인 효과를 달성하지 못하도록 하는 결과를 초래했다. 두 차례의 라인베커작전들이 소기의 성과를 달성하는 데 성공했음에도 불구하고 결국 항공력은 정치적인 양보를 얻어내기 위한 '지원적 요소'의 수준에서만 활용됨으로써 그 잠재성을 온전히 발휘할 수 있는 가능성은 원천적으로 제약될 수밖에 없었다. 항공력에 대한 '중앙집권적 지휘통제 및 분권적 임무수행'의 원칙이 제대로 지켜지지 못한 것도 베트남전 시 항공력 운용에 있어 제약요소로 기능했다. 항공작전에 대한 통제권은 주베트남 미군지원사령부와 태평양사령부, 그리고 제7공군사령부 간에 분산되어 있었으며, B-52전력에 대한 지휘통제권은 전략공군사령부가 보유함으로써 항공력 운용상의 융통성을 제약했다. 무엇보다도 베트남전의 항공전역은 게릴라전과 같은 비정규전 수행에 있어서의 항공력의 역할에 대한 근본적인 물음을 제기했다.

---

34) Earl H. Tilford, *Setup: What the Air Force Did in Vietnam and Why* (Maxwell Air Force Base AL: Air University Press, 1991), p.263.

VI. 제3차 중동전(6일전쟁, 1967.6.5~6.10)

1967년 6월 5일에 이스라엘은 이집트와 시리아의 비행장들에 대한 기습적인 공중공격을 감행했다. 이는 제3차 중동전 또는 '6일전쟁(Six-Day War)'의 시작을 의미하는 것이었다. 6일전쟁은 다양한 상황들과 사태의 발전들이 결합되어 나타난 누적적인 결과였다. 특히 1950년대 중반부터 미국과 소련이 중동에서 발생하는 일들에 점점 더 적극적으로 개입해온 결과 전쟁 발발 직전에 중동은 이미 냉전적 충돌의 중요한 일부가 되어 있었다. 이는 이스라엘과 아랍국가들 간의 군비경쟁이 급속하게 격화되어가는 결과로 이어졌다. 특히 분쟁해결을 위해 항공력을 점점 더 대규모적으로 사용하게 되면서 이스라엘과 그 인접국가들 간의 관계들은 더욱 악화되었다. 실제로 이스라엘이 아랍국가들과의 사이에서 발생한 다양한 문제들을 해결하기 위해 자국이 점한 상당한 공중우세를 적극적으로 활용하고자 했던 사실은, 6일전쟁이 발발하게 되는 토대를 제공하기도 했다. 특히 국경지역의 이스라엘인 정착지들에 대한 시리아의 포격에 대한 대응으로 1964년 4월 7일에 이스라엘이 시리아 공역(空域)의 깊숙한 곳에까지 공중공격을 감행하여 6대의 시리아 미그기들(MIGs)을 격추시킨 사건은, 이스라엘-아랍의 문제가 급격히 악화되도록 만들었다.[35]

이스라엘은 선제공격을 통해 전쟁을 개시하여 전쟁의 주도권을 지속적으로 장악함으로써 신속한 군사적 승리의 달성을 꾀했다. 우선적으로 이스라엘 공군은 이집트 공군에 대해 기습적인 선제공격을 감행했다. 당시에 이집트는 대략 420대의 전투항공기들로 구성된 아랍에서 가장 대규모적이고 현대적인 항공전력을 보유하고 있었다. 오전 7시 45분(이집트의 경우 8시 45분)에 포커스작전(Operation Focus)을 수행하기 위해 이스라엘 전투기 제1파가 9개의 이집트 공군 비행장을 공격했다.[36] 그 뒤 10분 간격으로 제2

35) Moshe Gat, "On the Use of Air Power and Its Effect on the Outbreak of the Six Day War," *Journal of Military History,* 68(October 2004), pp.1188-1189.

파 및 제3파 공격이 이루어졌다. 방공(防空)을 위한 이집트의 하부구조는 극도로 형편없는 상태였으며, 이집트의 비행장들은 아직 이스라엘의 공격으로부터 항공기들을 보호할 수 있는 보호시설들을 갖추지 못한 상태였다. 이스라엘의 항공기들은 이집트의 레이더 추적을 회피하기 위해 지중해나 홍해로 일단 기수를 향한 뒤 이집트를 향해 방향을 바꿔 초저고도로 비행했다. 그들이 유지했던 고도는 이집트의 SA-2 지대공미사일이 항공기를 격추시킬 수 있는 최저고도보다도 훨씬 낮은 것이었다. 이스라엘의 항공기들은 이집트의 항공기들에 대해 폭격과 기총사격을 하는가 하면, 활주로에도 폭격을 가해 손상을 입지 않은 항공기들도 이륙하지 못하도록 만들었다. 그러한 기습적인 공격은 기대했던 것보다도 성공적이었으며, 300대 이상의 이집트 항공기들을 파괴시킴으로써 사실상 이집트 공군 전체를 궤멸시켰다.[37] 이로써 이스라엘 공군은 전쟁의 나머지 기간 동안에도 확실한 공중우세를 점할 수 있었다.

전쟁 발발 전에 이스라엘 공군의 조종사들과 지상요원들은 복귀 후 신속하게 재출격하는 훈련을 광범위하게 수행했었다. 이를 통해 이스라엘의 항공기들은 하루 4차례까지 출격할 수 있었다. 이는 이스라엘 공군으로 하여금 개전 첫 날에만 해도 이집트의 비행장들을 공격하기 위해 몇 차례의 공격파(波)를 투입할 수 있도록 해주었으며, 아랍인들로 하여금 이스라엘 공군이 타국 항공전력들로부터의 지원을 받고 있다고 믿도록 하는 데도 기여했다.

이스라엘 공군의 공격은 요르단, 시리아, 이라크의 비행장들에 대해서도 가해졌다. 이로써 공격 첫 날 저녁까지 이들의 공군 전력도 사실상 궤멸당했다. 이스라엘은 이틀 동안의 공격으로 416대의 아랍항공기들을 파괴했다고 주장했다. 거의 압도적인 공중우세하에서 이스라엘의 항공기들은 전쟁

36) MiG 전투기들이 전개되어 있지는 않았던 시나이 소재의 4개의 이집트 비행장들(El Arish, As Sirr, Bir Gafgafa, Bir Thmad)도 이스라엘에 인접해 있는 관계로 제1파의 표적들에 포함되었다.

37) 이스라엘 공군에는 19대의 항공기 손실이 발생했는데, 이는 대부분 기체결함이나 사고 등에 의한 것이었다.

내내 아랍비행장들의 활주로들을 공격해 재가동되는 것을 원천적으로 불가능하게 했다. 그런가 하면 이스라엘 공군의 항공기들은 아랍의 지상전력을 파괴하는 데도 결정적으로 기여했다. 일방적인 공중우세하에서 이스라엘은 운용가능한 모든 항공기들을 투입하여 지상전을 지원하였으며, 여기에는 훈련용 항공기들도 포함되었다. 특히, 시나이, 골란고원(Golan Heights), 요르단의 계곡 등지에서 이스라엘을 위협하고 있던 아랍의 지상전력들에 대한 집중적인 공중공격이 이어졌다. 전진배치된 아랍의 기갑부대들과 포대들이 주요한 표적들이 되었으며, 항공차단작전이 전개되기도 했다. 그 결과 이스라엘의 지상전력은 이렇다 할 적의 저항에 직면하지 않고 진격을 계속할 수 있었다. 개전 이틀째 되는 날부터 이스라엘의 지상군은 아랍의 영토들을 점령하기 시작했다. 우선, 가자지대(Gaza Strip)와 시나이의 아부 아웨이길라(Abu Aweigila)가 점령되었고, 웨스트뱅크(West Bank) 지역에 있는 마운트 스코퍼스(Mount Scopus)와 예루살렘 북쪽의 교외지역도 점령되었다.

개전 후 3일째 되는 6월 7일 동안에 이스라엘 공군은 시나이에서 이집트의 기갑엄호부대들과 차량들에 대해 공격을 지속했다. 그런가 하면 퇴각하는 이집트 대열의 통로를 차단하기도 했다. 요르단 전선에서도 방어 중인 요르단의 기갑부대들에 대해 공중공격이 진행되었다. 전쟁 4일째인 6월 8일에는 요르단이 정전에 동의함에 따라 3면으로 분산되어 운용되고 있던 항공력은 보다 집중적인 운용이 가능해지게 되었다. 시나이에서 공군은 주요 도로들을 차단하여 전장지역을 봉쇄하는 역할을 수행했으며, 그와 동시에 기갑전을 수행하고 있던 이스라엘 지상군을 지원하고 분산되어 있는 이집트의 부대들에 대해 지속적으로 공격했다. 시리아군의 진지화로 인해 공군이 타격해야 할 표적들이 많이 남아 있었던 북부 골란지역에도 정전이 체결될 때까지 맹렬한 공습이 이어졌다. 6월 10일에 이스라엘이 골란고원에서의 마지막 공세를 완결지은 후에 정전이 체결되었으며, 이스라엘은 이 '6일전쟁'을 통해 가자지대, 시나이반도, 요르단강 서안(西岸), 골란고원 등지를 장악하게 되었다.

'6일전쟁'은 항공력의 공세적인 운용과 공중우세 달성의 중요성을 극적으로 보여준 역사적 사례이었다. 6일 만에 전쟁이 종결되는 데 있어 항공력의 역할은 그야말로 결정적이었다. 이스라엘의 승리는 질적(質的)으로 우세한 군사력과 공세적인 교리가 결합되어 만들어진 결과였다. 무엇보다도 항공력을 공세적, 기습적으로 운용하여 아랍의 항공력을 파괴함으로써 거의 완벽한 공중우세를 달성했던 것이 후속 지상작전들에게 자유를 보장해주고 나아가 전쟁을 조기에 승리로 이끄는 데 결정적으로 기여했다. 이스라엘은 항공력을 공세적, 기습적, 집중적, 독립적으로 사용하였다. 그럼으로써 최단 기간 내에 전쟁을 승전으로 종결짓고 국가의 생존을 보장할 수 있었다. '6일전쟁'은 항공력이 정치적인 목적을 달성하기 위한 최적의 수단으로서의 항공력의 가치를 입증해준 것으로 사례로 평가된다.

VII. 걸프전(1991.1.17~2.28)

군사분석가들과 역사가들은 걸프전의 수행에 있어 항공력이 했던 결정적인 역할에 대해 대부분 동의한다. 항공우주력의 중요성을 역설해온 리챠드 할리온(Richard Hallion)은 다소 대범하게 얘기하자면 '항공력이 걸프전에서 이기게 했다'고 주장하기까지 했다.[38] 걸프전에서의 항공전역은 1991년 1월 17일에 광범위한 공중폭격전역과 함께 시작된 '사막의 폭풍작전(Operation Desert Storm)'으로 대변된다. 공세적인 항공전역을 기획하면서 공군은 베트남전 시의 장기간에 걸친 점진주의적 접근법과는 대조되는 '인스탄트 썬더(Instant Thunder)'의 개념에 기초했다. 인스탄트 썬더는 한 주 내에 이라크에 있는 84개의 전략적 표적들을 파괴하고자 했다. 모든 계획이 원만히 진행되었을 경우에 공중공격은 이라크의 지휘부를 마비시키고

38) Richard P. Hallion, *Storm over Iraq: Air Power and the Gulf War* (Washington: Smithsonian Institution Press, 1992), p.2.

그들의 군사적인 역량을 저하시키며, 그들의 전쟁수행의지도 무력화할 것이었다.[39]

'인스탄트 썬더'의 개념이 구체화된 '사막의 폭풍작전'은 이라크의 '전략적 중심(Centers of Gravity)'을 파괴하여 전쟁수행능력을 조기에 파괴할 목적으로 4단계로 기획되었다. 제1단계는 전략적 항공전역을 수행하는 단계로서, 항공력을 이용하여 최단기간 내에 공중우세를 획득한 후에 이라크의 전략적 중심을 파괴함으로써 이라크의 전쟁지휘부와 지휘통제체계를 마비시키고자 했다.

제2단계에서는 쿠웨이트 작전전구에 위치한 이라크의 지상기반 방공전력을 제압하거나 제거하고, 제3단계에서는 쿠웨이트 작전전구 내에 배치된 이라크 지상전력들에 대해 직접적인 공격을 가하고자 했다. 이러한 항공전역이 있고난 뒤인 제4단계에 이르러 지상공격과 공중공격, 그리고 해상에서의 포격을 결합시켜 지상전역을 수행함으로써 쿠웨이트를 해방시킬 수 있을 것으로 기대되었다.[40] 존 와든(John Warden)의 5개 동심원 이론은 '사막의 폭풍작전'의 단계별 목표들과 그것들을 달성하기 위해 타격해야 할 표적들을 선정하는 데 있어 핵심적인 기반이 되었다.

와든이 이끄는 공군의 기획단(Checkmate)은 전략적 표적들을 다음과 같이 구분해 놓았다.

- 리더십 - 사담 후세인(Saddam Hussein)의 지휘 및 통신 설비
- 핵심 생산품 - 전기, 정유, 석유정제품, NBC(핵 및 생화학)무기 등

---

39) Department of Defense, *Conduct of the Persian Gulf War: Final Report to Congress, Chapters I through VIII* (April 1992), p.121.

40) *Ibid.*, p.118.

- 국가기반시설 - 철도, 항만, 교량
- 야전군사력 - 방공망, 해상전력, 장거리 전투항공기, 미사일, 비행장[41]

이 계획에 의거하여 1월 17일 01시 30분경에 미군의 군함들이 토마호크 지상공격미사일(Tomahawk Land Attack Missile)들을 바그다드를 향해 발사하면서 본격적인 작전은 개시되었다. 02시 38분에는 헬리콥터들이 남부 이라크의 조기경보레이더 사이트들을 공격했다. 스텔스전투기들은 이미 그 사이트들을 지나 서부 이라크와 바그다드에 위치한 표적들을 공격하기 위해 비행하고 있었다. 헬리콥터들과 F-117A, 순항미사일, F-15E, GR-1 토네이도 전폭기들의 공격은 이라크의 레이더들이 감당할 수 있는 범위와 지휘통제망에 손상을 가하였으며, 이는 비(非)스텔스 항공기들이 작전을 수행할 수 있는 물리적 여건을 마련해주었다. 지속적으로 가해지는 강력한 공중타격들로 몇 시간 내에 이라크의 주요 지휘부와 지휘통제망, 전략방공체계, NBC전 능력들이 무력화되었다. 쿠웨이트 작전전구 내의 이라크 전력들에 대한 공중공격도 개시되어 그들의 전투능력을 꾸준히 감소시키고 그들로 하여금 집중하거나 이동하기 어렵도록 만들었다. 수백 대의 다국적작전 항공기들은 계속해서 이라크와 쿠웨이트 작전전구에 있는 전략적 표적들을 지속적으로 파괴했다. 스커드(Scud)미사일에 의한 공격을 제압하는 것은 기대했던 것보다 훨씬 더 어렵다는 점이 입증되고 정보의 한계로 인해 이라크의 핵시설들을 파괴하는 것도 완결시키지는 못했다. 그러나 항공전역은 기상악화로 인한 어려움 속에서도 사실상의 공중제패(air supremacy)를 달성하고 주요한 목표들을 달성하는 데 성공할 수 있었다.

'사막의 폭풍작전'의 제2단계 동안에는 쿠웨이트 작전전구 내의 다국적군 항공기들을 위협하는 이라크의 지대공미사일(SAM)체계들과 대(大)구경 대공포(AAA)들에 대한 무력화 또는 파괴가 모색되었다. 걸프전 항공전이 개시됨과 동시에 시작되었던 적방공망제압(Suppression of Enemy Air Defenses:

41) *Ibid.*, p.122.

SEAD)[42]작전은 적의 방공무기들뿐만이 아니라 그것들을 연결시키는 지휘통제본부들에 대해서도 공격을 가했다. 화력통제체계와 표적추적레이더들도 정상가동이 불가능한 상태가 되었다. 그럼으로써 중고도 및 고고도 비행안전구역이 형성되어 다국적군의 항공기들이 쿠웨이트 작전전구 내에서 일정 정도의 안전성이 보장된 가운데 작전을 수행할 수 있게 되었다. 이러한 제2단계의 작전을 수행하는 데 있어 다국적군의 전자전(Electronic Warfare: EW) 항공기들이 수행했던 역할은 매우 중요했다. 그것들은 적극적인 재밍(jamming)과 대(對)레이더미사일(antiradiation missile) 발사 등을 통해 적의 무기체계들을 파괴하거나 그것들로 하여금 비효과적이게 되도록 만들었다. 그런가 하면 전쟁 내내 지속한 적방공망제압(SEAD) 활동은, 타격항공기들이 쿠웨이트 작전전구 내의 적의 병력과 병기들에게 공중공격을 가할 수 있는 물리적 환경을 조성해주었다.

쿠웨이트 작전전구 내의 이라크 전력들에 대한 직접적인 공중공격도 종전 시까지 지속되었다. 2월 초에 들어 다국적군 항공력의 작전상의 초점은 이라크에서 전략적인 작전들을 수행하는 것으로부터 쿠웨이트 작전전구 내의 지상전력들을 공격하는 것으로 전이되었다. 그러한 공중공격에 저항하는 것은 거의 불가능했다. 이와 더불어 수행된 보급로와 전구 내 병참수송체계에 대한 직접적인 공격은 쿠웨이트에 전개된 이라크의 야전전력들 내에서 중대한 식량부족 상황을 유발했다.[43]

42) 현재, 공군을 비롯한 군에서는 '대공제압'으로 번역하고 있으나 SEAD는 단지 적 대공포 전력을 제압하는 것에 국한되지 않고 적의 방공망 전반을 제압하는 보다 광범위한 의미를 가지고 있으므로 여기서는 '적방공망제압'으로 표현한다.

43) 다국적군 전력들로부터 보다 멀리 떨어져 있던 공화국수비대와 다른 우선순위가 높

다국적군의 항공기들은 정밀유도무기들을 사용하는 혁신적인 전술을 적용하여 이라크의 기갑전력들을 공격했다. 이로 말미암아 지상공세가 시작될 시점에 이르면 쿠웨이트 작전전구 내에 배치된 다수의 이라크 탱크들과 다른 장갑차량 및 포들이 이미 공중공격으로 인해 파괴된 상태에 놓여 있게 되었다.[44] 그런가 하면 다국적군의 공중공격으로 인해 작전지휘센터들과 통신체계들이 파괴됨으로 말미암아 이라크군은 효과적인 지휘 및 통제를 할 수 없게 되었으며, 이는 다국적군이 신속하고도 효과적인 공세적 지상전역을 준비하는 데 도움을 주었다. 이라크군이 알 카프지(Al-Khafji)에서 공세적인 지상작전을 시도했을 때 다국적군의 항공력은 이에 신속하게 대응하여 지상전력이 초기의 공세를 좌절시키는 데 도움을 주었다. 동시에 항공력은 이라크의 지상전력들이 전투를 위해 집중하는 것을 차단하기도 했다.

다국적군의 지상전력이 이라크군의 저항에 직면했을 때 항공력은 다시금 적을 공격하고 다국적군의 손실을 최소화하기 위해 투입되었다. 이는 종종 항공기들로 하여금 표적들을 식별하고 공격하기 위해 저고도비행을 하도록 만들었는데, 전쟁의 후반기 동안에 발생했던 다국적군 항공전력의 손실들 중 대부분은 이처럼 지상전력을 직접적으로 지원하다 발생한 것이었다. 전쟁의 마지막 국면 동안에 다국적군이 사상자 발생을 최소화하면서 전쟁을 신속하게 종결지을 수 있었던 것은 강력한 공·지 전력 간 긴밀한 협력이 발생시킨 시너지효과를 특징적으로 보여주는 것이었다.[45]

걸프전에서의 항공력의 역할에 대해서는 다양한 평가가 존재한다. 일부는 걸프전의 항공전역이 '결국에는 두헤(Douhet)의 주장이 옳았음을 입증했다'고 평가했으며, 다른 일부는 걸프전을 이례적인 사례로 국한시키기도

은 부대들의 경우에는 후방보급소들에 보다 가깝게 위치하고 있어 전선의 전력들에 비해 보급상태가 양호했다.

44) 육군구성군중앙사령부(Army Component Central Command: ARCENT)의 판단에 기초한 것이나 실제로 이라크의 기갑전력이 입은 손실의 규모에 대해서는 논쟁의 소재가 되고 있다.

45) *Conduct of the Persian Gulf War,* pp.118-120.

했다. 그런가 하면 또 다른 이들은 이라크전에서의 항공력의 전략적 역할을 평가절하하고 '항공력에 의한 승리'의 사례로서의 걸프전에 대해 인정하기를 거부했다.[46] 특히, 그린피스(Greenpeace)의 분석가인 윌리엄 아킨(William M. Arkin)은 이라크 지상군이 쿠웨이트 작전전구 내에서 수행된 대대적인 전술폭격에 의해 대부분 사기가 저하되고 패배에까지 이르게 되었기 때문에 전략적인 항공전역은 그다지 필요하지 않았다고 주장했다. 한편, 국제적으로 알려진 전략가이자 군사기술분석가인 노먼 프리드먼(Norman Friedman)은 전략적 항공전이 전쟁의 결과에 이렇다 할 차이를 가져다주지 못했으며, 그 목표를 달성하는 데도 대체로 실패했다고 평가했다.[47]

한편, 항공력이 다국적군의 승리에 중요한 역할을 하기는 했지만 걸프전에서의 항공력의 역할은 전반적으로 과장되거나 오해되어 왔다고 주장되기도 했다. 다트무스대학(Dartmouth College)의 다일 프레스(Daryl G. Press) 교수는 다음과 같은 두 가지의 맥락에서 항공력의 역할이 결정적이지 못했음을 지적했다.

> 첫째, 항공력은 이라크 지상전력을 무력화하지 못했다. 항공전역이 종결되는 시점에서 이라크의 지상전력은 여전히 기동할 수 있었으며, 그들은 여전히 C3I, 보급물자, 병력, 싸우고자 하는 사기를 보유하고 있었다.
>
> 둘째, 6주간의 항공전역은 미국의 전력으로 하여금 지상전이 "용이해지도록" 만들어주는 데 필요한 역할을 수행해주지 못했다. 증거들은 항공전역의 존재 여부에 관계없이 다국적군의 지상공격은 역사적인 규모의 이라크 전력의 참패를 초래했을 것임을 시사한다. 항공력은 다국적군의 노력에 기여하기는 했지만 그것은 매우 일방적인 승리를 가져올 수 있을 만큼 충분하지도 않았고 그러기 위해 필요하지도 않았다.[48]

---

46) 걸프전에서의 항공력의 역할에 대한 다양한 시각에 대해서는 James A. Winnefeld 외, 홍성표 역, 『걸프전 항공전역 분석』(해든아침, 2007), pp.340-345를 참조할 것.

47) *Ibid.*, pp.119-121.

48) Daryl G. Press, "The Myth of Air Power in the Persian Gulf War and the Future

걸프전에서의 항공력의 역할에 대한 이와 같은 다양한 시각에도 불구하고 걸프전에서 다국적군이 승리를 거두는 데 있어 항공력이 중추적인 역할을 했음에는 이론의 여지가 없다. 초기 항공사상가들이 상정했던 '항공력에 의한 승리'의 수준에는 미치지 못한다고 할지라도 전쟁 전반에 대한 항공력의 기여는 매우 두드러졌다. 걸프전의 항공전역은 항공력을 전략적, 공세적, 집중적, 누적적으로 활용할 수 있는 전역기획이 조기에 승전을 달성하는 데 있어 반드시 필요하다는 점을 역설해 주었다. 아울러 걸프전은 공중우세의 조기 달성과 항공(우주)작전에 대한 중앙집권적 지휘통제의 거의 절대적인 필요성을 다시금 여실히 보여주기도 했다. 그와 동시에 걸프전은 '전쟁 전반에 대한 기획'의 맥락에서 항공, 지상, 해상에서의 각각의 전역이 상호 유기적으로 기획되어야 할 필요성을 강조해 주었다. 아울러 항공력과 기타 전력 간의 관계에 대한 올바른 이해가 건전한 외교정책 결정이나 군사기획을 가능하게 해주고 미래의 보다 불확실하고 다양한 도전들에 융통성 있게 대응할 수 있는 전력구조를 형성할 수 있도록 해줄 것임을 시사하고 있다.

VIII. 코소보(Kosovo)전(1999.3.24~6.9)

1999년 3월 24일에 미국을 주축으로 하는 북대서양조약기구(NATO)군의 공습으로 시작된 코소보전쟁은 기본적으로는 밀로셰비치(Slobodan Milosevic)에 의한 '인종청소'의 대상이 되고 있던 알바니아계 주민들을 인도주의적인 차원에서 보호하고 평화를 유지하기 위한 목적으로 수행된 전쟁이었다. NATO군은 6월 10일까지 1,000여 대의 항공기들을 동원하여 폭격을 가하는 '동맹군작전(Operation Allied Force)'을 수행하였다.[49] '동맹군작전'은 코

of Warfare," *International Security,* vol.26, no.2(Fall 2001), p.7.

소보에서의 모든 군사적 행위와 탄압을 중단시키고, 세르비아의 모든 전력들을 코소보로부터 철수시키며, 코소보에 국제적인 평화유지전력이 주둔하는 것에 대한 동의를 강제하며, 모든 난민의 무조건적이고 안전한 귀환을 보장하는 등의 목표하에서 진행되었다.

78일 동안의 작전기간 동안에 NATO의 항공기들은 38,000회 이상의 전투출격을 수행했다. 공습 초기에 NATO군은 세르비아의 요격기들을 공중에서 격추시키고, 지상에서는 공군기지와 방공체계를 전체적 또는 부분적으로 파괴하여 조기에 공중우세를 달성하였다. 그런 가운데 고(高)수준 및 전략적 군사표적들에 대한 정밀한 공격을 통해 적의 지휘통제체계를 와해시키고, 코소보에 위치한 세르비아군의 군사적인 표적들과 증원전력에 대해서도 지속적으로 공격을 수행하였다.

그런가 하면 기대와는 달리 밀로셰비치가 NATO의 요구를 수용하기를 거부함에 따라 교량, 철도, 전력발전소, 통신기간시설 등과 같은 국가 및 산업기반시설에 대해서도 공중공격을 가해 유고슬라비아군의 지휘 및 통제, 재보급, 재편성 능력을 저하시키기도 했다. 이러한 지속적인 공격에 대응하여 세르비아군은 '인종청소'를 가속화했으며, 4월까지 85만 명가량의 민간인들－그 대부분은 알바니아인들이었다－이 인근의 알바니아나 마케도니아공화국으로 도피해야 했다. 그러나 항공력을 동원한 이러한 총체적인 공격으로 인해 밀로셰비치는 6월 10일에 NATO가 제시한 안(案)들을 수용하고 항복할 수밖에 없었다.

코소보전은 NATO군이 지상전력의 투입없이 항공력만을 가지고 비대칭적인 작전을 수행하여 개입의 정치적인 목표들을 달성한 사례로 평가되곤 한다. 또한 전쟁기간 중 사용된 전체 폭탄들 중 35%를 차지했던 정밀유도폭탄들의 광범위한 사용으로 당시까지의 역사상 가장 정밀한 공중공격을 수행했던 전쟁으로 인정된다.

---

49) 토마호크 순항미사일들도 광범위하게 사용되어 항공기, 군함, 잠수함들로부터 발사되었다.

그러나 일부의 주장처럼 코소보전이 지상전역의 수행을 배제하고 항공전역을 수행하는 것만으로 기획되어 진행된 것은 아니라는 점에 유의할 필요가 있다. 애초의 기대와는 달리 밀로셰비치가 NATO의 요구안에 따르기를 거부하였을 때 코소보로부터 유고슬라비아군을 축출하기 위한 지상전역이 기획되기 시작했으며, 실제로 전쟁의 종반부인 6월에 NATO군은 지상전역을 준비하고 있었다.

그런가 하면 최근의 연구들은 코소보전에서의 항공력의 결정적인 역할에 대한 기존의 이해에 중대한 도전을 가하고 있다. 그러한 연구들을 진행했던 이들 중에 혹자(或者)는 코소보전에서의 항공력의 사용은 밀로셰비치가 항복을 결심하는 데 있어 주요한 요소로 작용하기는 했지만, 그렇다 하더라도 그것은 많은 요소들 중에 하나에 지나지 않았음을 강조한다.[50] 한편, 다른 학자는 그보다는 한층 더 도전적인 입장에서 과연 코소보전에서 수행되었던 항공전이 애초에 표방했던 그 목표들을 달성했다고 볼 수 있는지에 대한 근본적인 물음을 제기하고, 궁극적으로는 코소보전에서의 항공전의 역할에 대한 기존의 이해를 한낱 '신화(myth)'에 지나지 않는 것으로 평가절하하기도 한다.[51]

50) 예를 들어, Daniel L. Byman & Matthew C. Waxman, "Kosovo and the Great Air Power Debate," *International Security,* vol.24, no.4(Spring 2000), pp.5-38을 참조할 것.

51) Grant T. Hammond, "Myths of the Air War over Serbia: Some Lessons Not to Learn," *Air and Space Journal* (Winter 2000), pp.78-86.

IX. 아프가니스탄(Afghanistan)전(2001.10.7~12.22)

9·11 테러에 대한 대응으로 2001년 10월 7일부터 시작된 아프가니스탄전은 알 카에다(Al-Qaeda)와 그들을 지원한 탈레반(Taliban) 정권에 대한 무력응징으로부터 시작하여 복잡한 대(對)반란 노력들로 그 성격이 변모되어 현재에도 진행 중에 있다. '항구적 자유작전(Operation Enduring Freedom)'으로 명명되었던 군사작전을 통해 미국과 영국을 비롯한 파병국들은 오사마 빈 라덴(Osama bin Laden)을 제거하고 탈레반 및 전쟁지도부를 격멸하며, 아프가니스탄을 기반으로 하는 테러조직들을 완전히 분쇄하고, 아프가니스탄 내에 친미(親美) 과도정부를 수립할 수 있는 여건을 조성하고자 했다. 이를 위해 군사작전은 여건 조성(Set Condition, 9월 14일~10월 6일) → 초기전투(Initial Combat, 10월 7일~11월 25일) → 결정적 작전(Decisive Operation, 11월 26일~12월 22일) → 안정화(Stabilization, 12월 23일~)의 4단계로 계획되었다.

항공작전은 제2단계에서 폭격기 및 순항미사일들을 활용한 원거리 정밀폭격으로 위주로 진행되고, 제3단계에서는 공중폭격에서 정찰임무로 전환된 가운데 항공작전이 지속되도록 계획되었다. 실제로 '항구적 자유작전'이 제2단계로 접어드는 10월 7일부터 3단계에 걸친 정밀타격이 수행되었다. 우선, 10월 7일부터 같은 달 15일까지 함정에서 발사된 토마호크 순항미사일들과 항모 항공기들, 그리고 폭격기들이 투입되어 기(旣) 계획된 표적들을 파괴하거나 마비시켰다. 표적들에는 비행장 및 방공시설, 탈레반의 항공기, 지휘통신 및 지원 시설, 지휘소, 국방부, 탈레반의 주요 거점 및 군사시설, 알 카에다 지휘부, 전차, 장갑차, 대공포, 연료 및 탄약 저장시설 등이 포함되었다.

항공작전을 개시한지 6일째까지 전폭기와 토마호크 미사일들은 방공시설, 지휘통제부, 통신시설 등을 타격하여 공중우세를 장악했다. 이를 바탕으로 10월 14일부터는 탈레반의 군사력을 직접적으로 정밀타격하기 시작했다. 또한 공습이 개시된 지 11일째부터 북부지역에 위치한 탈레반군 주둔지를 대상으로 집중적인 공격을 가해 북부동맹군을 지원했다. 이러한 78일간에 걸친 공중공격 기간 동안에 미군과 동맹군의 항공전력들은 B-1, B-2, B-52, F-15E, F-16, AC-130H/U 등의 항공기들 투입해 6,500개에 달하는 표적들에 대한 타격임무를 수행했다.

이 기간 중에 투하된 폭탄의 총수(總數)는 17,500발에 달했으며, 그것들 중의 57% 가량은 정밀유도무기들이었다. 정밀유도무기의 광범위한 사용으로 걸프전 시에는 하나의 표적에 10소티가량이 투입되어 하루 평균 3,000소티가 수행되었으나 아프가니스탄전에서는 1회의 출격으로 2개의 표적을 공격할 수 있게 되었다.[52] 12월 23일부터 항공전력은 공중폭격 임무에서 공중 정찰 및 지원 임무로 전환하여 안정화작전에 임했다.

공중폭격이나 감시 및 정찰 작전과 더불어 항공전력은 지상작전을 지원하는데도 광범위하게 투입되었다. 그것들은 특수부대의 신속한 기동 및 탈출을 지원하고 공중엄호를 제공하는 등 지상군 침투지원 임무를 수행했을 뿐만 아니라 BLU-82와 같은 연료기화 고성능폭탄을 사용해 교착된 전선을 돌파하는 데도 도움을 주었다. 아울러 탈레반 정권과 국민을 분리하여 그 지지기반을 약화시키기 위해 강력하게 수행된 심리전을 지원하기 위해 전단을 살포하는 등의 임무를 수행했을 뿐만 아니라 구호물자 및 비상식량을 투하하는 인도적 구호작전에도 광범위하게 참여했다.

아프가니스탄전은 걸프전과 코소보전에 이어 항공력의 가치가 재확인되는 계기였다. 특히 대부분 고산지대로 이루어진 아프가니스탄의 지형적 여건 속에서도 항공력이 달성했던 전과들은 산악지대 작전에서의 항공력의 효용성을 재인식시켜 주었다. 다양한 정보자산들을 활용한 정확한 표적정보의 제공은 정밀유도무기들이 그 효과를 극대화할 수 있는 물리적 기반을 제공했다. 아프가니스탄전에서는 전쟁의 전 국면에 걸쳐 다양한 정보감시정찰(ISR) 자산들이 고도별로 운용되었는데, 이러한 자산들은 표적을 확인·식별하여 이를 신속하게 전파함으로써 정밀타격전력에 의한 근(近)실시간 타

52) 합동참모본부, 『아프간전쟁 종합분석(항구적 자유 작전)』(2002), pp.38-44.

격이 가능해지도록 했던 것이다. 특히 광범위한 정보수집, 실시간 표적과 탈레반의 침투 확인, 알 카에다 은신처 수색 등에 광범위하게 활용된 다양한 무인기(無人機) 전력은 아프가니스탄전의 특징적인 면모였다.

미국의 대아프간전에서 작전 개시 2개월 반 만에 주요군사작전은 종료되고 과도정부가 수립(2001.12.22)되었으나 탈레반 재기 등으로 안정화작전은 계속되고 있다.

X. 이라크(Iraq)전(2003.3.20~5.1)

미국을 주축으로 하는 연합군이 2003년 3월 20일에 바그다드를 공격하면서 시작된 이라크전에서 연합군은 '악의 축(Axis of Evil)'으로 지목된 후세인 정권을 제거한 뒤 새로운 민주정부를 수립하고 대량살상무기(WMD)를 포함한 이라크의 완전한 무장해제를 전략적 목표로 내세웠다. 이를 위해 압도적으로 우세한 군사력을 이용하여 이라크군을 마비시킴으로써 조기에 전쟁을 종결시키는 개념의 전략이 수립되었다. 특히 전쟁 초기에 "충격과 공포(Shock and Awe)"를 유발하여 이라크군의 항전의지를 말살하고자 했다. 예상치 못한 시간과 장소에서 전쟁을 개시하여 이라크군의 전투의지에 충격을 가하고 심리적인 위축을 유발하며, 지속적인 공중타격을 통해 이라크군의 지휘통제체계를 파괴함으로써 마비효과를 달성하고자 했다. 이때 공군에게는 전쟁의 전 기간에 걸쳐 이라크의 전쟁지휘부와 지휘통제 시설 및 체계 등과 같은 핵심적인 표적들을 정밀유도무기들로 타격하고, 지상군 및 특수작전 부대들을 지원하며, 전자전을 수행하고 각종 정보를 수집하는 역할이 맡겨졌다.

'이라크 자유작전(Operation Iraqi Freedom)'으로 명명되었던 군사작전은 4단계로 구성되었던 아프가니스탄전과는 달리 전쟁준비(여건조성) → 결정적 작전 → 안정화작전의 3단계로 계획되었다. 특히, 핵심적인 국면인 제2

단계에서는 후세인을 제거하는 '참수(Decapitation)' 작전이 수행되고, 지상군을 조기에 투입하여 바그다드를 직접적으로 공략하며, 잔여세력들을 격멸하는 계획이 수립되었다.

이전의 항공전사(航空戰史)가 여실히 입증해주었듯이 원활한 군사작전 수행을 위한 선결요건은 공중우세(더 나아가 제공권)의 확보였다. 1990~91년의 걸프전 이후에 이라크 영공의 거의 60%에 달하는 지역에는 미국, 영국, 프랑스 등에 의해 비행금지구역(No-Fly Zones)이 설정되어 지속적인 감시의 대상이 되었다. 이로 인해 이라크공군의 훈련은 상당한 제한을 받을 수밖에 없었다. 게다가 1999년 1월에는 이라크가 무기사찰을 거부하고 방해한 대응조치로서 비행금지구역이 바그다드를 제외한 전 지역으로 확대되었다. 그런가 하면, '사막의 여우작전(Operation Desert Fox, 1999.12.17~20)' 동안에 이라크의 방공망은 사실상 무력화되었다. 그 이후부터 이라크전 발발 직전까지 공중폭격의 빈도와 강도는 점진적으로 증대되어 남·북부 비행금지구역 내 이라크 방공체계와 지대지미사일 기지 및 지휘통제체계가 무력화되었다.[53] 연합군은 전쟁 발발 전에 이미 사실상의 공중우세를 점한 가운데서 '이라크 자유작전'을 진행시킬 수 있었다.

연합군은 3단계로 항공작전을 전개했다. 제한공습의 단계인 제1단계에서 연합군은 B-1, B-2, B-52, F-15, F-117, 토마호크 미사일 등을 투입해 이라크의 지휘부를 제거하기 위해 선별된 표적들을 정밀 공습하는 '참수공격(Decapitation Attack)'을 수행했다.[54] 이러한 제한적 폭격에는 민간인의 피해를 최소화할 뿐만 아니라 이라크 지휘부와 이라크 병사들의 항전의지를 무력화하기 위한 심리전적인 의도가 내포되어 있었다. 공습의 대상에는 모술, 키르쿠크, 티그리트 지역들도 포함되었는데, 이는 이 지역들이 후세인이 권력의 기반으로 삼고 있던 지역들이었기 때문이었다. 그러나 후세인

53) 1999년부터 2002년간에 미·영 공군은 총 17,000여 회 출격하여 이라크의 방공망을 지속적으로 공격했다. 공군전투발전단, 『이라크전쟁』(2003).

54) 바그다드 내 9개 전략표적들이 선정되었는데, 여기에는 대통령궁, 군사지휘시설, 통신시설, 정부청사, 서·남부 방공시설 등이 포함되었다.

〈표 2〉 연합군 항공작전의 단계별 구분

단계	국면	기간	특징
제1단계	제한공습	3.20~3.21	- 바그다드의 후세인과 지휘부에 대한 제한공격 - 미·영 지상전력 이라크 진격 개시
제2단계	대규모 공습	3.22~4.4	- '충격과 공포' 개념의 대규모 공습 - 지상군 바그다드 진격, 사담공항 점령
제3단계	시가전/평정	4.5~4.15	- 바그다드 시가전 수행, 바그다드 점령 - 잔당 소탕

을 제거한다는 목표 달성에 실패하게 되면서 작전은 '충격과 공포'의 국면으로 넘어가게 되었다.

항공작전의 제2단계에서는 '충격과 공포' 개념에 기반한 대규모 공습이 진행되었다. 1차 대규모 공습 기간(3.22~3.24) 동안에는 하루 1,500~2,000회(그중 공격임무는 800~900소티였다) 출격이 이루어져 이라크군의 지휘체계를 무력화하기 위한 공습을 지속하는 동시에 이라크의 야전군사력에 대한 공습도 수행되었다. 또한 바그다드에 대한 주간 공습을 개시하였다. 그런가 하면 모래폭풍으로 인해 지상전이 소강상태에 처해 있었던 기간(3.25~3.27) 동안에는 지상군에 대한 근접항공지원 임무를 수행하고 전자폭탄(BLU-114)을 이용해 바그다드 국영 TV방송국을 폭격하여 전쟁과 관련된 선전방송을 차단했다. 대규모 공습이 재개되면서(3.28~3.31) 항공전력은 95% 수준으로 달성된 제공권을 바탕으로 바그다드의 주요 표적들에 대한 공습을 지속하고 공화국수비대와 바스라 지역의 바트당사 등에 대해 공격했다. 이라크군은 연합군의 대규모적이고도 지속적인 공습으로 인해 조직적인 저항을 할 수 없었으며, 상당한 손실이 발생한 공화국수비대는 주위의 도시들로 산개하여 재배치되거나 이동 중에 연합군의 근접항공지원작전의 제물(祭物)이 되었다. 이후(4.1~4.4) 항공전력은 지상군이 바그다드를 공략할 수 있는 여건 조성을 위해 바그다드에 대한 공습을 지속하는 동시에 대규모적인 근접항공지원을 수행하였다.

항공작전의 제3단계는 바그다드가 시가전을 통해 함락되고 평정의 과정이 이어지는 기간 동안에 진행되었다. 이 기간 동안에 항공전력은 이라크군의 조직적인 저항을 차단하기 위해 지휘통제시설을 집중적으로 공격하고, 지상군의 시가전을 지원하기 위해 바그다드 중심부와 외곽에 배치된 공화국수비대를 집중적으로 타격했다. 또한 특수전력의 침투를 지원하기 위해 발전소를 공습하기도 했다. 특히 이 시기의 항공작전에 있어 발견되었던 특징적인 면모는 시가전 수행을 위한 도시전투공중지원작전의 개념이 도입되어 적용되었다는 점이었다. 다수의 공중지휘통제기(AWACS)와 최대무장을 장착한 전투기 및 폭격기가 시가지 상공에서 24시간 대기하다 적군의 활동이 발견되는 즉시 지속적인 공습을 가했다. 이로써 지상군이 바그다드로 진격하는 데 걸림돌이 되는 저항세력들을 무력화할 수 있었다.

이라크전 항공전역은 공중우세의 확보가 향후 전쟁의 수행에 있어 가지는 결정적인 중요성을 다시금 확인시켜준 사례였다. 전쟁 발발 이전부터 비행금지구역을 설정하고 이라크의 방공망을 지속적으로 무력화해온 결과 연합군은 계획된 대로 항공작전을 수월하게 진행시킬 수 있었으며, 단계별 작전이 진행되는 동안에도 공세제공 임무를 지속적으로 수행함으로써 지상작전에도 결정적인 도움을 줄 수 있는 여건이 마련될 수 있었다. 그런가 하면 연합군은 효과중심의 선별적 파괴를 통해 전략적인 마비를 달성하는 데 성공했다. 비록 실패하기는 했지만 개전 초에 수행된 '참수공격'은 파괴지향적인 작전 개념을 지양하고 단기간 내에 이라크의 국가지도체제와 군사지휘기구를 마비 또는 무력화하여 전쟁을 조기에 승리로 결정짓고자 하는 시도였다. 정밀공습이 가능한 항공자산과 다양한 정밀유도무기 및 장거리 순항미사일은 그러한 마비를 달성할 수 있도록 해주는 물리적 기반이었다. 실제로 43일간의 전쟁 기간 동안에 투하되었던 총 무장량의 68% 가량은 정밀유도무기였다.

한편, 이라크전의 항공전역은 표적 식별과 표적에 대한 타격이 실시간 또는 근(近)실시간에 이루어질 수 있는 가능성을 보여주었다. 전투의사결정체계(OODA Loop)의 순환주기가 혁신적으로 단축되고 감지(식별)-타격 연계체계가 발달하면서 시한(時限)을 다투는 표적들에 대한 타격능력이 대폭 신장되었다. 반면에, 이라크군의 의사결정체계는 연합군의 공세적인 정보제압작전으로 인해 거의 마비되고 말았다. 연합군의 압도적인 정보자산과 정밀공격체계는 이를 가능하게 해주는 물리적 기반이었다.

또한 전술(前述)했듯이 이라크전의 항공전역은 항공력이 시가전 수행에도 상당히 기여할 수 있음을 보여주었다. 장시간 감시가 가능하고 정확히 표적을 획득할 수 있는 능력을 갖춘 ISR자산과 적정한 무장을 탑재하고 장기 체공이 가능한 항공기는 시가전이나 게릴라전 수행 시에 보다 큰 역할을 할 수 있음을 입증했다. 이러한 맥락에서도 무인항공기들이 가지는 가치는 더욱 증대되고 있다.

참고문헌

공군본부. 『UN공군사 上』. 1978.

_____. 『UN공군사 下』. 1978.

_____. 『6·25전쟁 항공전사』. 2002.

공군전투발전단. 『이라크전쟁』. 2003.

장성규. 『한국전쟁시 항공전역 연구』. 국방대 석사논문, 2006.

합동참모본부. 『아프간전쟁 종합분석(항구적 자유 작전)』. 2002.

Winnefeld, James A. 외, 홍성표 역. 『걸프전 항공전역 분석』. 해든아침, 2007.

Buckley, John. *Air Power in the Age of Total War.* London: UCL Press, 1999.

Byman, Daniel L., & Matthew C. Waxman. "Kosovo and the Great Air Power Debate." *International Security,* vol.24, no.4. Spring 2000.

Cox, Sebastian. "The Air/Land relationship – an historical perspective 1918-1991." *Air Power Review,* vol.11. Summer 2008.

Department of Defense. *Conduct of the Persian Gulf War: Final Report to Congress, Chapters I through VIII.* April 1992.

Futrell, R.F. *United States Air Force in Korea, 1950-1953.* Washington: Government Printing Office, 2000.

Gat, Moshe. "On the Use of Air Power and Its Effect on the Outbreak of the Six Day War." *Journal of Military History,* 68. October 2004.

Hallion, Richard P. *Storm over Iraq: Air Power and the Gulf War.* Washington: Smithsonian Institution Press, 1992.

Hammond, Grant T. "Myths of the Air War over Serbia: Some Lessons Not to Learn." *Aerospace Power Journal.* Winter 2000.

Harvey, A.D. "The Royal Air Force and Close Support 1918-1940." *War in History,* vol.15. 2008.

Jordan, David. "The Royal Air Force and Air/Land integration in the 100 Days, August-November 1918." *Air Power Review,* vol.11. Summer 2008.

Kohn, Richard H., & Joseph Harahan, eds. *Air Superiority in World War II and Korea.* Washington: Office of Air Force History, 1983.

Morocco, John. *Rain of Fire: Air War, 1969-1973.* Boston: Boston Publishing Company,

1985.

______. *Thunder from Above: Air War, 1941-1968.* Boston: Boston Publishing Co., 1984.

Murray, Williamson. *War in the Air 1914-1945.* London: Collins, 2002.

Nordeen, Lon O. *Air Warfare in the Missile Age.* Washington: Smithsonian Institution Press, 1985.

Press, Daryl G. "The Myth of Air Power in the Persian Gulf War and the Future of Warfare." *International Security,* vol.26, no.2. Fall 2001.

Thompson, Wayne. *To Hanoi and Back: The U.S. Air Force and North Vietnam, 1966-1973.* Washington: Smithsonian Institution Press, 2002.

Tilford, Earl H. *Setup: What the Air Force Did in Vietnam and Why.* Maxwell Air Force Base AL: Air University Press, 1991.

Townshend, Charles, ed. *The Oxford History of Modern War.* Oxford: Oxford University Press, 2005.

Weinberg, G.L. *A World At Arms: A Global History of World War II.* Cambridge: Cambridge University Press, 1994.

Wood, Derek, & Derek Dempster. *The Narrow Margin: The Battle of Britain and the Rise of Air Power 1930-1940.* Barnsley: Pen & Sword Military Classics, 2003.

제4장

현대 항공력의 운용

Ⅰ. 운용이론
Ⅱ. 항공작전이론
Ⅲ. 효과중심작전(EBO)
Ⅳ. 네트워크중심전(NCW)
Ⅴ. 비정규전에서의 항공력 운용

제4장

현대 항공력의 운용

I. 운용이론

1. 중심(重心, Center of Gravity)의 의미

군의 지도자들은 결정적이면서도 신속한 승리를 유발할 수 있는 표적, 일단 파괴하면 승리를 보장하는 표적(군) — 전략가의 관점에서 적의 "중력중심(Center of Gravity)" — 을 끊임없이 찾고 있다. '중심'을 공격하면 최소의 희생으로 신속하게 적을 굴복시킬 수 있다는 측면에서 '중심'이란 매우 중요한 의미를 담고 있는 개념이다. 지상 및 해상군의 경우에도 중요한 개념이지만, 항공력을 운용하는 측면에서 볼 때 '중심'이란 매우 중요한 개념이다. 항공력 이론가 멜링거(Phillip S. Meilinger)는 "항공력의 핵심은 표적선정(targeting)"이라고 했는데 그만큼 '중심'은 항공전략에서 가장 중요한 요소인 것이다.

군 지도자들은 언제나 신속하고도 결정적인 승리를 추구하여왔다. 이는 전쟁이 시간, 인명 및 자산의 측면에서 너무도 엄청난 손실을 유발하게 되어 전쟁을 장기간에 걸쳐 수행하게 되면 어느 누구에게도 득이 되지 않기 때문이다. 우리가 적의 '아킬레스건'을 열심히 찾고 있는 것은 전쟁에 의한 피해를 가능한 줄여야 한다는 욕구 때문이다. 중심에 대해서는 클라우제비츠를 비롯해 조미니, 두헤, 미첼, 리델 하트, 와든 등 유명한 전략가들이 약간 다른 표현을 했지만 본질적으로 같은 의미를 가지고 접근했다.

1) 클라우제비츠

적의 '핵심 표적'에 관해 클라우제비츠만큼 지대한 영향력을 행사하고 있는 사람은 아마도 없을 것이다.[1)] 그가 이 문제를 맨 처음 탐구한 군사이론가는 아니지만, 아마도 '중심'이라는 용어를 처음으로 만든 사람일 것이다. 클라우제비츠가 '중심'이라는 용어를 1800년대 초에 만들어 낼 당시, 그는 적의 군대, 특히 적의 지상군이 '중심'이라는 생각을 갖고 있었다. 따라서 적의 지상군을 패배시키면 적은 순순히 항복할 것으로 생각하였다. 당시에 적의 군대가 유일한 표적이었던 것은 적의 지도부가 의도하는 바를 달성하는 수단이 군대였기 때문이다. 적의 육군을 패배시키면 국가의 통치자와 대중은 항복하거나 또는 또 다른 고통을 감내하거나 둘 중의 하나를 선택할 수밖에 없었다. 따라서 전쟁은 보통 적의 군대를 패배시키면 종결되었다.

그러나 항공력이 등장하면서 상황은 크게 바뀌었다. 항공력은 적의 지상 및 해상군과 접촉하지 않으면서 적의 '심장과 영혼'에 해당하는 목표를 직접 공격할 수 있게 되었다. 클라우제비츠가 오늘날까지도 영향력을 행사하고 있는 것은 미국의 노먼 슈워츠코프(Norman Schwarzkopf) 대장, 콜린 파월(Colin L. Powell) 대장, 그리고 와든(John Warden III) 대령과 같은 다수의 군사 지도자들이 클라우제비츠의 '중심'의 개념을 사용하고 있다는 점이다.

---

1) Clausewitz의 글은 그가 죽은 지 1년 후인 1832년 그의 미망인에 의해 최초로 출판되었다.

클라우제비츠는 '중심'을 다음과 같이 정의하고 있다. "모든 힘과 운동의 중심이므로, 모든 것은 이 중심에 의존한다. 중심은 우리의 모든 에너지를 집중시켜야 할 핵심이다."[2] 클라우제비츠뿐 아니라 여타의 군사 지휘관에게 있어서 적의 '중심'을 찾아내는 것이 매우 중요한 목표가 되고 있다. 그러나 그의 대부분 작품에서 볼 수 있는 바와 같이, 그는 이 주제에 대해서도 다수의 개념을 제시하고 있는데, 이로 인해 자신이 초기에 정의했던 바를 확장하면서 경우에 따라서는 의도하는 바를 희석시키는 경향이 있다. 예를 들면, 모든 지휘관이 추구해야 할 목표는 적이 갖고 있는 단일의 '중심'을 찾아내는 것이라고 그는 말하고 있지만 '중심'이 하나 이상인 경우도 있을 수 있다는 점을 그는 인정하고 있다. 클라우제비츠는, "중심은 핵심요소들이 가장 밀도 높게 집중되어 있는 곳에서 찾을 수 있다"라고 '중심' 개념을 보다 확장하였다. 따라서 이 중심이 타격을 위해 가장 효과적인 표적이라고 그는 생각하였다. 그는 또한 적의 응집력이 양호할 경우 공격하기에 가장 적합한 곳은 적의 군사력이 가장 집중되어 있는 곳이라고 주장하고 있다. 다시 말해, 적이 응집력을 갖고 있지 않다면, '중심'을 찾는 것은 무모한 행위이다. 적의 각 개체들이 상호간 잘 연계되어 있다면 적의 '중심'에 대한 공격으로 큰 충격을 줄 수 있다.

상대방 국가의 지도자, 도시 및 국민의 사기뿐 아니라 동맹국도 또한 '중심'이 될 수 있다. 클라우제비츠는 "전쟁의 목표는 전쟁이란 단어에 함축되어 있는 바와 같이 적을 패배시키는 것이어야 한다 …… 그러나 '패배'의 정확한 의미는 무엇인가? 적을 패배시키기 위해 적국의 완전한 정복이 항상 필요한 것은 아니다"[3]고 말하고 있다. 클라우제비츠는 적을 패배시키고자 할 때 가장 중요한 행위는 다음과 같이 3가지로 본다.

2) Carl von Clausewitz, *On War,* Michael Howard and Peter Paret, trans.(New Jersey: Princeton University Press, 1976), p.596.

3) *Ibid.*, p.595.

① 적의 육군이 어느 정도 중요하다면 적의 육군을 파괴하라.
② 적국의 수도가 행정의 중심지일 뿐만 아니라 사회, 직업 및 정치 활동의 중심지인 경우에는 적국의 수도를 점령하라.
③ 적국의 주요 동맹국이 적보다 더 막강한 경우에는 적의 주요 동맹국에 대해 효과적인 타격을 가한다.[4)]

비록 클라우제비츠가 적의 지상군을 패배시키는 것이 중요하다는 점을 강조하고 있기는 하지만, 그는 이외에 또 다른 '중심'이 있을 수 있음을 인정하였다는 점은 주목할 필요가 있다.

2) 조미니(Antoine H. Jomini)

나폴레옹 I세의 충실한 해설자라고 불리는 조미니는 적을 공격하려면 합당한 표적을 선정하는 것이 매우 중요하다고 하면서, 결정적인 시간과 장소에 최대의 가용전력을 동원해 적을 공격할 수 있도록 기동하는 것이 전쟁 승리의 핵심이라고 믿고 있었다. 그의 전쟁수행 방식은 나폴레옹의 전쟁수행방식을 해설하는 형식을 띠고 있으며, 적의 군대를 격파하는 것이 전쟁의 목표라는 점에서는 클라우제비츠의 성향에 가깝다. 그러나 클라우제비츠와는 달리, 그는 규범적인 성향을 갖고 있었다.

그는 자신의 작품에서 '중심'이 아니고 '결정적인 전략적 거점'이란 용어를 사용하였다. 이들을 점령 내지 파괴시키면 승리를 보장할 수 있기 때문에 이들 요체를 발견해 내는 일이 매우 중요하다는 것이다. 그는 클라우제비츠와 마찬가지로 적의 '결정적인 전략적 거점'에 가능하다면 대규모로 집중적으로 공격해야 한다는 생각을 갖고 있었다. "전쟁술이란 작전전구내의 결정적인 지점에 최대한의 가용 전투력을 집중하는 활동으로 정의할 수 있다."[5)]고 그는 주장하였다.

---

4) *Ibid.*

5) Brig Gen J. D Hittle (ed.), *Three Military Classics* (Pennsylvania: Stackpole Books, 1987), Roots of Strategy, Book 2, p.474.

조미니는 전쟁전구의 모든 지점(또는 표적)들이 동일한 전략적 가치를 갖고 있다고는 생각하지 않았다. 이들 지점의 중요성은 지리적 위치, 병참선의 중심 및 정부의 권좌가 위치했는가에 달려 있다.[6] 그의 표현은 애매한 부분이 없는 것은 아니지만 중요한 의미를 담고 있는 내용이었다.

> "변함없이 매우 중요한 의미를 갖는 지점이 있는데, 이를 '결정적인 전략적 거점'이라고 부른다. 나는 이러한 명칭이 전역의 결과나 단일의 작전기도에 현저한 영향을 미칠 수 있는 모든 지점들에 부여될 수 있다고 생각한다."[7]

따라서 조미니는 중요지점을 점령 또는 격파하는 것 자체로 전투의 결과에 결정적일 수 있다는 점을 제시하고 있다. 그러나 그는 적의 육군을 패배시키면 국가와 도시는 와해되기 때문에 적군을 공격하는 것이 적절한 방법이라는 클라우제비츠의 주장에 동조하고 있다. 조미니와 클라우제비츠는 단지 적군을 격파하는 것이 전쟁의 실제 목표가 아니라는 점을 인정하고 있었지만 당시에는 적군의 후방에 접근할 수 있는 방법이 없었기 때문에 이 이상의 생각을 진전시킬 수 없었을 것이다. 적군의 후방에 도달할 수 있는 능력이 출현하기까지는 그 후 100여 년의 세월이 소요되었다. 그러나 일단 항공기가 등장하자, 전쟁 수행에 대한 방법이 완전히 뒤바뀌었다.

3) 두헤(Giulio Douhet)

'적의 힘의 원천이 무엇인가'라는 문제에 대해 두헤 장군은 클라우제비츠가 언급한 것 이상을 말하고 있지 않다. 그러나 1921년도에 처음 발간된 그의 개념은 심오한 측면이 있다. 두헤의 사상은 클라우제비츠의 경우와 비견할 수 있다고 주장하는 사람도 있다. 적의 육군을 패배시키는 것이 가장 중요하다고 클라우제비츠가 말한 바와 같이 두헤는 적 공군을 파괴하는 것이 전쟁을 승리로 이끄는 첩경이며 따라서 이는 전쟁에서 가장 높은 우선

---

6) 이 모두가 적군에 대한 것이 아니라 적의 위치에 대한 것이라는 점이 흥미롭다.

7) *Ibid.*, p.467.

순위를 두어 수행해야 할 사항이라고 생각하였다. 「제공권(Command of the Air)」을 장악하면 적국의 모든 것이 취약하기 때문에 「제공권」은 전쟁에서의 승리를 의미한다고 두헤는 생각하였다.

조미니와 마찬가지로, 두헤는 자신의 작품에서 '중심'이라는 용어를 사용하지는 않았다. 그러나 우수한 항공력을 보유하고 있을 때 유발되는 기회 및 결과를 논하면서 그는 '중심'과 유사한 개념을 구상하고 있었다. 만약 단일의 '중심'과 같은 표적이 있다면, 이는 적의 공군력과 아측에 대한 공중통제를 거부하는 그들의 능력이라고 두헤는 강조하였다. 이 문제에 관한 두헤의 견해는 단호하였다. 전쟁이 발발하면 먼저 적의 비행장, 항공기 생산 공장 및 기타 항공력 기반시설을 공격하여 「제공권」을 장악해야 하는데, 그 이유는 "제공권을 장악하였을 때 얻을 수 있는 엄청난 이점을 고려해 볼 때, 제공권이 전쟁의 결과에 결정적인 영향력을 행사하기 때문이다."[8] 두헤에게는 이 전략이 전쟁을 종결하는 가장 신속하면서도 가장 경제적인 방법이었다. 그는 제공권을 장악한 후에는 적국의 사기 및 물질적 수단을 공격해야 한다고 주장하였지만, 적의 사기를 말살하는 것이 가장 중요하다고 생각하였다.

항공력은 낭비되어서는 안 되기 때문에, 군사 지도자들은 적의 가장 중요한 표적, 즉 핵심부(Vital Centers)를 선정하여 이들 표적에 모든 노력을 집중해야 한다. 이 개념은 적의 가장 가치 있는 것이 집중되어 있는 지점들을 공격해야 한다는 클라우제비츠와 조미니의 개념과 유사한 것이었다. 적의 핵심부란 공격을 받으면 적의 물질적 또는 정신적 저항력이 파멸되는 곳이라고 두헤는 생각하였다. "항공공세에 의한 최대효과는 전장 후방에서 추구되어야 한다."고 두헤는 추론하였다. 다시 말해, "핵심부는 적이 효과적으로 대응할 수 없는 곳, 그리고 가장 중요하면서도 가장 취약한 표적들 — 간접적이긴 하지만 전장에 가장 지대한 결과를 유발할 수 있는 — 이 위

8) Giulio Douhet, *The Command of the Air,* Dino Ferrari, trans.(Washington, D.C.: Government Printing Office, 1983), p.192.

치하고 있는 곳에서 찾아야 한다."[9]고 두헤는 생각하였다. 두헤는 적의 산업 중심지, 인구 밀집지역, 병참선, 수력자원, 철도 분기점, 보급창, 군사물자 저장지역 등을 핵심부로 분류하였다. 이 중에 적의 물질적·정신적 저항력을 조속히 파멸하기 위해 국가를 공포 분위기로 확산하려면 인구 밀집지역을 폭격하는 것이 가장 효과적이라고 두헤는 생각하였다. 왜냐하면 항공공격은 물질적인 것보다 정신적인 사기에 영향을 더 끼치기 때문이다.[10]

4) 미첼(Billy Mitchell)

항공력이 상당히 중요하다는 또 다른 주창자는 미첼이었다. 그의 사상은 전략보다는 전술을 더 많이 다루고 있지만 그럼에도 불구하고 역사에서 그의 입지는 상당한 비중을 차지하고 있다. 두헤와 마찬가지로 그도 또한 표적 선정에 관해서는 거의 언급함이 없이 항공력의 중요성을 다음과 같이 강조하고 있다. "무력투쟁에서 자신의 의지를 상대방 국가에 강요하는 한 국가의 능력 중에서 항공력의 영향력이 단연코 결정적이다."[11] 그는 표적 선정에 관해 거의 언급하고 있지 않지만, 언급하고 있는 내용 자체도 다음에서 볼 수 있듯이 두헤의 경우와 거의 유사하다.

> "전쟁에서 최후의 승리를 쟁취하려면, 적국의 전쟁 수행 능력을 파괴해야 한다. 이는 공장, 통신 수단, 식료품, 그리고 농장, 연료와 오일, 주거지 및 근무지 등을 의미한다. 이들이 군대를 지원할 수 없도록 해야 할 뿐 아니라 훗날 전투를 재개하려는 국민의 욕망도 좌절시켜야 한다."[12]

두헤가 주창한 것과 마찬가지로, 미첼은 적의 전쟁 수행 능력을 파괴하

---

9) *Ibid.*, p.126.

10) *Ibid.*, p.58.

11) Gen William Mitchell, *Winged Defense: The Development and Possibilities of Modern Air Power-Economic and Military*(New York: G. P. Putnam's Sons, 1925), p.214.

12) *Ibid.*, pp.126-127.

고, 폭발성이 강한 폭탄과 가스를 사용하여 전투를 재개하려는 적 국민의 욕망에 영향을 미쳐야 한다고 제안하였다. 미첼은 이들 폭탄 및 가스를 사용하면, 도시는 완전 폐허가 되고 모든 산업시설은 작동을 멈출 것이라고 이론화하였다.

> "이들을 사용하면 적국의 육군, 해군 및 공군, 심지어는 그들의 정비 수단조차도 지탱해 나갈 수 없을 것이다.… 미래에는 공군력을 사용해 도시를 폭격하겠다는 위협만으로도 사람들은 도시를 떠날 것이며, 무기 및 지원물자를 생산하는 공장은 가동을 멈출 것이다."[13]

이미 1926년도에 미첼은 야전에 배치되어 있는 적의 육군을 패배시킬 필요가 있는가에 의문을 갖고 있었다. 대신 그는 항공기를 사용해 직접 적의 심장부로 날아가서 공격하는 방법을 주창하였다. 미첼은 적의 저항의지를 마비시키기 위해 적국의 핵심부를 무력화시키는 것이 보다 바람직한 전쟁 수행 방법이라고 주장하였다. 이 점에 있어 그는 두헤와 견해를 같이 하고 있다. "적의 전쟁 수행 능력을 붕괴시키고, 전쟁 수행 의지를 꺾는데 항공력이 결정적인 영향을 미칠 것이다."[14]

5) 리델 하트(Basil Henry Liddell Hart)

그 이전의 다수의 군 전술가와 마찬가지로 리델 하트(B. H. Liddell Hart)는 어떻게 하면 공격에 합당한 표적을 선정할 수 있을 것인가를 놓고 고민하였다. 제1차 세계대전 당시 지상군에 의한 참호전에서 막대한 인명 피해가 있었다는 점을 고려하면 적의 '중심'을 찾는다는 생각은 매우 구미가 당기는 발상처럼 보인다. 그는 핵심적인 적의 약점을 "아킬레스건"이라는 용어로 소개하였다. 그는 적의 취약한 표적에 노력을 집중하면 최소의 비용

---

13) *Ibid.*, pp.5-6.

14) 항공력의 표적 선정에 미첼이 기여한 점에 대해서는 Robert F. Futrell, *Ideas, Concepts, Doctrine: Basic Thinking in the United States Air Force, 1907-1960,* vol.1(Maxwell AFB, Ala.: Air University Press, 1989), pp.6-8 참고.

으로 전쟁에서 승리할 수 있다고 다음과 같이 주장하였다.

> "가장 적합하고, 가장 침투를 잘 할 수 있는 그리고 가장 보존력이 있는 수단을 선택 및 결합하는 것이 더 현명하다. 다시 말해, 그 수단을 사용하면 최저의 전쟁비용으로 최소한의 인명 손실을 입으면서 적의 의지를 제압할 수 있을 것이다. 한 국가가 승리를 획득하는 데 너무나 많은 피를 흘렸다면 가장 결정적인 승리도 아무 가치가 없다. 적 정부의 전쟁 수행 능력에 관한 "아킬레스건"의 위치를 찾아 이를 공략하는 것이 대전략(Grand Strategy)의 목표가 되어야 한다."[15)]

리델 하트가 말하는 "아킬레스건"이란 개념은 클라우제비츠의 사상과 매우 유사하다. 그는 최소의 비용으로 최대의 효과를 유발할 수 있는 단일의 표적을 찾고 싶어 하였다.[16)] 오늘날의 모든 국가들은 핵심 광산 지역 및 제조업 지대와 같은 주요 표적들을 다수 갖고 있다고 그는 언급하였다. 한 국가는 항구로 들어오는 해외무역에 의존하거나 또는 적국의 수도가 고도로 중앙집중화되어 있기 때문에 그 '수도'가 그 국가의 실제 '심장부'이다. 그러나 "대부분의 경우 이들 여러 요소들이 혼합되어 있으며, 종합적으로 볼 때 도로망을 따라 규칙적인 수송의 흐름이 가장 중요한 요구사항이다."[17)]

> 하늘은 전쟁을 3차원으로 확장하였다 … 항공기를 이용하면 적의 정부·기업·국민을 지키고 있는 육군을 상대하지 않고 우회하여 적국의 의지 및 정책의 산실을 즉각적이고도 신속히 공격할 수 있다. 신경체계는 거의 방어를 하고 있지 않기 때문에 이들은 공격에 무방비 상태다. 또한 문명의 진보에 따라 예전과는 달리 이들 국가의 신경체계는 보다 민감한 요소가 되었다.[18)]

---

15) Sir Basil H. Liddell Hart, *Strategy* (London: Faber & Faber Ltd., 1954; reprint, New York: Penguin Books, 1991), p.212.

16) Sir Basil Henry Liddell Hart, *Thoughts on War* (London: Faber & Faber Ltd., 1944), p.42.

17) *Ibid.*, p.49.

18) *Ibid.*, p.51.

앞에서 언급한 리델 하트의 논평은 암시하는 바가 크며 문제의 핵심을 정확히 지적하고 있다. 그는 적국의 주요 표적을 정부, 기업 및 국민으로 규명하였고, 이들을 직접 공격할 수 있는 항공력의 능력을 인정하고 있었다.

6) 와든(John A. Warden III)

오늘날의 가장 저명한 항공력 이론가는 아마도 미 공군 대령 출신인 와든 3세일 것이다. 그가 1988년도에 저술한 『항공전역(*The Air Campaign*)』은 미 공군 지휘참모 대학의 필독서로 지정되어 있다. 1991년 걸프전 당시 이라크에 대해 성공적으로 사용된 동맹국의 전략적 항공전역을 개발하는 과정에서 와든과 미 국방부에 있던 그의 참모들이 주도적인 역할을 수행했다는 사실은 이미 널리 알려져 있다. 그의 사상이 여기서 관심을 고조시키는 것은 이러한 이유 때문이다.

와든의 이론은 '공중우세(Air Superiority)' 확보가 선결되어야 한다는 굳은 신념을 갖고 있었다는 점에서 두헤의 이론과 유사하다. 그가 말하는 '공중우세'를 확보한다 함은 아측의 항공 작전에 방해가 되는 적의 군사력을 제거한다는 의미였다. "지상작전, 근접지원, 항공차단 등의 가능 여부는 '공중우세'의 확보여부에 전적으로 달려 있기 때문에, '공중우세' 확보가 공군의 최우선 과제여야 한다."[19)]

두헤가 제공권의 확보를 중요시하였던 만큼 와든은 '공중우세'의 확보를 귀중히 생각하였다. 그러나 두헤와는 달리, 와든은 '공중우세'의 확보 그 자체가 목적이 아니고 전쟁을 승리로 이끌기 위한 선결조건이라고 생각하였다. 항공력이 그 어떤 것보다도 분쟁을 해결할 수 있는, 특히 적의 '중심'을 공격할 수 있는 열쇠라는 측면에서 '공중우세'는 필수적이다.

전쟁의 모든 수준에 '중심'은 존재할 수 있다고 와든은 주장하고 있다. 다시 말하면, '중력 중심'은 전쟁의 전술적, 작전적 및 전략적 수준 모두에서 찾아볼 수 있다. 여기서 특히 관심을 끌고 있는 것은 전쟁의 전략적 차

19) John A. Warden III(1989), p.162.

원에 대한 그의 견해이다. 그는 전쟁에 관해서 쓴 대다수의 책들은 전술적 수준에 관한 것이라고 평가하고 있다. 즉 잠수함전, 공중전투, 해군교전, 보병공격 등에 대해 쓴 책들이 인간 대 인간의 전술에 관한 책이라고 본 것이다. 그는 전략을 논함에 있어 가장 중요한 용어인 '중심(center of gravity)'은 적의 가장 취약한 부분이고 공격을 감행할 경우 결정적인 효과를 가져올 수 있는 지점이기 때문에 작전을 계획할 때 대단히 중요하다고 보고 있다.[20]

와든에 따르면, 적의 지휘부는 변함없는 '중심'이다. 어느 경우든지, 공격을 하였을 때 가장 효과가 큰 지점을 찾아야 하고, 공격을 하였을 때 만병통치약과 같은 효과를 발휘하는 표적이 있는 경우도 있을 것이다. 이러한 곳을 발견한 경우에는 이들을 끊임없이 반복하여 공격해야 한다는 것이다. 이전의 군사 사상가들과 마찬가지로 와든은 모든 국가에는 공격을 하였을 때 야전에까지도 그 반향을 불러일으킬 수 있는 주요 중심들이 있다고 확신하고 있었다. 즉 전쟁의 전략적 및 작전적 수준에서 적으로 하여금 아측이 바라는 바를 양보하도록 하려면 적의 능력 및 전쟁 수행 의지에 핵심적인 영향을 미칠 적국 정부의 핵심요소 및 군구조를 식별해 공격할 수 있어야 한다는 것이다.[21]

지금까지 '전략적 수준에서 적의 가장 핵심적인 표적'에 관한 몇몇 군사 이론가들의 글을 검토해 보았다. 클라우제비츠가 만든 '중심'이란 용어는 오늘날에도 흥미를 끄는 개념인데, 적의 군대가 '중심'이라고 클라우제비츠와 조미니는 단정짓고 있지만, 이들 군대는 진정한 '중심'인 적국의 전쟁 의지 및 전쟁수행 잠재력을 보호해 주는 역할을 담당하고 있을 뿐이다. 뛰어난 지적 능력을 보유하고 있던 클라우제비츠와 조미니는 전선 후방에 위치하고 있는 적의 수많은 표적을 공격하는 것이 매우 중요하다는 점을 이해하고 있었지만, 이들은 전선의 적군과 대적하지 않고 우회하여 적 후방 깊숙이 침투해 들어갈 수 있는 수단을 갖고 있지 않았기 때문에 야전군을

---

20) *Ibid.*, pp.9-10.

21) *Ibid.*, p.44.

공격할 수밖에 없었다. 항공력이 등장하면서 적국이 중요시하는 모든 것을 표적의 대상으로 삼을 수 있게 되었다. 항공기를 이용해 공격할 수 있는 최적의 표적을 찾기 위한 경주가 시작되었다. 두헤 및 미첼과 같은 사람들은 항공력이 적의 지·해상군을 우회하여 적의 심장부를 직접 공격할 수 있는 유일한 능력을 가지고 있다고 주장하였다. 그러나 이처럼 적의 심장부를 직접 공격할 수 있으려면 적의 공군이 막강한 경우 이를 우선 타도하지 않으면 소모전의 양상으로 돌입할 가능성이 있다. 이들 군사 사상가들이 기여한 부분에서 보다 중요한 의미를 갖는 부분은 적국의 힘의 원천, 그리고 적을 조속히 패배시키고자 할 때의 핵심표적을 식별하였다는 점일 것이다.

2. 전략적 공격

1) 전략공격의 의미

역사적 맥락에서 볼 때, 전략폭격은 숱한 학문적 연구의 대상이 되어 왔다. 1918년경 유럽의 모든 주요 강대국들은 처음에는 비행선으로 그리고 나중에는 다발엔진 폭격기로 적국의 도시와 산업시설을 공격하면서 전략항공전(Strategic Air Warfare)을 수행하였다. 줄리오 두헤, 휴 트렌차드, 그리고 빌리 미첼 등과 같이 종종 "열성 신봉자"라고 불리기도 하는 이들 고전적인 항공이론가들은 폭격기가 적 지상군의 방어지역을 건너뛰면서 적국의 인구 및 산업 중심지들을 타격함으로써 전쟁을 계속하고자 하는 적의 의지와 능력을 붕괴시킬 수 있다고 주장하였다.

또한, 이 고전적 이론가 모두는 항공력이 주요 국가들이 수행하는 전쟁방식을 근본적으로 바꾸어 놓았다고 믿었다. 전략공격이 또한 적국에게 물리적 파괴를 가함으로써 독자적으로 전쟁에서 승리할 가능성을 가지고 있으며, 그리고 더욱 중요한 것으로는 공습이 적국 민간인들의 사기에 영향을 미칠 것이라고 믿었다. 당연히 초기 항공력 사상가들은 당시의 기술에 기초해서 자신들의 이론을 구성했던 것이다. 레이더가 개발되기 전에는, 항공력 지지자들은 전략공격에 대하여 이를 요격하기는 어려울 것이며 또 이를 저지시키기란 불가능하다고 생각하였다.

RAND연구소의 분석가인 브로디(Bernard Brodie)는 제2차 대전에서의 경험에도 불구하고 핵무기의 출현이 두헤의 이론을 '시의적절'한 것으로 만들었다고 말했다. 사실상 미국에서는 핵억제라는 냉전시대 정책이 전략항공력에 대한 생각을 바꿔 놓았다. '전략' 공격은 소련에 대한 핵타격과 동의어가 되었다. 따라서 재래식 전략공격 개념은 사실상 사라지게 되었다. 동시에 영국 공군의 토니 메이슨(Tony Mason) 장군에 의하면 '전술적(tactical)'이라는 말은 "특정 전구에서의 지상전을 지원하기 위해" 운용되는 항공력을 가리켰다.

미국 공군은 냉전의 종식이 임박해진 1980년대 후반에 와서야 재래식 전략항공공격을 다시 생각하게 되었다. 예를 들어, 1988년에 미 전략공군사령관 체인(John T. Chain Jr) 장군은 잡지 스트러티직 리뷰(*Strategic Review*)에 "재래식 전쟁에서의 전략폭격기"라는 제목의 논문을 기고하였다. 제목에서 알 수 있듯이 핵무기 운반을 목적으로 하는 전략폭격기를 재래식 목적으로 운용한다는 내용을 담고 있었다. 체인 장군은 장거리 중(重)폭격기가 반드시 핵무기 운반용으로만 운용될 필요는 없으며, '전략적' 또는 '전술적'이라는 말은 행동을 가리키는 것이지 무기자체를 가리키는 것이 아님을 지적하고자 했다. 그럼에도 불구하고, 전략공군사령부가 그 폭격기에 대한 일차적인 임무를 핵억지로 설정하고 있는 한, 체인 장군의 말에 담긴 지혜를 깨달은 사람은 당시만 해도 별로 없었다. 이와 유사하게, 대부분의 군사사상가들은 한국 공군을 포함하여 세계 다수 국가의 공군이 중(重)폭격기를 보유하고 있지 않다고 하는 사실 때문에 초강대국들과 소수의 핵무기 보유국들만이 "전략적 작전" 수행이 가능하다는 결론을 내리게 되었던 것이다.

그러나 우리는 파괴력, 정밀성, 생존성 등의 용어로 표현되는 항공력의 능력이 너무나도 극적으로 발전하여, 미래의 전략공격의 잠재적 효율성을 고려할 때 1991년 걸프전 시 "사막의 폭풍(DESERT STORM)" 작전을 우리의 기준점으로 사용할 수 있다. 그렇다고 이후의 모든 전쟁이 "사막의 폭풍" 작전과 유사할 것이라는 말은 물론 아니다. 특히 이곳 한반도에서 분쟁이 발생할 경우에는 더욱 그러할 것이다. 하지만, 우리는 전략공격의 잠재적 효용성을 거의 60년 전에 수행된 전역을 기준으로 하거나 또는 핵전략 교의에 기초해서 계속 판단할 수는 없는 것이다. 그러나 전통적인 개념들이 이제 무가치하다고 단순히 말하는 것으로는 충분치 못하다. 여기서 우리는 오늘날 전략공격이 무엇이며, 그것이 미래의 한국방위에 어떻게 기여할 것인지를 이해하려고 해야 한다.

현대식 전략공격을 규정하기 위해서는, 먼저 그 개념이 의미하지 않는 것을 찾아보는 것이 유익할 수 있을 것이다. 우선 가장 중요한 것으로는, 전략공격이 반드시 핵공격이 아니라는 것이다. 실제로 미국의 전략공군사령부는 미국의 핵억지 전략에 대한 일차적인 통제권을 보유하고 있다. 그러나 "사막의 폭풍" 작전과 "DELIBERATE FORCE 작전"의 경험은 수십 년에 걸친 냉전시기 동안 무시해왔던 재래식 전략공격이 이론과 실제 면에서 되살아나게 되었음을 극적으로 보여 주었다. 따라서 현대의 '전략항공력(Strategic Airpower)' 개념에서 '전략적'이란 용어를 "핵무기"와 같은 것으로 생각하지는 않는다. 또한 최근의 경험은 표적에 대한 타격이 반드시 그 공격의 성격을 "전략적"인 것으로 규정하는 것이 아님을 보여준다.

따라서 공격방법과 표적의 특징이 그 정의를 결정하는 것이 아니며, 목표를 달성하기 위해서 적의 능력과 의지에 직접적으로 관련되는 표적을 공격하는 효과들이 전략공격을 규정한다. 예를 들어, 보스니아에서는 탄약집적소(集積所)들이 "전략" 표적들이었다. 왜냐하면 보스니아 세르비아인들은 그들의 목표를 달성하기 위해서 그것에 의존하였고, 또 국제적으로 합의된 수출금지조치의 결과로 그것을 보충할 수가 없었기 때문이었다. 걸프전에서, 미국의 부시 대통령과 전장지휘관 슈왓츠코프 장군은 사담 후세인이 공화국수비대에 군사적 및 정치적으로 의존하고 있다고 생각하였다. 따라서 그 정예부대들에 대한 공중타격이 전략항공전역의 일부가 되었다. 과거에는 일반적으로 육군과 공군 모두가 탄약집적소나 야전병력들을 이미 진행 중인 지상작전을 지원하기 위해 타격해야 하는 "전술적" 표적으로 생각하였다.

표적이나 타격 플랫폼이 아니라 전략적 "효과"를 생각한다면, 한국 공군은 분명히 전략적인 잠재력을 가진 군사력이다. 예를 들어, 만약 북한군이 비무장지대를 건너서 공격하려 할 때 그런 공격을 저지하는 것은 전략적 효과를 낳을 것이다. 서울이 고립 또는 함락되는 것은 한국 내부뿐 아니라 외국에게도 심각한 영향을 미칠 것이다. 역사적으로 볼 때, 대규모 기계화부대는 이동 중일 때 가장 취약하다. 전선에서의 공중우세를 장악한 한국 공군은 북한군을 격파하기 위해 항공력을 투입할 수 있을 것이다. 그렇게 하면, 한국 공군은 더 이상 적이 전진하지 못하게 막을 수 있을 뿐만 아니라 적군을 파괴하고 제병합동 반격작전을 성공적으로 수행하기 위한 기초를 구축하는 데도 결정적인 역할을 할 것이다. 이런 성과는 전쟁에 대한 그 효과를 볼 때 당연히 전략적이라고 생각되어야 할 것이다. 반대로, 오랫동안 "전략적"인 것으로 여겨져 온 북한지역에 있는 표적들 — 예를 들어 발전소나 공장들 — 을 타격하는 것은, 만약 그 과정 중에 북한군이 한국 내부로 깊숙이 들어와서 서울을 점령하거나 또는 한국 육군의 부대들을 파괴할 수 있게 된다면 전쟁의 진행과정에 실질적인 영향을 미치지 못할 수도 있을 것이다.

마찬가지로 한국 공군과 지상군이 북한의 도시와 마을에 대하여 광범위하게 무차별 파괴폭격을 수행하는 것도 긴 안목으로 보면 비생산적인 것이 될 수 있다. 보스니아에서처럼 정밀공격은 적의 전쟁수행 능력에 타격을 주어 사실상의 전략적 효과를 낳음으로써 민간인 희생을 최소화하고 생활유지에 필요한 하부구조에 대한 피해를 제한할 수 있다. 이런 전략은 통일 후 한국 정부와 국민이 짊어져야 할 물리적 재건과 사회통합의 부담을 크게 덜어줄 것이다.

만약 전략항공전의 전통적인 특징들 중 다수가 더 이상 유효하지 않다면, 한국 공군은 항공력이 맡아야 하는 핵심적인 임무를 어떻게 규정하고 계획해야 하겠는가? 현대의 전략공격은 적국 대중들의 폭동과 정부의 붕괴를 기대하는 국민의지 침식을 목표로 하지 않는다. 현대식 항공 플랫폼의 향상된 생존성과 급격히 증대된 정밀무기의 살상력을 통하여, 항공력은 도시공격에 의존하지 않고서도 전략적 목표들을 달성할 수 있게 되었다. 고전적인 이론으로부터의 중요한 이탈 중 하나로 들 수 있는 것은 전략공격이 적의 야전병력에 대한 타격을 포함하게 된 것이다. 전략공격 계획에 지휘통제 시설물이나 발전소 또는 수송망 등과 같은 고정 표적들이 들어갈 때는, 그 목표가 경제적 붕괴를 낳기보다는 아군의 항공 및 지상작전들에 대해서 적이 계속해서 저항할 수 있는 능력을 감소시키는 것이 될 수가 있다.

앞에서도 언급한 바와 같이, 전략공격이 적의 전략적, 작전적 중심에 대하여 직접적으로 영향을 주는 군사적 행위[22]로 볼 때 이는 "전쟁 전체에 대한" 효과 획득을 추구한다고 볼 수 있다. 그런 의미에서, 공중우세를 획득하고 유지하기 위한 투쟁은, 그 효과를 볼 때 전략공격이다. 오늘날 공중우세(Air Superiority) 또는 공중지배(空中支配: Air Dominance)가 달성되면, 다른 모든 임무들이 보다 적은 비용과 큰 효율성으로 수행될 수 있다는 생각에 반대하는 사람은 별로 없을 것이다. 공중우세를 획득한 연후에 그것을 공중지배 상태로 확대시키는 쪽은 적에 대해 말할 수 없는 우위를 확보한다. 전략공격과 마찬가지로 공중우세도 물론 그 자체가 목적인 것은 아니다. 내란이 발생했을 때는 공중우세 없이도 성공할 때가 종종 있다. 그럼에도 불구하고, 잘 활용된 공중우세는 재래전에서 실제로 "승부에 결정적"인 역할을 한다.

더 나아가서, 공중우세는 성공적인 전략항공공격에 필수적인 전제조건이다. 스텔스 기종이 아닌 플랫폼으로 이루어진 공군의 경우에, 일부 사람들이 주장하듯이, 전략공격이 반드시 적의 '야전병력'을 통과해야 하는 것은 아니다. 항공부대들을 포함하는 통합방공체계는 국가 야전병력의 일부이다. 군에서는 적의 방공망을 제압하기 전에 순항미사일 등의 장거리 정밀무기들을 사용해서 전략표적들을 공격할 수도 있다. 그러나 공중우세가 없

---

22) US Air Force, *Strategic Attack* AFDD 2-1, 2001, p.10.

는 상황에서 유인(有人) 항공기나 비(非)스텔스 항공기 기종을 이용해서 계속 전략공격을 수행하려고 하는 공군은 상당한 수준의 손실을 입게 될 것이다. 고전적인 항공력 이론가 대부분은 이 사실을 인식하고 수용했지만, 조종사와 항공기가 값 비싸고 갈수록 귀해지는 후기 산업시대에 그런 전략이 낳는 큰 손실을 장기간 견딜 수 있는 현대식 공군은 없을 것이다.

이 마지막 논점이 전략공격의 본질을 이해하는 데 핵심이 되는 부분이다. 적의 진지 가운데 가장 강력한 곳을 일부러 찾아서 자신의 부대를 몰아 공격하는 지상군지휘관은 없다. 고전적인 항공력 이론가들이 공중에서 상당한 손실이 발생할 수 있다는 가능성을 인식하였지만, 그럼에도 불구하고 그들은 1914년부터 1918년까지 서유럽전선에서 있었던 것과 같은 장기적인 소모전을 피하고자 하였다. 전략공격의 개념은 공중에서 압도적일 때 우리의 능력을 이용하여 적의 약점에 대하여 우리의 힘으로 구멍을 뚫는 것이다. 적군이 효과적인 방공작전을 수행할 수 없게 되면, 지상에서 아무리 강한 적이라 하더라도 지속적이고도 치명적인 공격을 계속 받게 될 것이다. 적의 지원 하부구조에 대한 타격도 전장의 병력을 지탱하고 강화시키는 적의 능력에 막대한 부담을 제공하게 될 것이다.

그러나 아직도 부분적으로는, 전략수준의 목표들이 전략적 전역수행을 위한 표적군을 지정한다. 따라서 야전군에 대한 직접적인 공격이 전쟁의 모든 목표를 충족시키지는 못할 것이다. 걸프전에서처럼, 국가의 전략적 목표 가운데는 적의 대량파괴무기 생산 능력을 제거하는 것이 역시 포함될 수도 있다. 이는 종전(終戰) 후 상대국이 이웃 국가들을 위협할 수 없게 하여 이러한 대량파괴무기 생산설비에 대한 공격이 전략적 중요성을 가진다. 발전소와 같은 특정 하부구조 표적들을 파괴하는 것은 어떤 나라가 그 지역에서 가지고 있던 지역적 세력의 회복을 억제하거나 적어도 지연시킬 수 있고, 따라서 적어도 당분간은 지역분쟁의 위협을 줄일 수 있게 될 것이다. 이와 같이 특정 표적보다는 추구하는 효과와 전략목표와의 상관관계가 임무를 "전략적"인 것으로 만드는 것이다. 항공공격은 국가의 전략적 목표의 전부를 달성할 수는 없으나 대부분을 성취하는 중요한 수단이다.

2) 전략공격의 특성

이러한 항공력 임무의 '전략적'인 의미 규정을 통해 전략공격의 성격과 특성을 구체적으로 살펴보면 다음과 같다. 첫째, 전략공격은 '공세적 활동'이다. 승리를 위해서는 보통 공세적 활동을 필요로 하는데, 전략공격은 전략목표를 달성하는 효과를 창출하기 위해 적의 심장부에서 전투를 수행하는 공세적 활동을 말한다. 대체로 방어작전은 분쟁을 피하는 것이 국가이익이 될 때 수행하는 것으로 억제를 강화하는 것일 수 있으나, 일단 군사적인 분쟁이 발생한다면 방어작전은 기껏해야 현상유지나 교착상태에 머물게 한다. 항공력은 본질적으로 공세적인 특성 때문에 대부분의 분쟁에서 국가통수기구에 이용 가능한 대안을 제공하는 군사적 수단이 되고 있다. 항공력은 적에 대해 군사력을 적용하고, 군사적인 다른 활동을 위한 전장을 형성하는 동안 주도권을 확보하는 데 가장 빠르고 가장 직접적인 수단을 제공한다.

둘째, 전략공격은 국가의 전반적인 전쟁계획 및 목표와 밀접하게 관련되어 있어 '전쟁 지도부'에 의해 수행된다. 이러한 사실은 전략공격이 국가의 전반적인 군사노력의 전략적 공세임을 강조하고 있고, 국가의 정치적·경제적 목표를 달성하거나 이를 지원해야 함을 강조하고 있다. 전략공격은 국가의 전쟁목표를 가장 직접적으로 달성하기 위해 수행되며, 보통 국력의 다른 요소들과 긴밀하게 연계되어 운용될 때 가장 효과적인 결과를 창출한다.

셋째, 전략공격은 '효과'를 창출하는 데 목적을 둔다. 전략적 수준에서 효과를 창출한다는 것은 군사력이 전통적으로 수행해 왔던 기간시설 또는 군사적 표적을 파괴하는 것 이상을 의미한다. 전략공격이 적들을 패배시키거나 강압하고자 한다면 효과중심적이어야만 한다. 효과중심은 적 체계에 대한 공격이 군사적·정치적 목표에 직접적으로 기여하는 특별히 요구된 효과를 달성하기 위해 계획되어야 하는 것을 의미한다.

넷째, 전략공격은 '국가안보목표'를 가장 직접적으로 달성한다. 요구된 효과는 국가통수기구의 분쟁 목표를 달성하는 데 명확하고 논리적으로 연결되어야 한다. 전략공격은 적 군사력과의 직접적인 교전 없이 분쟁목표

달성을 추구한다. 전략적 목표들은 전략공격을 통해 분쟁에서 적을 패배시켜야만 하는 전통적인 방법이 아닌 '가장 직접적'인 방법으로 달성된다.

다섯째, 전략공격은 '적의 지도부'에 영향을 미친다. 모든 적은 중추 기능을 담당하는 지도부가 있게 마련이다. 우리는 적 지도부의 심리에 영향을 주어 항복을 강요하거나 적이 우호적으로 변할 수 있도록, 그들을 직접적으로 공격하거나 그들의 전투의지에 영향을 끼치는 전략공격을 수행하게 된다.

여섯째, 전략공격은 '분쟁지속 자원'에 영향을 미친다. 적의 의지를 직접적으로 표적화하여 공격하기는 어려울 수가 있다. 따라서 우리는 일반적으로 분쟁에서 적이 운용하는 수단을 표적화하게 된다. 현대의 첨단기술은 중요한 자원이다. 그러나 이러한 자원을 유지하기 위해 필요한 지원수단들은 공격에 취약한 표적이 될 수 있는데, 이러한 것들이 공격을 받는다면 적의 붕괴속도는 빨라질 것이다.

일곱째, 전략공격은 '적의 전략'에 영향을 미친다. 손자는 전쟁에서 최상의 정책은 적의 전략을 패배시키는 것이라 강조했다. 군사력 운용의 다른 형태도 또한 적의 전략적 선택을 거부하도록 하지만, 전략공격이 보통 가장 효과적으로 이것을 수행할 수가 있다.

3. 병행공격/병행전쟁

1) 병행전쟁이란?

전쟁수행의 한 형태로서 병행전쟁은 전쟁당사자 쌍방의 인명과 자원의 피해를 최소로 줄일 수 있으며, 전쟁을 최단시간 내에 끝낼 수 있는 항공력 위주의 전쟁수행 방식이지만 모든 군이 적용할 수도 있는 발전된 군사력 적용방식이다. 일반적으로 병행전쟁 또는 그 전쟁수행방식으로서 병행공격이라 함은, 적을 전략적으로 마비시키기 위해 여러 개의 적의 핵심표적(중력중심)을 동시에 공격하는 것으로 정의할 수 있다. 여기서 전략적 마비(Strategic Paralysis)라 함은, 후술하겠지만 적이 효과적인 저항을 더 이상할 수 없는 때의 상황을 말한다. 적이 전략적으로 마비되면 더 이상 우리의 의지를 거역할 수 없게 되는 것이다. 동시공격(Simultaneous Attacks)의 아이디어는 필요한 공격들을 신속하게 진행시킬 필요성에서 나왔다. 따라서 병행전쟁이 갖는 좀 더 특별한 목적은 전략마비의 달성뿐 아니라 그것을 신속하게 달성하는 것이다. 병행전쟁은 가속화된 전쟁이며 초강력전쟁(Hyper War)이라고 하기도 한다. 이러한 전쟁방식을 운용하면 쌍방의 인명살상률을 줄일 수 있고, 소요 자원을 줄일 수 있으며, 적으로 하여금 피격으로부터의 회복이나 대응책 수립을 불가능하게 한다.

병행전쟁은 사람들이 이미 잘 알고 있는 일련전쟁(Serial Warfare) 혹은 연속전쟁(Sequential Warfare)과는 전혀 다르다. 일련전쟁에서는 표적을 하나하나씩 차례로 공격한다. 전자공학에서 직렬회로와 병렬회로로 설명하면 아주 쉽게 이해된다. 직렬회로는 전기가 다음 "표적"으로 건너가기 전에 반드시 앞의 표적을 지나가야 한다. 이와는 반대로 병렬회로는 전기가 각 "표적"을 동시에 통과한다. 이와 같이 병렬전쟁은 병렬회로의 전류흐름으로 설명될 수 있다.

2) 병행전쟁 수행요건

정밀무기가 표적을 명중시키는 높은 확률을 제공하기 때문에 동일한 숫자의 항공기를 사용하여 이전보다 더욱 많은 표적을 공격할 수 있다. 이것이 병행전쟁에서 중요한 요소이다. 정밀능력 항공기의 이점은 항공기 소요 대수의 감소에 있다. 만약 12대의 항공기가 26개의 개별 표적을 공격할 수 있다면, 3대가 6개의 표적을, 6대는 12~13개의 표적을 공격할 수 있을 것이다. 그러나 만약 항공기 보유 대수가 매우 적어진다면 어떤 수준에서는 그런 이점이 사라지고 오히려 부담이 될 수도 있다. 이때 병행전쟁 수행능력은 감소하는 항공기 수량에 따라 줄어들게 된다.

병행전쟁 수행에 또 다른 중요한 요소는 스텔스 기술이다. 스텔스 기술은 물체가 레이더 탐지를 회피할 수 있게 하는 능력이다. 이러한 능력을 갖춘 스텔스기는 견고한 방공지역인 바그다드 인근에 1,200소티 이상을 출격하였으나 단 한 대도 피격되거나 격추되지 않았다. 2006년 모의공중전 실험에서 현재 세계 최강의 스텔스 전투기인 F-22 Raptor 10대가 150대의 다양한 기종들(F-15/16/18)과의 공중전에서 140:0으로 승리한 보고도 있다. 이와 같이 정밀무기와 스텔스 항공기의 혼합은 병행전쟁에 대한 가능성을 제공하지만 그 작전의 성공을 보장하기 위해서는 또 다른 몇 가지 요소가 더 필요하다. 항공전역 계획, 표적선정 이론, 정보, 항공기 임무가능률, 전자전 자원 및 군수 등의 모든 요소가 병행전쟁을 성립시키는 요소가 된다. F-117기가 정밀무장을 장착하고 전략적 표적을 향해 출격한다고 해서 곧 병행전쟁이 되는 것은 아니다. 전략을 수행하기 위해서는 효과적인 첩보가 획득되어야 하며, 중력중심이 식별되고, 표적선정 작업을 거쳐야 하며, 그리고 종합공격계획(Master Attack Plan: MAP)이 수립되어야 한다. 종합공격계획은 항공작전을 어떻게 수행하는가에 관한 세부지침이다.

전역의 목표는 정치적 목적에 연계(종속)되어야 한다. 목표가 설정되면 기획자들은 목표 달성을 위하여 파괴 혹은 손상시켜야 하는 표적을 찾을 수 있다. 병행전쟁을 한층 더 돋보이게 하는 전역목표는 전략마비(Strategic Paralysis)이다. 전략마비가 목표인 시나리오에서는 지휘통제, 전력체계, 수송망 및 기타의 표적들이 공격대상이 된다. 기획의 도구가 되는 것은 어떤 것이라도—존 워든(John A. Warden III) 대령이 설명한 다섯 개의 고리(동심원) 모델 같은 것—중력중심과 잠재적인 표적을 식별하기 위해 사용될 수 있다.

와든이 제시한 모델은 앞에서도 이미 언급했듯이 적국, 적 군사력, 혹은 일개 적 병사에 이르기까지 모든 유기적인 체계는 다섯 개의 고리모델로 설명될 수 있다는 것이다. 가장 내부의 고리(동심원)에는 의사전달체계를 포함하는 지도부(Leadership)가 해당되고 순서대로 전기, 석유 등과 관련되는 임무필수요소(Mission Essentials), 도로망, 철도망, 교량 등이 포함되는 하부구조(Infrastructure), 입구집단 그리고 제일 외곽에는 야전배치된 군사력이 해당된다. 워든 대령은 적을 공격하는 가장 효과적이고도 용이한 길은 가장 내부에 위치하는 고리를 먼저 표적으로 삼는 것이라고 강력히 주장한다. 사실상 내부에 위치한 고리에 대해 항공력을 효과적으로 운용하게 되면 적군사력에 대한 공격이 불필요하게 된다. 이것이 병행전쟁의 정수(精髓)로서, 적이 우리의 의지를 따르도록 강제하기 위해 가장 내부의 고리에 해당하는 선정된 표적을 공격하는 것이다.

표적을 선정한 후에는 표적에 대한 파괴 수준 및 조준점을 결정하기 위해 그 표적에 대한 좀 더 세부적인 정보가 수집되어야 한다. 조준점은 그것에 대한 지식이 없이는 어떤 곳을 공격해야 최대의 파괴효과를 얻을지 모르기 때문에 매우 중요하다. 예를 들어 항공기 생산공장에 대한 정확한 정보가 없으면 기획자들은 그 공장의 생산활동을 중단시키거나 지연시키기 위해서는 전체 시설물들을 폭탄으로 뒤덮어야 할 것이다. 그러나 정확한 정보가 있을 때 기획자는 중심이 되는 건물 하나의 가장 중요한 방을 표적으로 하여 정밀 유도무기를 갖춘 항공기나 순항미사일로 소기의 성과를 달성할 수가 있다.

표적의 조준점을 결정하는 것과 마찬가지로 요구되는 표적의 파괴수준을 결정하는 것도 매우 중요하다. 예를 들어, 만약 중무기(탱크 자주포 등)의 전선 유입을 차단시키는 것이 목표라면, 기획자들은 도중에 있는 교량을 파괴하는 데 4발의 2,000파운드 폭탄이 필요하다는 것을 알지만, 그러나 그들이 그 무기가 통과하지 못하도록 교량을 손상시키는 데는 단지 2발의 2,000파운드 폭탄이 필요하다는 것을 깨닫는다면 나머지 2발의 폭탄은 다른 표적에 사용할 수 있게 될 것이다. 2차 대전 중 미국의 기획자들은 독일의 볼베어링 공장의 무력화가 다른 전쟁물자 생산을 크게 저하시킬 것이라고 믿었다. 그들은 슈바인푸르트에 있는 5개의 볼베어링 공장 중 3개를 파괴시키면 그 생산율을 43%로 떨어뜨릴 수 있다고 생각했다. 이런 수준의 파괴를 달성하기 위해 230대의 B-17 폭격기가 1943년 8월에 임무 발진하였다.[23] 이때 만약 기획자들이 볼베어링 생산공정에 필수적인 어떤 부품

23) Thomas M. Coffey, *Decision over Schweinfurt* (New York: David Mckay Company, Inc., 1977), p.3.

하청 공정들이 슈바인푸르트에 있는 것을 알았더라면 좀 더 소량의 폭격기만 소요되었을 것이다. 그리고 나머지 폭격기를 다른 지역에 있는 볼베어링 공장 공격에 운용할 수 있었을 것이다.

목표와 중력중심 그리고 표적들이 일단 결정되면 기획자들은 종합공격계획(MAP)을 작성할 수 있다. 이것이 작전수준의 계획대강(Big Picture)이다. MAP은 일일 항공과업명령(ATO)을 작성하는 근간이 된다. 정보의 역할에 대해서는 앞에서 이미 언급한 바 있지만, 그 중요성은 아무리 강조해도 지나친 것이 아니다. 좋은 정보, 즉 가치 있는 정확한 정보는 병행전쟁 성공의 핵심요소이다. 그것이 없이는 중력중심을 식별할 수 없고, 중요한 표적을 간과하고 부적절한 표적을 선정할 수도 있기 때이다. 따라서 잘못된 표적선정 작업은 소중한 전력을 탕진하여 병행전쟁을 불가능하게 만들 수 있다. 더욱이 효과적인 전투피해평가(BDA)도 전반적인 전역 관리에 매우 중요하다. 부적절한 BDA는 불필요한 임무 재투입현상을 야기해 전력자원을 감소시킬 수 있다.

기술 발전에 의해 가능해진 스텔스 및 정밀무기 운용이 병행전쟁에 가져온 기술적 역할의 또 다른 측면은 항공기 임무가능률(전투임무 수행 가능한 항공기 비율)이다. 높은 임무가능률은 높은 소티비율과 동일하여 기획자들이 좀 더 많은 표적을 공격할 수 있도록 하는 것이다. '사막의 폭풍작전'시 공군의 임무가능률은 지속적으로 매우 높았으며 평시 비율보다 5% 이상 능가하였다.[24] 공군의 전반적인 임무가능률은 놀랍게도 92.4%였다.[25] F-15, F-16, A-10 및 F-15E기 등 항공기의 설계, 제작 및 정비 기술이 유례없는 높은 임무가능률을 가져 왔는데, 다시 말하면 병행전쟁을 수행하기에 필요한 소티용량을 제공했다는 것이다. 전자전은 병행전쟁 수행 시에 중요한 또 다른 요소이다. 비록 F-117기들이 이라크 방공망을 뚫고 침투하고 해양

---

24) Richard P. Hallion, *Storm over Iraq: Air Poter and the Gulf War* (Washington, D.C.: Smithonian Institution Press, 1992), p.197.

25) *Ibid.*

발사 순항미사일 또한 그 방공체계 아래로 날아 들어갔지만 기타 다른 항공기들은 정면으로 위협에 직면해야 했다.

이때 임무 성공과 전력의 생존을 위해서는 EC-130, EF-111, 및 EA-6기 등 전자전 전력이 필수적이었다. 지휘통신망 지상기지 방공레이더망의 교란은 F-4G 및 F/A-18기와 같은 대공제압기의 운용과 F-117기들의 방공지휘본부 및 통신체계에 대한 폭격과 결합하여 다수의 비스텔스 공격항공기가 임무를 완수하도록 했다. 항공기 손실률이 가장 작다는 것은 최대의 항공기 숫자가 소티 생산이 가능하다는 것을 의미하고 동시에 최대의 표적수량을 때릴 수 있다는 의미이다. 미국의 모든 항공기가 스텔스화될 때까지 전자전 자원은 병행전쟁 수행을 위해서 필수적인 것이 될 것이다.

군수는 병행전쟁 수행 시 필요한 마지막 요소이다. 군수는 세 가지 분야, 즉 부품, 공중급유 및 무장으로 구분할 수 있다. 부품은 임무가능률 유지에 매우 직접적인 영향을 미치는 요소이다. 높은 임무가능률 유지를 위해 중요한 것이 부품 획득 가능성이다. 아무리 숙련된 정비요원이라도 부품의 부족은 극복할 수 없다. 따라서 병행전쟁 수행에 필요한 소티수를 생산해내기 위해서는 효과적인 보급체계가 필수적이다.

군수에서 종종 간과하는 한 분야는 공중급유 분야이다. 사막의 폭풍작전이 준 중요한 교훈 중 하나는 전력이 보다 먼 작전전역으로 갈 수 있도록 해줄 뿐 아니라 원하는 위치에 지속적으로 머물 수 있도록 해주는 공중급유 자원이 얼마나 중요한 요소인가 하는 것이었다. 사우디/쿠웨이트 국경선 근처에 기지가 있거나 작전을 하는 항공기를 제외하고는 비행하는 모든 항공기가 공중급유를 필요로 했다. 따라서 적절한 공중급유 자산은 병행전쟁에 필수적이다. 군수에서 마지막으로 중요한 요소는 무장이다. 병행전쟁 수행을 위해 정밀유도무기(PGM)가 갖는 중요성에 대해서는 이미 언급하였다. PGM의 장점은 그것이 가지는 정밀성 때문에 적을 공격하는 데 전체적인 다수의 무장이 불필요하다는 것이다. 여기서 유의할 점은 기획자들에게는 어떤 무장을 필요로 할 때 원하는 것을 가질 수 있도록 보장되어야 한다는 것이다. 정밀무장이라고 해서 모든 표적에나 적합한 것은 아니지만 그것이 적절한 선택이 될 때는 가질 수 있어야 하는 것이다. 따라서 무장 요구량에 대한 조기 판단과 배치가 매우 중요하다.

이상과 같은 논의를 통해서 우리는 병행전쟁 수행을 위한 중요한 요소들을 살펴보았다. 정밀성, 스텔스, 표적선정 이론, 정보능력, 임무가능률, 전자전 및 군수 등 모든 요소가 병행전쟁 수행에 중요한 역할을 담당한다. 이외에도 순항미사일 원격조종 비행체(RPV), 기지 지휘통제 등과 같은 요소들도 병행전쟁을 효과적으로 수행하기 위해서 중요할지도 모른다. 그러나 이 절에서의 요점은 병행전쟁이 작동될 수 있도록 하는 데 좀 더 중요한 몇 가지 요소(필수요소)들을 찾아내려는 것이었다. 걸프전이 아닌 다른 시나리오에 의한다면, 이 요소 중 몇 가지는 논의여지가 있을 것이며 오히려 전혀 새로운 요소가 추가될 수도 있겠지만 그러나 전역 기획자들에게는 병행전쟁을 가능케 하는 요소가 무엇인지를 아는 것이 성공을 위해 무엇보다 중요한 일이 될 것이다.

3) 병행전쟁의 특성

병행전쟁의 1차적인 특성은 이것이 여러 가지 전쟁의 원칙을 실천하는 수단으로서 단순한 하나의 전쟁방식이 수많은 전쟁의 원칙을 혼합하고 있다는 점이다. 목표의 원칙은 병행전쟁의 초기 기획단계에서 이미 설정된다. 다음으로는 공세원칙으로서, 공세지향적으로 작전의 속도가 조절된다. 대량의 원칙은 항공기나 무장의 수량에 의해서가 아니고 표적에 명중된 폭탄의 수량에 의해 달성된다. 전력의 경제성원칙은 소수의 항공기에 의해 다수의 표적이 파괴되었을 때 또한 달성된다. 노력의 통일성은 통합군 공군구성군사령관(JFACC)에 의해 보장된다. 마지막으로 기습의 원칙은 좋은 기획의 결과일 뿐 아니라 스텔스 항공기 및 순항미사일의 운용과 앞에서 언급된 전쟁의 원칙들의 산물이 될 수 있다.

병행전쟁의 다른 특성 중 한 가지는 인명과 자원에 대한 비용에 있다. 병행전쟁의 목적은 적의 중력중심을 동시적으로 공격하여 적을 전략적으로 마비시키고 더 이상 저항하지 못하게 하는 상황을 조성하는 것이다. 만약

성공적이라면, 우군의 손실이 최소화될 뿐 아니라 분쟁이 신속히 종결됨에 따라 쌍방의 손실을 줄이게 된다. PGM이 쌍방의 피해를 최소화하도록 보장하며, 적군의 인명손실을 줄이고 소요자원(무장기반과 폭탄에 대한)을 감소시킨다.

또한 병행전쟁은 첨단기술의 사용을 극대화한다. 스텔스기, 정밀무기, 위성항법체계(GPS), 야간저고도/표적식별적외선장치(LANTIRN) 및 순항미사일 등은 독자적으로도 적에게 장애요소가 될 뿐 아니라 전략과 결합될 시 적을 압도하는 능력을 갖도록 해준다.

4) 병행전쟁의 문제점과 제한사항

병행전쟁이 긍정적인 특성을 가지고 있는 것과 마찬가지로 부정적인 측면도 가지고 있다. 예를 들어, 병행전쟁은 스텔스와 정밀무기에 크게 의존하기 때문에 미국을 제외한 대부분의 국가들은 전쟁 방식으로 추구하기가 불가능하다.

스텔스기는 미국처럼 비교적 부강한 나라조차 충분히 구매하기가 어려운 항공기이다. 미 공군은 매년 48대 정도의 F-22 스텔스 항공기를 구매하여 2012년까지 도합 381대로서 공중지배(air dominance)능력을 유지하려 하였으나 비용상의 이유로 183대로 축소되고 말았다.[26)]

병행전쟁에서 또 다른 문제점으로는 그 작전을 수행하려면 어느 정도 수준의 항공기 수량이 필요하다는 것이다. 오늘날 대부분의 국가는 대략 500개의 핵심 표적을 가지고 있다(이라크는 400개 이하로 분석되었다).[27)] 각 표적당 4~6개의 조준점이 있다고 보면 2,000~3,000개의 전략 조준점이 나온다. 이 표적들을 비교적 짧은 시간 내에 공격하기 위해서는 대량의 항공자원이 필요하다. 순항미사일의 견고한 표적에 대한 파괴력 부족과 스텔스 항공기의 수적 제한 등의 사실을 인식할 때 상당량의 비스텔스 항공기가

---

26) John A. Tirpak, "Fighting for Air Dominance," *Air Force Magazine,* April 2008.
27) Hallion(1992), p.143, p.267.

전역에 참여해야 할 것이라는 점이 분명하다. 따라서 이 전략을 운용할 수 있는 국가가 매우 제한될 것임이 분명하다.

병행전쟁의 핵심요소 중 하나는 효과적인 종합공격계획(MAP)이다. MAP의 두 가지 중요한 특성은 적의 능력에 대한 정확한 평가와 표적의 위치와 그 물리적 특성에 관한 정확한 정보이다. 이 두 가지 요소 모두가 필요한 만큼 획득하기가 쉽지 않은 정보를 필요로 한다. 국가, 전역 및 전술적인 자원으로부터의 실시간 자료가 사용 가능하도록 분석 및 평가되어야 한다. 정보조직이 제공하는 정보가 없이는 값비싼 무장이 무의미하게 될 수 있다.

또한 작전을 수행할 때는 효과적인 정확한 폭격피해평가(BDA)가 필수적이다. 역사적으로 볼 때, 항공승무원의 전투임무 결과보고는 과장되는 경향이 있다. 임무성과에 대한 과대보고는 종종 정보기구에 의한 표적 파괴정도의 입증(보통 사진정찰형태로)을 필요로 한다. 오늘날의 문제는, 우리가 훨씬 더 정확한 무기체계를 가지고 있을지라도 정보 측에서는 여전히 확실한 증명이 필요하다는 점이다. 2,000파운드짜리 폭탄이 건물의 환기통을 통해서나 혹은 항공기 엄호체의 측면을 뚫고 들어가더라도 항상 내부 파괴가 달성되었다고 볼 수가 없다는 사실 때문에 갈등이 계속되는 것이다. 그러나 궁극적으로 이 문제는 해결되어야 한다. 따라서 충분히 파괴범위를 보장할 때까지 소티를 재배정하며, 결국 이것은 자원의 낭비가 되는 것이다.

물리적 환경요소 역시 병행전쟁을 곤란하게 하는 다른 하나의 요소이다. 걸프전 기간 중 제반 환경이 연합군 공군에게는 양호하였음에도 불구하고 초기의 항공전역은 기상악화 때문에 9일간이나 연장되었다. 분쟁이 세계 어느 곳에서 발생할지 모르기 때문에 잠재적인 문제점들은 기상뿐만이 아니라 지형, 열대림, 혹은 여러 가지 요소들이 병행전쟁 방정식을 복잡하게 만들 수 있다. 마지막으로 들 수 있는 것은 병행전쟁에서는 분명히 항공력의 냄새가 나며 그 배후에는 강력한 공군의 색깔이 드러난다. 여기서 언급된 병행전쟁은 공중공간형이지만 병행전쟁의 기본적인 가르침은 — 전략마비를 이끌어내기 위해 핵심표적들을 동시에 공격하는 — 다른 전력에 의해서도 잘 수행될 수 있다는 것이다. 1989년에 있었던 파나마 침공(일차적으로 지상군에 의해 수행된)은 병행전쟁이었다. 전술적 수준에서는 병행전쟁은 모든 수단에 의해서 수행될 수 있다.

현대식의 산업화된, 그리고 무력을 상당히 갖춘 적에 대해서는 항공력을 통한 병행전쟁 수행이 효과적이다. 그러나 한편, 적이 무기체계를 위장·은닉, 다양화, 소형화한다든지 또는 게릴라전 등과 같은 사례에서는 병행전쟁이 좋은 방법이 아닐 수도 있다. 더욱이 앞에서 논의한 병행전쟁 수행을 가능케 하기 위해 필요한 여러 가지 요소 중 어떤 것이라도 방해되거나 지연될 때는 병행전쟁 수행이 불가능해지거나 그 효과에 충격적인 영향을 줄 수도 있다.

병행전쟁이 미래 모든 분쟁을 해결할 수 있는 것은 아닐 것이다. 여기서 중요한 것은 병행전쟁이 무엇이며 그것이 무엇을 할 수 있는가 하는 것을 이해하는 일이다. 우리는 베트남에 투하된 폭탄량의 단지 1%를 투하하고 인명의 손실을 극소화하는 가운데 단지 몇 개월 만에 해결한 최근의 전쟁들이 11년을 끌면서도 완전히 실패한 베트남전과 극명하게 대조되고 있음을 잊어서는 안 될 것이다.

4. 전략마비 개념

1) '전략마비' 개념의 발전

적을 마비시킨다는 것은 전혀 새로운 개념이 아니며, 이 개념에 대한 역사적 자료는 많다. 전략마비의 개념을 더욱 명확하게 정의하려면, 먼저 두 명의 뛰어난 영국의 전략가인 풀러(J. F. C. Fuller)와 독일의 역사가인 델브룩(Hans Delbruck)이 구축한 이론에서 아이디어를 찾을 수 있다. 풀러의 유형론(typology)은 무엇이 전략마비인지를 구별할 수 있도록 도와주는 반면, 델 브룩의 이론은 무엇이 전략마비가 아닌지를 보여준다.

『전쟁과학의 기초(*The Foundation of Science of War*)』라는 글에서, 풀러는 3중 질서의 개념을 소개하면서 과학으로 전쟁의 성격을 검토하고 있다.

적의 마비는 물리적, 정신적 그리고 도덕적인 차원으로 구성되어 있다. 전략적 마비는 적국의 도덕적 붕괴를 유도하기 위하여 적을 물리적으로 무력화시키고 정신적으로 혼란시킨다는 비살상적인(nonlethal) 의도를 바탕으로 하고 있는 것이다. 비록 비살상적인 의도가 반드시 파괴적인 조치를 배제하거나 살상적인 결과를 방지하는 것은 아니지만, 가급적이면 부정적인 결과를 최소화시키려는 것이다. 이러한 물리적, 정신적, 그리고 도덕적 효과는 그 나라의 대전략이 요구하는 바에 따라 단기적인 것일 수도 있고 장기적인 것일 수도 있다. 달리 표현하자면, 전략마비는 적국의 도덕적 의지를 간접적으로 공격하고 무찌르기 위하여 물리적이고 정신적인 능력을 표적으로 삼는 것이다.

풀러는 또한『전쟁과학의 기초』에서 전략마비의 개념정의에 도움을 주는 또 다른 이론적 가정을 제시하였다. 전쟁과학자답게 풀러는 군사전략을 배우는 학생들에게 도움을 줄 수 있도록 다양한 전쟁 원칙을 정립해 놓았다. 전쟁 수행을 지배하는 원칙(9개의 원칙)을 도출하고 그중 최고의 원칙으로서 전력의 경제성을 꼽았다. 이 원칙이 전략마비의 정의에 공헌하는 바는 최대의 효과를 얻어내기 위하여 최소의 노력을 투입한다는 개념이다. 이 개념이야말로 파리스가 자신이 이길 수 없는 상대인 아킬레스에게 활용한 개념이다.

다음은 델 브룩의 유형론의 견지에서 전략마비 개념을 살펴볼 수 있다. 델 브룩은 클라우제비츠식 경향이 분명하게 드러나는『전쟁술의 역사(*History of the Art of War*)』라는 폭넓은 범위의 글을 썼다. 이 글에서 그는 두 가지의 전통적인 전투 전략으로서 섬멸전략과 소모전략을 제시하였다. 섬멸 전략은 적 군사력의 파괴를 목표로 삼지만 소모전략은 적을 지치게 만드는 것이다. 델 브룩은 소모전략을 구사하기 위한 독특한 방식을 제시한다. 즉 한 쪽 끝이 전투이고 다른 한 쪽 끝이 기동을 구사하는 전략이다. 그는 이를 "양극전략(two-pole strategy)"이라고 불렀다.[28] 소모전략 혹은 양극전략을

28) Peter Paret, ed., *Makers of Modern Strategy* (New Jersey: Princeton Univ.

활용하는 전투지휘관은 계속해서 전투와 기동 사이를 오가며 상황에 따라서 하나의 극을 선호하게 된다. 따라서 섬멸 전략이 적군의 압도적인 패배를 통하여 신속한 결단을 이끌어 내는 반면, 소멸전략은 적 의지를 느리지만 꾸준하게 약화시킴으로써 장기간 지속되는 사태를 만들어낸다.

그러나 전략마비는 섬멸전략도 소모전략도 아닌 제3형태의 전쟁으로 볼 수 있다. 전략마비는 전투에서 적군의 파괴를 통한 신속한 결단을 추구하지 않는다. 마찬가지로 전략마비는 전투와 기동의 양극을 계속 오가며 적을 피로케 함으로써 연장된 결단을 추구하지도 않는다. 전략마비는 전투와 기동을 융합하여 적을 무력화시킴으로써 신속한 결단을 추구한다. 전략마비는 적국의 전쟁수행 지구력과 통제력에 대한 공격을 선호하고 적군과의 전투를 건너뛴다. 전략마비는 순수한 전투도 순수한 기동도 아닌 양자의 독특한 혼합물, 즉 전쟁수행 잠재력에 대한 '기동전투'이다. 이와 같이 전략마비는 적을 파괴하기보다는 무력화시키기 위한 물리적, 정신적, 그리고 도덕적 차원들을 지닌 군사적 선택이다. 전략마비는 필요한 최소의 군사적 노력이나 비용으로 가능한 한 최대의 정치적 효과나 이득을 추구한다. 게다가 전략마비는 저항하고자 하는 적의 도덕적 의지를 감소시키기 위하여 전쟁 활동을 지속시키고 통제하는 것으로 적의 물리적, 정신적 능력을 공격하는 형태의 기동전을 통하여 신속한 결단을 얻어내고자 하는 것이다.

리델 하트는 『전쟁사상(*Thoughts on War*)』에서 2차 세계대전에서 보여준 전략적 마비를 설명하기 위해 권투시합의 분석을 예로 들고 있다. 그의 주장은 상대방이 항복할 때까지 때리고 상처를 입혀서 이기려고 할 필요가 없다는 것이다. 이 방식은 때리는 쪽 역시 지치고 부상을 당하게 될 것이다. "현명한 권투선수는 가능한 경기의 초반에 상대에게 치명적인 한 방ㅡ턱 또는 명치ㅡ을 날려 상대방의 저항을 순식간에 마비시켜 버릴 것이다.… 전략적 마비를 위해 심지어는 물리적 손상없이 공포감만으로도 목적을 달성할 수 있다.…"

Press, 1986), p.341.

실상 마오쩌둥의 장기전 또는 게릴라전 이론을 제외하고는, 전쟁 초기에 신속하고 결정적인 전투를 고의적으로 추구하지 않는 군사지도자는 없을 것이다.

리델 하트는 또한 가능한 최소의 비용으로 전쟁에서 승리하려면 공중을 이용해 적을 마비시킬 필요가 있다는 점을 다음과 같이 예견하였다. "격렬한 전투를 통해 적을 파괴하는 것보다는 적을 무장해제시키는 것이 보다 경제적이고도 그 효과가 크다.… 전략가는 적군을 죽이는 것이 아니고, 마비의 측면에서 생각해야 한다." "적을 한 명 살상하면 적 병력이 한 명 줄어드는 것으로 그치지만, 한 명의 적을 마비시키면 마비에 대한 두려움이 확산되어 공포의 경지에 달할 수 있다"고 리델 하트는 주장하였다. 이러한 두려움은 적 지휘부, 특히 지휘관의 마음속까지 확산될 수 있으며, 이 경우 "적 부대가 보유하고 있는 모든 전투력은 무력화될 수밖에 없다." 보다 높은 차원까지 확산되면, "그 국가의 정부에 가해지는 심리적 압박으로도 충분히 적 사령부가 보유하고 있는 모든 자원을 포기시킬 수 있고, 결국, 마비된 손은 쥐고 있던 '단검'을 내려놓게 된다"고 리델 하트는 주장하였다. 그는 전쟁분석에서, 한나라의 명목상의 힘은 인력과 자원으로 나타나는 반면에, 이들을 엮어 주는 근육은 내부 기관과 신경 조직, 다시 말해 통제, 사기 및 보급 능력에 크게 의존하고 있다"[29]고 주장하였다.

알렉산더 세버스키(Alexander P. de Seversky)도 2차 세계대전 중 그의 책, 『항공력을 통한 승리(*Victory through Aiwpower*)』에서 유사한 주장을 하였다. 그에 의하면 미국은 신속한 승리를 위해 일본의 심장부를 초기에 공격했어야 했다.

> "일본과의 전쟁에서 아이러니는 이렇다. 적국의 몸체와 심장이 이에 딸린 팔다리보다 미국 본토와 가까웠지만, 우리는 심장은 공격할 수 없고 팔다리의 공격에 치중하고 있다.… 전략적 사고를 위해 일본을 하나의 거대한 문어로 생각하라. 이 문어의 몸과 주요 기관은 일본 열도에 존재한다. 이 문어의 촉수

---

29) Sir Basil H. Liddell Hart, *Strategy* (1991), p.212.

는 중국, 말레이 반도, 인도, 필리핀, 괌, 웨이크 등지로 수천 마일을 뻗어 있고.… 우리가 이 문어의 심장, 즉 일본 열도를 공격할 수 있다면, 모든 촉수는 즉각적으로 오그라들 것이다.… 하지만 우리가 이를 위한 적절한 전략과 무기를 소유하지 못함으로 인해 주변의 촉수를 하나하나 공격하는 수밖에 없는 것 같다."[30]

세버스키는 자신의 주장을 미국인들에게 전파하기 위해, 리델 하트와 마찬가지로 인간의 신체를 이용해 적의 심장부를 공격함으로써 얻는 이점을 설명했다. 인간 신체의 기능을 마비시키기 위해 신체 모든 부분을 공격할 필요가 없다고 그는 강조했다. 가장 중요한 기관이나 신경 중추를 관통시킴으로써 보다 적은 비용으로 동일한 목표를 달성할 수 있다. "어떻게 보면 산업시설이나 권력 중심이 국가를 구성하는 중대한 요소이고 이들을 섬멸하면 국가 전체의 기능을 마비시킬 수 있다"고 세버스키는 주장했다.

앞에서도 논의된 바, 현대 대표적인 항공전략가 존 보이드(John Boyd)는 전략적 마비이론의 핵심은 불확실한 전쟁상황에서 적의 전쟁수행시간을 제거함으로써 적을 정신적으로 무력케 하는 것이라고 했다. 따라서 존 보이드는 공격에 있어 물리적이거나 공간적인 것이 아닌 심리적이고 시간적인 차원의 방법을 중요시한다. 그는 군사적 목적을 "기습적이며 위협을 줄 수 있는 작전적, 전략적 차원의 상황을 이끌어 적 지휘부의 정신과 의지를 분쇄하는 것이다"라고 하였으며 이러한 목적을 달성하기 위해서는 무엇보다도 신속한 작전의 구사가 요구된다고 주장하였다.

존 보이드 이론의 핵심인 '신속의사결정체계(OODA Loop)'는 개인이나 조직의 모든 합리적 행동이 관찰(Observation), 판단(Orientation), 결심(Decision), 행동(Action)의 4가지 순환과정으로 이루어진다고 했다. 전쟁에서는 신속하고 정확하게 의사결정을 수행하는 측이 승리하게 된다. 따라서 아군은 이러한 순환적 의사결정 과정의 시간을 단축시키면서, 적에게는 항

---

30) Alexander P. de Seversky, *Victory through Air Power* (New York: Garden City Publishing Co., 1942), pp.334-335.

공력을 통한 기습공격으로 비정상적인 속도로 의사결정체계를 반복 강요함으로써 적을 정신적으로 마비시켜 전쟁의 승리를 도모할 수 있게 된다.

현대 최고의 전략사상가들 중의 한 명인 존 와든(John Warden III)은 전략적 마비이론의 핵심을 중심표적인 적 지휘부에 대한 전략공격을 통해 부분 또는 전체적인 체계 마비를 달성하여 정책변화를 강요하는 것으로 봤다. 모든 국가는 하나의 커다란 유기적 조직체계로 구성되어 있어 국가 간의 전쟁에서 승리하기 위해서는 인간의 두뇌에 해당되는 지휘부를 마비시키면 나머지 시스템은 저절로 붕괴되기 때문에 적의 지휘부 마비에 공격의 중점을 두어야 한다는 것이다. 또한, 와든은 적을 하나의 유기적 조직체계로 분석하면서 전략동심원 모델을 제시하고 있다. 이 모델은 가장 중요한 요소인 지휘부를 중심으로 주요 생산시설, 기반구조, 인구, 야전군으로 구성되어 있는데, 밖으로 갈수록 시스템에 대한 전반적인 기능의 중요도가 점차 낮아진다는 것이다. 5개 전략동심원 모델의 핵심은 "가장 효과적인 전략계획은 언제나 지휘부에 최우선적인 중점을 둔다"는 것이다. 심지어 적의 지휘부를 표적으로 선정할 수 없는 경우, 다른 동심원에서 중심을 선정하게 될지라도 지휘관의 관심은 여전히 적의 지휘부에 중점을 두어야 한다는 것이다. 각 동심원 내부에는 그 동심원을 위한 '모든 힘과 운동의 축'을 나타내는 중심 또는 중심의 집합이 존재한다. 만약 중심이 파괴되거나 무력화된다면, 체계전체에 심각한 영향을 미치게 된다.

2) 항공력을 통한 전략마비

전통적인 전쟁전략은 소모전략과 섬멸전략이다. 그러나 현대의 전쟁전략은 마비전략 개념이 추가된다. 〈그림 1〉에는 보다 전통적인 전쟁전략과 비교하여 전략적 마비를 도식화하고 있다.

섬멸전 전략(Annihilative Strategy)과 소모전 전략(Attritive Strategy)을 연결하는 선은 '군사력의 변화'로 표시되어 있다. 다시 말해, 적보다 군사력의 우위 정도가 어느 정도인가에 따라 섬멸 또는 소모전을 전개할 수 있다는 것이다. 반면에 전략적 마비는 섬멸전도 소모전도 아닌 전혀 다른 전략이

〈그림 1〉 전쟁전략

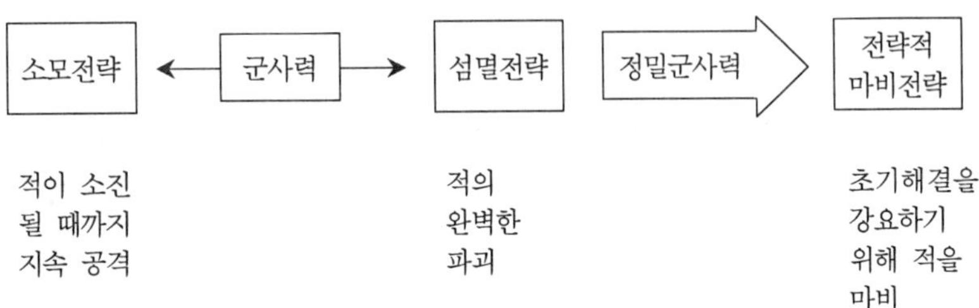

* 정밀 군사력에는 항공력이 필수적임

다. 전략적 마비도 적보다 군사력이 우수해야 가능한 것은 사실이지만 여기서 중요한 것은 양이 아니고 질이다. 다시 말해, 전략적 마비는 적을 임의로 선별하여 공격할 수 있는 능력과 사상자를 최소화할 수 있는 정밀성을 필요로 한다. 앞에서도 논의한 바와 같이 소모전이란 시간, 공간, 에너지 및 물자의 측면에서 적을 탈진시켜 궁극적인 승리를 추구하는 방법이다. 이 전략의 문제점은 누가 먼저 탈진할 것인가를 정확히 예측할 수 있어야 한다는 점이다. 전투에서 신속하고도 결정적인 승리를 높이 평가하는 군사(軍史)적 견지에서 볼 때, 소모전은 전쟁전략에서 추천할 만한 전략은 아니다. 그러나 소모전은 그 나름대로 사용할 가치가 있는 개념이다.

군사력 또는 전쟁수행능력을 추가로 보완할 경우 선택할 수 있는 전략이 섬멸전 전략이다. 이는 적보다 압도적으로 우위에 있는 경우에 선택할 수 있는 전략이다. 섬멸전 전략에서는 완벽하고도 철저한 적의 파괴를 추구하고 있다. 그러나 이러한 전쟁형태는 막대한 비용이 소요되고, 무차별적이다. 소모전 전략과 섬멸전 전략을 보완할 수 있는 세 번째의 전략이 항공력의 출현으로 가능해졌는데, 소위 말해 전략적 마비전략이다. 전략적 마비에서는 적의 중요한 힘의 원천을 마비시키는 방법을 통해 저렴한 비용을 들여 조기에 문제 해결을 추구하고 있다.

전쟁전략에 항공력의 독특한 기여도를 추가하면, 〈그림 2〉가 도출되는

〈그림 2〉 항공력을 이용한 전쟁전략: 전략적 마비

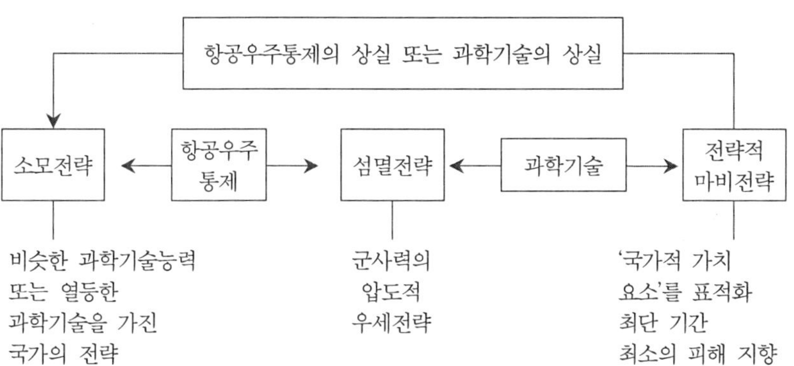

* 과학기술은 스텔스, 정밀무기, C3 등의 최첨단과학기술이 '마비'라는 목표를 달성할 수 있게 해줌
* 국가적 가치요소: 지도부, 산업시설, 군대, 국민, 수송체계, 통신체계, 동맹국 등

데, 이를 보면 항공력을 이용한 전쟁전략의 형태를 이해할 수 있다.

군대의 규모가 방대해지고 이들 군이 보유하고 있는 무기가 치명성을 더해감에 따라, 모든 지·해상군 지휘관이 승리에 필요한 돌파구를 찾기 위한 선택안은 줄어들 수밖에 없다. 그러나 항공기는 3차원으로 전쟁의 차원을 한 단계 높였으며, 지상의 상황에 관계없이 적과 전투를 수행할 수 있게 하였다. 그러나 항공력을 보유하고 있다고 자동적으로 승리가 보장되는 것은 아니었다. 항공기를 이용해 폭탄을 투하할 수 있으려면, 적의 영토에 항공기가 진입할 수 있어야 한다. 적 영토에 접근하려면 제공권을 획득하고 유지할 수 있는 능력이 있어야 한다.

제1차 세계대전 이후, 공중우세는 우수한 공군력을 보유한 국가들이 소모전 전략에서 섬멸전 전략으로 방향전환할 수 있게 해준 주요요소가 되었다. 물론 거의 대등한 항공력을 보유한 국가 간에 제공권을 획득하기 위한 소모적인 공중전투가 격렬히 전개되었는데 그 대표적인 사례는 제2차 세계대전 당시의 독일에서 볼 수 있다.

오늘날 항공력을 보유하고 있는 국가 간에 수행되는 섬멸전은 항공우주통제가 달성된 후에 사용 가능한 전략이다. 물론 이 항공우주통제는 압도적인 힘에 의해 초기에 달성할 수도 있고 소모적인 공중전투를 수행한 후에 달성할 수도 있다. 대규모의 현대화된 공군력을 보유한 국가는 적이 먼저 공중우세를 장악한 경우를 제외하고는 패배할 가능성이 거의 없다. 미국의 각 군은 공중우세가 지상과 해상에서의 승리를 위한 선결조건이 된다는 것을 인정하고 있다. 반면에, 항공우주 통제가 상실되면 공중우세가 어느 한 편 또는 다른 편에 의해 다시 확보될 때까지 치열한 항공소모전투를 재개할 수밖에 없다.

섬멸전 전략을 운용하는 국가들은 대가치(對價値) 표적군을 선정할 수도 있다. 섬멸전과 소모전 간에는 하나의 공통점이 있다. 그것은 나폴레옹 시대와 같이 힘이 지상에 있든, 영국 전투(Battle of Britain)와 같이 힘이 항공력에 있든지 간에 최소한 전쟁 초기에 힘과 힘에 의한 전투가 벌어진다는 점이다.

항공우주통제가 섬멸전을 위한 전제조건이 되는 것과 마찬가지로, 과학기술은 전략적 마비를 위한 전제조건이 된다. 정밀유도무기, 크루즈 미사일, 위성항법체계(Global Positioning Satellite: GPS) 그리고 스텔스 등의 하이테크 기술로 인해 항공력은 적의 전략적 중심들을 마비시키는 데 필요한 관통능력과 무기투하의 정밀도를 갖게 되었다.

정밀성과 관통능력 기술을 보유하고 있는가의 여부에 따라 전략적 마비와 섬멸전 전략 중 어느 것을 선택해 적용할 수 있는지가 결정된다. 이와 같이 전략적 마비전략을 성공적으로 사용하는 데 있어 주요한 원칙은 초정밀 무기와 이 무기를 필요한 시기와 장소에 확실히 발사할 수 있는 능력이 구비되어야 한다는 점이다.

항공력의 기술발전이 전략마비전 수행에 큰 영향을 미친다. 〈그림 2〉에서 과학기술이 상실되면 섬멸전으로 변질될 수 있음을 볼 수 있다. 비록 아측의 항공우주통제는 상실하지 않았으나 의도하는 바대로 정밀하게 공격할 수 있는 능력을 상실하는 경우이다. 아측의 정밀유도무기(스마트 무기) 또는 크루즈 미사일에 대항할 수 있는 능력, 예를 들면 아측의 GPS를 재밍

(jamming)할 수 있는 능력을 적국이 보유하고 있는 경우 이러한 상황이 발생할 수 있다. 무기를 정확히 발사할 수 있는 능력을 회복하게 되면 마비작전을 재개할 수 있게 된다.

전략적 마비가 소모전으로 변질되는 두 번째 상황은 적의 과학기술 및 군사력이 비약적으로 발전하여 항공우주통제를 충분히 거부할 수 있을 때 발생한다. 항공우주통제나 과학기술이 각각 상실되었을 경우 또는 항공우주통제 및 과학기술이 모두 상실되었을 경우에 일어날 수 있는 상황이다. 과학기술의 상실로 인해 소모전으로 변질되는 상황이 발생할 수도 있는데, 이 경우는 항공우주통제 역시 상실된다는 측면에서 매우 심각한 상황이다. 아측의 스텔스 공격에 대해 이를 탐지할 수 있는 능력을 적이 보유하게 되는 경우 이러한 상황이 발생할 수 있다(미사일 체계도 마찬가지이다).

공격에 취약한 기반구조를 갖고 있으면 전략마비 전략수행에 가장 적합한 대상국가가 된다. 이라크전이 그 대표적인 사례이다. 이라크의 교량, 통신소, 발전소, 물 저장소 등은 항공공격에 매우 취약하였기 때문에, 이라크는 전략적 마비전역을 수행하는 데 매우 이상적인 표적을 제공한 셈이다.

전쟁이란 국가 의지를 시험하는 것이기 때문에, 적은 그의 군대가 모두 격멸되고, 나라가 완전히 점령되기 이전에는 항복하지 않을 것이다. 반면에, 국가들은 국가생존과 관련이 없는 분쟁에서 완전파괴라는 모험을 감행하지는 않을 것이다. 공중을 점령당했다고 해서 자국의 영토를 순순히 포기할 나라는 없을 것이기 때문에 적국의 영토를 점령할 의도가 있다면 전략적 마비는 적합한 전략이 아니다. 그러나 전략적 마비는 적으로 하여금 자국의 영토 침략을 포기토록 하는 데 있어서는 효과를 발휘할 수 있을 것이다. 적으로 하여금 자신의 입장을 포기하지 않으면 보다 값비싼 대가를 치를 수도 있다는 점을 보여줄 수 있다는 측면에서 전략적 마비전략은 특히 효과가 있을 것이다.

한편, 전략적 마비 전략은 공격 및 수비 중 어느 경우에 보다 적합한가? 적의 항공우주를 통제할 수 있어야 한다는 점 때문에 전략적 마비는 공세적인 전쟁과 보다 밀접한 관계가 있는 전략이다. 자국의 항공우주를 통제 당한 자가 공격을 구상한다거나, 항공우주능력이 적보다 열세인 자가 공세를 취한다는 것은 도무지 상상할 수 없다. 따라서 전략적 마비는 행동 및 주도권 장악을 요구하는 전략이기 때문에 공세적 형태에 보다 적합하다.

항공력에 의한 전략적 마비이론은 항공력을 통해 적의 국가가치요소를 공격함으로써 적의 전쟁수행 능력과 전쟁을 지속하려는 적의 의지를 무력화하여 적에게 신속한 행동의 변화를 강요하는 것이다.

이와 같이 항공전을 통한 전략적 마비는 완전 섬멸을 추구하지 않고 어느 정도의 파괴로도 분쟁을 해결할 수 있다는 점에서 매우 매력적인 개념이다. 위협에 노출되는 사람 및 물자가 극히 적다는 점과 공격할 타이밍(timing)과 공격의 템포(tempo)를 통제할 수 있다는 점, 그리고 표적을 선택해 공격하기 때문에 신속하고도 비용을 적게 들이면서 승리할 수 있다는 점에서 전략적 마비는 설득력 있는 개념이다.

이러한 전략적 마비이론은 21세기 전장환경에서 중요성이 더욱 부각되고 있다. 21세기 전장환경은 고도로 자동화된 C4I 체계, 정보·감시·정찰체계(ISR), 정밀타격체계(PGM)의 유기적 결합으로 과거보다 빠른 속도와 화력중심의 기동으로 변화하였다. 특히 전략적 핵심목표가 적 지휘부의 전쟁수행에의 의지를 말살시키는 데에 있기 때문에, 이를 위한 선제성(preemptiveness), 동시성(synchronization) 및 적극적 공세성(offensiveness), 효과를 극대화할 수 있는 최적의 대안인 항공력에 의한 마비가 그 어느 시기보다 중요하게 부각되었다.

II. 항공작전이론

1. 항공전의 상황과 공격 및 방어

공중상황에 대한 분석을 단순화하고 계획수립을 위한 기본적인 골격을 만들기 위하여 우리는 전쟁을 적·아 공군력의 상관관계에 따라 설정되는 다섯 가지 상황 중의 하나로 구분할 수 있다.[31]

① 쌍방이 상대방 기지를 공격할 수 있는 능력과 의지를 가진 경우
② 아군은 어떤 곳에 있는 적이라도 공격할 수 있지만 적은 겨우 전선에 도달할 능력밖에 없는 경우
③ 위의 ②와 반대되는 경우로서 아군은 적의 공격에 취약하면서도 적에게도 도달할 수가 없음
④ 어느 편에서도 적의 항공기지나 후방지역에 대하여 작전을 할 수 없는 상황. 공중활동은 전선지역에만 한정
⑤ 양편이 상호 합의한 정치적 제한조치가 있었거나 혹은 쌍방이 항공력을 똑같이 보유하지 못한 경우

여기서 검토한 다섯 가지 상황은 전역이나 전역수행 단계에서 보편적으로 사용되고 있는 상황의 개요를 보여준다. 지휘관이나 계획관에게는 이러한 개요가 필요하다. 그러나 문맥상으로 볼 때, 지휘관과 계획관은 인원과 물자 지원량의 변화가 계획 수립에 큰 영향을 미친다는 것을 알아야 한다.

공중우세(air superiority)의 획득은 비록 그 자체가 전역의 목표가 아닌 경우라 하더라도 최소한 두 가지 일을 성취한다. 그것은 적의 어떠한 목표물에 대해서도 적당한 대가로 공세항공작전을 수행할 수 있도록 하고, 또 적에게는 반대로 이와 같은 기회를 거부한다. 지금부터 우리는 전쟁 당사

---

31) John A. Warden III, *The Air Campaign: Planning for Combat* (Washington: Pergamon-brassey's, 1989), pp.16-17.

〈표 1〉 공중우세 상황

상황	A국 비행기지와 후방지역	전선*	B국 비행기지와 후방지역
1	취약	도달 가능	취약
2	안전**	도달 가능	취약
3	취약	도달 가능	안전
4	안전	도달 가능	안전
5	안전	도달 불가능	안전

* 보통 지상군 전선을 말하며 국경선도 될 수 있다
** 안전이란 뜻은 적이 그 기지를 공격할 수 없거나, 그것을 공격하지 않거나, 혹은 정치적인 제한조치에 의해 보호되기 때문에 공격받지 않는 것을 말한다

양국이 전쟁이나 작전을 시작하는 초기 단계에서 다같이 취약한 상황, 즉 [상황1]에서 어떻게 하면 공중우세를 획득할 수 있느냐에 관하여 고찰해 보기로 하자. 누구라도 공중우세를 먼저 획득하는 측은 대단하고도 거의 압도적인 이익을 얻게 될 것이다.

매우 폭넓은 의미로 볼 때, 쌍방이 적의 공격에 취약한 상태로 시작하는 항공전에서 공중우세를 획득하는 데는 이론적으로 두 가지 접근방법이 있다. 첫째로는 적의 공중 공중공격에 대한 방어작전에 주력하는 방법이고, 둘째로는 적의 항공역량을 직접적으로 감소시키고 동시에 적에게 더 많은 전력을 방어에 치중하도록 강요하는 공세작전에 집중하는 방법이다. 이 같은 극단적인 두 가지 방법의 혼합도 물론 가능하다. 그러나 불행히도 양자를 혼합하게 되면 시간과 전력의 가용성이 필연적으로 감소된다. [상황1]에서 흔히 발생할 수 있는 것처럼, 상호간의 능력이 엇비슷한 상태에서 어떤 노력의 감소나 집중의 실패는 매우 위험한 상황을 초래할지도 모른다.

이론적으로 가능한 첫 번째 방법은 방어지만 방어는 극복하기 어려운 여러 가지 문제점들을 내포하고 있다. 첫째, 공중전투에서는 한 대의 적기를 격추시키기 위하여 통상 한 대 이상의 전투기가 필요하다는 것이다. 둘째,

공군지휘관의 입장에서, 방어는 적에게 주도권을 넘겨주는 경향이 있다는 것이다. 주도권을 놓치게 되면, 각 작전기지가 상호지원이 원활하도록 위치되어 있고 또 방어작전 수행을 위해 전투기를 집결시킬 수 있도록 적의 공격에 대한 조기경보 시간이 충분히 길지 않는 한, 방어를 위한 전력의 집중이 곤란하게 되는 경향이 있다. 셋째, 적의 공격을 기다리고 있는 항공기는 적에게 아무런 압력도 행사하지 않고 있기 때문에 아무 것도 얻는 것이 없다는 것이다.

방어에 관련된 이러한 문제점들에도 불구하고, 공격작전을 수행하면 순수한 방어작전을 수행할 때보다 더 신속하게 유리한 방어적 효과를 만들어낼 수 있다는 사실을 모두에게 이해시키기란 쉽지는 않다. 특히 이러한 사실을 정치지도자들에게 이해시켜 방어를 포기하고 강력한 공세를 선호하도록 만들기란 위험하고 또 어려운 일인 것처럼 보일 수도 있다. 이 같은 문제는 제2차 세계대전 시에 발생한 사례가 있는데, 당시 영국 폭격기들이 독일 공습을 위하여 이륙 후 집결하고 있을 때 독일 공군은 야간전투기를 운용하여 영국 폭격기들을 공격하였다. 독일 공군이 수행한 이 작전은 임무에 투입된 전투기 전력이 매우 소규모였지만 상당한 성과를 보여 주고 있었다. 그런데도 히틀러는 영국 폭격기들이 영국 상공에서 격추되는 것이 독일 국민들에게는 아무런 감명을 주지 못할 것이라고 생각하여 그 계획을 중단하도록 명령하였다.[32] 방어작전에 있어서의 가장 큰 결점은 방어라는 것이 소극적인 개념이라는 것으로서 방어 그 자체만으로는 잘 해야 비길 수 있을 뿐 적극적인 결과는 결코 얻지 못한다는 것이다.[33]

이론적으로 가능한 두 번째 방법은 공중우세를 획득하기 위해 총력을 기울여 공세작전을 수행하는 것이다. 여기서는 전선을 넘어 비행할 수 있는 모든 항공기들은 적이 보유한 공세적 능력을 분쇄하기 위해 계획된 임무에

32) Adolf Galland, *The First and the Last* (New York: Ballantine Books, 1963), p.137.

33) Clausewitz, *ibid.*, pp.357-359.

투입된다. 이때 공세적 항공력을 형성하는 적 무기체계를 공격하기 이전에 공중 및 지상방어체계를 제압하는 것이 필요할 수도 있다.

공세적인 접근방법은 많은 이점을 가지고 있다. 그것은 주도권을 잡게 하며, 적에게 대응을 강요한다. 그것은 적을 전쟁으로 끌어들이며, 또한 항공기를 최대한 사용하여 적에게 막대한 압력을 가한다. 그리고 끝으로, 공세작전이 적절한 적의 중력중심에 대하여 수행된다면 차기 작전에서 공격해야 할 설비(設備)들에 대하여 부수피해를 줄 수도 있다.

만약 적극적인 수단만이 적극적인 결과를 만들어내는 것이라는 생각 이외의 다른 이유가 없다면, 가능할 때는 언제나 공세적인 방법을 선택해야 한다.

공격의 위력에도 불구하고 비록 고유한 한계를 내포하고 있는 것이긴 하지만, 방어작전을 채택하는 것이 좋을 수 있는 여러 가지 이유가 있을 수 있다. 어떤 상황하에서는 성공적인 방어가 적으로 하여금 더 이상의 공세작전은 너무 대가가 크다는 결론으로 유도할 것이다. 심지어 그것은 적이 모든 전쟁 노력의 포기를 결심하게 하는 기회가 될 수도 있다. 그러나 그러한 결과에 의존하기에 앞서 우리는 적의 군사적 및 정치적 의지를 올바르게 파악하고 적으로부터 우리가 지나치게 많은 피해를 입기 전에 충분한 적의 피해를 받아낼 수 있는 힘을 우리가 가지고 있는가 하는 것을 확실히 점검하지 않으면 안 된다. 이러한 종류의 결과를 가져온 사례는 지상전에서는 흔히 있는 일이었지만 그러나 공중전에서는 지금까지 단지 몇 가지만 있을 뿐이다.

방어작전이 성공한 첫 번째 사례는 1940년 여름과 가을에 독일의 항공우세를 영국이 격퇴시킨 일이다. 이때 영국은 독일로 하여금 그 공중공세뿐 아니라 영국해협을 횡단하는 침공계획을 포기하도록 하는 엄청난 성과를 거두는 데 성공하였다. 두 번째 사례로는 확실성이 보다 부족한 것이긴 하지만, 북베트남군이 미국의 공중공세에 대하여 보여준 방어작전을 들 수 있다. 1972년의 공중공세를 통해서 미 공군이 베트남 국토를 황폐화시킬 수 있는 능력이 있음을 이미 증명해 보였음에도 불구하고 북베트남군은 미국 국민들의 정치적 의지를 소진시키기에 충분할 정도로 오랜 기간을 버텨 내었다. 이 사례는 적의 의지를 올바르게 파악해야 할 필요성을 보여주는 것이다. 만약 북베트남군이 미국인의 의지를 잘못 읽었다면 그들은 가공할 만한 대가를 지불해야 했을 것이다. 왜냐하면 미국은 항공력으로서 하고자 하는 어떤 일이나, 해낼 수 있는 능력을 가지고 있었기 때문이었다.

또한 우리는 가까운 장래에 예상되는 어떤 변화를 추구할 목적으로 방어를 채택할 수도 있다. 만약 전쟁 초기에 방어작전을 성공적으로 수행한다면 아마도 새로운 동맹국을 얻을 수도 있을 것이다. 그렇게 되면 더 나은 방어나 공격작전 수행을 위해 아마도 훨씬 더 많은 양의 장비를 이용할 수 있게 될 것이다. 아마도, 방어는 공격이나 반격작전을 수행하는 데 필요한 예비대를 건설할 수 있는 시간을 벌 수 있게도 해 줄 것이다. 물론 이러한 가능성을 생각함에 있어서 가장 중요한 말이 "아마도(Perhaps)"라는 것임을 반드시 마음에 새겨 두어야 한다. 만약 "아마도"라는 말이 현실화되지 않는다면 상황은 회복될 수 없게 될지도 모르기 때문이다. 다시 말하면, 이와 같은 이유로 방어작전을 채택한 지휘관은 일이 반드시 그가 생각하고 있는 바대로 이루어지지 않을 수도 있는 미래에 대하여 큰 도박을 하고 있다는 것이다. 그런데도 만약 다른 방안을 선택할 여지가 없다면, 지휘관은 그가 할 수 있는 일에 최선을 다하지 않으면 안 된다. 동시에 그는 만약 새로운 우방국이 그 명분에 동참하지 않거나, 증원 항공기가 도착하지 않거나, 혹은 적의 활동에 의해서나 자국의 상급 군사 혹은 정치적 계통에 의해서 예비대를 운용할 수 없게 되는 경우에는 어떻게 해야 할 것인지 등에 관한 비상계획을 수립해 두어야 한다.

2. 제공작전(Counter Air Operation)

제공작전은 공중우세를 획득·유지하기 위하여 적의 항공우주력과 방공체계를 파괴 또는 무력화시키는 작전이다.[34] 제공작전의 주목적은 공중공간을 우군이 적보다 유리한 상태에서 사용하도록 하기 위해서 공중우세를 확보·유지하는 것이다. 제공작전을 위한 총체적인 노력은 노력의 집중과 전력의 절용 원칙을 충족하기 위해 지휘통일 원칙, 중앙집권적 통제와 분권적 임무수행의 원칙하에 단일의 공군지휘관에 의하여 통제되어야 한다. 제공작전은 적 지역에 대해 우군의 항공우주력을 공세적으로 운용하는 공세제공작전과 우군에 대한 적의 공중공격을 차단, 무력화시키는 데 주력하는 방어제공작전으로 분류된다.

1) 공세제공작전

공세제공작전은 공중우세를 확보하기 위하여 적 지역에 대해 항공우주력을 공세적으로 운용하는 것이며, 지대지 유도무기, 특수전 부대 등을 포함한 종심타격력과 결합하여 운용함으로써 효과를 높일 수 있다. 공세제공작전을 성공적으로 수행하기 위해서는 먼저 적의 조기경보 및 지휘통제체제, 항공우주력 등을 공격하여 적의 공중공간 통제와 사용능력을 무력화해야 한다. 공세제공작전은 공중강타, 대공제압, 전투기 소탕, 엄호, 미사일 공격 등을 통해서 수행되며, 특히 대공제압은 공세제공작전의 필수적인 요소이다.[35] 이는 적의 방공체계를 파괴 및 무력화하거나 일시적으로 기능을 저하시켜 우군의 군사활동의 자유를 보장하는 것으로 전자전과 병행하여 실시된다. 공세제공작전의 성공적인 수행은 전장에서의 공중우세를 확보하여 유지하고, 우군 활동의 자유를 보장하며, 종심작전을 위한 유리한 여건을 조성한다.

공세제공작전을 위한 최선의 상황시나리오는 앞에서의 [상황2]에서 찾아볼 수 있으며 모든 지휘관이 바라는 꿈이다. 그의 기지들은 적의 공격으로부터 대부분 안전한 반면 그 자신은 적이 보유한 전력구조의 어떠한 부분도

34) 공군본부, 『공군기본교리』, 공군교리 1/기본교리, 2007.4.1. p.73. 또한 본 교리에서는 '항공력' 대신 전장영역을 우주공간까지 확장하여 적용한다는 의미를 포함한 '항공우주력'으로 표현하고 있다.

35) *Ibid.*

파괴할 수 있는 상황이다. 1943년으로부터 1945년 독일의 항복에 이르기까지의 기간 중 독일에 대한 영·미 연합 항공공세는 그러한 상황의 전형적인 사례이다. 영국에 위치한 연합군 기지들은 독일군이 막대한 손실을 각오하지 않고서는 그 기지에 도달할 수 없을 만큼 실질적으로 안전하였다.[36] 노르망디 침공 이후의 프랑스에 위치한 연합군 기지들도 동일한 상황이었다. [상황2]는 이론적으로 항공전만으로도 전쟁이 승리를 얻을 수 있을 정도로 결정적인 행동을 취할 수 있는 기회를 제공한다.

[상황3]과 [상황4]에서는 행동방안이 제한되는데, 그것은 적을 기지에서부터 전선까지의 지역 상공에서만 만날 수 있기 때문이다. 그러나 [상황2]에서는 지휘관이 공격을 적의 중력중심에 대하여 직접 수행하게 될 수도 있다. 따라서 노력을 직접적으로 투입해야 할 중력중심을 선정하는 일이 대단히 중요하다. 그 선정과정은 부분적으로 상대적인 전력의 강도에 좌우된다. 만약 수적으로 압도적인 우세에 있다면 최종적으로 수행해야 할 일을 알면서 적 항공체계의 모든 부분을 사실상 목표로 삼을 수 있을 것이다. 수적으로 충분히 우세하다면, 비록 필요 이상의 비용이 들거나 이외의 시간이 걸리더라도 이 접근방법이 좋다.

그러나 공격 측의 우세 정도가 점점 줄어들어 동등하게 되었다가 마침내 열세에 놓이게 되면 적의 중력중심을 정확하게 평가해야 할 필요성이 더욱 더 증가한다. 만약 수적인 열세에서 공격을 하게 된다면 사실상 승리를 위한 행동방안은 오직 한 가지밖에 없다. 이때 만약 지휘관이 중력중심을 잘못 선택한다면 그에게 공중우세를 획득할 수 있는 또 다른 기회는 돌아오지 않을 것이다. 올바른 결정을 내리고, 올바른 계획을 수립한 전형적인 사례는 1967년 아랍 공군에 대한 이스라엘의 공격을 들 수가 있다. 적의 중력중심을 잘못 선택한 대표적인 사례는 1940년 영국에 대한 독일의 공격을 들 수 있다. 일반적으로 적 공군의 중력중심은 장비(항공기나 미사일의 수량),

---

36) V-1 및 V-2 미사일은 군사적으로 거의 영향력을 미치지 못했다. 그 수량이 더 많았거나 좀 더 정확성이 있었거나 또는 독일군이 그것을 영국의 항구나 비행장에 집중적으로 발사했더라면 상황이 달라질 수 있었을지도 모른다.

군수체계(보급지원의 양과 회복력), 지리(작전 및 지원 시설물의 수량과 위치), 인원(조종사의 수와 자질) 또는 지휘·통제(중요성과 취약성) 등에서 찾을 수 있다.

한편, 공세작전을 계획하는 데 영향을 미치는 중요한 요소는 항공교리다. 공중우세를 획득하기 위한 작전에서 어디에다 중점을 두어야 하는지 결정하는 데는 적의 교리를 주의 깊게 분석하는 것이 필요하다. 더욱이 그 과정에서는 자기중심적 사고를 버리는 것이 특별히 중요하다. 우리 군에게 논리적이고 필요한 것이라 해도 적에게도 반드시 그렇게 될 것이라고 생각해서는 안 된다. 어떤 면에서 보면, 전쟁은 어떤 시대의 것이든 교리의 싸움이었다. 실제로 결정적인 승리는 적이 전혀 대응할 수 없는 새로운 교리개념을 개발하여 적용하는 자에게 주어졌다. 공중폭격교리는 육군과 해군중심의 교리를 가진 나라들을 철저히 패배시켰다.

2차 대전으로부터 오늘날에 이르기까지 좋든 나쁘든 전투나 전쟁의 결과에 중요한 역할을 하는 항공교리의 사례는 대단히 많다. 전형적인 사례는 독일의 교리인데, 폴란드전역에서의 대성공 이후 항공교리 분야에서 매우 발전된 국가로 인정을 받았던 독일은 그들이 목표한 전쟁에서는 사실상 승리하지 못하는 근본적인 실수들을 범하였다. 스페인 내전 이후에 항공무기연구소의 상급 연구관들은 모든 폭격기는 폭격의 정확도를 높이기 위하여 급강하할 수 있어야 한다고 믿게 되었다. 이러한 요소들이 독일로 하여금 오직 장거리 항공기로만 도달할 수 있는 영국과 소련 두 나라를 상대하여 전쟁을 하게 되었을 때는 오히려 단거리 전술 공군력밖에 갖지 못하게 만들었던 것이다. 그리하여 1944년까지 독일의 전 지역은 폭격을 받았으나, 반면에 영국과 미국의 후방지역은 독일 공군의 폭격으로부터 실제로 안전하였다. 이와 같이 독일군의 전략, 교리 및 장비의 부조화에 비해 일본을 상대했던 미국의 경험과를 비교해 보자.

1920년대와 1930년대에 미국의 항공이론가들은 적의 본토를 직접 공중공격하여 적을 패배시킬 수 있다는 결론에 도달하였다. 이 이론가들은 모두 독일에 대한 "전략적" 폭격을 제안하였으며 그들 중 한 사람인 핸셀

(Hansell) 장군은 태평양에서도 똑같은 공격을 감행해야 한다고 주장했다. 그는 일본 국력의 본거지는 바로 본토라고 주장하면서, 만약 일본 본토의 섬들에 대하여 항공력이 직접 공격을 하게 되면 주변의 여러 지역에 배치된 육군은 거의 쓸모없는 부속물이 된다고 주장했다. 그는 미군이 강력한 공중폭격을 수행할 수 있고, 일본군에 대하여 해상 및 공중장벽을 설치할 수 있으며, 필요하다면 일본을 적절히 침공할 수 있는 항공기지를 마리아나 군도에 확보하는 임무를 기본적으로 수행하는 작전의 타당성에 대하여 공군 참모 및 합동 참모들을 설득시켰다.[37)]

비록 일본 본토에 대한 비행임무는 금지된 채였지만, 핸셀 장군은 마리아나 군도의 기지에 배치된 B-29 폭격기 부대를 최초로 지휘하는 기회를 갖게 되었다. 일본은 2개의 원자폭탄이 도시에 떨어진 직후 무조건 항복하였다. 여기서는 원자폭탄 투하가 과연 필요했는지 논의할 필요는 없다. 그러나 분명한 것은 일본이 본토에서 공중 우세를 잃었다는 것이다. 훈련된 인력을 사전에 상실했고 동시에 항공기도 퇴물이 되어 습격해 오는 미 공군의 폭격기들을 저지한다는 것은 거의 불가능하였다. 항복 시에 일본군은 본토에만 2백만의 병력과 9,000대의 항공기를 남겨두고 있었다. 미국의 전략폭격조사보고서는 이러한 사실에 대해서 다음과 같은 결론을 내리고 있다. 비록 원자폭탄의 투하가 없었더라도 일본 상공에 대한 공중제패는 일본 본토를 침공할 필요없이 무조건 항복을 받아내기에 충분한 압력이 된 것은 분명한 것으로 보인다. 아무튼 독일군과는 달리 미군은 문제 해결에 적합한 교리와 항공기 그리고 훈련을 발전시켜 왔고, 결국 승리했던 것이다.

논리적인 측면과 역사적인 경험들이 매우 분명하게 드러내고 있는 바와 같이 적 공군력을 파괴하는 방법 중에서 가장 값비싼 것은 전선 상공에서 적 항공기와 정면 대결하는 것이다. 정치지도자들은 때때로 적의 후방지역

---

37) Haywood S. Hansell Jr., *Strategic Air War Against Japan* (Maxwell AFB, Ala.: Airpower Research Institute, 1980), pp.18-19.

에 대한 공격을 꺼려할지도 모른다. 어쩌면 그것은 상당한 정치적 혹은 전략적 이유가 그 공격을 회피하도록 요구하기 때문일 것이다. 그러나 이때, 작전지휘관은 정치지도자들이 군사적으로 분명히 비논리적인 방향으로 가고 있다는 것과 전쟁의 시간과 대가가 그렇게 하지 않을 때보다도 분명히 훨씬 길어지고, 값 비싸게 될 것이라는 점을 그들에게 인식시킬 필요가 있다.

2) 방어제공작전

방어제공작전은 우군에 대하여 공격을 시도하거나 또는 침투를 기도하는 적의 항공우주력을 가능한 원거리에서 탐지, 식별, 요격, 격파함으로써 적의 공중공격을 차단하고 무력화시키는 작전이다.[38] 방어제공작전을 성공적으로 수행하기 위해서는 전투기와 지대공 무기로 구성된 이중무기 운용이 요구될 것이다. 방어제공작전을 수행할 때 우군 전력을 보호하기 위해서는 전투기와 지대공 무기로 구성된 대응전력을 효과적으로 지휘통제해야 한다.

공중전의 상황과 관련해서 보면, 아군의 기지는 적으로부터 공격을 받지 않지만 적의 기지는 아군이 공격할 수 있는 [상황2]의 경우가 지휘관에게 있어서 가장 이상적인 상황이다. 이와는 반대되는 가장 최악의 상황은 [상황3]인데, 이것은 적은 아군의 기지를 공격할 수 있으나 아군은 적의 기지를 공격할 수 없는 경우이다. 이런 상황이 되면 공중우세를 획득하기 위한 전투에서 아군이 승리하기가 가장 어려울 뿐 아니라, 이때 만약 공중우세를 잃게 되면 결과적으로 전체 전쟁도 쉽게 패배할 수 있기 때문에 가장 위험하다.

[상황3]은 여러 가지 과정으로부터 발전될 수 있다. 장비(장거리 항공기 같은)가 적과의 전쟁을 수행하는 데 부적절할 수가 있다. 전쟁의지의 부족이 적에 대한 공격작전 수행을 방해할지도 모른다. 전의의 부족은 일부 조종사의 공포심으로부터 혹은 적이 이미 행하고 있는 것보다 더 심한 행동을

---

38) 공군본부, 『공군기본교리』(2011), p.65.

못하게 하는 것에 만족하고자 하는 정치적인 희망으로부터 비롯될 수도 있다. 교리가 상황을 조절하거나 상황에 영향을 미칠 수도 있다. 폭격기가 엄호기 없이도 임무를 수행할 수 있다고 1930년대의 이론가들이 확신했던 것처럼 현존 방공체계로 충분하고 또한 공세작전은 무익한 것이라고 생각하는 사상도 있을 수 있다. 비록 교리에서 공세작전을 허락한다고 해도 평시에 이러한 작전에 대해 훈련해 오지 않았을 수도 있고, 또한 결과적으로 이처럼 복잡하고도 정교한 작전을 수행할 수 있는 완전한 준비가 되어 있지 않을 수도 있다.

결국, 여러 가지 다양한 상황들이 공세를 가로막고 있다고 할 수 있다. 그리고 또 한 가지 있을 법한 일은 최초로 수행한 적의 공격이 너무나 강력하여 우리가 수행할 공세작전에 투입할 인력과 무기체계를 파괴해 버릴 가능성이다.

역사적으로 볼 때, 공중전에서 순수한 방어만 한다는 것은 정말 위험한 일이다. 그 위험성은 방어해야 하는 대상의 특성에 따라 크기가 좌우된다. 가장 방어하기 쉬운 곳은 방어자가 주변의 어떤 곳에서나 공격자를 볼 수 있고 방어자들끼리 상호지원이 가능한 곳으로서 방어체계가 복합적으로 잘 짜여진 경우이다.

방어작전에서 적에게 피해를 줄 수 있는 유일한 길은 항공기를 격추시키고 그 조종사를 사로잡거나 없애는 것이다. 격추시킨 항공기의 숫자는 중요하나 더욱 중요한 것은 그 항공기들을 격추시킨 시간이다. 어느 정도의 손실을 예상하여 사전에 그 수준을 결정하였을 것이다. 1% 정도의 손실률은 전역계획의 과감한 변화 없이 대부분의 공군이 작전을 계속할 수 있는 손실률이다.

예를 들어, 1,000대의 항공기를 보유한 공군이 하루 1%의 손실률로서 10일을 보낸다고 가정할 때 총 손실 항공기는 100대에 달할 것이다. 10일 동안 작전의 성과가 좋았다면 지휘관은 아마 작전을 계속할 것이다. 그러나 여기서 동일한 크기의 손실을 하루 만에 입게 되었다고 생각해 보자. 이렇게 된다면 거의 모든 지휘관이 작전을 재고하게 될 것이다.

2차 대전 시 미 공군은 일반적으로 10%의 손실률을 작전의 어떤 변동 없이 받아들일 수 있는 최대의 손실률로 보았다. 1943년 10월, 실제로 독일 공군은 전쟁 중 최고의 달을 맞았는데 그들은 미 공군에 대하여 12~16%의 항공기 손실을 입히는 데 성공하였다. 그 손실률은 정말 견디기 힘든 것으로서, 이후 미 제8공군 사령관은 맑게 갠 날 독일 영토 내부로 깊이 들어가는 공습을 4개월 동안이나 중단하였다.[39)]

따라서 목표는 가능한 한 짧은 시간 내에 적에게 가장 큰 손실을 입히는 것이다. 그러면 어떻게 해야 이 목표를 달성하겠는가? 여기에는 두 가지 원칙이 따른다. 첫째는, 전력을 집중시켜 특정한 전투, 지역 혹은 시간대에 적보다 우세한 숫자로 적과 싸우는 것이다. 둘째는, 어떤 지역이나 혹은 어떤 적이라도 다 방어한다는 것은 불가능하다는 사실을 받아들이는 것이다. 침투는 있을 수 있다. 따라서 이러한 사실을 수용할 때만 방어자의 손실이 적은 가운데 큰 승리를 얻을 수 있는 전력의 집중이 용이하게 된다.

정적(靜的)인 균형은 상당히 중요한 것이긴 하지만 숫자가 압도적으로 차이가 없는 한 전쟁의 결과가 어떻게 될 것인가에는 그렇게 큰 영향을 미치지 못한다. 왜냐하면 중요한 것은 쌍방의 전력이 실제 전투에서 만나는 숫자이기 때문이다.

소규모 전력이라도 항공기를 적절히 잘 운용하거나 또는 특정 교전상황에서는 공격군보다 더 많은 숫자가 되도록 전력을 집중 운용한다면 승리할 수도 있다. 따라서 전력을 집중시켜 양적인 우세를 얻는 것이 필수적이며, 비록 그것이 공격해 온 적 항공기들을 요격하지 못하고 도주하게 하더라도 좋은 것이다. 더욱 중요하고도 효과적인 일은 매일 1~2%씩 지속적인 손실을 입히는 것보다 하나의 전투나 혹은 어떤 날 하루에 큰 손실을 입히는 것이다.

방어태세에 있는 공군은 다수의 항공기를 신속하게 지상에서 이륙시킬

---

39) Wesley F. Craven and James L. Cates, *The Army Air Forces in World War II*, Vol,II(Chicago: The University of Chicago Press, 1949), pp.704-706.

수 있는 방법을 강구해야 한다. 이것은 공군기지들이 잘 분산 배치되어 있지 않는 경우에 특히 중요하다. 그러나 잘 조직되고 생존성이 있는 경보 및 통제체제를 가지고 있지 못하다면 이러한 방법도 아무런 소용이 없을 것이다. 물론 전투기가 기지를 이륙하도록 유인해서 연료가 떨어질 때 공격하려는 적의 속임수에 대하여 지휘관은 예의주시해야 하지만 경보는 잘 할수록 좋은 것이다. 만약 방어 측이 여러 번 집중적인 방어작전을 성공하여 적에게 막대한 손실을 입혔다면 공격 측은 속임수에 의존할 가능성이 특별히 높다.

[상황3]에서 공중우세를 획득하기 위한 전투는 지휘관이 그의 전력을 잘 운용할 때 승리할 수 있다. 만약 그가 전력을 집중하거나, 다른 적들을 격파하기 위하여 일부 적의 침투를 허용하거나, 또한 성능이 좋은 경보 및 통제체제를 개발하여 사용한다면 그는 전력 규모가 큰 적이라도 물리칠 수 있다.

항공전, 특히 항공 방어작전은 매우 복잡하며 요구사항이 많다. 신중한 사고와 냉철한 집행이 필수적이다.

3. 전략공격작전(Strategic Attack Operation)

1) 전략공격작전 계획

전략공격작전은 적의 리더십, 전쟁지속능력, 전략에 영향을 줌으로써 우리의 국가안보목표를 달성하는 데 가장 직접적인 효과를 창출하는 전략목표에 대한 공격작전을 말한다.[40] 즉 적의 전략표적이 되는 전쟁지도부, 전략무기체계, 주요 산업시설, 통신시설 등을 공격하여 적의 전쟁수행의지와 전쟁수행능력을 말살시키고 침략행위를 분쇄하는 작전이다.

40) 공군본부, 『공군기본교리』(2011), p.66; 미 공군교리에서도 같은 정의를 사용하고 있다. U.S. Air Force, *Air Force Basic Doctrine,* AFDD 1(17 Nov. 2003), p.40.

전략공격은 적이 예기치 못한 시간과 장소에 전력을 집중하고, 가장 중요하고 취약한 표적을 정밀하게 공격함으로써 피해효과를 증대시켜 군사적, 사회·심리적 효과를 극대화하게 된다. 특히 적 중심을 공격하기 위한 공격계획은 사전에 정확한 정보를 근거로 하여 기습 및 집중의 원칙을 적용하여 치밀한 계획을 수립해야 한다. 전략공격은 신속하고 결정적인 공세적 작전을 통하여, 국가통수기구나 합참의장의 목표를 달성하도록 계획하는 것으로 이를 통해 아군이 전쟁의 주도권을 잡게 된다. 그러나 지휘관들은 정치적, 외교적 한계점들을 인지하고 있어야 한다. 지휘관들은 전략공격 계획과 수행에 영향을 줄 수 있는 정치적, 외교적인 제약 범위 안에서 작전을 수행할 준비를 해야 한다.

전략공격은 운용 수단으로만 살펴보았을 때 본질적으로 전술적이지만, 전쟁의 전술적, 작전적 또는 전략적 수준 모두에서 효과를 창출한다. 특정 임무를 전략 수준이라 할 것인지 그렇지 않을 것인지는 적에 대해 공격한 후 기대되는 효과에 기초하는 것이지, 운용되는 전력의 종류나 공격하는 표적의 종류에 따른 것이 아니다. 전략공격은 소모전에서처럼 단순히 적의 병력과 물자를 파괴하는 것보다는 오히려 적의 응집력과 의지를 파괴하는 데 있다. 이것은 확인된 중심에 대해 모든 전쟁수준에서 동시에 이루어지는 병행작전과 더불어 이루어진다. 표적선정 시 적의 전쟁 지도부, 군사력, 기반구조 및 연구·생산시설이 포함되는데, 모든 것은 지휘관과 참모들이 전략적 목표, 현행 교전규칙, 무력분쟁법과 같은 관련 표적선정 개념 등을 고려하여 승인하여야 한다. 효과적인 전략공격작전은 적 중심에 대한 정확한 식별과 더불어, 공중우세, 전략적 작전적 수준의 효과분석을 위한 작전적 평가, 정보획득·이용을 위한 ISR지원, 전략공격의 장기적 효과를 위한 지속성, 신속·정확한 전투지원 등을 포함하는 수많은 항공력 요소들의 결합을 통해 이루어진다.

2) 전략공격작전 운용원칙

항공력은 전략공격을 수행하는 데 특히 잘 어울린다. 항공력의 특성인

거리, 고도, 속도 및 융통성과 더불어 편재성, 치명성 및 정밀성은 전략공격을 통해 엄청난 효과를 낼 수 있도록 한다. 타군도 물론 전략공격을 수행할 수 있지만, 항공력만이 지·해상군의 작전적 제한사항을 극복하여 군사, 경제 및 정치적 표적에 대해 동시에 그리고 신속하게 전력을 적용할 수 있는 유일한 능력을 가지고 있다. 항공력은 적 전략을 무력화시키거나 방향을 수정하도록 강요하는 데 다른 어떤 형태의 군사력보다 효과적이다. 항공력을 통한 전략공격에는 다음과 같은 운용원칙이 있다.

첫째, 효과를 중심으로 한 작전운용이어야 한다. 걸프전에서 이라크의 전력체계 공격과 같이 원하는 결과를 얻기 위해 효과를 중심으로 작전을 운용해야 한다.

둘째, 신속하고 결정적인 공세적 작전운용이어야 한다. 전략공격을 운용하는 최선의 방법은 신속하고 결정적인 공세작전을 통해 국가통수기구나 군사지휘부의 목표를 달성하도록 계획하는 것이다. 이는 월남전의 라인베커 II 작전시 항공력을 통해 전쟁수행의 주도권을 확보하게 된 사례를 통해 알 수 있다.

셋째, 순차공격보다는 병행공격을 실시해야 한다. 이는 항공력을 통해 '충격과 공포'를 제공함으로써 적 체제의 마비를 초래하기 위해 필요하다. 다만 병행공격을 위한 충분한 자원이 존재하지 않는다면 순차적인 공격이 필요할 수도 있으나, 이 경우 효과의 우선순위 설정이 매우 중요하다.

3) 운용전략 및 형태

항공력은 적 지도부의 의지에 영향을 미치는 두 가지 방법인 '거부'와 '강압' 전략에 핵심역할을 수행한다. '거부'는 적의 능력에 직접적인 영향을 미치는 것이고, '강압'은 적 의지의 변화를 추구하는 것이다. 거부는 전략공격을 통해 적이 지속적으로 전투를 수행하는 데 필요한 자원, 지휘능력, 전략적 선택을 사용하지 못하도록 하는 데 중요한 역할을 담당한다. 거부는 전반적인 적 체계의 전략적 마비를 통해 가능해지며, 적의 군사활동 능력이나 최소한 일시적으로 적의 효과적인 저항을 불가능하게 만든다. 강압은 군사력을 보다 현명하게 운용해야 하는데, 거부보다 보통 이를 달성하기가 쉽지 않다. 그러나 강압은 전략공격을 통해 성공적으로 수행될 수 있다. 강압이 성공하기 위해서는 다음과 같은 것들이 고려되어야 한다.

첫째, 적의 비용과 고통을 증가시킬 수 있는 능력이 있어야 한다. 과학기술의 발달과 무기체계의 발전으로 인해 폭격에 의한 질적인 파괴 강도의 증가나 빠른 템포로 그 효과를 증진시키고 있는데, 항공력에 의한 전략공격은 그 비중이 날로 커지고 있다. 그러나 전략공격의 효과적인 운용을 위해서는 요구되는 아군의 정치적·군사적 종결상태에 대한 명확한 이해가 필요하다.

둘째, 적의 전략을 파괴 또는 무력화시킬 수 있는 능력이 있어야 한다. 전략공격은 다양한 방법으로 이것을 수행할 수 있는데, 특히 적 지도부나 국력의 핵심 연결점에 대한 직접공격은 적의 전략적 대안을 제거할 수 있다.

셋째, 전략공격을 통한 성공적인 강압능력을 아군이 보유하고 있다는 사실을 적에게 확신시켜줄 수 있어야 한다. 즉 국가통수기구의 브리핑이나 군사행동을 통해, 적에게 우리는 그들의 가치를 위험에 처하게 할 수 있다는 것을 전할 수 있는 능력이 있어야 한다. 예를 들면, 롤링썬더(ROLLING THUNDER)작전에서 미국의 제한된 전략공격은 북베트남 지도부에 남베트남에서 그들의 군사활동을 일정 기간 정지시킬 수 있을 만큼 피해를 가할 수 있다는 것을 전달하는 데 실패했다. 그러나 라인베커 II(LINEBACKER II)에서 미국은 북베트남을 강압할 수 있을 만큼 충분한 강도로 보복할 수 있다는 위협을 전달할 수 있었다.

넷째, 적이 강압을 수용할 수 있는 취약한 부분과 민감한 부분이 있어야 한다. 모든 적이 강압을 수용하는 것은 아니다. 특히 과거에 성공적으로 강압이 이루어졌다 하더라도 미래에 반드시 그렇게 되리란 보장도 없다. 전통적으로, 인종, 종교 또는 민족해방전쟁을 추구하는 세력들에게 강압이 어려웠다. 강압은 여전히 이러한 분쟁에 가능하지만, 보다 어렵고 많은 시간을 필요로 하고 있으며, 효과를 위해 많은 병력을 필요로 한다.

다섯째, 적 지도부의 사고와 동기에 대한 철저한 이해가 있어야 한다.

이것은 전략공격을 계획하고 운용하는 데 필요하며, 특히 성공적인 강압을 위해서는 반드시 필요하다. 예를 들면, 북베트남 지도부에 대한 미국의 이해 실패는 그 전쟁에서 강압의 실패로 끝났다.

전략공격은 고도의 정밀성과 파괴력을 지닌 무기체계를 표적에 정확히 운반, 투하할 수 있는 능력에 따라 작전의 성공이 좌우된다. 전략공격의 수단으로는 고도의 침투능력, 정밀파괴능력, 생존능력 및 전천후 공격능력이 있는 항공기와 사전 정확한 정보에 의해 전략적·작전적 중심을 공격할 수 있는 지대지유도탄 등이 있다. 전략공격은 표적선정 및 성공적인 공격을 위해서는 적 위협체계에 대한 정확한 정보획득 및 분석을 통해 적으로 하여금 파괴로 인한 손실회복의 시간적 여유를 감소토록 하고 지속적인 저항이 불가능하도록 수행되어야 한다. 전략공격은 적의 전방부대보다 적 후방의 종심 깊은 공격을 필요로 하므로 적 위협의 형태, 부여된 임무지역에 따라 혼성공격편대군을 구성하여 임무를 수행하게 된다. 혼성공격편대군에서 공격임무편대는 고도의 침투능력 및 정밀폭격능력을 보유한 항공기로 구성하여야 하며, 공격임무편대의 침투, 공격, 귀환시 생존성을 제고하기 위하여 대공제압기, 전자전기, 조기경보통제기, 엄호기 등과 같은 임무항공기를 적 위협에 따라 혼성 운용할 수 있다.

4. 항공차단작전(Air Interdiction)

항공차단작전은 적의 군사 잠재력이 우군의 지·해상군에 대하여 효과적으로 사용되기 이전에 이를 차단, 교란, 지연, 파괴하여 적 전력의 증원, 재보급, 기동성을 제한하기 위해 수행한다.[41] 항공차단작전의 목적은 적의 종심에 위치한 표적을 공격함으로써 적의 작전을 교란하고 적의 병력과 보급물자의 집결을 지연시키거나 파괴하는 데 있다. 항공차단작전의 표적으

41) 공군본부, 『공군기본교리』(2011), p.67.

로는 적 지·해상군의 후속 공격전력과 집결지, 지휘통제체제, 병참선, 전투물자 보급원 등이 있다.

항공차단작전은 지·해상군과의 협조를 통하여 지·해상작전과 상호보완적으로 실시하여야 하며, 항공차단작전을 수행하는 모든 전력은 공군지휘관에 의해 통제·운용되어야 한다. 항공차단작전이 성공적으로 수행되면, 적의 기동성이 제한·고립될 것이고 후속제대의 전선지역 투입이 차단되거나 약화될 것이다. 또한 적의 군사잠재력이 파괴 또는 무력화되어 우군의 군사목표 달성에 유리한 전장상황이 조성될 것으로 본다.

가장 단순한 의미로 볼 때, 전투란 전선에서 무장 병력이 충돌하는 것이다. 전투를 하기 위해서, 그리고 무장 병력이 충돌하기 위해서는 인원, 무기, 탄약, 식량 및 정보가 전선으로 공급되어야 한다. 이 모든 것들이 이미 전선에서 집결되어 있다면, 증원 병력과 물자 등과 같은 지원 요소들이 공급되어야 한다.

따라서 인력과 장비를 포함한 모든 것은 원시적인 통로로부터 복잡한 항공로에까지 이르는 교통선을 따라 공급원에서 전선까지 이동된다. 물자의 경우에 공급원이란 그 물자의 소재를 생산하는 곳에서부터 제작공장까지에 이르는 전체과정이 포함된다. 공급원으로부터 전선까지에 이르는 교통선 이외에도 교통선은 전선을 따라 측면으로 역시 뻗어나갈 수 있다. 이러한 선을 따라 군대는 적의 위협에 대응하기도 하고 또는 주어진 기회를 이용하기 위하여 전선의 한 부분에서 다른 부분으로 이동한다.

후방차단에 대해서는 많은 정의가 있다. 때때로 그것은 전장차단(Battle Field Interdiction)이라는 하위개념으로 분류되기도 한다. 그러나 여기서 우리는 개념의 단순화를 위하여 "인원이나 장비가 생산원천으로부터 전선으로, 혹은 전선 후방에서 횡적으로 이동하는 것을 가로막거나 지연시키는 모든 작전"을 후방차단이라고 정의한다. 또한, 공급원에 대한 작전과 전선 직후방에 위치한 목표물에 대한 작전 사이에도 어떤 차별을 두지 않을 것이다.

따라서 용광로로 철광석을 운반하고 있는 열차를 공격하는 것이나 전선 후방 1마일 지점에 위치한 교량을 파괴하는 것이나 똑같이 후방차단작전이 되는 것이다. 그러나 본질적으로 이 두 가지 경우가 가져오는 효과를 느끼는데 소요되는 시간 간격은 상당히 차이가 있을 것이다. 그렇더라도 양자는 다같이 후방차단작전이며 지휘관이 수행하는 전구 항공작전에 모든 포함되는 것이다.

전쟁물자 공급원에 대한 직접공격을 제외한다면 차단작전의 성과는 아군 혹은 적군의 지상전 상황과 밀접한 관계가 있다. 일반적으로 차단작전은 적이 아군의 공격행위에 대하여 압박감을 느끼고 있거나 혹은 적이 스스로의 작전계획에 의하여 이동을 필요로 할 때 가장 효과적이다.

후방차단을 해야 하는 장소에 관하여 살펴보면 전선으로부터의 상대적인 거리를 기준으로 하여 근거리(Close), 중거리(Intermediate), 원거리(Distant) 등 3단계로 구분할 수 있다. 원거리 후방차단작전은 사람과 물자의 생산원천에 대한 공격이라고 우리는 정의할 수 있다. 그러나 생산시설이 없는 경우는 물자가 외부로부터 그 나라로 유입되는 항구나 비행장에 대한 공격이 된다. 중거리 후방차단은 원천과 전선 사이에 있는 어떤 위치를 택하는 것으로 적 야영지, 수송 중심지, 보급소, 전구(戰區) 내의 이동표적 등이 대상이 될 것이다. 근거리 후방차단은 측방 이동이 발생되는 전선지역 부근을 차단하는 것으로 지상전투에 중대한 영향을 미친다.

공격은 이러한 세 가지 지점 중에서 어느 한 곳에 집중할 수도 있고, 또는 각각의 지점에 공격을 집중시킬 만큼의 충분한 항공지원이 있고 상황이 적절할 때에는 동시에 모든 곳에 대하여 수행할 수도 있다. 원거리 후방차단은 전체 혹은 일부 전구에 영향을 주는 가장 결정적인 결과를 생산하는 능력을 갖는다. 중거리 후방차단도 역시 시간지연이 있다. 반면에 근거리 후방차단은 전투가 진행 중인 경우에는 가장 유용한 작전인 것 같다.

후방차단작전은 합동군지휘관이나 공군지휘관이 가지는 강력한 도구로서, 잠재적으로 전쟁 승리를 위한 전역의 일부로서—생산원천에 대한 원거리 후방차단과 같이—혹은 지상군 전역의 일부로서 사용할 수 있는 도구이다. 이것은 거의 모든 전쟁상황에서 상당한 효과를 얻을 수 있을 것이다. 특히 그것이 지상군작전을 지원하는 데 사용될 때는 적군이 심각한 압박감을 느끼거나 압박감을 느끼려고 할 때 가장 효과적이다. 그러나 몇 가지 잠재적인 문제점들은 고려되어야 한다.

우리가 논의해 온 모든 성공적인 후방차단작전은 대량의 지속적이고도 집중적인 노력들이 필수적인 원칙이다. 그러나 후방차단작전은 그 작전보다 더 중요한 것을 희생하면서까지 수행할 수는 없다. 보다 더 중요한 작전은 공중우세가 틀림없다. 지상군 지휘관은 많은 경우에 공중우세를 확보하기 이전에도 후방차단작전을 요청할 것이다. 그러나 후방차단작전은 위험부담보다 이득이 확실히 큰 비정상적인 상황을 제외하고는 공중우세 없이 시도되어서는 안 된다. 지상군 지휘관은 전투에서 승리할 수 있는 기회를 놓칠 것 같기 때문에 위험을 무릅쓰고 그렇게 하려고 할 것이다. 그러나 우리는 공중우세 없는 상황에서의 전투가 어떻게 되는지 많은 경험을 통해 분명히 알고 있다. 후방차단작전은 항공기나 조종사를 잃을 수 있을 것이다. 따라서 그 손실의 대가로 유용한 어떤 것을 얻을 수 있다는 보장이 반드시 필요하다. 고성능 항공기 1대와 고도로 숙련된 1명의 조종사를 쌀을 싣고 가는 트럭 1대와 맞바꾼다는 것은 너무나도 큰 손실이 아닐 수 없다.

그러나 지상작전을 지원하는 후방차단작전의 요청과 가능한 한 신속히 공중우세를 확보해야 하는 필요성 사이에는 어떤 가능한 타협점이 있을지도 모른다. 때로, 몇몇 목표물은 두 가지 작전을 동시에 만족시킬 수도 있다. 우선적인 예로 연료가 있다. 적 전투기와 탱크가 같은 종류의 연료를 사용하지는 않지만 동일한 계통으로 수송되고 관리되는 것은 거의 확실하다. 석유시설에 대한 공격은 두 가지 목표를 만족시킨다. 수송망에 대한 공격도 이와 비슷하다. 여기서 첨언할 것은, 석유시설과 수송망에 대해서는 적 전투기가 틀림없이 대항한다는 것이다. 그들이 대항할 때는 공격항공기에 엄호전투기를 운용하여 적 전투기를 공중에서 격추시킬 수 있다. 그러나 이때는 적 항공기를 파괴시키는 가장 값비싼 곳이 공중이라는 점을 명심해야 한다. 그렇지만 이때 만약 우리가 이미 논의한 대량의 원칙과 수적인 우세를 고려한다면 이 작전은 이중의 효과를 볼 수도 있다.

5. 근접항공지원작전

근접항공지원(Close Air Support)작전은 우군과 근접하여 대치하고 있는 적의 군사력을 공격함으로써 지·해상군의 유리한 작전 여건을 조성하거나, 작전을 지원하여 우군의 공격, 반격 또는 방어작전에 강력한 항공우주력으로 지·해상군의 군사목표 달성과 생존을 보장하는 핵심적인 역할을 수행한다.[42] 근접항공지원작전을 효과적으로 수행하기 위해서는 전장지역의 공중우세 확보가 필수적이다. 기(旣)계획 또는 긴급으로 이루어지는 모든 근접항공지원작전은 우군과 근접해 있는 적 지역의 표적에 대하여 수행되므로 지·해상군의 화력 및 기동계획과 긴밀한 협조체제가 이루어져야 하며, 우군에 대한 오폭 가능성을 방지할 수 있도록 계획되어야 한다. 근접항공지원작전이 성공적으로 수행되면 우군의 기동 또는 반격여건이 조성되고, 우군의 취약한 측면이 보호되며, 철수 또는 후퇴작전 시 우군의 후방이 보호될 것으로 본다.

근접항공지원작전은 1차 세계대전 시 항공기가 처음 사용될 때부터 계속되고 있다. 비록 그것이 육군협조(army cooperation), 근접협조(close co-operation) 또는 지상군지원(ground support) 등의 여러 가지 명칭으로 수행되어 왔지만 공군력을 보유한 주요 국가들은 어떤 형태로든 이 작전을 시도하려는 노력을 해왔다.

근접항공지원작전은 후방차단작전과 유사한 점이 많으나 일반적으로 "만약에 충분한 병력과 포병 사용이 가능하다면, 이론적으로 지상군이 독자적으로 그러한 작전을 수행할 수 있을 뿐 아니라 당연히 수행하게 되는 어떤 작전을 대신하는 공중작전"이라고 정의를 내릴 수 있다.[43] 이러한 정의에 의한다면 철조망을 건너오는 병력에 대한 공중타격은 확실히 이 범주에 속할 것이다. 또한 아 지상군이 공세를 취하기 위한 준비로 적의 전선에

---

42) 공군본부, 『공군기본교리』(2011), p.69.

43) John A Warden III(1989), p.87.

대하여 공중폭격을 하는 것 역시 이 범주에 속할 것이다. 왜냐하면 그런 일은 포병이 할 수도 있기 때문이다. 아군의 측면을 지키기 위하여 항공력을 사용하는 것도 근접항공지원의 범주에 속한다. 측면방어임무에는 예비사단이나 군단이 투입될 수도 있기 때문이다.

그러나 전선 후방에서 횡적으로 이동하는 적의 병력에 대한 공중공격은 이 작전에 속하지 않는다. 지상군은 포를 이용하여 적의 활동을 방해할 수는 있으나 그것을 처리할 수 있는 실질적인 방법을 갖지 못하기 때문이다. 만약 어떤 공중활동이 이러한 정의에 맞지 않는 것이라면 이는 후방차단이나 제공작전 중 하나가 될 것이다. 작전의 의미를 이렇게 제한적으로 규정하는 것은 작전 수행 시에 무조건 공중으로부터 최대한의 지원을 받아야 작전을 성공시킬 수 있다고 생각하는 지·해상군의 무리한 요구를 자제시키려는데 있다.

지상군지휘관은 근접지원작전이 어느 곳에 운용되어야 하는지를 결정하는 핵심적 역할을 해야 한다. 자연히 지상군지휘관은 지상군이 진격을 하거나 혹은 적의 진격을 막는 것과 같은 현실적인 업무에 당연히 온 정신을 집중하려는 경향이 있다. 만약 근접지원작전이 너무 포괄적인 정의를 가지게 되면 다수의 지상군지휘관들은 그의 영향권 내에 있는 공군력의 많은 부분에 대하여 통제를 하려고 할 것이다. 실제로 이와 같은 일이 러시아 전선에 위치한 독일 공군에게 일어나 육군이 공군력을 독점적으로 사용하였다. 1944년에 가서야 늦게나마 독일 육군은 후방차단작전이 근접지원작전보다 훨씬 더 효과적이라는 점을 깨닫게 되었던 것이다.[44]

이 경우는 편향적 이기심을 보여주는 것이라고 말할 수 있다. 그것이 사실이지만 그렇다고 비난할 만한 일은 아니다. 최소한 군(army)수준이나 그 이하 제대의 지휘관이나 참모들은 긴박한 전선에 최우선적으로 관심을 갖는 경향이 있다.

---

44) Oleg Hoeffding, *German Air Attacks Against Industry and Railroads in Russia,* 1941~1945 (Santa Monica, Calif.: Rand Corporation, 1970), pp.25-27.

또한, 전투에 적의 사단들이 후속적으로 투입되지 못하게 하는 후방차단 작전의 효과를 전쟁 중에 지도상에 표시하기란 대단히 어렵다. 거의 전쟁이 종결될 때까지도 적의 석유시설이나 수송체계에 대한 공중공격의 효과는 이를 파악하고 게시(揭示)하기가 어려운 일이다.

또한 공군장교는 다른 시각으로 전선을 보도록 훈련된다. 그는 공중우세 개념에 입각하여 그것을 생각하며, 또는 석유체계의 취약 부분, 교통망의 취약성 및 수주일 이후에 전선에 투입될 사단병력을 후방차단할 수 있는 기회 등에 관하여 생각한다. 왜냐하면 그가 운용하는 수단의 기동성 때문에 그는 시간과 공간을 매우 크게 확대해서 보는 경향이 있기 때문이다. 그러나 이 과정에서 그는 전선의 이동을 전체적인 전쟁상황을 구성하는 하나의 작은 부분으로 격하시킬 수 있다. 또한 그는 지상에서 발생하는 많은 사상자 숫자에 대해서도 그러한 주검들을 직접 볼 수가 거의 없을 뿐 아니라 지도상에 어떠한 선도 그을 수 없는 그 자신의 영역만을 볼 수 있기 때문에 전선에서 발생하는 살벌한 감각을 느끼지 못할 수도 있다.

그러나 합리적인 항공전역—공중우세나 후방차단 혹은 양자 모두—의 수행을 위해서는 공군이 자유롭게 작전을 수행할 수 있어야 한다. 어떤 상황에서는 항공전역이 지상군전역보다 훨씬 더 중요할 수도 있다. 그런데도 만일 지상군지휘관이 공군력의 많은 부분에 대하여 효과적인 통제를 행사할 만큼 근접항공지원작전의 정의를 포괄적인 개념으로 본다면 합리적 항공전역의 수행이 어려워질 것이다. 따라서 최소한 전구사령관이 어떤 전역을 강조해야 할 것인지를 결정해야 한다. 이러한 의사를 결정하기 위하여 사령관은 지상 및 공군 구성군사령관의 솔직한 조언을 필요로 한다. 또한 각 구성군사령관은 그들 자신의 군이 전승에 어떻게 기여할 수 있을 것인지에 관하여 교리적으로 완전하고도 명백하게 알고 있어야 한다.

근접항공지원작전의 개념이 지상군의 작전예비대 운영과 유사하다고 볼 수 있다. 역사적으로 지휘관들은 적의 전선을 돌파하기 위하여, 적의 돌파를 막기 위하여, 또는 부대의 측면을 보강하기 위하여 작전예비대를 사용해 왔다. 근접항공지원작전은 이런 종류의 모든 임무를 더 신속하게 결정적으로 완수할 수 있는 것이다. 그러나 작전시간이 지연되는 지·해상군의 화력 운용보다는 긴급하고도 폭발적인 화력이 필요한 시간 및 장소에 특히 운용해야 한다.

노르망디작전은 역사상 공군력을 가장 광범위하게 사용한 작전이었다. 노르망디작전 시 해안 교두보 지역으로의 독일군 이동을 차단하는 데 공군이 큰 역할을 수행했으며, 작전 당일에는 독일군 방어지역에 대한 직접공격에 많은 소티를 투입하였다. 동시에 "울트라" 암호해독장치의 도움으로 독일군 기갑부대 서부사령부의 위치를 알아낸 후 연합군 항공기들은 그 사령부 본부를 공격하였다. 그들은 핵심 지휘부 건물을 파괴하였는데, 그 사령부는 기갑부대의 이동에 관한 대단히 중요한 협조업무를 맡고 있었으며, 이때 참모총장을 포함하여 상당수의 참모들이 사망했다.[45)]

대규모 항공력을 보유하고 있다고 하더라도 근접지원작전이 항상 가능한 것은 아니다. 왜냐하면 첫째로, 그 작전의 필요성이 전선의 다른 지역에서 더 클 수도 있다. 둘째이자 지상군지휘관이 반드시 이해해야 할 중요한 점으로는, 제공작전이나 후방차단작전과 같은 다른 임무들이 이 작전보다 전구작전에서 훨씬 더 큰 우선순위를 가질 수 있기 때문이다. 앞에서도 충분히 논의되었지만 전구작전에서는 공중우세가 필수적이다. 공중우세를 확보할 때까지는 공중우세와 무관한 노력은 전력을 분산시키는 것으로서 오직 비상상황 이외에는 수행되어서는 안 된다. 만약 비상상황에서 이 작전을 수행하게 될 경우라도 이 작전에 수반되는 위험성과 얻을 수 있는 성과에 대하여 심사숙고해야 한다.

공군구성군사령관과 전구사령관은 근접항공지원을 제공함에 따른 대가(對價)를 생각하지 않으면 안 된다. 그것은 비록 그것이 단지 다른 기회를 상실하는 것일 수도 있지만 거의 언제나 어떤 대가를 요구한다. 독일군이

---

45) *Ibid.*, p.282.

항공력을 지나치게 근접지원작전에만 투입함으로써 항공력을 잘못 사용했다는 것을 전쟁 말기에 와서 통절히 깨닫게 되었다. 미국과 영국은 전쟁에서 승리하였으나 그들 역시 근접항공지원작전의 효율성에 관해서 많은 토의를 했다.

가장 특기할 만한 토론은 노르망디 침공을 위해 폭격기를 지원하는 문제였다. 공군은 대형 폭격기가 계속해서 독일 본토에 대해 공격을 해야 한다고 강력하게 주장하였다. 그러나 합동참모들은 공군의 주장을 무시하고 프랑스지역에 최대한의 폭격작전을 수행하도록 명령하였다. 노르망디작전은 대성공이었지만 대규모 항공지원이 없었다면 불가능하였을 것이다. 그럼에도 불구하고, 폭격기를 다른 임무에 전환한 대가로 독일의 석유 산업시설에 대한 공격이 3개월이나 지연되었던 것이다. 만일 독일군에게서 실제보다 3개월 빨리 전차 및 항공기용 연료가 고갈되었더라면 전쟁이 좀 더 일찍 끝날 수 있지 않았을까?

후방차단작전이나 작전예비대와 마찬가지로 근접지원작전에서도 지상전투 상황이 활발할 때 가장 효과적이다. 근접지원은 아군을 궁지로부터 공세적으로 전환시킬 수 있는 능력을 가지며, 적의 공세에 심각한 타격을 줄 수 있는 능력이 있다. 그러나 비교적 정적인 상황에서는 그것이 그렇게 효과적이지 않은 것 같다.

지금까지 우리는 근접항공지원작전이 지상군지휘관을 위해 무엇을 할 수 있는가를 살펴보았다. 동시에 이 작전을 수행함에 있어서도 전혀 아무런 문제점이 없는 것은 아니라는 것을 말하려고 노력하였다. 이 작전에는 대가가 따라 다닌다. 올바른 시각에서 바라보고 적절히 활용한다면 이 작전은 지상전 상황에 큰 변화를 가져올 수 있다. 이 작전은 지상군 지휘관이 훨씬 더 많은 병력과 화력, 그리고 매우 기동성 있는 화력 없이는 할 수 없는 것들을 할 수 있도록 해준다.

6. 항공작전의 계획 및 수행

항공전역(Air Campaign)은 주어진 시간과 공간에서 군사목표를 달성하기 위하여 수행되는 일련의 항공작전으로서 공군력 단독 또는 지·해상군의 항공전력과 함께 수행된다.[46] 항공전역은 항공력을 통하여, 우군 전력운영의 자율성 보장과 원활한 군사작전 수행을 위해 공중우세와 정보우세를 최우선적으로 달성하고, 전력을 공세적으로 운용함으로써 전쟁의 주도권을 장악하며, 적의 중심을 공격함으로써 전쟁수행 의지 및 능력을 말살하여 궁극적으로 최단 기간 내에 전쟁에서의 승리를 추구하는 것이다.

전쟁에서 승리하기 위해서는 적의 전쟁수행 잠재력과 전투능력을 무력화시키는 일련의 항공작전들[47]을 긴밀하게 연계시켜 수행해야 하며, 항공작전 효과를 극대화하기 위해서 각 분야별로 긴밀한 노력의 통합이 요구된다. 따라서 항공전역 수행 시 항공력의 특성과 능력이 최대한 발휘될 수 있도록 전역계획을 수립하여야 하며, 전구 내에서 운영되는 모든 항공자산을 중앙집권적 통제하에 통합적으로 운용하여 작전효과를 극대화하여야 한다.

공군의 작전술은 전략적, 작전적 목표를 달성하기 위하여 항공전역을 계획하고 운용하는 과정에서 발휘되어야 한다. 작전술은 전략과 전술을 연결시키며 전력의 계획과 운용에 있어서 상부의 목표와 하부의 수단이 조화를 이룰 수 있도록 한다. 이때 공군력은 독자적으로 계획, 운용될 수도 있고 지·해상군의 항공력과 동시에 계획, 운용될 수도 있다.

항공전역 계획은 전쟁의 수준과 전장상황에 따라 다양하게 수립될 수 있으나 지휘관의 의도와 계획을 알기 쉽도록 목표, 시행조건, 임무, 지휘 및

---

46) 『공군기본교리』, 2002.3.1, pp.40-41; 『공군기본교리』 2007년판부터는 '항공전역' 개념을 삭제하고 '항공우주작전' 개념을 도입·사용하고 있다.

47) "일련의 항공작전"을 『공군기본교리』(2015)에서는 19개의 '항공우주작전'으로 분류하였다. 즉, 제공작전, 전략공격작전, 항공차단작전, 근접항공지원작전, 공수작전, 공중급유작전, 전투탐색구조, 우주작전, 정보작전, 감시·정찰작전, 국지도발대비작전, 유도탄작전, 특수작전, 기지방호작전, 화생방방어작전, 평화작전, 공보작전, 사이버작전, 대해상작전 등이다.

통제 등을 포함하여 작성해야 한다. 항공전역 계획은 일반적으로 목표, 작전영역, 전력수준 등을 고려하여 단계별로 구분하며, 각 단계별 지침에는 시작시기, 목표, 우선순위, 임무완료 시 군사목표 달성정도가 명확히 설정되어야 한다. 각 단계의 종결은 주어진 시간이나 특정지역에 도달했을 때가 아니라 요구되는 조건이 충족되었을 때 종결된다.

항공전역(항공우주작전) 수행은 전쟁에서 군사목표 달성을 위해 항공우주력을 운용하는 것이다. 항공우주작전 수행과정은 군사지휘기구로부터 군사전략 목표를 접수하여 작전목표 설정, 표적선정, 임무계획수립, 작전수행 등으로 전개된다. 한편, 작전수행개념으로써 한국 공군은 '효과중심의 공세적 항공우주작전'으로 정하고 '항공우주력을 공세적으로 운용'하여 '네트워크중심 작전환경하 효과중심의 타격작전'을 수행하는 것으로 설명하고 있다.[48]

〈그림 3〉 항공우주작전 수행과정

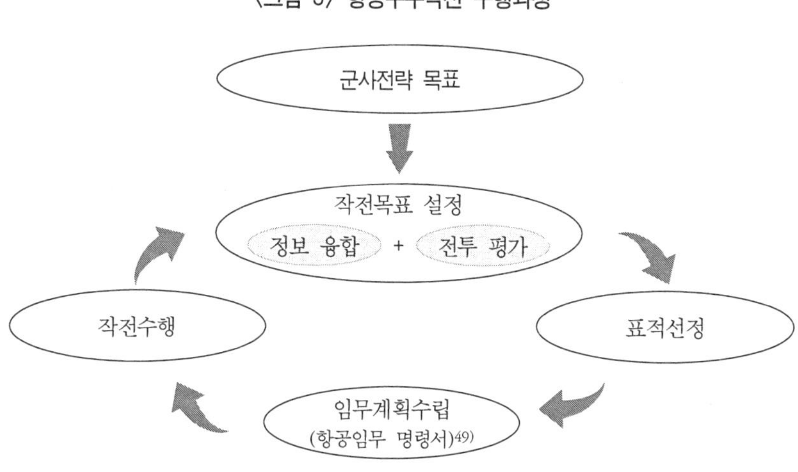

---

48) 공군본부, 『공군기본교리』, 2015.11, p.42.

49) 항공임무명령서(Air Tasking Order: ATO)란 공군구성군사령관이 발간하는 작전명령으로서 비행임무 및 임무항공기 등에 관한 사항과 공역지휘, 통제방책 및 제한조치 등에 관한 모든 합동사항이 포함되며, 평시에 발간하는 '기계획 항공임무명령서(Pre-ATO)'와 전시에 매일 발간하는 '일일 작전명령서'가 있다.

항공전역 계획은 항공력 운용개념을 구체화하여 작전수행의 일관성을 제공하게 된다. 계획에는 항공 중심(重心), 작전 단계 및 소요자원이 명시되어야 한다. 그리고 공중우세, 후방차단 및 근접지원 임무 등에 대한 노력의 배분에 관한 일반적인 지침이 제시되어야 한다. 동시에, 타군을 지원할 것인지 혹은 타군으로부터 지원을 받을 것인지도 설명되어야 한다. 전구 통합작전계획과 마찬가지로 그 계획은 전쟁이 끝날 때까지 적용되는 것이어야 한다.

항공전역을 계획하고 집행하는 과정에서 지휘관과 계획수립자들은 다음의 문제들을 해결해야 한다. 첫째는 적 지상군 공세가 급속하게 진행되고 있는 비상상황에서 항공력을 사용하는 문제이다. 둘째는 후방차단과 근접지원작전에 상대적으로 어느 정도의 노력을 기울여야 하는가 하는 문제이다. 셋째는 공중우세와 후방차단 및 근접자원작전을 동시에 수행해야 될 필요성이 생길 때이다.

갑작스럽고도 대규모적인 적의 공세가 진행되거나 그렇게 되리라 예상될 때보다 더 난처한 일은 없을 것이다. 이러한 상황이 발생되면 아군은 적 지상군의 전진을 막기 위하여 모든 노력을 투입하려고 할 것이며, 따라서 이때는 이러한 비상상황이 끝날 때까지 공중우세작전과 후방차단작전을 중지시킬 수도 있다. 이러한 경향성은 자연스러운 것이라고 볼 수도 있겠지만 특히 적의 항공력이 아직까지도 효과적으로 싸울 능력을 가진 때는 매우 위험할 수가 있다. 우리가 만약 적 지상군의 첨단부(尖端部)에 대하여 총력을 기울인다면 적 항공력에 대한 아군의 압력이 현저히 감소할 것이며, 그렇게 되면 적이 종전에는 불가능했던 제공작전(counterair operation)마저도 수행할 수 있는 정도에까지 이를지도 모른다. 만약 우리가 지상의 목표물에 대하여 총력을 집중하게 되면 적은 지상군을 지원하고 있는 아군 항공기에 대하여 항공력을 공세적으로 집중할 수도 있다. 아니면 적은 오히려 그들 자신의 공중우세를 확보하기 위하여 항공력을 공세적으로 행사할 기회를 가지게 될 수도 있다. 어떠한 상황이 되더라도 이때 적은 공세를 취함으로써 얻을 수 있는 고유한 이득을 얻게 될 것이다.

이러한 여러 가지 문제들을 고려해 볼 때 다음과 같은 몇 가지 경우에서는 지휘관이 지상상황에 총력을 기울이는 것이 옳을지도 모른다. 즉, 진행되고 있는 지상전투가 불가능할 때, 전투의 패배가 곧 항복을 의미할 때, 전투가 며칠 이내로 끝나는 것이 확실할 때, 그리고 적을 적극적으로 저지시키면 아 공군이나 지상군이 재건될 때까지 적이 더 이상의 공격을 취하지 못하게 될 때 등이다.

두 번째 문제는 후방차단과 근접지원임무에 어떻게 전력을 배당하느냐 하는 것이다. 만약 작전교리에서 두 가지 작전 중 하나를 채택하지 않는 국가라면 문제는 간단하다. 이스라엘 공군은 근접지원작전을 기피하였고, 2차 대전 중 소련은 반대로 그 작전만을 채택하였다. 사전에 그 문제를 교리적으로 해결하지 못했을 경우에는 지휘관과 계획관들이 그것과 씨름해야 한다. 가장 쉽게 출발하는 길은 어느 임무가 확실히 부적합한가를 묻는 방법이다. 저강도 게릴라전처럼 후방차단할 목표물이 아무 것도 없을 때에는 모든 항공전력을 근접지원에 투입할 수 있다.

그러나 거의 예외없이 근접지원 소티는 후방차단 소티를 잠식하며, 그 반대도 마찬가지이다. 적어도 공중우세가 확보되어 있는 한 후방차단 임무 환경에서는 생존성이 부족하지만 근접지원임무에는 적합한 특수 제작 항공기를 공군이 보유한 경우는 하나의 예외가 된다. 만약 다른 조건이 동일하고 타 작전에 투입되어 임무를 잘 수행할 수 있는 항공기의 엄호를 필요로 하지 않는다면 이런 항공기는 근접지원작전에 투입하는 것이 좋을 것이다.

근접지원과 후방차단 소티는 결국 어떤 임무가 작전수행에 가장 유익한가에 따라 지휘관 — 이 경우에는 전구사령관 — 이 결정해야 한다. 논리적인 측면이나 역사적 사실에 비춰볼 때 비중은 후방차단 쪽으로 기울어진다. 물자와 병력은 전선에서 교전할 때보다 전선에서 멀리 있을 때 이를 차단하기가 더 쉽다. 그것들이 전투를 위하여 전개되어 있을 때보다 전선으로 이동하려고 집결되어 있거나 대형을 이루고 있을 때 파괴하기가 더 쉽기 때문이다. 이러한 생각을 확대시켜 보면 탱크 제작공장에 한 발의 폭탄을 투하하는 행동 하나는 잠재적으로 수십 혹은 수백 대의 탱크를 제작하지 못하게 하는 원인이 될 수도 있다. 반대로 전선에서 한 발의 폭탄이 최대로 할 수 있는 일은 이미 상당한 공격을 받아 왔을 지도 모르는 한 대의 탱크를 격파할 뿐이다.

세 번째로 지휘관이 봉착하는 어려운 문제는 그가 두세 가지 임무수행을 동시에 요청받았을 경우에 발생하기가 쉽다. 예를 들어, 공중우세가 아직도 대등한 상황인데도 불구하고 불리한 지상전 상황 때문에 근접지원과 후방차단작전을 동시에 필요하게 되는 경우가 생길 수 있을 것이다. 우리는 이러한 상황에 처했을 때 적절한 판단을 하기 위한 이론에 관하여 그리고 그 이론이 쉽게 해답을 제공한다는 것을 이미 논의한 바 있다. 그러나 불행하게도 비록 최고의 이론이라 할지라도 그것이 실제로는 자주 수용되지 못하고 거부되기 때문에 우리는 그러한 해답에만 의존할 수가 없는 것이다. 이러한 문제를 해결하는 한 가지 방법으로 지휘관은 그가 보유한 전체 전력을 3등분하여 제공작전, 후방차단 그리고 근접지원작전에 하나씩 배당할 수도 있다. 그러나 이러한 방법은 아주 특별한 경우를 제외하고는 잘못된 해결책이 틀림없다. 왜냐하면 이렇게 등분을 해야 할 만큼 상황이 그렇게 대등한 경우는 거의 없기 때문이다. 사실, 이렇게 3등분한 전력으로 각각의 임무를 수행하게 되면, 단 한 가지 임무도 제대로 완수하지 못하게 되어 전체 작전이 비참하게 실패할 수도 있다. 그렇다면 사령관은 어떻게 해야 하겠는가?

집중은 필경 가장 중요한 항공전의 원칙이다. 결정적인 시간과 장소에 항공력을 집중적으로 운영한다는 것은 효과극대화의 필수요건이다.[50] 따라서 공군사령관은 지상군사령관과 전구사령관이 항공력을 집중적으로 운용하여 좋은 결실을 거둘 수 있는 어떤 임무를 그들 모두가 선택해야만 한다는 사실의 중요성을 그들에게 확신시키는 데 온갖 노력을 기울여야 한다. 이러한 결심과정에서 지휘관은 공중우세를 획득하기 이전에 다른 임무를 수행하는 것이 얼마나 위험한 일인지를 유념하지 않으면 안 된다. 동시에

50) 공군본부, 『공군기본교리』 공군교범 0, 2015, pp.46-47.

항공력은 근접지원임무보다 후방차단임무에 더 적합하다는 사실도 염두에 두어야 한다. 공중우세에 대하여 절대적인 중요성을 부여하고 또한 후방차단작전이 거둔 역사적 성공을 충분히 고려하고 난 연후에야 세 가지 임무를 동시에 수행해야 할 때 필요한 절충안의 제안이 가능해지는 것이다.

공중우세는 분명히 공군의 최우선 임무가 되어야 한다. 왜냐하면, 지상작전이나 후방차단작전 혹은 근접지원작전 등 모든 작전이 그것에 크게 의존하기 때문이다. 따라서 개념적으로 후방차단 노력은 공중우세 전역의 성공이 분명해지고 있을 때, 즉 적 공군이 전선을 더 이상 넘어오지 못하고 또 아군이 수행하는 차단작전을 적이 더 이상 방어하지 못 하게 될 때까지는 시작되면 안 되는 것이다.

잠재력을 가진 또 다른 주요 목표물은 전구 내에 위치한 적군의 지휘 및 통제체제이다. 좋은 정보와 충분한 분석으로 더 많은 대상을 찾아낼 수도 있다. 공중과 지상을 상호 지원하는 체계까지 찾아내어 공격한다면 이는 공중우세와 후방차단을 혼합하는 좋은 공격이 될 것이다.

한편, 지휘관은 예비전력을 유지할 것인지, 유지한다면 언제 그것을 투입할 것인지를 결정해야 한다. 예비전력 유지를 단지 항공자산의 손실을 보완하기 위한 것이라면 투입시기가 문제되지 않는다. 그러나 예비전력을 상황반전 등을 노린 전략적인 전력으로 본다면, 전체 전쟁기간에 대한 판단이 결정에 중요한 요소가 된다. 만약 전쟁이 수일 이내에 끝나든지 혹은 단기 결정전으로 끝날 것 같으면 예비대는 필요가 없을 것이다. 그러나 전쟁이 수일 이내 끝나지 않을 것 같으면, 예비전력을 보유하는 것이 좋을 것이다. 예비전력을 유지하기로 결심하였다면 지휘관은 투입원칙을 적용해야 한다. 만약 지휘관이 예비전력을 투입하려고 결심하면 적에 대하여 충격과 기습효과를 크게 제공하기 위하여 전력을 대량으로 투입해야 한다. 이와 같이 모든 작전에서 집중과 대량원칙은 가장 중요한 항공전 수행의 원칙이라고 볼 수 있다.

Ⅲ. 효과중심작전(EBO)

전장에서 공중우세를 달성하기 위하여 적의 방공망을 무력화하고자 할 때 가장 경제적이며 적시적인 방법은 무엇일까? 적의 방공시스템과 관련된 수많은 요소들을 순차적으로 파괴해 나가는 방법과 적의 모든 방공시스템 운영을 직접적으로 지원하는 몇 안 되는 전력망을 단절시켜 적 방공망의 근본적인 기능을 마비시키는 방법을 단순히 비교해 볼 때, 아측의 군사력을 최소한으로 사용하면서, 적의 방공시스템 전체를 무력화시킬 수 있는 최고의 경제적, 적시적인 해결방안은 틀림없이 후자일 것이다. 왜냐하면, "아측의 군사력을 적의 군사력 파괴에 무차별적으로 사용하는 것보다, 적의 군사력의 기능을 주도적으로 통제[51]하기 위해 사용하는 것이 훨씬 더 효과적"이기 때문이다.

즉, 적의 전쟁수행역량 전체를 하나의 시스템으로 보았을 때, 그중에서 핵심이 되는 시스템만을 선별해서 무력화시킨다면, 아측의 노력과 자원 및 시간 등을 절약하면서, 원하는 목표는 최단시간 내 달성할 수 있는 최고의 방법이 될 수밖에 없을 것이다. 이것이 효과중심작전(Effects-Based Operation: EBO)의 핵심이다.

어쩌면 이러한 EBO개념은, 지구상에 전쟁이 처음 시작되었을 때부터 전쟁지휘부의 근본적인 작전수행개념으로 자리를 잡고 있었다고 말할 수 있지만, 과거의 전쟁수행을 위한 작전개념은 수단의 한계로 말미암아 대규모 병력을 동원한 소모전이나 섬멸전 형태로 수행될 수밖에 없었다.

그러나 이미 첨단 무기체계들을 운영하고, 나아가 EBO를 완벽하게 적용할 수 있는 수단들이 초가속적으로 발전하고 있는 오늘날에 있어서는, 이러한 EBO가 전쟁전반(계획, 수행, 평가)에 걸쳐 주안이 되어야 하는 작전개념으로 자리매김하는 것이 어찌 보면 당연한 일이다.

EBO는 과거의 거칠고, 넓고, 포괄적인 타격방식에서 탈피하여, 적의 복

51) 적의 전략적/작전적/전술적 핵심 요소를 아측이 지배하는 것을 의미함.

잡한 시스템 속에서 치명적인 급소(적의 핵심노드)들을 찾아내어 무력화시키는 효율적 작전개념이다. 따라서 미래전장에서 주도권을 장악할 수 있는 핵심내용이자 가치이기 때문에 이러한 개념을 자국의 국가방위 전반에 걸쳐 효율적, 실질적으로 운용하지 못하는 국가는 전쟁에서의 승리를 결코 보장받을 수 없다.

1. EBO 개념

EBO는 미 합동전력사령부(JFCOM)[52]와 미 태평양사령부(PACOM)[53] 예하의 한·미 연합사령부에서 우선적으로 시험 적용 및 발전시킨 다음, 타 전구사령부로 점차 확대한 미국의 작전교리이다. 이는 미국이 강력하게 추진해온 군사변혁(military transformation)과 연계하여 새로운 작전환경에 대비한 합동작전 수행개념으로 지속적으로 발전시켰으며, 적을 이해하고 작전을 계획·수행하는 방법에 대한 패러다임의 변화를 불러일으키고 있는 전쟁수행 개념이라 말할 수 있다.

EBO에 대한 연구는 1987년 미 공군에서 처음으로 시작하였으나, 미 합동전력사령부가 1992년부터 본격적으로 개념연구에 착수하여 EBO 백서, 관련 팸플릿 발간, 밀레니엄 챌린지[54] 등을 거쳐 교리화하는 등 급진적으로 발전시켰으며, 2004년 11월, 미 합동전력사령부에서 정립한 EBO의 정의는 다음과 같다.

52) 미국은 6개의 지역통합사령부(북부사, 남부사, 중부사, 태평양사, 유럽사, 아프리카사)와 4개의 기능사령부(전략사, 특수전사, 수송사, 합동전력사)를 운영하고 있는데 그중 합동전력사령부는 2012년 3월 폐지되었다.

53) Pacific Area Command, 태평양사령부(위치: 하와이)

54) 미 국방부의 모의전쟁 게임이며, 청/홍팀으로 나누어 실시하는 대규모 합동 실험임.

EBO(효과중심작전) 정의

①**부여된 정책목표**를 달성하기 위해
②**작전환경에 대한 전반적인 이해**를 바탕으로
③**국력의 제요소**를 통합 사용하여
④**적의 행동 또는 능력에 영향을 미치거나 변화**시키는 데 중점을 두고, 계획, 시행, 평가, 조정하는 작전

EBO에 대한 전반적인 이해에 앞서 정의를 명확하게 이해하는 것이 매우 중요하기 때문에, 정의상에서 언급한 주요 문구(文句)에 대해서 세부적으로 설명을 덧붙이면 다음과 같다.

① 부여된 정책목표는 국가통수기구에서 결정된 국가정책이나, 이를 지원하기 위하여 군사지휘기구에서 선정한 군사목표이다.

② 작전환경에 대한 전반적인 이해는 과거의 작전계획이 적의 군사분야만을 중점적으로 분석 후 방책을 발전시켜 작성한 반면, EBO에 기초한 작전계획은 적의 국가구성핵심체계인 PMESII(정치, 군사, 경제, 사회, 기반구조, 정보)체계를 종합 분석한 후에 방책을 발전시키며, 또 각 단계별 작전 간 일어날 수 있는 상황들을 미리 예측하여 도출된 문제점에 대한 아군의 또 다른 방책까지 면밀히 강구한 후에 명령으로 하달된다. 예를 들면, “적의 해상병참선을 차단”의 경우 과거의 작전계획에서는 해상병참선에 대한 차단전력을 투입하는 것으로 끝났지만, EBO에 기초한 작전계획은 적의 해상병참선 차단이라는 아측의 군사적 조치에 앞서 ⓐ적의 식량부족 초래, ⓑ난민 발생→주변국 유입에 따른 반전 압력 심화, ⓒ정치적 문제 발생 가능 등의 예상되는 문제점을 식별한 후 주변국에 난민캠프 설치 및 인도적 지원이라는 문제점 해결 방책까지 제시함으로써 끝난다.

③ 국력의 제요소는 과거의 전쟁수단이 주로 양국의 군사력에 의한 충돌(military on military)로 한정되었기 때문에, 전쟁을 계획하고 수행 시에 적/

〈그림 4〉 DIME on PMESII 수행체계

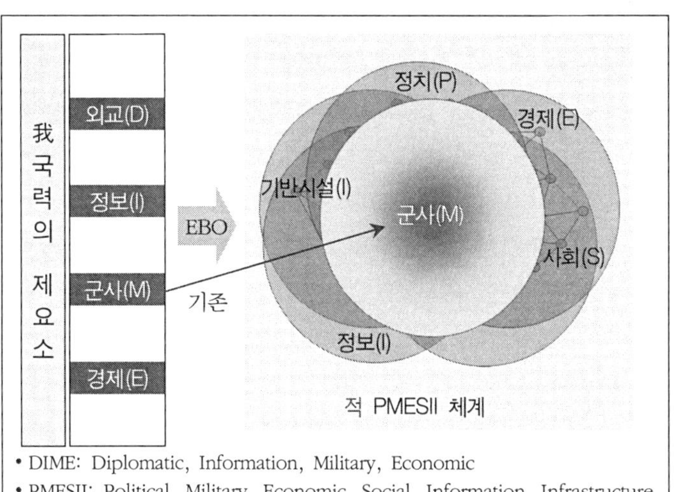

• DIME: Diplomatic, Information, Military, Economic
• PMESII: Political, Military, Economic, Social, Information, Infrastructure

아 군사력 위주로 연구를 한 반면, EBO 개념에 입각한 전쟁계획 및 수행은 〈그림 4〉에서 보는 바와 같이 아측의 DIME(외교, 정보, 군사, 경제) 요소를 모두 통합하여 적의 PMESII로 투입(DIME on PMESII)하는 새로운 형태로 변화하였음을 설명하고 있다. 예를 들면, "북한과의 전면전"의 경우 과거작전 계획에서는 북한 군사위협판단, 적 방책에 따른 아 방책선정으로 끝나지만, EBO에 기초한 작전계획은 북한 군사위협을 판단하고 핵심 급소를 식별한 후 아 방책을 선정하는데, 북한의 PMESII에 대한 취약점을 분석하여 방책별 핵심 표적을 연구하고 한·미의 DIME(외교, 정보, 군사, 경제)에 기초하여 아(我) 방책을 수립함으로써 끝난다.

④ 적의 행동 또는 능력에 영향을 미치거나 변화는 과거의 군사작전이 선정된 적의 표적을 파괴 또는 격멸하여 상대적으로 우세한 군사적 상황을 조성해 나감으로써, 자국의 전략적 이익을 적 전쟁지휘부에게 점차적으로 요구(압박)하는 형태로 진행되었으나, EBO에서는 적 지휘부가 의도하는 행동이나 능력들을 먼저 파악한 후, 아측이 원하는 방향으로 변화하게끔 만들어

낼 수 있는 특정 효과를 선정해 내고, 그 효과를 달성하기 위해 우리의 제반 능력(DIME)을 적에게 투사시켜 아측의 전략적 목표를 성취하는 방법이다. 즉, 불필요한 군사적 파괴는 지양하고 아측의 전략적 목표를 경제적, 시간적으로 보다 더 빠르고 효과적으로 달성하기 위해 지향하는 형태인 것이다.

이러한 정의를 간단히 요약하면 "적의 핵심노드(node)에 대한 동시·병행·정밀공격을 통해 (우리가 요망하는 대로) 적의 행동에 변화를 야기하는 개념"으로 이해될 수 있다. 이러한 EBO개념에서 우리가 주목할 용어는 바로 '효과(effects)'와 '노드(node)'라는 개념이다. '효과'란 작전달성을 위한 최종상태로, 군사적·비군사적 또는 통합된 조치(DIME)를 통해 나타난 "아군이 바라는 적의 물리적, 행동적 상태변화"를 말한다. 또한 '노드'란 "어떤 체계의 물리적, 기능적, 행위적 요소가 되는 하나의 단일체(tangible entity)로서 인원, 장소, 물체 등 체계를 형성하는 기본요소"이다.

한편, 기존의 "표적중심작전"과의 차이점을 정리하면 다음의 〈표 2〉와 같다. 이라크전쟁 당시 공군전투사령부의 기획부장(Director of Plans and Programs, Headquarters Air Combat Command)이었고, 효과중심작전의 이론화에 노력한 미 공군의 뎁튤라(David A. Deptula) 장군은 효과중심작전이 지니는 의미에 대하여 다음과 같이 강조하고 있다.[55] 그는 효과중심작전은 집중(mass)의 개념을 바꾸고 있다고 주장하고 있다. 과거에는 대규모 군사력의 집결, 기동, 진지점령, 전투준비 등이 필요하였지만, 이제는 특정지역에 군사력을 전개시키거나 집중시키지 않고도 원거리에서 동일한 효과를 거둘 수 있는 군사력을 적시에 투사(projection)하는 것이 가능해지고 더욱 중요해지고 있기 때문이다. 그는 효과중심작전은 군대구조까지도 변경시킬 것으로 예견하였다. 효과중심작전으로 인하여 과거에 비해 훨씬 적은 군사력으로 동일한 효과를 산출할 수 있기 때문에 군사력 감소가 가능해지고,

---

55) David A. Deptula, *Effects-Based Operations: Change in the Nature of Warfare* (Virginia: Aerospace Education Foundation, 2001).

〈표 2〉 기존 작전과의 비교

구분	표적중심작전	EBO
작전 수행 중점	• 표적파괴/격멸을 통한 목표달성 추구	• 적 행동/능력변화를 위한 요망효과 선정 후 효과달성 통한 목표 성취
정보	• 적 군사분야(정보) 중점 분석 후 방책 발전	• 적 PMESII 체계(지식) 정밀분석 후 방책발전 및 작전 간 발생가능한 모든 상황을 예측, 사전에 대책강구
전쟁 수단	• 군사력 위주	• DIME(외교, 정보, 군사, 경제) 수단의 통합 운용
전투력 사용	• 목표 중심의 각각의 표적에 최대 전투력 투입	• 근 실시간 전장상황 이해·공유로 전투력 효율적 조정/통제 및 적정 전투력 사용
목표 지향 방법	• 순차적 적 파괴 및 격멸	• 효과중심의 중요노드 타격 • 정밀유도무기: 살상 최소화 • 스텔스체계: 적종심 동시타격
평가	• 전투피해 평가(BDA)	• 효과평가: 요망효과 달성여부

육군, 해군, 공군 중에서 효과를 달성하는 데 적합한 군사력은 증대되고 그렇지 않은 군사력은 감소될 수밖에 없을 것이기 때문이라는 것이다.

2. EBO의 대두 배경

1) 첨단 군사과학기술의 발전

지속적으로 발전을 거듭해 온 C4ISR[56]체계의 발달은 전장을 실시간 가시화할 수 있는 능력이 있다. 따라서 적의 능력과 강·약점 등을 확인하여

56) C4ISR: Command, Control, Communications, Computers, Intelligence, Surveillance and Reconnaissance(지휘, 통제, 통신, 컴퓨터, 정보, 감시 및 정찰).

이것을 아군끼리 공유가 가능하게 되었는데, 실례로 2003년 3월 이라크 전장에서 수천 킬로미터나 떨어져 있는 한반도에서도 이라크 전장상황을 실시간에 확인[57]할 수 있었다. 이러한 변화는 전쟁을 수행함에 있어 시간적, 공간적 제약을 받지 않는 지휘통제가 가능하다는 것으로서 전쟁지도부의 작전운영 효율성과 작전속도를 대폭적으로 증대시킬 수 있는 결정적인 요인으로 작용하였다.

또한 PGM 무기체계와 스텔스 기술의 발달은 최소의 노력 및 자원으로 적의 종심지역까지 타격을 가능케 하여 단기간 내 아측의 전쟁지휘부가 원하는 전략적 목표를 달성할 수 있는 결정적 수단으로 작용할 수 있게 되었다.

이러한 첨단 군사과학기술은 과거에 비해 최소의 노력과 자원 및 희생으

〈표 3〉 단일표적 파괴를 위한 전력 현황

구분	2차 대전	월남전	걸프전	이라크전
기종	B-17	F-4	F-117	B-2
소티	1,500	30	1	1
발수	9,500	176	2(GBU-27)[58]	1(JDAM)[59]
중량/1발	250LBS	500LBS	2,000LBS	2,000LBS
오차	3,300Ft	400Ft	10Ft	20Ft

57) 당시 7공군사령관(공군대장 랜스 스미스)은 오산기지 집무실에서 50인치 모니터를 통하여, 실시간 이라크 전장을 한국 공군지휘관 및 참모들에게 브리핑하였음.

58) GBU-24 A/B(레이저유도폭탄)의 F-117 장착 위한 개량형.

59) JDAM: Joint Direct Attack Munition(합동직격탄). JDAM은 GBU-32, 35, 37, 39 등이 있으며 GPS/INS 유도폭탄이다. B-2 폭격기는 이론상 전천후 투발이 가능한 16개의 폭탄을 장착할 수 있다.

〈표 4〉 PGM 무기 사용 추세

구분	걸프전	코소보전	아프가니스탄전	이라크전
연도	1991	1999	2001	2003
사용 비율	7.7%	40.0%	60.4%	67.0%

로 전쟁지휘부가 원하는 작전의 성공을 가져올 수 있는 최고의 요인으로 자리매김하였는데, 과거 전쟁에서 단일 표적에 투입된 전력 현황과 PGM 무기체계 사용 비율은 〈표 3〉 및 〈표 4〉와 같다.

2) 신(新) 안보환경

EBO를 수행할 수밖에 없도록 요구한 요인은 크게 신(新) 안보환경과 전쟁에 대한 국민들의 인식변화라는 두 가지로 설명할 수 있는데, 먼저 신(新) 안보환경 요인을 살펴보면 다음과 같다.

첫째, 탈냉전 이후부터 위협의 형태가 급속하게 변화되어 왔다는 것이다. 위협의 범위가 과거 냉전시기의 군사·국가적 위협에서부터 탈냉전 이후 테러, 종교분쟁 등의 비군사·초국가적 위협으로 확대되었고, 인터넷 발달로 인하여 소규모 테러 집단도 대량살상무기(WMD)를 쉽고도 저렴하게 제작하거나 획득하여 특정 국가를 상대로 공격할 수 있게 된 것이다. 이러한 현상은 세계에서 유일무이한 초강대국 미국도 2001년 9·11 테러처럼 사전에 대비가 힘든 심각한 국가위기상황을 겪게 된 것을 통하여 쉽게 이해할 수 있다.

둘째, 냉전 후 전 세계적으로 국방예산 및 군의 규모를 축소하라는 요구는 확대되는 반면에, 위에서 언급한 새로운 위협은 오히려 증가함에 따라 군의 임무는 테러로부터 전면전까지 전 영역에 걸쳐 대비를 해야 하는 어려운 상황에 놓여 있다는 것이다. 미국의 경우에는 테러와 마약 이외에 2005년에 발생한 루이지애나 태풍(카트리나)과 같은 재난구조에까지 군의 임무와 역할을 확장시키고 있는 실정이다.

셋째, 코소보전·아프가니스탄전·이라크전과 같은 현대전에서는 기존의 단순한 군사작전 외에 외교, 경제, 정보와 같은 국가의 제 국력수단(DIME)을 통합 적용해야 한다는 교훈이 도출되었다. 예를 들어, 아프가니스탄전에서 미국은 먼저 탈레반군의 자금지원 경로를 차단(경제, 정보)하여 탈레반군의 조직 재건이나 유지를 곤란(정치)하게 한 후에 합동작전(군사)을 통하여, 잔여 탈레반군을 소탕하는 형태의 작전을 수행하였다.

여기에 추가하여 최근의 전쟁은 단일국가가 수행하는 경우가 드물고, 대부분의 경우 다국가(multi nations)가 함께 작전을 수행함으로써 다국가 간의 가용능력을 효율적으로 통합 운용하는 것이 보다 더 중요해지고 있다.

이러한 안보환경의 변화에 따라 기존의 전쟁수행 개념으로는 현대전을 효율적으로 수행하는 것이 곤란하게 되었기 때문에 과거 전쟁수행 개념에서 탈피한 새로운 전쟁수행 개념의 필요성을 요구받게 된 것이다.

3) 전쟁에 대한 국민의 인식 변화

EBO를 수행할 수밖에 없도록 요구한 요인 중 전쟁에 대한 국민들의 인식변화에 대한 요인을 살펴보면 다음과 같다.

첫째, 1990년대부터 전 세계적으로 확산된 전쟁반대 여론이 고려되었다. 독일이 통일되고, 미국과 소련이 화해를 함에 따라 남·북한과 같은 극히 일부지역을 제외하고는 직접적으로 위협이 되는 적이 사라짐으로써 대부분의 국가에서 전쟁의 필요성에 대한 인식이 약화된 반면, 급격하게 형성된 세계화의 영향으로 "민주, 인권, 생명"의 중요성은 크게 부각되었던 것이다. 따라서 적은 수의 인명피해를 통해서도 급격한 반전여론이 형성되고, 전쟁이 일어나더라도 조기에 종결해야 한다는 압력이 증대됨으로써 단기간에 전쟁목표를 달성할 수 있는 새로운 대안이 필요하게 된 것이다.

둘째, CNN과 같은 매스컴의 혁명적 발달로 말미암아 전장상황이 실시간 중계됨에 따라 인원의 살상, 건물 및 장비의 파괴 등 참혹한 전쟁 현장이 각 가정까지 생생하게 전달됨으로써 반전여론이 더욱 쉽게 형성될 수 있게 되었다. 따라서 정치 지도자는 자국민과 국제여론을 의식하지 않을 수 없는 상황에 쉽게 봉착되어 조기에 정치적 목표를 달성해야 하는 수단을 찾아야만 했던 것이다.

셋째, 전쟁이 주는 경제적 폐해로 인하여 무차별적 파괴전쟁을 기피하는 현상이 확산되었고, 전쟁비용 측면에서도 승전국이나 패전국 모두에게 천문학적인 비용이 소요되므로 전후복구를 고려하여 파괴는 최소화해야 한다는 필요성이 제기되었다. 이러한 국민의식 변화에 따라 전쟁을 하지 않고 목표를 달성하는 것이 보다 중요해졌으며, 어쩔 수 없이 전쟁을 하게 되더라도 최소기간에, 최소의 살상 및 파괴를 통해 정치적 목표를 달성할 수 있는 새로운 전쟁수행 개념의 발전이 요구된 것이다.

요약하면 EBO의 대두배경으로서 미국의 우세한 첨단 군사과학기술을 활용하면서, 신안보환경 변화 및 전쟁에 대한 국민의 인식 변화에 부응할 수 있는 새로운 전쟁수행 개념의 필요성이 대두됨에 따라 발전하게 된 것이라고 할 수 있다.

3. EBO 주요 운용기구 및 수행절차

1) 주요 기구 및 운용

전구작전은 기본적으로 연합사의 전 참모부 기능이 통합되어 수행되지만 연합사의 전구작전 수행체계를 이해하기 위해서는 먼저 EBO를 수행하는 주요기구와 운용에 대하여 이해해야 한다. 이러한 주요 기구들은 연합사와 한국 합참에도 동일하게 편성되어 임무를 수행하고 있다.

(1) 복합체계분석(System of Systems Analysis: SoSA): PMESII를 구성하는 체계들 간의 집합체를 복합체계(Systeme of Systems)라고 부르며 이러한 적 복합체계상 각 체계의 특성과 강·약점 및 각 체계를 구성하는 노드(인원, 조직, 시설, 장비, 부대 등)와 노드 간의 기능적 연계성을 분석하여 체계 상호 간에 어떤 연관성이 있는지를 식별한 후, 효과를 달성

하기 위해서 적의 핵심노드를 분석하는 것을 '복합체계분석(SoSA)'이라 한다. 이러한 기능을 수행하는 조직이 복합체계분석과이다.

(2) 운용체계평가(Operational Net Assessment: ONA): 운용체계평가는 계획수립단계에서 복합체계분석과가 제공한 핵심노드를 분석하여 조치가 필요한 핵심노드에 대한 DIME 조치방안을 강구하고 자원을 할당하며, 작전수행 및 평가단계에서는 미달성 효과의 원인을 분석하고 추가 조치방안을 제시하여 작전의 성공을 보장할 수 있도록 한다. 이러한 기능을 수행하는 조직은 운용체계평가과이다. 운용체계평가절차는 계획수립-수행-평가의 전 단계에 걸쳐 적용된다.

(3) 효과평가(Effects Assessment: EA): 효과평가란 계획수립과정에서 개발한 효과측정요소(MOE)와 효과측정지표(MOEI)에 의해 연합사의 해당 작전목표 달성과 관련된 효과달성 여부를 평가하는 것을 말한다. 이러한 기능을 담당하는 조직은 연합사 효과평가처로서 구성군사와 야전군에서는 과업측정요소(MOP)를 개발하여 연합사에서 하달된 과업의 달성여부를 측정한다. 효과평가에는 연합사 대부분의 참모부가 효과평가실무회의(CEAWG)에 포함되어 연합사 C4I체계인 CENTRIX-K의 공조기반체계를 활용하여 효과측정요소와 효과측정지표를 평가하며, 이러한 평가결과를 분석하여 전구작전 목표 달성여부를 판단하고 미흡한 효과에 대하여서는 조치를 강구하는 등 그 결과를 전구작전에 환류시킨다. 효과평가 수단으로서 연합사에서는 전구작전계획 및 평가지원체계(TOPAS)를 CENTRIX-K 내에 구축·운영하고 있으며 참모부와 구성군사 및 야전군의 효과평가 자료를 종합하고 그 결과를 시현하여 실시간 지휘관 요망효과 달성여부를 판단하는 도구로서 활용한다. 한국합참에서의 효과평가 및 시현 공조할 수 있는 평가지원 도구는 KJCCS 내에 "합동지휘관 결심지원체계(Joint Commander's Decision Support System: JCDSS)"라는 평가도구를 구축하여 활용하고 있다.

2) EBO 수행체계

전구작전 간 효과중심작전 수행체계는 위기단계에서 전시단계로 전환되어 전구작전이 수행되고 있는 상황에서 참모부가 해당 단계 작전목표별 효과의 달성여부를 평가하고 미달성 효과에 대해서 추가 조치방안을 강구하여 연합사령관에게 지침을 받아 참모부와 구성군사가 후속조치를 하는 일련의 과정으로 진행된다.

〈그림 5〉에서 보는 바와 같이 연합사 전구작전 간 효과중심작전 수행은 계획단계에서부터 작전단계별 작전목표를 선정하고, 작전목표 달성을 위한 효과를 개발하며, 효과별 노드개발과 노드별 조치방안을 수립하는 절차로 계획을 발전시킨다. 이렇게 수립된 계획을 토대로 효과의 달성여부를 평가하기 위한 효과측정요소와 효과측정지표를 연합사 전 참모부가 개발하게 되며, 각 구성군에서는 구성군에 하달된 과업을 평가하기 위한 과업측정요소를 개발하게 된다.

〈그림 5〉 효과중심 수행절차

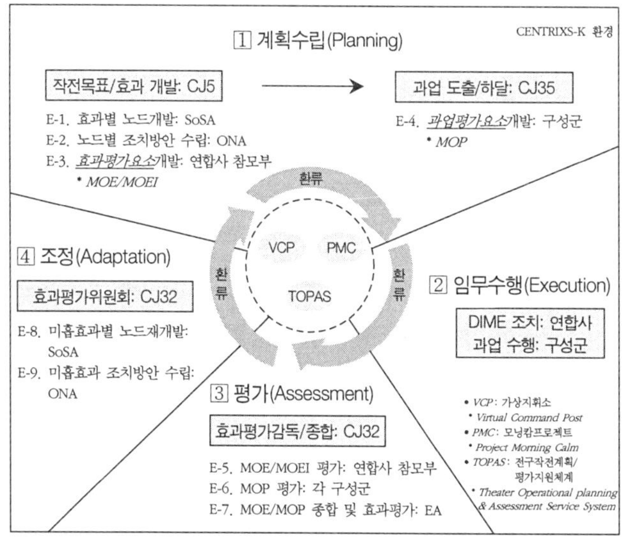

임무수행 단계에서는 DIME 조치 및 과업을 수행하게 되며, 평가단계에서는 계획수립단계에서 개발한 효과평가요소를 가지고 효과 달성여부를 평가하게 된다. 이러한 평가는 일일 2회 실시하며, 평가결과를 바탕으로 효과평가실무회의를 실시하여 달성효과와 미달성효과를 식별한 다음 미달성 효과 원인을 분석한 후 운용체계평가회의에 통보한다.

운용체계평가실무단은 효과평가실무단으로부터 받은 미흡효과에 대해 효과달성을 위한 미달성 원인을 분석하여 조치방안을 강구하고 효과평가위원회(EA-Board)에서 DIME 조치방안을 보고한다.

효과평가위원회에서는 작참부장 주관하에 미달성 효과에 대한 조치방안을 결정한 후에 전구통합상황보고(TSB) 시 이를 연합사령관에게 보고하고 지침을 수령하여 현행작전, 장차작전, 장차작전계획에 반영하여 조치하고, 구성군사가 조치할 사항은 구성군사에 지시하여 미흡효과 달성을 위한 조치가 이루어진다.

4. EBO 수행의 이점

전쟁에 접근하는 새로운 방식의 중요한 일부분은 효과중심작전(EBO)이라는 새로운 무대이다. 섬멸전 또는 소모전에서 벗어나 효과중심작전은 명쾌하고 논리적으로 개별적인 전술행동의 효과를 요구되는 군사적·정치적 결과에 직접적으로 연결해준다. 효과에 집중하여 사령관들은 표적 목록을 관리하는 대신 목표를 달성하기 위해 집중할 수 있게 된다. 효과중심의 행동이나 작전은 의도되지 않거나 요구되지 않는 효과를 제거하면서 구별되고 요구되는 효과를 창출하도록 고안되었다. 이 새로운 개념의 모델은 특히 공군인에게 결과의 전체적 범위에서 생각하고 목적을 달성하는 최선책을 선택하고 그것을 달성하는 것을 방해하는 요인을 완화시키는 방법을 찾도록 요구한다.

항공우주력은 주어진 효과를 달성하는 많은 방법을 제시한다. 그리고 이러한 면에서 항공우주력은 사령관들과 국가 지도자들에게 소모전이나 섬멸전 이외의 넓은 선택의 폭을 제공하게 될 것이다. 따라서 효과중심작전은 공군인이 항공우주력의 능력을 표적 위주가 아닌 요구되는 효과 위주로 사용할 것을 요구한다.

EBO의 작전적 기능은 특정 효과를 달성하는 것과 관련이 있다. 효과는 특정 행동으로부터 오는 성과, 사건 또는 결과를 말한다. 효과는 요망되는 군사 및 정치적 성과에 직접적으로 기여한다. 이것은 지휘관들과 계획자들이 각각의 전술적 행동을 최대한 직접적이고 전반적인 전략 및 작전목표와 연결할 것을 요구한다. 이러한 연결은 효과중심작전(EBO)의 중심에 위치하고 목표 달성에 직접적으로 기여하는 특정 효과를 달성하기 위한 적 체계에 대응하는 활동이다. 지휘관들과 계획자들은 국가안보 및 전쟁목표 그리고 효과를 창출하는 데 필요한 행동들을 명확히 이해해야만 한다.

이러한 측면에서 EBO 개념을 적용할 경우 기존의 개념에 따른 전쟁수행시보다 다음과 같은 이점이 있다고 할 수 있다.

첫째, EBO의 가장 큰 이점은 최소한의 노력과 피해로 승리를 달성할 수 있다는 것이다. 제2차 세계대전에 이르기까지 적 전쟁지도체제의 와해라는 목표를 달성하기 위해서는 적의 조기경보체계, 요격체계, 비행장, 국지방공망을 순차적으로 공격하여야 했다. 그러나 걸프전쟁과 이라크전쟁에서는 요망하는 효과를 직접적으로 산출할 수 있는 표적들을 공격할 수 있게 되었고, 따라서 불요불급한 소모의 누적을 회피할 수 있었다.

둘째, 효과중심작전은 표적선정에 있어 융통성을 증대시킨다. 달성하고자하는 효과를 기준으로 판단하기 때문에 최초 선정한 표적에 대한 공격이 어려움에 봉착하게 될 경우 동일한 효과를 달성할 수 있는 대체표적을 공격하면 되기 때문이다. 즉 전력을 차단하기 위해서는 적의 발전소를 파괴시키는 것이 최선이지만, 적의 방어나 지형여건으로 인하여 그것이 불가능하다면 송전선이나 변전시설을 공격함으로써 동일한 효과를 거둘 수 있다.

셋째, 효과중심작전은 공격수단과 방법의 융통성을 증대시킨다. 적의 발전소 파괴라는 표적에 집착하는 대신에 적의 전력차단이라는 효과에 중점을 두게 되면 이를 달성할 수 있는 다양한 수단과 방법을 사용할 수 있기 때문이다. 예를 들면, 적 전력의 중앙통제장치에 특수요원을 침투시켜 파괴할 수도 있고, 컴퓨터를 통한 해킹으로 해결할 수도 있다.

넷째, 효과중심작전은 각 군 간의 합동작전을 촉진시키는 촉매가 될 수 있다. 어떤 표적을 파괴하는 것보다는 어떤 효과를 달성하느냐가 중점이 되기 때문에 특정부대와 무기체계가 어느 군종에 소속되어 있느냐보다는 어떠한 부대와 무기체계가 요망되는 효과를 가장 탁월하게 달성할 수 있느냐가 판단의 초점이 되기 때문이다.

5. EBO관련 논쟁

효과중심작전에 대한 논쟁은 주로 미 육군에 의해 적극적으로 제기되고 있는데, 크게 두 가지를 지적하고 있다.

첫째, EBO는 항공정밀타격능력에 지나치게 의존한다는 것이다. 전쟁에서 승리하기 위해서는 정밀타격능력만으로는 부족하고 지상군에 의한 지형확보 및 인원통제가 필수적이다. 항공정밀타격은 자연히 파괴 최소화를 지향하게 되는데 이것 또한 궁극적인 승리달성을 보장하지 못하거나 전후처리를 어렵게 만들 수 있다는 것이다. 마비된 적은 일정시간 이후에 다시 저항을 재개할 수 있을 뿐만 아니라 마비만으로는 전쟁의 궁극적인 목적을 달성하기가 어려울 수 있기 때문이다. 미군은 초기 군사작전을 통하여 이라크군사력을 충분히 소모시키지 못하였기 때문에 안정화작전에 상당한 어려움을 겪고 있다. 결론적으로 EBO는 지상기동 원칙에 해를 끼치며 정밀공중공격만을 과도하게 강조하고 있다는 것이다.

그러나 EBO개념은 적 복합체계분석결과 식별된 핵심노드에 DIME요소를 통합 운용하여 달성하는 것이며, 최근 걸프전, 이라크전을 보면 항공정밀타격으로 먼저 여건을 조성 후 기동부대에 의한 작전목표를 달성하고 있음을 알 수 있다.

둘째, 실제전쟁에서 EBO를 시행하는 데는 복잡한 절차와 조정을 필요로 한다. 특히 EBO에서는 효과와 목표를 구별하는 것이 쉽지 않다는 것이다. 효과중심작전의 성공을 위해서는 분명한 작전의 목표를 설정하고, 그에 따라서 요망되는 효과를 결정해야 하며, 그러한 효과를 달성하는 데 적절한 무기체계를 선정하고, 그의 시행을 위한 세부계획을 수립하며, 체계적인 협조를 보장할 수 있어야 한다. 충분한 시간을 두고 준비를 하는 경우에는 이러한 작업이 어느 정도 용이할 수 있으나 시간이 제한되고 제한사항이 많은 실전의 상황에서 이러한 요소를 모두 고려하여 공격계획을 수립하고 시행하기는 어렵다는 것이다.

그러나 적 체계분석(SoSA) 및 운용체계 평가(ONA)는 기능담당 전문분석가에 의해 보고되고 건의된다. 또한 수행부서는 EBO를 적용할 필요가 없이 과업수행결과만 보고하게 된다.

6. EBO의 추진경과 및 발전방향

과거의 비범한 전략가들이 적용한 전쟁수행방식은 대부분 최소한의 노력으로 적의 전투력을 최단시간 내에 결정적으로 무력화시키기 위한 핵심요소들을 공격하는 개념들이었고, 이것이 현재의 EBO와 개념적인 일관성을 지니고 있다는 것은 사실이다. 다음에서는 EBO개념을 개발하고 발전시킨 미국과 한·미연합사를 중심으로 그 경과를 살펴보면서 향후 발전방향을 논의토록 한다.

1) 미국

미 국방부에서는 EBO는 지구상에 전혀 없었던 새로운 개념이 아니라, 그 이전에도 유사한 개념은 존재하였다는 것이 일반적인 견해이다. 비록 현재와 같은 방식도 아니고 현재와 같은 경이적인 성과를 거둔 것은 아니지만, 과거에도 적절한 수단과 방법을 사용하여 그 당시로서는 상당한 성과를 거둔 예가 적지 않다. 따라서 크게 부각이 되지 않았을 뿐이지 그 기본적인 개념은 같다는 주장이다.

이러한 주장을 뒷받침하는 사례로서, 미국이 제2차 세계대전 당시 독일의 전쟁수행능력을 감소시키기 위하여 적의 산업시설에 대한 폭격을 실시하였는데, 다양한 산업시설을 모두 파괴할 수 없었기 때문에 그러한 산업시설들의 중추적인 요소를 찾으려고 노력하였고, 그것이 바로 '산업망 이론(Industrial-web theory)'이었으며, 이 이론의 근본적인 틀이 EBO의 개념이라는 것이다.[60)]

'산업망 이론'에 의하여 그 당시에 미 공군이 판단한 독일의 가장 핵심적인 급소는 전력시설이었으나, 여기에 대해서는 독일이 강력한 방어를 하고 있을 뿐만 아니라 중복시설이 너무 많을 것 같아 차선책으로 결정한 것이 베어링 산업(ball-bearing industry)이었다는 것이다. 비록 실제에 있어서는 파괴 여부에 대한 정확한 평가가 어려웠고 독일이 베어링을 다른 국가로부터 수입함으로써 그 성과가 크게 나타나지는 못하였지만, 이것이 바로 현대의 EBO개념을 적용하였다는 실례라는 것에 대해서는 그 누구도 부인하지 않는다.

따라서 EBO의 근본적인 개념은 과거에도 있었으나, 표면적으로 EBO라는 단어로 구체화되고, 이를 부각시킨 가운데 1987년경(걸프전 이전) 미 공군에서 집중적인 개념연구를 시작함으로써 EBO의 대두시점을 이 시기로 선을 긋고 있는 상황이다.

미국 내에서도, 1991년 걸프전 당시 EBO 개념을 최초로 사용하였다는 것을 공식적으로 발표하였고, 2001년에는 EBO백서를 발간하여 미군의 미래 전투수행개념으로 선언하였으며, 2001년 아프가니스탄전 및 2003년 이라크전에도 이를 더욱더 발전시켜 적용하여 단 기간 내 주요 전투를 마무리할 수 있었던 것으로 판단하고 있다.

---

60) Col Edward C. Mann III et al., "Thinking Effects: Effects-Based Methodology for Joint Operation," *CADRE Paper,* no.15(Maxwell Air Force Base: Air University Press, 2002.10), p.17.

그러나 전 미합동전력사령관 매티스(James. N. Mattis) 장군은 “지난 수년에 걸쳐 EBO개념은 성숙되었지만, 훈련 및 작전에서의 적용은 실패했으며 특히 ‘전쟁의 불확실성’과 ‘경험을 통해 얻어진 보편적인 원리’를 무시하고 있기 때문에 미 합동전력사령부(USJFCOM)에서는 이와 관련된 용어와 개념에 대한 사용 및 지원을 하지 않을 것임”을 밝힌 적이 있었다.[61)]

하지만 미국 내 최근의 미 합동교범(JP 3-0, 5-0)과 육군야전교범(FM 3-0)에는 작전환경분석, 적의 PMESII 분석, 작전구상, 효과평가 등의 개념들이 꾸준하게 반영되고 있음을 볼 때, EBO개념은 어느 한 지휘관에 의해 쉽사리 무너뜨려질 수 없을 만큼 개념 자체의 우수성과 그 발전 가능성을 가지고 있는 것 같다.

특히 우리 한국군은 2020년쯤 전시작전통제권 전환 후 ‘한국군 주도-미군 지원’이라는 새로운 공동방위체계 구축을 목표로 한·미간 연합작전수행을 위한 협조체계를 구축하고 있으며, 각종 전구작전 연습도 점차 한국군 주도로 실시하고 있다. 또한 현재 연합사의 작전계획도 이미 현대전의 대표적 작전수행 체계인 EBO를 기초로 작성되었기에 이에 대한 정확한 이해와 아울러 한국적 개념발전을 위한 노력을 경주해 나가야 할 것이다.

EBO에 대한 초기의 비평들은 대개 EBO관련 용어들이 생소하고 너무 복잡하여 명확히 이해하는 데 많은 어려움이 있다는 것이다.[62)63)] 그러나 이미 한국합참에서 공식적으로 채택하여 발전시키고 있으며, 비록 EBO가 공군력의 특성인 속도, 거리, 정밀성 그리고 융통성에 적합하도록 구상되었다고 하더라도 EBO의 접근방식이 미래의 전쟁수행방식에 부합되는 개념

---

61) James N. Mattis, “Commander's Guidance of Effects-Based Operations,” *Joint Force Quarterly,* NDU, 2008, Fall.

62) EBO 개념의 우수성과 발전방향에 대해서는 다음 논문을 참고하라. John T. Correll, “The Assault on EBO,” *Air Force Magazine* (January 2013).

63) 이에 대해 EBO구상의 핵심인물인 뎁튤라(David A. Deptula) 장군은 EBO가 “아주 단순한”것이라고 말하고 있으며, 이 개념이 복잡한 이유는 몇몇의 사람들이 이 개념을 필요 이상으로 복잡하게 만들었기 때문”이라고 했다. Robert S. Dunny, “Improvisation Won't D it,” *Air Force Magazine* (June 2008).

이기 때문에 비평가들의 요구들을 수용할 수 있는 개념으로 발전시켜나가면 훌륭한 작전수행개념이 될 것으로 본다.

IV. 네트워크중심전(NCW)

전 세계를 경천동지(驚天動地)하게 했던 9·11 테러 이후 미국은 테러지원국, 불량국가, 악의 축 등으로 지목한 국가들에 대해 종전의 억지나 방어적 전략이 아닌 자위권 차원에서의 선제공격 전략을 통해 미국의 '자유와 민주주의의 확산'이라는 전략목표를 수행하고 있다. 군사적으로 세계 최강대국인 미국의 이 같은 전략목표 수행과정에서 엿볼 수 있는 두드러진 전쟁수행방식의 변화 중심에는 미국이 타의 추종을 불허하는 세계 최첨단 컴퓨터 자료처리능력과 네트워크로 연결된 고도의 통신기술을 복합·활용한 통합전장개념에 의한 NCW(네트워크중심전: Network-Centric Warfare)[64]가 자리하고 있다.

이를 통해 미국은 인명피해를 최소화하고, 깨끗이 최단시간 내에 스마트하게 승리하는 전쟁방법을 추구하고 있는 것이다.[65] 사실 이 같은 미국의 '싸우는 방식'의 변화는 9·11 테러 이전인 1984년 구(舊)소련 총참모장이었던 오가르코프(M. N. Ogarkov) 원수의 '자동화된 정찰-타격 복합체(Automated reconnaissance-strike complex)'나 전 미 합참차장이었던 오웬스(William A. Owens) 제독의 '새로운 시스템 복합체계(A New System of Systems)' 등에 의해 제기되었던 군사혁신(Revolution in Military Affairs: RMA)을 위한 각종

---

64) '네트워크 중심'에 대비되는 개념은 '발사수단 중심(platform-centric)'이다. 네크워크 중심전은 그러한 발사수단들을 네트워크를 통하여 연결함으로써 제반 구성요소들의 상승효과(synergy)를 극대화한다는 개념에서 만들어졌다.

65) 권태영, "21세기 정보사회와 전쟁양상의 변화,"『21세기 군사혁신과 한국의 국방비젼』(한국국방연구원, 1998), p.43.

제안들에게서 그 시원을 찾아볼 수가 있다.

NCW는 군사혁신(RMA)의 일환으로 해군의 군사력 변혁과 관련하여 발전되었으나 럼스펠드(Donald H. Rumsfeld) 전 국방장관의 군사력 변혁(Force Transformation)의 핵심사안으로 추진되었고, 점차 범세계적으로 확산되고 있다. 특히 세계의 주요 국가들은 21세기 군사혁신 개념에서 제시하고 있는 C4ISR 및 정밀타격체계의 효과를 극대화시킬 수 있는, NCW에 바탕한 전쟁의 수행방식 및 수단 등을 자국의 여건에 맞도록 적용하고 발전시키고 있다.

1. NCW의 태동과 개념[66)]

정보화시대에 들어서면서 미국은 군사혁신을 통하여 정보기술을 비롯한 현 시대의 기술적 성과를 군사부문에 반영하고자 노력하였는데, 그 산물 중의 하나가 NCW이다. 현대의 발전된 컴퓨터 기술이 군대에 도입되어 지휘통제통신체계의 혁신이 일어날 수 있었고, 이를 통하여 모든 부대와 개인들을 네트워크로 연결한다는 개념이 가능하게 되었기 때문이다. 무기체계 면에서도 정밀타격능력의 발전으로 인하여 이제는 표적을 정확하게 파악하기만 하면 즉각적인 제압이 가능하고, 부대의 기동성이 증대되어 물리적 공간과 시간의 제한사항이 축소되고 있다. 따라서 NCW는 이러한 현대 군대의 발전성과를 통합할 수 있는 하나의 개념으로서 제시되었다.

NCW는 미국의 사회적 변화를 군에 적용시키고자 하는 노력을 배경으로 하고 있다. NCW라는 용어를 확산시키는 데 주도적인 역할을 한 세브로스키(Arthur K. Cebrowski) 제독과 가르스트카(John J. Garstka)에 의하면, 미국 사회는 ① 플랫폼(platform)에서부터 네트워크로 초점이 전환되었고(the

---

66) 박휘락, “네트워크 중심전의 이해와 추진 현황,” 『국방정책연구』 제69호(2005.10), pp.156-158.

shift in focus from the platform to the network), ② 독립된 개체로 인식하는 시각에서 지속적으로 진화하는 생태계의 구성으로 인식하는 것으로 전환되었으며(the shift from viewing actors as independent to viewing them as part of a continuously adapting ecosystem), ③ 변화하는 생태계에 적응하거나 생존하기 위한 전략적 선택들이 중시되고 있다(the importance of making strategic choices to adapt or even survive in such changing ecosystems)는 것이다.[67] 따라서 군도 사회의 한 부분이기 때문에, 각 부대 및 무기체계 간의 연결을 중시해야 하고, 이들의 개별적인 활동은 최소화한 채 연결된 전체 속의 부분으로 기능하도록 해야 하며, 이러한 '전략적 선택'을 통하여 미래의 변화되는 전쟁환경에 적응해 나가야 한다는 것이다.[68] 특히 세브로스키 제독은 기업의 정보기술을 이용한 경영혁신을 군의 전쟁수행 방법에 응용하여 지금까지 유지해 온 PCW(Platform Centric Warfare, 플랫폼중심전)을 NCW로 변환하면 전장운영의 생산성·효율성·능률성·효과성이 대폭 증대되고, 아측의 희생을 최소화하면서 적을 단기간 내 마비시킬 수 있는 효과를 창출하여 결정적으로 승리할 수 있다고 주장하였다.[69]

이러한 문제의식하에서 미군들은 90년대 후반부터 NCW를 연구하기 시작하였고, 국방부의 적극적인 지원에 힘입어 그의 이론적 기반을 확대하였으며 이에 대한 토의를 활성화하고, 공감대를 넓혀왔다. 그러다가 부시 행정부 출범 이후 세브로스키와 가르스트카가 럼스펠드 장관에 의하여 발탁되어 미군의 변혁을 주도하는 역할을 지니게 됨으로써[70] NCW이론에 대한

---

67) Vice Admiral Arthur K. Cebrowski and John J. Garstka, "Network-Centric Warfare: Its Origin and Future," *Naval Institute Proceedings* (www.usni.irg/proceedings/Article 98/Pro ceborwski.html).

68) 네트워크 중심전은 정보화시대 전쟁이 내포하고 있는 복합적인 상황에 적응하거나 그러한 상황을 효과적으로 통제하기 위하여 불가피한 군대의 '전략적 선택'이라는 의미이다. '복합성 이론(complexity theory)' 차원에서 네트워크 중심전의 필요성을 강조하고 있는 논문은, James Moffat, *Complexity Theory and Network Centric Warfare* (DoD Command and Control Research Program, 2003) 참조.

69) 권태영·노훈, 『21세기 군사혁신과 미래전: 이론과 실상, 그리고 우리의 선택』(서울: 법문사, 2008), p.175.

활발한 토론이 공식화되고, 실질적인 추진방향이 토의되기 시작하였으며, 미군뿐만 아니라 전 세계적 차원으로 확산되기 시작하였다.

2001년의 아프가니스탄전쟁(항구적 자유작전, Operation Enduring Freedom: OEF)과 2003년의 이라크전쟁(이라크 자유작전, Operation Iraqi Freedom: OIF)을 통하여 NCW의 개념은 실전에 적용될 기회를 가짐으로써 그 타당성이 점검되고 구현이 가속화되기 시작하였다. 분석자에 따라서 견해가 다를 수 있지만, 대체적으로 아프가니스탄과 이라크전쟁을 통하여 NCW 이론의 타당성과 위력이 부분적으로 입증되었고, 그 결과로서 NCW는 미군 사이에 상당한 공감대를 형성하게 되었다. 특히 미군의 현재 및 미래전 수행개념서라고 할 수 있는 『합동작전개념서(*Joint Operations Concept: JOC*)』의 내용에 가장 중대한 영향을 미쳤고,[71] 국방변혁(defense transformation)의 핵심부분을 형성하여 미 국방부와 각군에서 가장 적극적으로 추진해 온 개념이 바로 이 NCW라고 할 수 있다.

NCW는 전장의 여러 전투요소들을 연결하고 네트워킹하여 전장상황을 공유하고 통합적·효율적인 전투력을 창출하는 전투개념으로서, 미군들은 '네 가지 기본 원리(Four Basic Tenets)'라고 명명하여 NCW가 작용하는 원리를 설명하고 있다. 즉 ① 네트워크화된 군사력은 정보의 공유정도를 개선하고(A robustly networked force improves information sharing), ② 정보의 공유는 정보의 질과 상황인식의 공유정도를 향상시키며(Information sharing enhances the quality of information and shared situational awareness), ③ 상황인식의 공유는 공동노력과 자체 동시통합[72]을 가능하게 하면서 지속성과 지휘속도를 향상시키고(Shared situational awareness enables collabo-

70) 럼스펠드 국방장관에 의하여 세브로스키는 국방부의 '군사력변혁실장(Director, Office of Force Transformation)'으로, 가르스트카는 군사력변혁실 내에서 개념 및 운용분야를 발전시키는 책임을 맡게 되었다.

71) Office of Force Transformation, *The Implementation of Network-Centric Warfare* (Washington, D.C., 2005), p.27.

72) 외부적인 조치에 의해서가 아니라, 체계 스스로가 체계 전체의 노력을 동시통합하려는 경향이나 능력을 말한다.

ration and self-synchronization, and enhances sustainability and speed of command), ④ 이러한 과정은 결과적으로 임무수행의 효과성을 극적으로 증대시킨다(These, in turn, dramatically increase mission effectiveness)는 것이다.[73]

미 국방부의 군사력 변혁실에서 발간한 『네트워크 중심전의 구현(*The implementation of Network-Centric Warfare*)』에 의하면 NCW는, "센서(sensors), 의사결정자(decisionmakers) 및 타격요소(shooters)들을 네트워크로 연결하여 상황인식의 공유(shared awareness), 지휘속도의 증가(increased speed of command), 고도의 작전템포(high tempo of operation), 치명성의 강화(greater lethality), 생존성의 증대(increased survivability) 및 자체동시통합(self-synchronization)을 달성함으로써 전투력을 증대시킨다. 본질적으로 그것은 전장 내에서 우군들을 효과적으로 연결시키고, 상황에 대한 정보공유를 향상시키며, 군사작전의 모든 수준에서 신속하고 효과적인 결심을 가능하게 하고, 작전수행의 속도를 증대시킴으로써 정보의 우위를 전투력으로 전환(translates information advantage into combat power)시키는 것이다."[74]

2. NCW의 주요 내용[75]

1) 군사력의 연결을 통한 효율성의 극대화

NCW의 가장 기본적인 내용은 군사력을 네트워크로 연결함으로써 분산되어 있지만 집중되어 있는 것처럼 운용하고, 공간적이거나 시간적인 제한사항을 극복하도록 한다는 것이다. 따라서 네트워크 중심전의 중요한 요소는 적에 비해 더욱 체계적으로 군사력들을 연결하는 것이며, 그 방편으로서

73) Office of Force Transformation(2005), p.7.

74) *Ibid.*, pp.4-5.

75) 권태영·노훈(2008), pp.175-177, pp.211-218과 박휘락, *op.cit.*, pp.163-167을 토대로 재구성하였음.

〈그림 6〉 네트워크 중심전의 이론적 모형

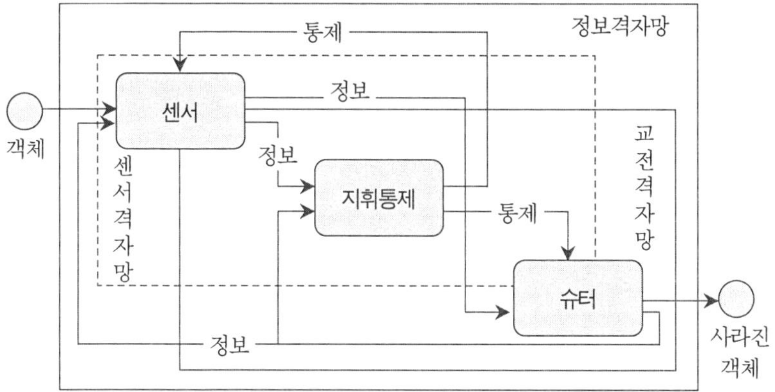

현대의 첨단 과학기술, 특히 컴퓨터를 중심으로 한 첨단 장비와 소프트웨어를 활용한다. 그래서 미군들의 경우 현재 범지구정보망(Global Information Grid) 구축을 추진하고 있고, 각 군도 예하의 부대들을 효과적으로 연결할 수 있도록 다양한 네트워크를 개발하고 있으며, 국방부/합참에서는 이들 간의 상호운용성(interoperability)을 확보해 나가고 있다. NCW의 구조는 〈그림 6〉에서와 같이 3개 격자망, 즉 정보격자망(information grid), 센서격자망(sensor grid), 그리고 교전격자망(engagement grid)으로 구성되어 있다.

정보격자망은 센서격자망과 교전격자망을 상호 밀접히 연결하여 하나의 커다란 센서-슈터 복합체(Sensors to Shooters)를 형성해 준다. 센서격자망은 여러 가지 다양한 유형의 센서들을 네트워크화하여 고수준의 전장상황인식을 창출하고 신속히 군사작전에 적용되도록 동기화시킨다.

그리고 교전격자망은 고 수준의 전장상황인식을 활용하여 여러 가지 다양한 전투수단들의 통합된 전투력(Combat power)을 대폭 증가시킴으로써, 플랫폼중심의 방어체제에 교착되어 있는 적을 용이하게 패퇴시킬 수 있다는 논리이다.

다음 〈그림 7〉은 NCW에 의한 전투력 향상(교전 범위의 확대)을 종전의

〈그림 7〉 NCW의 전투력 향상

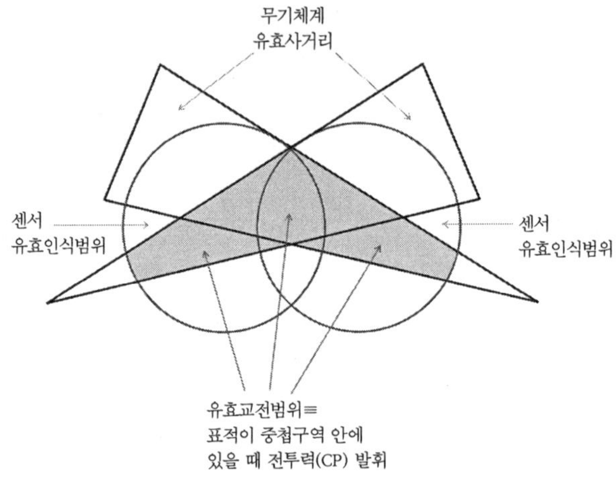

〈플랫폼중심전의 교전 반경〉

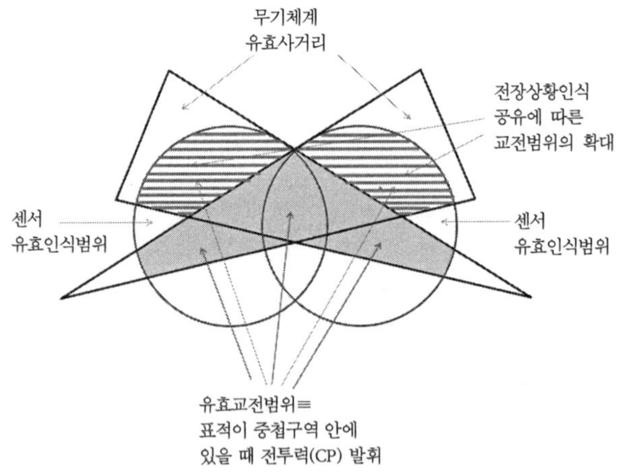

〈네트워크 중심 작전의 교전 반경〉

PCW(플랫폼 중심전)와 비교하여 도시하고 있다. 전장상황인식을 공유하게 됨에 따라 교전범위의 대폭적 확대가 이루어짐을 알 수가 있다.

아울러 NCW에는 '지휘속도(speed of command)'와 '자체동기화(self-synchronization)'로 특징지어지는 매우 빠르고 효과적인 전투수행 스타일을 새로이 창출할 수 있다. 속도지휘는 극적으로 향상된 정보우세를 활용하여 속도와 정밀성, 그리고 사정거리가(reach) 대폭 향상된 전력으로 적에게 '효과집중'을 가함으로써, 적에게 심대한 충격을 주어 적의 전략을 방해하고 적이 어떤 행동을 시작하기 이전에 중단을 강요할 수 있다. NCW는 속도지휘에 의해 적이 단기간 내 백기를 들도록 만들 수 있는 위력을 지니고 있다.

한편, NCW에서는 하급작전제대에서 '자체 동기화'를 성취할 수 있다. 과거 전통적인 지휘구조는 하향식(top-down approach)이다. 지휘관이 적에게 요망수준의 병력과 화력을 집중시키기 위해서 위에서 아래로 일방적인 지시를 하여 부대 전체의 작전적 동기화를 확보하고자 노력했다. 그러나 각급 하위제대는 나름대로의 유일한 작전리듬이 있고 부대 기동 간 시행착오로 불필요하게 전투력을 소모하기 때문에 작전적 제대의 전투기능이 계단식으로 감퇴될 수밖에 없다. 즉, 최초 교전 후 중지-재 교전-재 중지의 사이클이 반복되어 적으로 하여금 전투력을 재생·회복시킬 수 있는 시간 및 기회를 제공한다.

그러나 NCW에서는 상향식(bottom-up approach)조직에 의한 '자체동기화'가 가능하게 되어 매우 빠른 속도로 전투를 수행할 수 있다. 하향식 동기화에 따른 전투기능감소현상이 계단식에서 곡선식으로 변화되고 OODA Loop의 순차적 단계가 사라지고, 속도지휘의 효과가 증폭되어 적을 단기간 내에 패퇴시킬 수 있다. NCW에서는 모든 부대가 디지털·정보화되어 각급 부대가 피·아에 대한 지식과 작전환경에 대한 고도의 지식을 확보할 수 있기 때문이다.

NCW는 전쟁의 모든 수준(전술적, 작전적, 전략적)에서 적용 가능하며, 모든 수준들을 상호 연계·결합시킬 수 있다. NCW에서는 임무, 전력의 규모 및 구성, 지리 공간적 배치 및 운영 등이 명백하며, 이에 따라 적은 투자 및 비용으로 전투력 발휘의 승수효과(multiplier effects)가 극대화될 수 있는 것이다.

아울러 네트워크로 연결된 군사력의 효율성을 극대화하기 위해서는 연결된 군사력의 자유롭고 융통성있는 사용을 보장할 수 있는 사고와 의식, 즉 문화의 변화가 병행되어야 한다. 합동작전을 위한 네트워크가 구비되어 있다 하더라도 합동 차원의 교리, 의식, 문화가 발전되어 있지 않으면 실질적인 합동작전이 이루어질 수 없는 것과 같다. 세브로스키에 의하면, "NCW를 구현한다는 것은 정보기술이 아니라 무엇보다 인간의 행동에 관한 것이다. '네트워크'는 명사인 반면에 '네트워크로 연결하다(to network)'는 동사이다. 그래서 특정한 부대 또는 국방부 전체가 네트워크중심전의 위력을 활용하는 정도를 점검할 경우에, 네트워크로 연결된 환경 내에서의 인간의 행동에 초점을 맞추어야 한다."[76]

2) 정보우세를 바탕으로 지휘속도 향상

NCW는 정보우세(information superiority)를 달성하는 데 중점을 두고 있다. 미군들이 '네 가지 기본 원리(Four Basic Tenets)'라고 명명하여 설명하고 있는 데에서도 강조되고 있듯이, NCW를 수행하면 전장에서 적보다 먼저 정확하게 제반 상황을 파악한다. 그리고 이것을 모든 사람들이 공유함으로써 대응의 시간을 단축시키고 대응 조치의 정확성을 기하게 된다. 즉 NCW는 산업화시대에서 정보화시대로 변화되면서 정보라는 새로운 힘의 근원을 식별하고 그것을 전쟁에 최대한 활용하는 개념으로서, 지금까지의 전쟁에서는 무기나 병력의 수를 중심으로 하는 '투입(input)'에 관한 사항이 기준이었다면, NCW에서는 정보우세를 가늠할 수 있는 속도, 최신화의 빈도, 혁신의 정도 등 '산출(output)'에 관한 사항이 기준이 된다고 말한다.[77]

이러한 정보우세 결과로써 NCW는 의사결정 사이클을 빠르게 순환시킴

---

76) *Ibid.*, p.4.

77) *Ibid.*, p.16.

으로써 의사결정에 있어서 상대적 우위를 확보하게 한다.[78] 충분하고 정확한 정보가 실시간에 제공되는 만큼 전장의 불확실성이 해소되고 명확한 의사결정이 가능해지기 때문이다. 현대전에서 가장 일반적으로 사용되고 있는 의사결정 사이클인 보이드(John R. Boyd)의 'Observation(관찰)-Orientation(판단)-Decision(결심)-Action(행동)'에 있어서 네트워크 중심전은 특히 '관찰'과 '판단'의 단계를 단축시킴으로써, 후속되는 '결심'과 '행동'의 질을 향상시키며, 지휘의 속도(the speed of command)를 높인다고 말한다.[79]

정보우세와 지휘의 속도를 바탕으로 한 NCW는 적의 의사결정 사이클을 파악하고, 적의 의사결정 사이클보다 앞서서 필요한 조치를 취함으로써 결정적인 효과를 획득할 수 있다. 우리 군사력이 네트워크를 통하여 연결되어 있으면, 적이 '관찰-판단-결심-행동'하는 각 단계에서 적이 취하고 있는 내용을 파악하고, 그에 맞도록 우리의 행동을 조정하거나 적보다 한 발 앞서서 행동할 수 있기 때문이다.

나아가 NCW를 통하여 우리의 행동이 적의 의사결정에 영향을 끼치도록 보장함으로써 우리가 적 의사결정 사이클의 한 부분으로 기능하고(getting inside enemy OODA loops), 적으로 하여금 어떠한 방책도 선택할 수 없는 상황에 빠뜨림으로써 적의 의사결정 사이클 자체를 와해시키고 적을 속수무책의 상태로 만들게 된다(lock-out effect).[80]

이로써 적의 실행 가능한 행동방책을 모두 제거하여 궁극적으로 적의 전략적 목표를 모두 차단케 하는 효과를 발휘할 수 있을 것이다.

---

78) 노훈·손태종, "NCW: 선진국 동향과 우리 군의 과제," 『주간국방논단』 제1046호(한국국방연구원, 2005.5.9), p.3.

79) 권태영·노훈(2008), p.177.

80) *Ibid.* 'lock-out'이라는 말은 열쇠가 없는 상태에서 문을 잠가버려 어떻게 할 방법이 없는 상태를 말하는데, 네트워크 중심전을 구현할 수 있게 되면 적의 모든 대안을 사전에 봉쇄할 수 있기 때문에 적을 그러한 상태에 빠뜨릴 수 있다는 것이다.

3) 전쟁의 모든 영역, 수준, 형태에 적용

NCW는 전쟁의 물리, 정보, 인지, 사회의 4가지 영역에 걸쳐 있고 그 공통되는 부분을 핵심적인 대상으로 한다. 즉 NCW는 군사력의 시간적 공간적 이동에 관한 물리적 영역, 정보의 창출·활용·전파에 관한 정보의 영역, 전투원들의 심리에 관한 인지적 영역(cognitive domain), 그리고 인간관계와 문화에 관한 사회적 영역을 연결시키고, 그러한 4가지 영역이 만나는 곳의 중심에 위치하고 있다(NCW exists at the very center where all four domains intersect).[81]

NCW는 최초에는 전술적인 측면에 치중하여 발전되었으나 현재에는 작전술적인 차원에 중점을 두고 있다. 나아가 미군들은 NCW가 전략적인 수준까지도 충분히 확대되어 적용될 수 있다는 개념하에 그 적용범위를 확대하여 추진하고 있다. 대신에 영국을 비롯한 유럽의 국가들은 우선 전술적이거나 작전적인 수준에서 네트워크의 이점을 확실하게 경험한 이후에, 전략적인 수준으로의 격상 여부를 검토한다는 입장이라고 할 수 있다.

NCW는 전투작전에서부터 안정화작전 및 평화유지활동에 이르기까지 모든 군사작전 영역에 적용된다.[82] 이라크전쟁에서는 주요 전투작전 위주로 NCW가 적용되고 실험되었지만, NCW는 대테러전쟁과 같은 비정규전에서도 적용되고 오히려 더욱 효과적일 확률이 크다. 다만 NCW를 추구하게 되면 병력규모가 축소될 가능성이 크기 때문에, 미군들이 이라크에서의 안정화작전에서 '기술이나 정보가 지상통제를 위한 적절한 병력의 보유를 대체하지 못한다'는 것을 체험하였듯이, 비정규전에서 지역과 주민을 통제하는 데 어려움이 발생할 수 있다.

---

81) Office of Force Transformation(2005), pp.19-21.

82) *Ibid.*, p.4.

3. NCW의 발전추세

미군들은 정보화 시대에 '부상하고 있는 전쟁이론(an emerging theory of war)'이라는 인식하에 NCW에 대한 집중적인 연구와 활발한 토의를 강조하고 있지만, 완벽한 작전수행개념으로 활용되기에는 좀 더 많은 시간과 노력이 소요될 것으로 판단하고 있다. 따라서 현재 미군들은 NCW에 대하여 이론적인 연구를 계속하는 가운데, 실용적인 차원에서 군사력의 연결을 가속화해 나가고 있다.

미국은 현재 NCW의 이론적 발전을 위하여 국내 및 국외에서의 토의를 활성화하고, 다양한 사례연구를 통하여 NCW 개념의 타당성과 구체적인 수행방법을 발전시키고 있으며, 실전이나 훈련에서 네트워크 중심전의 성과를 측정할 수 있도록 계속해서 기준을 발전시켜 나가고 있다.[83)]

네트워크를 통하여 부대를 연결시키는 측면에서 미군은 범지구정보망(Global Information Grid: GIG)을 구성한다는 목표하에 그의 핵심적인 촉매(catalyst)로서 '수평 융합(Horizon Fusion)'이란 체계를 발전시키고 있는데, 이는 모든 사람들이 수평적으로 가입하여 자신이 필요로 하는 정보를 실시간에 산출할 수 있는 새롭고 전군적인 차원의 컴퓨터 네트워크를 말한다.[84)] 또한 현재 육군에서는 LandWarNet,[85)] 해군에서는 ForceNet,[86)] 공

---

83) NCW의 개념은 훨씬 더 복잡하게 되어 미국방부는 전통적 전투영역(지·해·공·우주 영역)과 함께 사이버공간 및 전자기 스펙트럼을 통합시키려고 노력하고 있으며, 어떻게 기술적인 장애물을 극복하고 NCW의 완벽한 비전을 달성할 수 있을까를 지속적으로 논의하고 있다. 1105MEDIA, "Network-Centric Warfare: Next Steps Toward Achieving the Vision," Feb. 9, 2006, https://defensesystems.com/NetworkCentricWarfare(검색: 2016.8.19).

84) *Office of Force Transformation* (2005), p.45

85) 미 육군은 군 변혁차원에서 '21세기 군(Force XXI)'의 비전을 구상하고 2025년을 목표연도로 하여 미래전투체계(Future Combat System: FCS)를 개발하고 있다. 이는 1개 플랫폼에 센서, 화력, 병력수송 등의 여러 가지 전투장비들을 모두 탑재함으로써 크고 무거운 체계의 개념을 지양하고, 각 기능장치를 작고 가벼운 플랫폼에 탑재한 다음, 이들을 디지털 네트워크로 연결하여 하나의 분산·네트워크 복합체계(a network centric distributed system)를 형성한다는 것이다.

군에서는 ConstellationNet[87]를 사용하고 있는데, 이들 체계 간의 상호운용성을 강화하고 이것을 지구정보망으로 통합해 나간다는 계획이다. 그리고 새로운 합동전술무선체계(Joint Tactical Radio System)를 개발하여 모든 단위부대 간의 자유로운 통신을 보장하려고 노력하고 있다. 특히 미군들은 이라크전쟁에서 유용성이 입증된 우군부대 추적장치(Blue Force Tracker)의 성능을 지속적으로 향상시키고 있다.

이외에도 미군은 군수분야에서도 '감지 및 대응 군수(Sense and Respond Logistics)'라는 목표하에 네트워크를 통한 적시, 적소, 적량 군수를 실현하려고 노력하고 있고, 간부들에게 네트워크 중심전에 대한 교육을 강화하고 이의 구현에 필요한 군대 문화를 육성해 나가고 있다. 유사시 전투사령부에 합동작전의 계획과 수행을 지원하기 위한 상설합동군지휘부(Standing Joint Forces Headquarters: SJFHQ) 개념을 발전시키고 있는 등 네트워크 중심전의 구현을 지원할 수 있는 다양한 조치들을 개발하거나 구현해 나가고 있다.

한국군도 그동안 정보화시대의 변화에 능동적으로 적응한다는 차원에서 예하 부대들을 네트워크로 연결시키기 위한 노력을 계속해 왔고, 현재도 계속하고 있다. 합참 차원에서는 1999년부터 지휘소자동화체계(Command Post Automation System: CPAS)를 운용해 왔으며, 각 군별로 전술 C4I체계(공군은 AFCCS)를 개선하고 있다. 현재는 전략적 수준에서 CPAS를 개선한 합동지휘통제체계(Korean Command Control System: KJCCS)를 연합사 C4I

86) 미 해군은 '네트워크중심전(Network-Centric Warfare)'의 비전을 적극 개발·구현해 나가고 있다. 수천 마일에 걸쳐 전개되어 있는 모든 전투체계와 함정에 탑재된 센서를 첨단 C4I네트워크로 정교하게 연결·통합하여 전투효과를 대폭 증가시키며, '항모'보다 자본집약형 미사일 전함(Distributed Capital Ship)을 집중적으로 발전시키고 있다.

87) 미 공군 역시 군 변혁의 일환으로 '우주투사 2020(Spacecast)'의 비전을 개발하고 항공·우주 원정군(space expeditionary force)을 발전시키고 있다. 전 지구적 차원에서 정보를 획득·전파하고(global view), 분쟁지역 어디든지 투사할 수 있는 수단을 구비하며(global reach), 우주에 기반을 둔(space-based) 각종전력체계(global power)를 발전시켜 나가고 있다. 특히, 항공·우주전의 무인화를 추구하고 있다.

체계인 Centrix-K와 연동하여 사용하고 있으며, 군사정보통합처리체계(Military Intelligency Management Systems: MIMS)도 운용하고 있다. 평시에도 인터넷과 인트라넷을 통하여 부대와 부대원들을 연결시키고, 정보의 적시적이고 정확한 유통에 노력하고 있으며, 그러한 연결의 정도와 운용의 효율성을 지속적으로 향상시켜 나가고 있다.

그러나 아직 미군들과 같이 네트워크 중심전을 포괄적이면서 체계적인 미래 작전수행개념으로 수용하거나 발전시키고 있는 정도는 아니다. 사실 NCW의 핵심이라고 할 수 있는 다수의 감시체계(ISR), 타격체계(PGM), 지휘통제체계(C4I) 간의 실시간 상호연동, 즉 실시간 디지털 전술정보를 연동하는 전술데이터링크는 많이 향상된 상태다. 그러나 영상정보를 포함하는 디지털 멀티미디어형의 정보교환에 의한 연동과 연동에 필요한 감시체계 등의 자산은 아직 많이 미흡한 실정이다. NCW 구현의 최종점은 전장상황의 실시간 공유와 이를 통한 전투력 요소의 시너지 효과를 극대화하는 것이라고 할 수 있다. 따라서 상호운용성(interoperability)의 중요성은 아무리 강조해도 지나침이 없을 것이다.[88)]

최근에 들어서 한국군에서는 네트워크 중심전이라는 용어의 사용이나 관심이 증대되고 있고, 그의 개념과 세계적인 발전 동향이 소개되고 있으며, 국방부와 각군의 참여하에 이의 구현 방향을 모색하기 위한 연구와 토의가 활발히 진행되고 있다.

88) 손태종·박남희, "NCW 구현과 상호운용성 보장," *KIDA Defense Weekly*(서울: KIDA, 2010), p.2.

4. NCW의 유용성[89)]

1) 정보의 활용도 증대

미래전장은 '디지털 네트워크' 전장이다. 전장에 참여하는 모든 전투원, 부대, 플랫폼(platforms)들이 분산되어 있으나 네트워크로 연결되어 '전장가시화' 및 '정보공유'하에서 매우 빠른 템포로 역동성있게 전쟁/전투를 수행할 수 있다. 뿐만 아니라 미래전장은 합동전장이며 통합전장이다. 전장의 디지털 네트워크화로 지·해·공의 전력이 용이하게 '합동'될 수 있고, 전쟁과 관련된 국내의 유관기관들은 물론이고 국제 기관 간의 '합동' 및 '연합'도 촉진되며 전·후방 전장이 통합되고, 가용한 모든 전쟁수단들을 효과적으로 '통합'할 수 있다. 유인체계와 무인체계, 하드 전력과 소프트 전력, 살상무기와 비살상무기 등을 목표지향적으로, 조직적으로 통합할 수 있는 전장이 된다.[90)]

NCW를 구현하면, 네트워크를 통하여 수집된 모든 정보들이 실시간에 모든 구성요소들에게 전파 및 공유되기 때문에 수집한 정보의 효율성이 극대화된다. 수집된 모든 정보들이 네트워크를 통하여 통합 및 전파되기 때문에, 정보 수집에 있어서 중복성이 최소화되고, 모든 부대와 장병들이 현재 상황에 대하여 동일한 인식을 갖게 된다. 이로써 전쟁에서의 불확실성을 상당할 정도로 감소시킬 수 있고, 특히 피아 구분이 용이해질 수 있다. 즉 "디지털화와 네트워크화가 결합되면 공통전술상황도를 개발할 수 있고, 따라서 우군부대의 위치와 적 부대의 위치를 분명하게 식별함으로써 전쟁의 불확실성을 감소시킨다."[91)] 그래서 대부분의 부대에서는 현재 '공통작

---

89) 네트워크 중심전의 장점은 네트워크 중심전이 지향하는 바이기 때문에, 이 부분은 앞에서 언급된 '네트워크 중심전의 내용'과 중복될 수 있다. 따라서 장·단점의 명확한 식별을 위하여 소제목은 언급하되 내용기술에서는 중복을 최소화하고, 대신에 '제한사항'에 중점을 두어 분석하고자 한다.

90) 권태영·노훈(2008), p.215.

91) Office of Force Transformation(2005), p.24.

전상황도(Common Operational Picture: COP)'를 개발해 나가고 있고, 이를 통하여 상황에 대한 정확한 인식을 공유하고 있다.

다만, NCW가 진전되었다고 하여 전장의 불확실성이 모두 제거된다고 보기는 어렵다. 상대방의 기만능력도 더불어 발전하여 또 다른 형태의 불확실성이 생성될 것이기 때문이다. 따라서 NCW에서는 전쟁의 불확실성을 제거 및 감소하는 데도 노력해야 하지만, 전쟁의 불확실성과 마찰 속에서 어떻게 정보의 이점을 창출하고 확대하느냐에 더욱 실질적인 비중을 두어야 한다.

2) 군사력의 효율성 강화

정보공유의 결과이기도 하고 네트워크 중심전의 가장 중요한 역할이기도 한 사항으로서, NCW는 결국은 보유하고 있는 군사력의 효율성을 극대화시키게 된다. 적시에, 가장 적절한 군사력으로, 충분한 정보를 가진 상태에서 부여된 임무나 표적을 처리하기 때문에 군사력이 낭비되거나 예상하지 않는 장애에 부딪칠 가능성이 줄어든다. 즉 NCW에서는, "무기체계들이 전장공간 내 어느 곳에 위치하든 간에 네트워크상에 존재하기만 하면 신속하게 효과 위주의 집중공격에 참가할 수 있을 뿐만 아니라 이동과 수송 소요도 대폭 축소시킬 수 있다."[92]

NCW의 이러한 이점은 미군들의 훈련사례를 통하여 상당 부분 입증이 되었다. 미군들은 훈련을 통하여 우세한 발사수단을 가진 부대에 대하여 네트워크를 통하여 정보를 공유한 부대가 승리한 경우가 있었고, 디지털로 연결된 부대가 그렇지 않은 부대보다 더욱 훌륭하게 임무를 수행한 예도 있었으며, 디지털화된 육군과 공군이 결합되었을 때 임무수행능력이 향상되고, 비행기 조종사들이 네트워크를 통하여 데이터 정보를 수신할 수 있게 됨으로써 그들의 생존성(survivability)과 치명성(lethality)이 매우 향상된 것으로 나타났다고 한다.[93]

92) 노훈·손태종(2005), p.3.

3) 지식의 공유 보장

NCW는 전쟁수행에 대한 경험과 전문지식을 공유하도록 한다. 네트워크를 통하여 적이나 상황에 대한 정보만 유통되는 것이 아니고, 대응방법도 실시간에 교환되고 유통될 수 있기 때문이다. 인간에게 비유할 때 네트워크를 통하여 군사력의 효율성을 증대시키는 것은 육체의 힘을 증대시키는 것이라고 한다면, 지식의 공동활용을 보장하는 것은 머리를 공동으로 활용함으로써 전체적인 지능을 향상시키는 것이라고 할 수 있다.

예를 들면, NCW에서는 모든 부대와 부대원들이 네트워크로 연결되어 있기 때문에 전투에 투입된 장병들이 예측하지 못하였거나 해결하기 어려운 상황에 직면하였을 경우 네트워크를 통하여 지휘소에 문의하게 되고, 그렇게 되면 지휘소나 기타 지역에 있는 전문가들이 즉각 동원되어 상황의 해결을 위한 최선의 해답을 제공할 수 있다는 것이다. 그렇기 때문에 전방에 있는 병사가 상황처리를 적절하게 할 수 있는 군사적 전문성이나 경험이 부족하다고 하더라도 네트워크가 이를 적절하게 보완해 줄 수 있다.

이외에도 NCW를 시행하게 되면, 초기 단계에서 제반 문제 해결을 보장함으로써 문제가 악화되는 것을 방지하고, 최소한의 노력으로 문제를 해결할 수 있다. 따라서 그만큼 해결해야 할 과제의 수가 감소되고, 감소된 소수의 과제를 효과적으로 해결할 수 있게 한다. 이러한 측면에서 NCW는 억제 효과도 산출할 수 있다. 네트워크를 통하여 적의 움직임을 사전에 모두 파악할 수 있기 때문에 사태가 악화되기 전에 방지조치를 취할 수 있고, 적이 군사적인 행동을 취하기로 결심하여 전투에 돌입하기도 전에 네트워크로 연결된 우군 군사력들이 적의 핵심표적들을 무력화시킴으로써 전투가 실제로 시작되기도 전에 종료시킬 수 있기 때문이다.[94]

93) Office of Force Transformation(2005), pp.21-22.

94) 이러한 차원에서 '네트워크 중심전'에 대해서는 국제법적인 검토가 필요하다는 의견도 있다. 적이 적대행위를 하지 않았는데도 불구하고 공격하는 결과가 될 수 있고, 네트워크 중심전에 사용되는 수단과 목표가 국제법에 의하여 군사용으로 허용된 것이 아닐 가능성도 적지 않기 때문이다. Erik Dahl, "Too Good to Be Legal?:

5. NCW의 제한사항

NCW의 제한사항은 그 개념 자체가 내포하고 있는 한계(제한사항)일 수도 있고, 구현과정에서 봉착하게 되는 기술적이거나 현실적인 제한요소일 수도 있다. 현재 미군들은 장점을 많이 부각시키고 있지만, 미 의회나 다른 학자들은 다양한 제한사항들을 제기하고 있다.

1) 개념의 불명확성

NCW는 정보화시대에 대응하기 위한 새로운 전쟁이론이지만, 그 범위나 내용이 명확하게 확립되었거나 통일된 것은 아니다. NCW 자체가 네트워크와 관련된 모든 이론을 포함하는 것으로 넓게 해석될 수 있고, 네트워크를 통하여 군사력들을 연결해 나가는 수준으로 좁게 해석될 수 있다.

최근 NCW의 발원지인 미국에서 NCW를 NCE(Network-Centric Environment)로 대체하는 양상이 표출되었다. 네트워크 연결에 의한 정보공유가 전쟁수행개념이 될 수 없다는 비판에서 제기되었는데, 그 이유는 네트워크를 사용하여 연결된 군사력을 어떻게 운용하느냐에 대해서는 그 방향이 명확하지 않다는 것이다. 그리하여 차라리 NCE를 사용하여 모든 부대가 네트워크로 연결된 환경을 조성함으로써 분산·비선형전 수행에 필요한 기반을 제공한다는 것이다. 또한 네트워크로 연결된 군사력을 활용하여 시행하는 군사작전, 즉 NCW(또는 대체된 NCE)의 실천적인 형태를 'NCO(네트워크중심작전: Network-Centric Operations)'이라는 용어로 구분하여 군사력 운용에 관한 내용을 제시하려고 노력하고 있다. 그리하여 네트워크중심 환경(NCE)하에서 수행되는 작전을 네트워크중심 작전(NCO)이라고 하여, 고유명사로 사용하기보다는 네트워크를 활용하는 모든 작전을 지칭하는 일반명사로 보편화하였다.

Network Centric Warfare and International Law," *Journal of Public International Affairs,* Vol.15(Spring 2004).

오히려 미군은 군사력 운용 측면에서 NCW는 효과중심작전을 지원하는 역할로 설명하고 있다. 네트워크에 의하여 능력이 강화된 군사력을 사용하여 군사작전을 계획하고, 시행하고, 평가하는 방법이 효과중심작전(EBO)이고,[95] 네트워크로 연결된 미군들은 효과중심작전(EBO)의 수행을 보장하는 핵심적인 요소(an essential enabler for the conduct of effects-based operations)[96]라는 인식이다. 즉 효과중심작전(EBO)은 작전수행개념이고 NCW는 이를 위한 능력을 제공한다는 설명이다. 그만큼 군사력 운용에 관한 개념의 차별성이 명확하지 않다는 것을 반증하고 있다.

2) 과도한 정보우세 의존

NCW에서 가장 강조하고 있는 것은 정보우세(information superiority)로서, 정보우세만 확보되면 승리가 거의 보장된 것으로 강조하고 있지만, 정보우세의 개념도 애매하고, 정보우세 자체로는 전투력이 아니며, 정보우세가 달성되었다고 하여 문제해결을 위한 방향이 저절로 찾아지는 것은 아니다. 정보가 많다고 해서 반드시 정확한 의사결정이 보장되는 것은 아니고, 정보우세나 정확한 상황인식만으로 적의 방책을 예측할 수 있는 것은 아니다. "지능, 훈련, 지휘조치와 같은 지휘와 전쟁술의 핵심적인 측면은, 네트워크에 의하여 지원받을 수는 있지만 대체될 수는 없고,"[97] "정보우세는 나쁜 의사결정이나 나쁜 전략을 대체하거나 보상할 수 있는 것은 아니다."

정보우세가 긍정적인 측면만을 지니지도 않는다. 예를 들면, 정보유통의 속도와 양의 증대는 오히려 정보의 질을 저하시킬 수 있고, 정교한 정보체계에 지나치게 의존하게 되면 관리만능주의에 빠질 수 있으며, 정보가 많아지면 정보의 가치가 수시로 달라져서 목표의 변경이 잦아질 수 있다.[98] 또

---

95) *Ibid.*, p.4.

96) *Ibid.*

97) John Luddy, *The Challenge and Promise of Network-Centric Warfare,* p.4.

98) The Library of Congress, *Network Centric Warfare: Background and Oversight Issues for Congress,* p.9.

한 홍수와 같이 밀려드는 정보에 대응하느라 혼란이 발생할 수 있고, 우선순위와 상관없이 우선 획득되는 표적을 처리하는 양상이 되기 때문에 수동적이거나 소모전적인 전쟁을 수행하게 되며, 결국은 전술적 조치나 표적선정만이 중요해지고 작전술은 점점 활용하지 않게 된다. 그리고 정보가 부족한 상황이 발생하였을 경우 혼란에 빠지기 쉽다. 즉 "군대가 고품질의 실시간 정보에 익숙해질수록 그것이 없어지면 당황하거나 마비에까지 이를 수 있는 위험이 있다."[99]

정보우세를 통하여 전쟁의 불확실성을 해소하는 데도 한계가 있을 수밖에 없다. 우선 많은 정보를 수집한다고 해서 직접적으로 행동할 수 있는 정보(actionable intelligence)가 많아진다는 것을 의미하는 것은 아니기 때문이다. 또한 정보우세를 통하여 전쟁의 불확실성이 해소되었다고 판단한 나머지 제반 의사결정을 집권화함으로써, 현장에서 제반 상황을 종합적으로 판단하여 조치하는 예하지휘관의 역할을 감소시킬 수 있다. 그리고 필수적인 정보가 지휘관에게 도달되었는지 점검하기도 어렵고, 지휘관 스스로가 수많은 정보에 묻혀서 전략적인 판단을 위한 중요한 정보를 지나칠 수도 있다. 즉 "네트워크 중심전에서 가장 드러나지 않으면서도 가장 중요한 관문은, 적절한 정보가, 적절한 구체성으로, 적절한 수준의 지휘관이나 부대에게, 적절한 시기에 도달하느냐의 여부이다."[100]

3) 과도한 기술 의존

NCW는 컴퓨터와 그 소프트웨어의 발전에 기초를 두고 있기 때문에 탁월한 이론이라기보다는 탁월한 기술수준에 의존하는 개념이라고 할 수 있다. 따라서 NCW가 지향하고 있는 방향이 아무리 좋다고 하더라도 기술적인 뒷받침이 없으면 구현될 수 없다. 예를 들면, 육군, 해군, 공군의 모든 무기체계들을 네트워크로 연결시키면 합동작전이 강화되는 것은 분명하지

---

99) John Luddy, *op.cit.*, p.11.

100) *Ibid.*, p.13.

만, 문제는 그것을 가능하게 하는 기술적 발전이나 구현이 쉽지 않다는 것이다. 이렇게 기술이 차지하는 비중이 증대됨에 따라서 수단에 불과하다고 볼 수도 있는 '네트워크 중심의 환경에서 작전하는 것이 최종적인 목표인양 추진될 가능성이 있다.'[101] 그래서 기술에 지나치게 의존하는 네트워크 중심전의 위험성이 제1차 대전 시 프랑스의 마지노선에 비유되기도 한다.[102]

특히 네트워크 중심전은 궁극적으로는 전체 군대를 하나의 네트워크로 연결할 수 있는 기술의 발전을 요구하는데, 이를 실제로 개발하기는 쉽지 않다. 국가의 전쟁지도부에서 전장의 모든 부대가 활동하는 상황을 실시간에 관찰하고, 조치하며, 각 부대 간에도 상호간의 활동을 실시간에 정확하게 파악하도록 하는 기술은 지금까지의 모든 군대가 희구하고 구현을 위하여 노력해온 사항이지만, 그의 구현을 위해서는 해결해야 할 과제가 너무 많다. 미 의회에서 네트워크 중심전을 구현하는 데 있어서 필요하다고 식별하고 있는 최소한의 기술분야는 ① 네트워크 구조(Network Architectures), ② 위성(Satellites), ③ 무선주파수대역(Radio Bandwidth), ④ 무인항공기(Unmanned Vehicles), ⑤ 컴퓨터 처리칩(Computer Processor Chips), ⑥ 나노기술(Nanotechnology), ⑦ 소프트 웨어(Software) 등인데,[103] 관련된 분야 모두가 상당한 시간과 노력을 들여야 실현이 가능한 고도의 기술을 전제하고 있다고 할 것이다.

다양한 기술이 관련될수록 그 기술 중의 한 부분이 해결되지 못하면 전체적인 구현이 어려워질 수 있다. 예를 들면, 미군의 경우 현재 해결하기 어려운 기술적인 문제점 중의 하나로 주파수 대역의 문제점을 제시하고 있는데, 앞으로는 점점 많은 부대가 네트워크로 연결되어 위성을 통하여 교신하고자 하기 때문에 주파수의 소요가 급증할 것이지만, 현재의 기술로는 충분한 주파수를 공급하기가 쉽지 않다는 것이다. 미 육군의 경우에도

---

101) Aldo Borgu, *op.cit.*, p.2.

102) The Library of Congress, *op.cit.*, p.9.

103) *Ibid.*, pp.3-6.

2010년경에는 수요에 비하여 가용한 주파수대역은 1/10밖에 되지 않을 것으로 전망하고, 이를 위한 기술적 돌파(technological breakthrough)가 필수적이라고 판단하고 있다.[104]

4) 기타

NCW에서는 소규모의 경량화부대가 효과적이고, 일반적으로는 소규모의 병력으로 다양한 임무를 수행할 수 있게 되겠지만, 이러한 군사력의 형태는 지역과 인원에 대한 통제가 필요한 임무에는 불리할 수 있다. 실제로 이라크전쟁에서 보듯이 네트워크로 연결된 정예화된 소규모 군사력은 적의 정규군 격멸에는 효과적이었지만, 군사적 성과를 정치적 성과로 전환시키는 안정화작전에서는 취약하였다. 즉 NCW는 “분쟁의 최초단계에서는 매우 효과적일 수 있지만, 그 분쟁의 전략적 목표를 달성하는 데는 그다지 유용하지 않을 수 있고,”[105] “정보는 인원수나 전투력을 보완하거나 어느 정도까지 보상할 수는 있지만, 대체할 수 있는 것은 아니다.”[106]

NCW의 수행 능력을 강화하면 할수록 동맹국과의 격차가 커질 수 있다. 국가마다 추진하는 진도에 있어서 차이가 날 수 있을 뿐만 아니라, 국가별 네트워크 간의 상호운용성을 확보하기가 매우 어려우며, 국가마다 비밀에 대한 정책이 달라서 네트워크를 통한 정보공유가 제한받는 경우가 많을 것이기 때문이다. 미국이 고도의 기술로 네트워크를 구성하게 되면 그 정도의 네트워크를 구비하지 못한 우방국들의 입장에서는 미국과의 연결 자체가 불가능해질 수 있다.

---

104) *Ibid.*, p.10.

105) John Luddy, *op.cit.*, p.12.

106) Aldo Borgu, *op.cit.*, p.7.

6. 우리의 대응과 준비

세계 각국의 군대들은 정보화시대에 효과적으로 적응하거나 정보기술을 최대한 활용할 수 있는 미래전 수행개념을 도출하고, 구현하기 위하여 노력하고 있고, 그 대표적인 이론 중의 하나가 NCW이다. 앞에서 정의된 바 NCW는 지리적으로 분산된 부대나 무기체계들을 네트워크를 통하여 연결시킴으로써 전투력의 시너지효과를 달성하는 개념이다. 즉 네트워크를 통해 정보를 공유하고, 군사력의 효율성과 상호보완성을 극대화하며, 이로써 개별 요소들의 합계보다도 더욱 큰 전투력을 발휘하게 되고, 성과를 더욱 효과적으로 달성할 수 있다는 전투개념이다. 따라서 물리적인 집중이 없이도 부대나 전투력의 집중을 달성하고자 하는 개념이다.

아직 NCW의 범위와 내용이 명확하게 정립된 것은 아니고, 국가마다 인식하는 방향이나 추진하는 정도가 다르며, 자체적인 제한사항도 발견되고 있고, 미래전에서의 승리를 보장할 수 있는 만병통치약이라고 할 수는 없지만, NCW는 미래지향적 군발전의 핵심적인 주제가 될 것이다. 그 명칭과 상관없이 현대의 군대들은 정보화시대에 적응해 나가거나 정보화의 이점을 극대화하기 위하여 부대 및 작전요소들의 연결을 통하여 정보의 공유와 군사력의 효율성 향상을 추구하고 있고, 이러한 경향은 앞으로 더욱 강화될 것이다. 북한의 핵·미사일 위협을 방어하기 위해 우리 군은 감시에서 타격까지 최대 30분 이내 적을 격멸시키는 킬 체인을 구축하기 위해 노력 중이다. 킬 체인을 구성하는 핵심요소 중 하나가 바로 C4I체계이며 실시간 작전수행을 위한 연동수단으로 전술데이터링크를 사용하고 있다. 우리 공군은 2007년부터 C4I체계를 운용해 왔으며 성능개량을 통해 NCW 작전수행을 위한 면모를 갖추게 되었다. 공군은 실시간 지휘결심체계 완성과 생존성 보장을 위해 향후 2021년을 목표로 성능개량을 계속하고 있다. 또 작전수행능력 향상을 위해 감시·정찰체계, 지휘통제체계, 타격체계 간 실시간으로 디지털 전술정보를 연동하는 전술데이터링크는 2005년 공군에 도입된 이래 F-15K 전투기, 항공통제기 E-737은 물론 해군의 이지함 등 우리 군의 최신예 무기체계에 탑재돼 운영 중이다. 앞으로도 전술데이터링크 탑재 무기체계는 지속 확대될 것이며 C4I체계는 더욱 발전을 거듭할 것이다.[107)]

한국군의 합동작전은 한반도의 작전환경 및 위협 평가, 무기체계 발달과 미래전 양상을 고려하여 '효과중심의 공세적 통합작전'[108)] 개념으로 수행하여야 할 것이다. 이러한 개념은 네트워크중심 작전환경(NCOE)하에서 전력을 효과적·공세적으로 운용하고 전영역에서 작전을 통합하여 적의 중심을 마비시킴으로써 전쟁에서 승리하는 개념이다. 이는 앞서 논의한 EBO개념과 NCW개념을 모두 포괄하는 개념으로 보아야 할 것이다.

V. 비정규전에서의 항공력 운용

통상적으로 비정규전의 수행에 있어서는 지상전력이 핵심적인 역할을 수행하는 것이 당연한 이치인 것처럼 인식되어 왔다. 그러나 현대 비정규전의 수행에 있어서도 항공력은 지상전력을 지원하는 '전통적인' 역할에 국한하지 않고 더 긴요하거나 경우에 따라서는 결정적일 수도 있는 역할을 수행할 수 있다.[109)] 이 절에서는 비정규전에서 항공력 역할과 그 운용능력을 다룬다.

---

107) 국방일보, 2013.12.20.

108) 합참에서는 미래 합동작전기본개념을 '공세적 통합작전'으로 설정하였는바 이는 "합동작전부대가 네트워크 작전환경하에서 선제적·능동적·주도적으로 전력을 운용하면서 전 영역에서의 다양한 능력과 노력 및 활동을 작전목적에 부합하도록 시간적·공간적으로 통합하여 전력운용의 상승효과를 극대화하는 작전"을 의미한다고 설명하였다(합참, 「합동작전」, 합동교범 3-10, 2015, pp.1-22). 이전의 개념은 '효과중심의 동시·통합작전'이었다(「2012-2026 합동개념서」, 2010.6). 따라서 효과중심개념은 '공세적 통합작전' 개념에 포함된 것으로 볼 수 있다.

109) 강창부, "현대 비정규전과 항공력의 역할," 「국방연구」, 2011.8. p.141.

1. 비정규전 개념

전쟁을 전투수행방식에 따라 크게 대별하면 정규전(regular warfare), 비정규전(irregular warfare, 이하 IW)으로 대별된다.[110] 정규전(혹은 전통적 전쟁, traditional warfare)이란 법적으로 인가된 군대 간의 무력투쟁이다. 따라서 합법적으로 인정되지 않는 군사력간의 충돌은 비정규전으로 볼 수 있다. 작전양상을 보면 정규전은 적과 접촉하는 전선(戰線)이 비교적 명쾌하게 존재하고, 전선의 전방에는 적, 양 측방에는 우군, 그리고 후방에는 아군의 예비대와 보급기지가 위치하고 있어서 주 작전선과 병참선이 비교적 확연한 상황에서 공격, 방어, 후퇴 등의 작전이 수행되는 전쟁양상이다. 반면, 비정규전은 전장의 자연적 혹은 인위적 환경으로 인해 접촉선인 전선이 명확하지 않아서 사방에 적이 있다고 간주해야 하며, 지상 작전선이나 병참선도 완전하게 경계되지 않으면 언제라도 차단될 위험성이 있게 되는 것이다.

미국은 최근까지 비정규전에 대한 명확한 개념정의 없이 불분명하게 사용해 오다가 2007년 8월 공군에서 먼저 비정규전에 대한 공군교리 2-3을 발간함으로써 그동안의 비정규전 관련 유사개념들을 정리하려고 시도했다.[111] 이에 따르면 비정규전 개념을 다음과 같이 정의하고 있다.

> 비정규전은 해당국민들에 대한 지배의 정당성확보와 영향력 확보를 위해 국가들과 비국가행위체들(non-state actors) 간의 격렬한 투쟁이며 비정규전은 비록 적의 힘과 영향력 및 의지를 침식시키기 위해 군사 및 다른 능력들을 충분히 사용할 수 있지만, 간접적이고 비대칭적인 접근을 선호한다.[112]

---

110) 일반적으로 전쟁형태는 전쟁의 수행주체 면에서 국가 대 국가 간 전쟁인 정규전과 국가 대 비국가(non-state 혹은 sub-state)들 간의 전쟁인 비정규전으로 대별되며, 최근 국가, 비국가 집단 모두가 수행할 수 있는 전쟁의 형태로서 정규전과 비정규전을 넘나드는 형태인 하이브리드전(Hybrid War)을 추가하면 3개 부류의 전쟁형태가 될 것이다.

111) 이보다 한 달 뒤 미 국방성에서 발간한 문서에서도 같은 정의를 하고 있다. U.S. DoD, *Irregular Warfare (IW)* Joint Operating Concept(JOC), 11 September 2007.

〈표 5〉 비정규전 형태

구분	내용	비고
반란 (insurgency, 폭동, 분란)	체제동요(subversion)와 무력충돌을 통해 정부(constituted government)의 타도를 목적으로 하는 조직적 활동(movement)	비통치집단과 통치당국 간의 투쟁. 관련용어: 혁명전, 게릴라전, 전복전, 테러리즘
게릴라전 (guerrilla warfare)	적지역 또는 적점령지역 내에서 현지주민들에 의해 생성 발전된 유격부대가 적의 전투력과 산업시설 및 적의 사기를 감소시키기 위하여 공개적으로 수행하는 군사적 또는 준군사적 전투작전	작전형태(싸움의 한 형태)이며, 토착군 중심의 전투를 수행하는 반란의 일종
테러리즘 (terrorism)	정치적 목적의 단체가 체계적인 폭력사용과 사용위협을 통해서 공격대상에게 공포심과 심리적 충격을 가함으로써 목적(정치, 경제, 사회, 종교적 신념) 달성을 추구하는 행위	정치적 불만 인식에 중점
비재래전 (unconventional warfare)	적지역이나 적점령지역 내에서 현지 주민이나 침투한 정규군 요원이 외부지원이나 지시를 받아 수행하는 군사 및 준군사활동	지역토착민 외 정규군요원 포함. 외부지원 과정을 띤 전복활동을 포함
특수전 (special warfare)	전쟁의 모든 상황에서 자국의 국가목표달성을 지원하기 위하여 특별히 훈련된 요원(특수전부대)에 의하여 수행되는 정치·군사 활동	현지 저항세력과 같이 수행하면 비재래전이 됨
제4세대전쟁 (fourth generation warfare)	상대방 군대의 패배가 아니라 정책결정자들의 의지(심리)를 붕괴시켜 정치적인 승리를 달성하려는 정치전쟁	진화된 형태의 반란전
제3/4영역전쟁 (three/four block war)	도시지역에서 전면적 전투, 인도적 지원, 평화임무, 심리·정보작전(제4영역) 등 다차원적 임무 수행	해안근접의 대도시에서의 군사작전 전개
안정화작전 (stabilization operations)	전시 자유화지역에서 국가의 안전을 저해하는 일체의 군사적, 비군사적 위협에 대응하여 치안질서를 회복하고 유지하며, 정부의 통치질서를 확립할 때까지 수행하는 군, 정부 및 민간분야의 제반 작전활동	안정화를 위한 군사작전으로서 대테러작전, 평화활동, 인도적 지원 등이 있다
하이브리드전 (hybrid war)	유연하고 지능적인 적이 목표달성을 위하여 특정한 시기에 동시적으로 다른 형태의 전투를 통합하여 수행하는 전쟁	국가 또는 비국가 집단이 수행. 정규전과 비정규전의 혼합

비정규전 개념은 전쟁(싸움)의 형태, 즉 전쟁의 주체와 방식에 따라 개념화 할 수 있으며, 군사작전 측면에서 그 활동과 작전범주에 따라 분류할 수 있다. 그러나 이를 통합하면 〈표 5〉와 같이 개념의 체계를 수립할 수 있다.

미국은 그동안 군사혁신과 군사변혁이라는 개념에 집중하여 효과중심작전(EBO), 네트워크중심작전(NCW)이라는 현대 작전개념을 창출하는 등 상당한 성과를 거두었다. 그러나 재래식 전쟁에서 미국을 이길 수 없는 반란자들은 새로운 비정규전 능력과 전술에 의존하여 생존력을 유지하고 그 활동범위를 넓혀나가고 있다.

2. 비정규전에서의 항공력 운용

시간이 지나면서 비정규전 수행자들은 수행의 주체와 방법들을 다양·복잡화, 정교화, 융합화하는 추세로 나가고 있다.[113] 따라서 이에 맞는 전략과 작전들을 구사해 나가야 하며, 가능한 합법적이며 인명피해의 최소화를 추구하는 현대적 작전을 위해서는 항공력의 역할이 필수적으로 요구된다. 따라서 여기서는 비정규전을 수행시 항공력은 어떤 역할을 할 수 있는지 살펴보겠다. 오늘날 특수군과 항공력을 이용하여 전개되는 비정규전은 안정화작전의 일부로, 특수작전과 대비정규전(counter-insurgency)의 형태로 수행된다고 볼 수 있다.

---

112) U.S. Air Force, *Irregular Warfare,* AFDD 1, 14 October 2011, p.23.

113) 비정규전(irregular warfare)에 대한 정의는 군 기관 및 연구자들 사이에서 조금씩 차이가 나타난다. 최근 국내에서 비정규전에 대한 보다 일관성 있는 정의를 내리기 위한 노력들이 전개되고 있다. 대표적으로 이성만, "현대 비정규전 개념 범주에 관한 고찰," 『국방연구』 53권 4호(2010), pp.47-70.

1) 비정규전에서의 항공력 운용 논의

오늘날 항공력이 비정규전에도 효과적으로 대응할 수 있다고 보는 관점은 그리 오래되지 않았다. 현대 항공력은 비정규전을 수행하는 우군 전력에게 높은 수준의 비대칭적 이점을 제공해줄 수 있는 결정적인 능력들을 보유하고 있다. 항공력은 신속기동, 정밀교전의 능력들을 활용하여 다른 어떤 전력들보다 당면한 위협들에 가장 신속하게 대응할 수 있는 전력으로 기능하며 정보·감시·정찰 활동들을 통해 상황지각 개선에 획기적으로 기여하는 등의 핵심적인 역할을 할 수 있도록 해준다.114)

그러나 제2차 세계대전 이후 미공군은 항공우주력 이론발전에 있어서 비정규전의 현실성을 효과적으로 고려하지 않아왔으며, 단지 재래식전쟁의 소규모형태에 불과한 것으로 간주하였던 것이다. 그러나 오늘날 비정규전은 단지 소규모의 재래식전쟁이 아니다. 특히 21세기에 들어서서 미국은 테러와의 전쟁을 시작하며 새로운 형태의 비정규전 상황에 직면하게 되었다. 2003년에 3월에 시작되어 5월에 종전된 이라크전쟁은 재래식 전쟁 측면에서 미국의 신속한 승리였지만, 그로부터 약 1개월 후 미국은 이라크 내 적대세력의 저항 급증이라는 심각한 사태를 맞이하게 된다.

이라크 내 치안불안상태를 극복하기 위해 시작된 안정화작전은 재래식 전쟁과는 달랐다. 작전의 목표는 이라크 국민을 무차별 테러로부터 보호하며 민심을 수습하는 것이었고, 이를 위해 국민들 사이에 잠복해 있는 무장단체의 움직임을 탐지하고 이들의 기습공격에 신속히 대응해 나가야 했다. 그러나 이라크 저항세력들은 국내 이슬람 근본주의자, 재래식 전쟁직후 해산된 이라크 병사, 지역사회 주민들을 기반으로 세력을 유지하며 무장투쟁을 계속해 심각한 치안 불안상태를 조성했다. 이에 대한 미국의 대응은 지상군 병력 증강밖에 없어 보였다. 미국은 2006년 3만 명의 지상군 증파를 결정하고 2007년부터 새로운 안정화 작전을 수행하게 된다.115)

114) 강창부, 앞의 책.

115) 권태영·노훈, 『21세기 군사혁신의 명암과 우리 군의 선택』(서울: 전광, 2009), p.98.

이때부터 미국은 바그다드 등 주요 도시의 통제력 회복을 목표로 도시 외곽봉쇄 및 치안확보 등의 작전을 지상군 중심으로 수행하게 된다. 이러한 경험은 비정규전에 있어 지상군의 역할이 핵심적이며, 공군에게는 보조적이고 간접적인 역할만이 주어지고 있음을 의미했다. 실제로 지상군 증파 기간 동안 공군력은 지상군 공수 및 실시간 감시·정찰 등 간접적 임무에 집중되었었다.

이와 유사한 상황은 아프간전쟁에서도 나타났다. 아프간 작전 초기 미군이 비교적 손쉽게 탈레반 정부군을 무너뜨린 것은 미국의 공군력과 잘 조화된 북부동맹의 지상군 덕분이었다고 평가되었다. 그러나 작전 중반부터는 탈레반군이 분산과 은폐, 대응공격에 아주 능숙한 잘 훈련된 병력과 최정예 알 카에다 그룹을 전선에 투입하였는데, 그 결과 정밀무장에 의한 원거리 공격은 점차 빗나가는 경우가 많았고, 그에 따라 원거리 공중공격보다는 근접 지상전투가 필요한 상황이 많이 발생했다. 최근 안정화 작전 경험도 이에 한 몫을 하게 되었다. 안정화작전 수행의 주요 전력이 지상군이기 때문에 공군력은 지상작전을 지원하기에 합당하도록 운용되어야 한다는 주장이 제기되었다. 현재 아프간전은 탈레반세력의 재기로 복잡한 양상으로 치닫게 되었으며, 미군은 지상군의 피해를 최소화하고자 드론(drone: 무인기)의 사용비중을 높이고 있다.

제2차 대전 이후 공군은 지상군의 집요한 도전에 대응하면서 발전하여 왔는데, 그 주요도전은 공군의 독립과 독자적 운용에 대한 것으로서 요컨대 공군력의 지상군 보조형 운용요구였다. 이에 대해 공군은 초기에는 전략폭격개념으로서, 다음에는 전력마비개념으로서 대응해 왔다. 최근 비정규전에서의 공군역할에 대한 도전은 5세대 전투기와 무인기를 통해 대응할 수 있게 되었다. 미국의 F-22, F-35로 대표되는 제5세대 전투기들은 기술발전을 통해 재래식 전투 능력과 비정규전 수행능력을 모두 갖추고 있다. 이들 전투기들은 신형 AESA(Active Electronically Scanned Array) 레이더를 사용하여 이동지상표적을 신속히 식별하고 실시간 전술 데이터 링크로 정보를 공유할 수 있다.

이러한 능력을 바탕으로 제5세대 전투기들은 안정화작전 수행시 소규모 적도 찾아내 선별적이고 적시적인 공격을 가할 수 있다. 더구나 5세대 전투기들은 항공기 탑재 탐지체계에만 의존하는 것이 아니라 외부의 다양한 탐지체계도 연동하여 활용할 수 있어 비정규전에서의 성공가능성을 높여주고 있다.

이와 함께 무인기 분야에서의 기술혁신도 큰 몫을 차지하고 있다. 무인기는 유인기에 비해 체공시간이 수십 배에 도달하기 때문에 적 무장세력에 대한 지속적인 감시 및 즉각적인 대응을 가능하게 해준다. 더구나 MQ-9 Reaper와 같이 탐지와 지상 공격 기능을 동시에 갖춘 무인기의 발전은 지상의 적 식별과 동시에 즉각적인 타격을 가능하게 하여 안정화작전에 대한 기여도를 높이고 있다.[116] 이처럼 제5세대 전투기와 무인기의 개발로 대표되는 군사기술의 성과는 군사능력의 차원에서 안정화작전에서의 공군력 운용방식이 보조형이 아닌 독립형으로 적용될 수 있는 계기를 제공하고 있다.

안정화작전에서의 전쟁목표가 지역 내 주민들의 지지 확보와 협력적인 정권의 안정적 유지로만 설정된다면 공군력은 인도주의적 작전 위주의 간접적 운용에 할당되어야 할 것이다. 그러나 실제로 주민들이 바라는 것은 적대적인 무장세력의 소탕을 통한 생활의 안전 확보이며, 적대세력의 무장해제는 협력적 정권의 유지를 위해서도 필수적이다. 그런 측면에서 안정화작전의 목표도 적 무장세력의 약화에 초점을 맞출 필요가 있다. 이렇게 전쟁목표가 변화될 경우 무장세력에 대한 직접공격이 중요해지며, 이에 따라 직접적 공군력 운용도 필요해지게 된다.

아프간전쟁 기획과정에서 미 중부사령부는 알 카에다 추적과 탈레반 정권 붕괴를 위해 특수전 부대와 유기적으로 연계된 공군력 운용방식을 구상하였다.[117] 아프간전쟁에서 미국은 탈레반 정권을 붕괴시키고 친미정권을

116) 현재 미공군은 인공지능(AI) 조종의 무인기 도입을 통해 유·무인기가 팀을 이루어 임무수행이 가능하도록 추진하고 있다.

117) Benjamin S. Lambeth, *op.cit.*, p.55.

창출하여 알 카에다 조직을 지속적으로 추적하기를 원했다. 이러한 목표를 달성하기 위해서는 아프간 민간인들의 인명피해를 방지하면서 군사작전을 수행하여 반미감정 확산을 방지해야만 했다. 이 때문에 아프간에서 공군력에 의한 타격 감행 시는 정밀유도무기 공격 중심으로 계획하고, 지상에 위치한 특수부대 팀과의 밀접한 협력관계를 유지하여 실시간 공격이 가능하도록 했다.

그 결과 미 공군은 유사 이래 최대의 정밀유도폭탄을 지상 특수부대와 연계하여 사용하게 된다. 아프간에서의 미 공군력 운용은 초기와 중기로 나누어진다. 초기 작전 당시 주요 표적은 탈레반 정권의 주요 기반체계였다. 따라서 공군력은 독자적으로 대량파괴를 위한 공습을 수행하였다. 중반기 이후부터는 작전형태가 탈레반 잔당 소탕과 알 카에다 추격으로 바뀌었는데 이는 오늘날의 안정화작전과 유사하다. 이 단계부터 아프간 내 표적의 유동성이 심화되었고 사실상 고정표적이 사라졌다.

따라서 지상 특수부대가 근거리에서 표적을 탐지 및 식별한 후 정밀유도무기(PGMs)를 탑재한 공군력을 유도하여 실시간 타격을 가하는 새로운 작전방식이 널리 사용되어졌다.[118] 이때 지상 특수부대는 공중공격에 필수적인 정보를 제공하는 역할을 맡았다. 그리고 대량의 정밀유도무기 사용도 이 시기 전역의 특징이었다. 작전 초기 45일 동안 사용한 무장의 60%가 정밀유도무장이었는데 코소보전쟁 당시 정밀유도무기 사용률이 35%였던 것에 비하면 상당히 많은 정밀무기가 사용되어졌음을 알 수 있다. 이와 같이 아프간 군사작전의 실례는 안정화작전에서도 공군력이 직접적으로 운용될 수 있음을 보여준다. 이는 안정화작전 전체에 걸쳐 공군력이 직접적 독립형으로 운용되기 위해서는 제5세대 전투기 및 최신 무인기와 같은 군사기술의 뒷받침과 지상특수팀과 협조된 특수작전 수행 등 방법상의 개선이 필요함을 알 수 있다.

---

118) Benjamin S. Lambeth, *Air Power against Terror*(Santa monica: RAND Corporation, 2005), p.95.

이러한 공군력의 대응논리는 최근 미 공군교리에서도 나타나고 있다. 미 공군교리 2-3 「전쟁 이외의 작전」(MOOTW)은 같은 2007년 개정판에서는 비정규전(Irregular Warfare)으로 그 명칭이 바뀌어 소개되고 있다. 그 내용으로서 비정규전의 개념 정의와 함께 비정규전에서의 항공력의 적용, 전략 및 기획 등을 다루고 있다. 공군 참모총장 모슬리(T. Michael Moseley)는 발간사에서 다음과 같이 언급했다.

> "공군인으로서 우리는 한 세기 동안의 노력을 통해 높은 전장공간(high ground)을 획득·유지하기 위해 형성된 독특한 전투시각을 가지고 있다. 이제 우리는 공군의 독특한 특성과 자격을 가지고 비정규전 전투에도 공군의 능력과 기여를 분명이 말할 수 있어야 한다."[119]

이제 공군은 비정규전에서도 본격적인 능력과 가능성을 열어갈 수 있다는 자신감에 찬 발언이 아닐 수 없다.

이와 같이 공군은 태생 때부터 타군의 보조적인 역할로 사용하려는 도전이 끊임없이 이어졌으나 그때마다 공군인들은 군사기술에 기초한 새로운 전력구조의 건설, 전쟁목표의 변화를 통한 공군력 운용에 대한 제약을 해제하고, 지상세력을 직접 타격하지 않고도 적을 체계적으로 마비시킬 수 있는 표적체계의 개발 등으로 도전들을 극복해 왔다. 이러한 공군력의 역할을 통해 다음에서는 한걸음 더 나아가 안정화작전의 주요무대가 되는 도시작전에서의 항공력의 임무와 운용을 살펴본다.

2) 특수작전(도시작전)에서의 항공력의 통합운용

수백 년 동안 세계 각국들은 도시들이 경제, 정치 및 문화활동의 중심역할을 해 왔으며, 당연히 군사적인 역할도 오랫동안 도시들을 중심으로 이루어져왔다. 전통적으로 주요 무역통로였던 국가의 수도와 같은 도시들은 종

---

119) U.S. Air Force, *Irregular Warfare,* AFDD 2-3(1 August 2007).

종 국가의 물리적 및 심리적 활동의 핵심이 되어왔다. 따라서 전통적으로 전시에 주요도시의 몰락은 마지막 패배로 연결되었다. 그래서 도시를 수중에 넣기 위한 전투는 고대의 펠로폰네소스전쟁에서부터 최근의 보스니아, 이라크전까지 국제분쟁의 중심이 되어왔던 것이다.

세계적으로 인구가 교외지역에서 도시지역으로 이동함에 따라 도시인구는 급속도로 증가되고 있으며, 이는 자연히 개방공간의 감소화를 가져와서 지상군이 도시지역에서 전투해야 할 가능성이 증가하게 될 것이다. 게다가 반군들은 첨단센서와 무기가 가장 효과적일 수 있는 개방공간에서 미국과 같은 선진군대와 대립하는 것을 적극적으로 회피할 것이다. 특히 제3영역, 제4영역전쟁은 도시를 중심으로 이루어지는 비정규전의 형태임을 앞서 밝힌 바 있다.

도시작전에서 항공력이 수행해야 할 임무는 첫째, 적(敵)전력 이동 탐지 및 무력화, 둘째, 적의 매복위치를 탐지 및 무력화, 셋째, 아군 지상군에 대한 근접지원 및 고립된 지상군 재보급 등과 같을 것이다. 이러한 세 가지는 항공우주력이 도시작전에서 수행해야 할 전술적 임무가 될 것이다.

우선 적(敵)전력 이동 탐지 및 무력화와 관련하여 민병대, 비정규군 및 여러 전투요원들이 도보, 위장된 민간차량 또는 장갑차량 등으로 이동 및 작전할 수 있는 자유를 거부해야 한다. 적군이 위장해서 이동하는 것을 항상 예방할 수 없지만 도로봉쇄, 차량호송과 같은 공식적인 작전을 즉시 탐지하고 중지시킬 수 있다. 비전투원 소개작전(Noncombatant Evacuation Operation: NEO)이나 인질구출작전과 같은 경우에 항공기(예를 들어, AC-130)는 적군을 탐지 및 차단하는 데 독자적인 임무를 수행할 수 있을 것이다. 특히 센서시스템은 공중 및 지상에서 영상 및 비영상 센서를 결합시켜 그 효과를 극대화시킬 수 있을 것이다. 영상센서는 적의 군용차량이나 무기들을 찾아내고, 비영상센서는 숨겨진 무기나 폭약을 찾거나 비정상적 차량이나 병력의 이동을 탐지하기 위해 패턴분석을 사용할 것이다. 예를 들어 전자광학/적외선 카메라를 장착한 무인항공기가 적군의 도로봉쇄를 탐지하거나 무선 주파수 공명탐지 장비를 갖춘 "지상센서(건물의 옥상에 위치)"

가, 주차된 밴차량 내 공격용 소총으로 보이는 무기를 탐지하여 이 정보를 통제사에게 중계한다. 통제사는 적 병력을 식별하고 A-130이 공격하도록 지시한다.

특히 고해상도 영상을 제공하기 위한 저고도 무인 항공기의 생존성이 문제될 시 표적식별용 공중발사 소모센서를 생각해 볼 수 있다. 즉 AC-130과 같은 모체항공기가 소형 TV 카메라, GPS 수신기, 자동 항법장치 및 데이터 링크를 장착한 소형 활공 글라이더를 투하하는 것은 가능하다. 이들을 투하하면 몇 분 동안 저고도로 하강 활공하면서 정보를 제공할 수 있다. 또는 전투기에서 투하된 소형 무인항공기가 표적 상공에서 몇 시간 동안 체공하면서 정보를 제공하여 줄 것이다.

둘째, 적 매복위치를 탐지하고 무력화시키는 것이다. 매복은 적군이 아군에게 사용할 수 있는 일반적인 전술이다. 매복을 통해 적은 도시환경에서 많은 사상자를 내고 도시의 특정지역에서의 순찰을 어렵게 한다. 따라서 예상되는 주요 접근지점에 감지센서를 설치하여 매복자들이 지나간다면 그들의 체온, 무기 또는 폭약을 탐지할 것이다. 매복자들이 공격위치에 매복해 있는 상태를 탐지하는 것은 매우 어렵다. 고해상도의 적외선 시스템이 장착된 소형 무인항공기 이용 또는 전자광학/적외선 카메라를 갖춘 지상센서를 이용해 도로가, 발코니, 옥상, 심지어 건물 내부에 있는 매복위치를 탐지할 수 있을 것이다. 저격수에 대해서는 모체 무인항공기가 소형글라이더 폭탄을 발사하여 표적건물의 정면에 있는 위치로 항법을 하도록 유도하여 저격수가 있는 방에 진입하여 소형탄두는 폭발할 것이다.

셋째, 아군 지상군에 대한 근접지원 및 고립된 지상군 재보급이다. 소규모 지상군은 도시환경에서 고립되기 쉽다. 도시구조물은 시계(視界)와 화력 범위를 제한하고, 지상군이 수평·수직적으로 화력을 지원하는 것을 어렵게 만든다. 대포에 의한 전통적인 화력지원은 저각도 탄도 때문에 도시지역에서 종종 제한된다. 더 높은 각도로 발사되는 박격포는 건물을 넘어갈 수 있다. 그렇지만 박격포와 대포 모두가 부수적 피해가 최소화되어야 하는 상황에서 사용되기에는 부정확하다. 공군은 근접전투상황에서 교전 중인 아군 지상군에게 즉각적이고 정확한 화력을 지원할 수 있다. 이를 위해서는 공격용 소형 무인항공기를 이용한다.

예를 들면, 아군 순찰대가 고층건물 창문에서 화력을 발사하는 적에게 고립되면 아군은 레이저 표시기/GPS 수신기를 이용해 좌표를 아군지휘소에 중계한다. 지휘소의 통제사는 GPS 좌표를 받아 무장한 소형 무인항공기를 장착한 아군 항공기에게 근접지원을 지시한다. 발사된 무인항공기는 GPS신호를 이용해 적의 위치로 비행하여 창문으로 수류탄 크기의 소형폭탄 등을 발사하여 창문 안에서 폭발한다.

고립된 부대에 재보급을 위해서는 보급 요구사항과 GPS 좌표를 통제센터에 전송하고 통제센터가 전투기, 수송기 또는 헬기와 같은 항공기를 파견할 것이다. 캐니스터(canister, 양철통)는 특정임무 요구에 맞도록 기초보급품으로 사전 포장되거나 또는 주문 제작될 수 있다. 이것은 상황에 따라서 원거리 상공의 여러 고도에서 투하될 수 있다. 캐니스터는 항공역학에 맞는 모양으로 GPS나 레이저에 의한 유도폭탄과 같은 조절면을 가지고 고립된 부대의 GPS 좌표로 비행하도록 프로그래밍이 될 것이다.

이와 같이 항공력이 도시작전에서 할 수 있는 전술적 임무들을 구상할 수 있다. 도시작전에서 무기, 적 병력이나 차량에 대한 센서탐지가 곧 자동적으로 표적에 치명적 화력으로 연결된다는 것은 우리가 생각하는 최상의 모습이다.

향후 비정규전의 주요거점이 될 도시환경은 너무나 복잡해서 단순히 발달된 항공력의 기술적 능력으로 모두 해결될 수 없다. 광범위한 항공우주와 지상의 센서 네트워크가 있더라도 적의 활동이 충분히 탐지되지 않는다. 따라서 향후에 발달된 센서장치와 센서융합기술, 항공우주군 및 지상군의 합동지휘통제 구축 등 지속적으로 완벽한 기술적 능력 및 환경이 구축되도록 노력해야 할 것이다. 궁극적으로 도시작전과 같은 비정규전은 합동성이 문제해결의 핵심이다. 따라서 각 군이 별도로 R&D를 위한 예산확보 노력은 한계가 있으며 국방부, 합참수준에서 가장 효과적인 전력발휘를 위한 우선순위를 결정하여 추진해야 할 것이다. 미공군은 20세기에 내세운 모토인 더 높이, 더 빨리, 더 멀리는 세계 모든 공군의 모토가 될 수 있었다. 그러나 이제는 점증하는 비정규전에 대응하여 더 낮게, 더 천천히 그리고 더 가까이 갈 수 있는 무인 및 로봇 시스템 등의 첨단전력 들을 개발·구축할 필요가 있을 것으로 보인다.

3. 한반도에서의 공군의 대(對)비정규전

한반도를 둘러싼 안보환경은 냉전적 상황에서 크게 벗어나지 않고 있으며, 국가 중심의 군사력 사용 원칙이 여전히 강하게 남아 있다. 북한의 '군사제일주의'는 북한정권의 핵심으로 군사력만이 정권을 계속 유지시켜주고, 한반도 무력통일이라는 궁극적인 목적을 달성하게 해주는 유일한 수단이기 때문에 이러한 슬로건하에 북한은 재래식전력뿐만 아니라 대량살상무기와 같은 비대칭전력을 체계적으로 증강시켜왔다. 특히 북한은 재래식 무기에서의 열세를 상쇄하기 위한 시도로서 핵무기 개발과 더불어 비정규전 능력을 증가시켜 심각한 위협을 주고 있다. 또한 한미 동맹군의 전자전쟁 수행시스템을 겨냥해 사이버전쟁 기술을 상당한 수준으로 개발하고 있다. 전 주한미군사령관인 월터 샤프(Walter Sharp)가 지적한 바와 같이 "북한은 정상적이고 전통적인 의미의 전면전에서는 이길 수 없다는 것을 깨닫고 비정규전이나 비대칭적 위협을 추구하고 있다."[120] 즉, 정규전과 비정규전 능력, 핵능력과 사이버 능력, 더 나아가 남한 내 여론분열을 노리는 공작 등 다양한 수단을 융합적으로 사용하는 전략을 추구하는 것이다.

이러한 맥락에서 공군은 전통적인 작전과 비전통적인 하이브리드전쟁 작전을 구사할 수 있는 능력을 배양해나가야 한다.

현재 공군을 포함하여 우리 군의 군사작전은 북한의 침공에 대비하는 '방

---

120) "N. Korea looks to unconventional warfare: US general," *AFP News* (September 29, 2009).

어적' 성격이 강하다. 하지만 장기적인 측면에서 기존과 다른 형태의 군사작전을 염두에 두어야 할 시점이 되었다. 예를 들어, 북한 정권이 예상치 않게 갑자기 붕괴하거나 내부에서 정치, 사회, 경제적 혼란이 발생하는 등 급변사태가 전개되어 국제사회가 개입하고 그 일환으로 우리 군이 북한 지역에서 평정화 임무 등을 수행하게 된다면, 마치 이라크와 아프가니스탄의 다국적군과 같이 인구가 밀집된 대도시 지역에서의 COIN(Counterinsurgency) 작전이 이루어질 가능성이 있다. 이 경우 우리 군, 특히 공군은 과연 어떤 역할과 임무를 수행해야 하며 어떤 측면을 우선적으로 고려해야 하는지에 대한 연구가 필요하다. 미래의 또 다른 진화된 형태의 전쟁에 대비하기 위해서는 공군은 유연하면서도 확고한 대비태세를 견지해야 할 것이다.

▌참고문헌

강창부. “현대 비정규전과 항공력의 역할.”『국방연구』54권 2호. 2011.

공군본부.『공군기본교리』. 공군교리 0, 2011.6.

권태영. “21세기 정보사회와 전쟁양상의 변화.”『21세기 군사혁신과 한국의 국방비전』. 한국국방연구원, 1998.

권태영·노 훈.『21세기 군사혁신과 미래전』. 서울: 법문사, 2008.

김정익. “미 지상군의 작전능력 변화와 한·미 연합작전.”『국방정책연구』제71호 2006년 봄호(2006.4.15).

노 훈·손태종. “NCW: 선진국 동향과 우리 군의 과제.”『주간국방논단』제1046호(한국국방연구원, 2005.5.9).

박휘락. “네트워크 중심전의 이해와 추진 현황.”『국방정책연구』제69호(2005.10).

손태종·박남희. “NCW 구현과 상호운용성 보장.” *KIDA Defense Weekly*. 서울: KIDA, 2010.

육군본부.「비정규전」. 야전교범 39-11, 2009.7.30.

이성만. “현대 비정규전 개념 범주에 관한 고찰.”『국방연구』53권 4호. 2010.

조한승. “4세대 전쟁의 이론과 실제: 분란전 평가를 중심으로.”『국제정치논총』제50집 1호. 2010.

합동참모본부.「합동안정화작전」. 합동교범 3-12. 2010.

Bowden, Mark. *Black Hawk Down: A Story of Modern War*. New York: Atlantic Monthly Press, 1999.

Che Guevara, Ernesto. *Guerrilla Warfare*. bnpublishing, 2007.

Clausewitz, Carl von. *On War*. Michael Howard and Peter Paret, eds. New Jersey: Princeton University Press, 1976.

Coffey, Thomas M. *Decision over Schweinfurt*. New York: David Mckay Company, Inc., 1977.

Col Edward C. Mann III, Lt Col Gary Endersby, and Thomas R. Seale. *Thinking Effects: Effects-Based Methodology for Joint Operation*, CADRE Paper, no.15. Maxwell Air Force Base: Air University Press, 2002.10.

Craven, Wesley F., and James L. Cates. *The Army Air Forces in World War II,* Vol,II. Chicago: The University of Chicago Press, 1949.

Dahl, Erik. "Too Good to Be Legal?: Network Centric Warfare and International Law." *Journal of Public International Affairs,* Vol.15. Spring 2004.

Deptula, David A. *Effects-Based Operations: Change in the Nature of Warfare.* Virginia: Aerospace Education Foundation, 2001.

Douhet, Giulio. *The Command of the Air.* Dino Ferrari, trans. Washington, D.C.: Government Printing Office, 1983.

Dunny, Robert S. "Improvisation Won't D it." *Air Force Magazine,* 2008. June.

Futrell, Robert F. *Ideas, Concepts, Doctrine: Basic Thinking in the United States Air Force, 1907-1960,* vol.1. Maxwell AFB, Ala.: Air University Press, 1989.

Galland, Adolf. *The First and the Last.* New York: Ballantine Books, 1963.

Hallion, Richard P. *Storm over Iraq: Air Poter and the Gulf War.* Washington, D.C.: Smithonian Institution Press, 1992.

Hammes, Thomas X. *The Sling and The Stone: On War in the 21st Century.* St. Paul: Zenith Press, 2006.

Hittle, Brig Gen J. D., ed. *Three Military Classics.* Pennsylvania: Stackpole Books, 1987, Roots of Strategy, book 2.

Hoeffding, Oleg. *German Air Attacks Against Industry and Railroads in Russia, 1941~1945.* Santa Monica, Calif.: Rand Corporation, 1970.

Hoffman, Frank G. "Hybrid Warfare and Challenges." *Joint Forces Quarterly* Issue 52, 1st quarter 2009.

John T. Correll. "The Assault on EBO." *Air Force Magazine.* January 2013.

Kiras, James. "Irregular Warfare: Terrorism and Insurgency." In John Baylis, eds. *Strategy in the contemporary world.* Oxford: Oxford Univ. Press, 2007.

Krulak, Charles C. "The Three Block War: Fighting in the Urban Areas." *Vital Speeches of the Day,* Vol.64, No.5. 15 December 1997.

Lambeth, Benjamin S. *Russia's Air Power at the Crossroads.* Santa monica: RAND Corporation, 1996.

______. *Air Power against Terror.* Santa monica: RAND Corporation, 2005.

Luddy, John. *The Challenge and Promise of Network-Centric Warfare.*

Mattis, James. N. "Commander's Guidance of Effects-Based Operations." *Joint Force Quarterly,* NDU, 2008, Fall.

Mitchell, Gen William. *Winged Defense: The Development and Possibilities of Modern Air Power-Economic and Military.* New York: G. P. Putnam's Sons, 1925.

Moffat, James. *Complexity Theory and Network Centric Warfare.* DoD Command and Control Research Program, 2003.

Office of Force Transformation. *The Implementation of Network-Centric Warfare.* Washington, D.C., 2005.

O'Neil, Bard E. *Insurgency and Terrorism: From Revolution to Apocalypse.* Potomac Books Inc, 2005.

Paret, Peter, eds. *Makers of Modern Strategy.* New Jersey: Princeton Univ. Press, 1986.

Sir Basil Henry Liddell Hart. *Thoughts on War.* London: Faber & Faber Ltd., 1944.

______. *Strategy.* London: Faber & Faber Ltd., 1954; reprint, New York: Penguin Books, 1991.

The Library of Congress. *Network Centric Warfare: Background and Oversight Issues for Congress.*

Tirpak, John A. "Fighting for Air Dominance." *Air Force Magazine.* April 2008.

U.S. Air Force. *Air Force Basic Doctrine,* AFDD 1. Nov. 2003.

______. *Irregular Warfare,* AFDD 2-3, 1 August 2007.

______. *Strategic Attack,* AFDD 2-1, 2001.

U.S. DoD. *Irregular Warfare (IW).* Joint Operating Concept (JOC), 11 September 2007.

USJFC. *Toward a Joint Warfighting Concept, Rapdid Deciseve Operation* (RDO Whitepaper version 2.0, USJFCOM, 2002).

Warden III, John A. *The Air Campaign: Planning for combat.* New York: Pergamon Brasseys, 1989.

Wilson, C. "Network Centric Warfare: Background and Oversight Issues for Congress." CRS Report for Congress, 2004.

제5장

항공우주력 건설

제5장

항공우주력 건설

Ⅰ. 전력구조

1. 전력구조의 개념

국가는 자연환경에서 생존과 번식을 계속하는 생물체처럼 변화하는 안보전략환경 속에서 생존과 번영을 위하여 국가안보전략을 끊임없이 수립해간다. 안보전략환경은 역사적, 문화적, 사회적, 지정학적 특징, 그리고 국가가 속한 지역, 국제체제 속에서 사회화의 과정을 통해 끊임없이 변화하고 있다. 이렇게 변화하는 안보전략환경은 국가로 하여금 생존과 번영을 위한 국가안보전략을 수립하고, 그러한 안보전략을 뒷받침 할 수 있는 적정규모의 군사적, 비군사적 수단을 갖추어 가도록 요구한다. 특히 국가안보증진의 결정적인 수단(Crucial Means)인 군사력의 양적·질적 수준은 안보전략환경의 변화에 매우 민감하게 반응한다. 군사력의 양적·질적 수준을 포함하여,

각 군의 전력비율을 적절히 갖추어 가는 것은 국가 생존과 번영의 중요한 과제가 된다.

이러한 군사력의 양적·질적 측면의 준비와 특정군 전력의 비율과 전력 규모를 정하는 것 등과 관련된 것들을 전력구조(Force Structure)라는 개념으로 표현한다. 전력구조는 좁은 의미에서 "미래의 군사 대비태세에 적합한 군 전력의 구성과 각 전력들을 지휘 통제하는 지휘구조"라고 규정하기도 하며, "군사전략을 신뢰성 있게 구현할 수 있도록 결정된 군사능력의 유형, 규모, 구성비율"이라고 정의하기도 한다.[1)] 이러한 개념을 보다 포괄적으로 정의할 때, 전력구조는 안보전략환경을 고려하여 국가안보이익을 극대화하기 위해 국가의 모든 군사력의 양적·질적 수준을 구조화하는 것으로서, 군 조직의 규모 및 단위체계, 군사력 배치, 무기체계 수준과 구조, 그리고 지휘 통제체계를 포함한 군사력의 모양새(Figure)라 할 수 있다. 전력구조에 관련된 일반적 관심은 크게는 각 군별 양적·질적 전력배분 및 비율에서부터 보다 작게는 각 군내의 부대규모 및 편성, 무기체계 수준 등에 집중되기도 한다.

국가는 현재 또는 가까운 미래에 예측되는 안보전략환경을 고려하여 자국의 전력구조를 변화시키기 위해 끊임없이 구체적인 방안들을 선택해 간다. 한 국가의 특징적인 전력구조화를 이해하기 위해서는 그 나라의 안보전략환경을 이해할 뿐만 아니라, 고유의 문화적·역사적·사회적·지정학적 특징과 주변국들과의 사회화 과정에 대한 이해도 있어야 한다. 전력구조화를 결정하는 데 있어서는 안보전략환경뿐만 아니라 전략문화도 작용하기 때문이다.

---

1) 김인상, "21세기 한국군 구조와 항공력의 역할," 「제2회 항공전략 국제학술 세미나 발표논문집」(대전: 공군대학, 1996), pp.135-136; 강병철, 「중간세력 국가의 안보환경과 전력구조: 이스라엘·대만·한국의 사례 비교 연구」(연세대학교 박사학위 논문, 2001), pp.22-23.

2. 공군력구조

전력구조의 개념을 언급하면서 항공력을 주도적으로 운용하는 공군으로 한정할 때 공군력구조(Air Force Structure)라는 용어를 사용한다. 일반적으로 공군전력구조를 말할 때는 공군의 목표를 달성할 수 있는 조직규모와 편제 그리고 무기체계조합의 두 가지 측면을 모두 고려한다. 조직 및 편제의 측면에서는 공군의 병력규모, 전투비행단 및 지원부대 수와 규모, 전투비행단 내의 비행대대 수, 조종사 비율 등을 다룬다. 한편, 무기체계의 측면에서는 전투기, 지원기, 지대공 방공무기를 포함한 장비 및 무기체계의 유형과 양적인 구조를 다룬다. 일반적으로 선진화된 공군의 조직과 편제 구조는 중앙집권적 지휘통제와 분권적 임무수행이 가능하도록 작전사령부/중앙방공통제소(MCRC)와 예하 비행단 체제를 오랫동안 유지해 오고 있다. 무기체계의 측면에서는 전투기와 지원기 등을 포함한 무기체계의 선진화(성능) 및 진부화 정도에 따라 각국의 공군력 전력구조를 평가한다. 예를 들어, 한 국가의 공군력구조를 논할 때 고성능 장거리타격능력을 갖춘 전투기(High급 전투기) 또는 다목적 Medium급 전폭기의 전력비율(%) 등과 같은 객관화된 수치를 평가지표로 할 수 있다.

전투기의 성능 수준에 따른다면 한국 공군은 High-Low Mix 비율 개념으로 공군력 전력구조 계획에 대하여 논의하고 있다. 예를 들면, 장차전에 대비한 공군의 임무수행을 위해 High급 전투기가 얼마나 필요하며, Medium 및 Low급 항공기는 몇 퍼센트(%) 유지해야 하는지에 대한 논의가 이에 해당된다. 일반적으로 공군의 무기체계 중에 양적인 가치와 질적인 가치를 함께 중요시하는 전투기 전력구조는 이러한 High-Low Mix 비율로 측정이 가능하다.[2] High, Medium, Low급 항공기를 어느 정도 획득할 것인지에

2) Edward R. Harshberger and Russ Shaver, "Modernizing Airpower Projection Capabilities: Looking to Get More Out of Less," in Paul K. Davis (ed.), *New Challenges for Defense Planning: Rethinking How Much is Enough* (Santa Monica: RAND, 1994), p.598.

대한 판단은 공군의 임무수행의 가능성을 면밀하게 고려하여 이루어져야 하지만 비용 대(對) 효과에 따른 경제적인 측면도 동시에 고려되어야 한다. High급 항공기는 비싼 만큼 질적 성능이 뛰어나며, 다량의 Low급 항공기를 대체할 수도 있다. 때로는 다량의 Low급 항공기로 High급 항공기의 전력을 대신할 수 있으나, 불가능한 경우도 있다. 근접항공지원작전에서는 High급 항공기의 성능을 Low급 항공기의 양(量)으로써 보완이 가능하지만, 장거리 전략목표공격작전 수행은 아무리 많은 Low급 항공기로도 High급 항공기 몇 대 수준의 효과를 발휘할 수 없을 것이다. 한편, 정밀공격전력이 아닌 전장감시 및 지휘통제영역에 속하는 무기체계 — 예를 들면, 조기경보통제기(AWACS), 통합정찰기(J-STARS), 공중급유기 등 — 는 소규모이지만 전력체계 운용에 있어 매우 효과적인 역할을 하기 때문에 질적인 측면이 더욱 강조된다.

II. 전력구조결정을 위한 정책요소

한 국가의 전력구조를 결정하는 일은 국가정책 사안이다. 전력구조를 결정하기 위해서는 조직 및 편제 규모편성 및 무기체계 획득에 대한 법적, 정책적 결정이 뒤따라야 한다. 군사력 건설에 관련된 정책결정은 예산배분과 연속적인 국방획득 결정을 통하여 특정군의 크기와 역할모델, 군사조직의 형태, 군별 전력배분 등의 광범위한 영역에 걸쳐 점진적이거나 급격한 변화를 가져온다. 국가의 전력구조를 결정하는 정책결정과정을 이해하기 위해서는 정책결정과정에 대한 일반적인 흐름을 이해할 필요가 있다.

일반적으로 정책결정은 근본적인 변화 또는 파생적인 변화의 두 가지 측면에서 이해되어 왔다. 혹자는 이를 루트방법(Root Method)과 브랜치방법(Branch Method)으로 표현하였다.[3] 루트방법은 어떠한 정책적 사안을 해결할 때 매번 모든 고려사항에 대해 밑바닥부터 전반적인 재검토를 하면서 접근하는 방법을 말한다. 반면에 브랜치방법은 기존의 정책적인 틀을 바탕으로 해서 조금씩 단계적으로 정책적 대안을 수정해가는 방법을 말한다. 각각의 방법들은 각기 장단점을 가지는데, 루트방법은 새로운 정책적 사안을 검토할 때 선입관과 편견을 최소화하여 충분하고 합리적인 대안을 낼 수 있는 장점이 있는 반면, 현실적으로 너무나 많은 사항들을 처음부터 한꺼번에 고려해야하는 부담으로 인해 많은 시간과 노력의 낭비를 가져 올 수 있다. 반면, 브랜치방법은 정책사안과 관련된 모든 요소에 대한 과도한 고려를 생략하여 시간 및 노력 소모를 줄이고 주요 쟁점에 집중할 수 있는 장점이 있는 반면, 정책외부 환경에 새롭게 등장한 혁신적인 변화를 충분히 소화하기 어려운 단점이 있다. 루트방법은 정책안건화(agenda setting)와 결부되어 주요 정책수립이론으로 발전되고 있으며, 브랜치방법은 점진주의 모델과 맥을 같이하는 많은 정책결정 이론들과 관련을 맺고 있다. 이러한 두 가지 접근방법의 장·단점에 주목하면서 정책사안에 따라 다양한 정책이론들이 개발되어 왔다.

1. 정책결정 이론과 모델

예산에 관련된 정책결정 모델로는 전통적으로 점진주의모델(Incrementalism)이 자주 사용된다. 이 이론은 예산배정에 관련된 정책결정이 이전의 예산요구 및 배정액에 근거하여 점진적인 변화를 가진다고 가정한다.[4] 점진주의 모델의 대표적인 이론은 Davis, Dempster와 Wildavsky의 미 국가 예산이론(1966)이다. 이들 이론의 기본적인 주장은 현재의 예산규모는 전년도 또는 가까운 과거의 예산 규모에 의해 크게 변하지 않는 범위 내에서

3) Charles E. Lindblom, The Science of "Muddling Through," *Public Administration Review,* 19(1959), pp.79-88.

4) Otto Davis, M.A.H. Dempster and Aaron Wildavsky, "A Theory of the Budgetary Process," *APSR* (September 1996).

조정된다는 것이다. 예산정책을 담당하는 관료나 그것을 결정하는 정치인들은 예산과 관련하여 무수히 많은 요소들을 전부 고려하기 보다는 과거의 예산규모와 고려요소를 참고하여 차기년도 예산을 추정하는 습관이 있기 때문이다. 실제로, 한 국가의 전체예산의 연도별 변화추이를 거시적으로 보면 그러한 점진적 변화 현상이 자주 목격된다.

그러나 점진주의에 바탕을 둔 예산이론은 몇 가지 한계가 있다. 가장 큰 단점은 과거의 집행실적을 바탕으로 점진적인 발전을 가정함으로 말미암아 급진적인 변화를 가져올 수 있는－즉, 혁신적 발전을 가져오는－정책제안을 설명하지 못한다는 것이다. 특히 사회, 문화, 경제, 안보, 과학기술 등의 영역에서 예상하지 못한 변화의 속도를 경험하게 되었을 때 점진주의 모델은 이러한 변화를 수용하기 어렵다. 또한 거시적으로 종합된 예산이 아니라 정책사안별 개별예산 항목의 변화를 설명하는 데도 어려움이 있다. 개별예산항목은 정책 내·외부 환경의 변화에 의해 의외로 자주 바뀔 수가 있어 점진주의 행태를 벗어나는 경우가 자주 있기 때문이다.

장기간의 점진성과 급작스런 변화를 동시에 설명하는 이론으로 급변-평정이론(Punctuated-Equilibrium Theory)이 있다. 일부 학자는 정책사안의 점진적인 변화는 일반적으로 정책결정 외부환경에서의 급작스런 변화가 없이 정책결정내부요소에 의해 발생할 수 있지만, 정책결정 외부요소에 의해 대중적 이미지(Public Image) 또는 여론(Public Opinion)에 큰 변화가 있으면 급작스러운 변화가 일어날 수 있다고 주장한다.[5] 대중적 이미지 또는 여론에 발생한 큰 변화는 정책결정내부영역에서 정책결정 행위자들에게 영향을 미쳐서 그들로 하여금 점진적인 사고에만 머무르지 않도록 강요하여 큰 폭의 정책적 변화를 가져올 수 있다는 것이다. 그러나 이러한 급변현상은 일시적이며 시간에 지남에 따라 정책은 다시 평정을 되찾게 되며 이어서 점진적인 변화양상을 보이게 된다. 이 이론에는 무엇이 대중적 이미지와 여론

---

5) Frank Baumgartner and Bryan D. Jones, "Agenda Dynamics and Policy Subsystems," *Journal of Politics,* 53(1991), pp.1044-1074.

을 변화시키는지에 대한 구체적인 분석이 결여되어 있어 또 다른 정책결정이론의 도움을 필요로 한다.

한편 지지연합이론(Advocacy Coalition Theories)은 이러한 논리적 공백을 메우는 데 유용한 중요한 개념을 제공한다.[6] 지지연합이론은 정책결정외부영역의 여러 요소를 규정하고 있으며, 외부영역의 여러 요소를 고려하여 정책결정 내부영역(Policy Subsystem)에서 정책사안별 지지연합의 행위가 이루어지며, 이러한 행위의 결과로 정책이 결정된다고 가정한다. 각각의 지지그룹은 독자적 신념체계가 있으며, 이러한 신념체계가 지지그룹에 속한 개인의 선택과 행위를 결정한다. 이러한 개인들의 연합된 행동으로 지지그룹들이 서로 경쟁적으로 정책결정에 개입하려 하며, 그러한 행위의 결과로 정부의 정책결정이 이루어진다. 이 이론은 민주주의가 성숙한 국가에서의 정책변화(Policy change)를 설명하는 데 있어 효과적인 이론으로 평가된다.

정책결정과정의 점진주의와 변혁을 동시에 수용하는 급변-평정이론과 아젠다 형성 단계의 중요한 공백을 보충하는 지지연합이론을 동시에 수용하면 정책결정이론에 대한 보다 구체적이고 정확한 모델을 제시할 수 있다. 〈그림 1〉은 이러한 이론적 관점들을 수용하여 예산 및 정책변화에 대한 정책결정모델을 나타낸다.

국방예산 및 획득에 관련하여 정책결정외부영역에 속하는 요소들은 정책결정시 참고가 되는 외연적 요소로서, 국민여론과 안건에 대한 대중적 이미지에 변화를 가져오거나 정책결정의 주요 지지그룹이나 행위자들의 신념체계에 변화를 가져오면서 정책결정에 간접적인 영향을 미치게 된다. 정책결정외부영역에 속하는 요소로는 안보전략환경, 국내정치적 요소, 경제적 요소, 기술적 요소, 그리고 사회/문화적 요소를 들 수 있다. 외부영역의 변화는 각기 또는 종합적으로 국민여론과 대중적 이미지에 변화를 동반하면서 간접적으로 정책결정에 영향을 미치거나 정책결정 주요 행위자와 지

6) Paul A. Sabatier and Hank C. Jenkins-Smith, "The Advocacy Coalition Framework, An Assessment," in Paul A. Sabatier (ed.), *Theories of the Policy Process* (Westview Press, 1999), pp.117-155.

〈그림 1〉 전력구조변화와 관련된 국방정책 결정모델

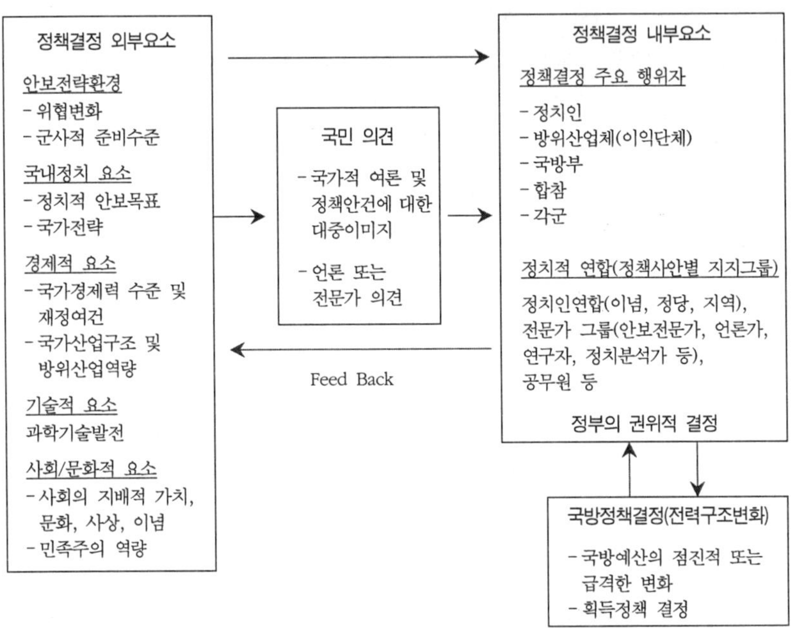

지그룹의 신념체계에 직접적인 영향을 미치면서 정책결정의 중요한 지각변동을 가져올 수도 있다.

국민여론은 민주주의국가에서 매우 영향력 있는 요소로서 정책결정내부영역의 행위자, 특히 정치인을 움직이는 핵심적인 힘을 가지고 있다. 국민여론과 국방관련 특정사안에 대한 대중적 이미지는 본질적으로 외부요소의 변화를 대변하는 것이 될 수도 있으나 언론, 시민단체 또는 영향력 있는 전문가들에 의해 형성되고 주도될 수도 있다.

정책결정내부영역은 국방관련 특정사안이 실질적으로 정책안건화(Agenda Setting)되고 주요행위자와 지지그룹들 간의 역학관계에 의해 정책이 구체적으로 결정되는 영역이다. 여기서는 국방정책관련 주요 행위자들이 정책 아젠다를 제시하고 각각의 아젠다를 평가, 조정, 선택하는 과정이 진행된다. 주요 행위자는 정치인, 방위산업체를 비롯한 이익단체, 국방부, 합참, 각

군이며, 이들은 정책사안별 지지그룹을 형성할 수 있으며, 전문가 그룹, 군인, 공무원 또는 시민단체를 지지그룹에 합류시켜 활동한다.

결국 국방관련 예산이나 국방획득을 위한 주요 정책사안들은 정책결정내부영역에서 정부의 권위적 결정으로 결정되며, 이러한 결정에 따라 전력구조에 관련된 무기체계획득이나 조직개편 등의 전력구조 변화가 수반되는 것이다. 이러한 과정의 결과로 결정되는 국방예산의 점진적이거나 급격한 변화와 국방획득정책의 주요 결정들은 전력구조화에 있어 중요한 가변요소가 된다. 이들과 같은 정책결정의 내·외부 영역의 변수들을 보다 구체적으로 살펴보자.

2. 정책결정 외부요소

정책결정외부영역의 요소들은 일반적으로 급작스럽게 변하지 않는다. 장기간에 형성된 환경이거나 안정된 정책기조 등과 같이 매년 바뀔 수 있는 성격의 것이 아니다. 다만, 최근의 기술적 발전은 역사상 그 어느 때보다도 급속한 양상을 보이고 있어 변화의 속도가 가장 빠른 요소로 인식되고 있다. 비록 정책결정내부영역에 비해 빠른 변화가 있지는 않지만, 이 영역에서의 변화는 점진적인 수준의 변화보다는 혁신적인 수준의 변화를 가져올 수 있다. 예를 들어, 안보 및 전략 환경에서의 주요 변화나 기술적 요소의 변화는 국방개혁 또는 군사혁신을 위한 정책결정을 강요할 수 있다. 정책결정외부영역의 여러 요소들은 정책결정내부영역의 행위자들에게 정책결정과정에서의 참조점을 제공하고 전문가들의 의견을 담은 언론 등을 통해 국민여론에 영향을 미칠 수 있다.

1) 안보 및 전략 환경

정책결정외부영역에서 전력구조화 정책에 영향을 미치는 요소들 중 가장 큰 영향을 미치는 것은 안보 및 전략 환경이다. 안보전략 환경 평가에는 주변국정세, 최근의 전쟁 양상, 군사력 및 무기체계 발전 추세 등이 포함된다. 주변국 정세분석은 주로 지정학적 여건 등의 지리적 특성을 포함하여 주변국의 대외정책 및 전략, 군사능력 등과 같이 안보에 미치는 영향요소들을 근거로 한 위협분석을 바탕으로 한다. 위협분석을 위해서는 현재의 시점으로부터 국가가 당면하고 있는 위협의 형태를 분석하고, 분석된 위협이 장차 '어떻게 실제화 될 것인가?'에 초점을 두어야 한다. 이때, 적의 군사전략 및 전쟁 준비상태, 군사력, 전쟁지속능력, 산업 및 군수능력, 그리고 피아의 동맹관계, 지리적 한계 등이 종합적으로 고려되어야 한다.

지구상의 국가들은 역사, 문화, 주변국과의 외교관계, 주변국의 국력 및 군사력 수준, 지리적 여건 등의 여러 가지 원인들에 의해 상이한 안보 및 전략 환경에 처해 있다. 이러한 이유로 한국과 호주의 안보 및 전략 환경이 다르며, 싱가포르와 스위스의 환경 역시 다르다. 호주는 주변국으로부터 분명한 군사적 위협을 받고 있지는 않지만 북쪽 남아시아 근처의 공·해상에서 위협이 발생할 가능성이 높다. 따라서 호주는 북방의 광대한 공중 및 해상 공간에 대한 일차적인 자체방어를 주 목표로 감시, 정찰, 공중 우세 및 타격능력 확보에 주력하고 있다. 주변의 큰 국가들에 비해 취약한 싱가포르는 강력한 항공력을 건설하여 주변국에 대하여 거부적 억제를 행사하는 것을 지향해 왔다. 중국, 인도 등과 같은 거대국가들에 둘러싸인 안보전략환경으로 인해 싱가포르는 전쟁이 발생한다면 침략자에게 값비싼 대가를 치를 수 있도록 강제할 수 있는 강력한 보복력을 가진 항공력을 준비하였던 것이다. 한편 스위스는 산악으로 둘러싸여 있어 대규모 지상병력으로 산악지형을 활용하여 침략자를 대항한다는 전략을 우선시한다. 이러한 안보전략 환경의 차이로 인해 싱가포르는 국가독립과 동시에 공군의 독립을 이룬 반면, 스위스 항공력은 지금도 육군에 예속된 채로 남아있게 되었다.

정책결정자들은 현 시점에서의 자국의 독특한 안보 및 전략환경을 잘 이해해야 하며, 이를 바탕으로 국가안보전략을 수립해야 한다. 재래식 군사기획은 미래의 각기 다른 시간에 대한 "위협"과 그 결과에 대한 해결책을 요구한다. 그러나 미래의 군사적 위협을 예측하는 것은 매우 어려운 일이다.[7] 특히 항공력 건설을 위한 전력기획은 30년 이상의 장기적인 전망을 가지고 수립해야 하는데, 그 시기의 위협의 종류와 정도를 예측하는 것은 실로 어려운 과제가 아닐 수 없다.

앞서 싱가포르와 스위스의 사례에서 보듯이, 상이한 안보 및 전략 환경은 상이한 군구조를 요구하게 마련이다. 안보 및 전략 환경의 변화는 때때로 전력구조의 패러다임 수준의 변화를 유도할 수도 있다. 예를 들면, 냉전이 붕괴된 이후에 미군은 전통적 전력구조에 있어서 기록될 만한 패러다임 변화를 요구받았다. 구소련과 공산권국가들을 구체적인 적성국가로 상정하여 그들의 위협으로부터 미국과 동맹국들의 안보를 모색해왔던 미국은 냉전의 붕괴와 걸프전을 겪으면서 능력에 기반을 둔 전력구조화로의 변화를 강력히 요구받게 되었던 것이다.[8] 2001년에 발생한 뉴욕과 워싱턴의 테러리즘 공격은 미국에 대한 강력한 위협이 새로이 등장하는 것을 의미했으며, 이는 곧 미국의 군사변혁을 가져왔다.

1980년대 말의 냉전붕괴는 한반도 주변 안보환경에도 적지 않은 변화를 가져왔다. 냉전기간 중에 일본은 경제성장에 주안점을 두고 평화주의에 심취하였으며, 주변국에 대해 자극적이거나 도발적인 정치, 군사적 행위를 하지 않았다. 중국은 정치, 경제, 외교적인 면에서 미국에 의해 봉쇄되었기 때문에 한국에 영향력을 미칠 수 있는 입장에 있지 않았다. 그러나 냉전의 붕괴 이후 이러한 환경은 어느 정도 변화를 겪고 있다. 일본은 막대한 경제력과 국제사회에서의 지위를 등에 업고 주변국과의 역사문제와 영토문제에 있어 한층 도발적인 행위를 반복하고 있다. 중국 또한 냉전의 붕괴 이후에 급속히 개선된 한중관계를 통해 빠르게 한국과 이해관계를 맺고 있으며,

---

7) 현실주의 정치가들에 의하면, 국가의 행위는 국가이익 또는 체제 내 권력구조에 의해 변화될 수 있다. 그러나 국가가 실현할 수 있는 이익의 성취가능성과 체제 내 권력구조의 양상은 어느 정도 예측 가능할 수도 있으나 국가가 지닌 의도(intention)는 여러 측면에 있어 항상 변할 수 있다.

8) Robert M. Alexander, "Force Structure for the Future," in Richard H. Shultz, Jr., Robert L. Pfaltzgraff, Jr., *The Future of Air Power in the Aftermath of the Gulf War* (Alabama: Air Univ. Press, 1992), pp.217-223.

북한에 대한 영향력을 유지하면서 한국에 나름의 영향력을 증가시켜가는 중이다. 이러한 점을 고려해 보면, 남북한 간의 대치상태를 제외한다면 우리나라가 당면하게 될 안보전략환경은 다음의 몇 가지에 의해 변화될 수 있다고 할 수 있다. 일본의 재무장 가능성, 중국의 지역적 패권주의 부각, 러시아의 동북아 지역에서의 영향력 확대 시도, 한·미 동맹관계의 변화 등이 그것들이다. 지금까지 우리나라는 미국과 함께 안보환경에 대처한다는 정책을 추진해 왔지만 전시작전통제권의 환수 후에 한국군이 전시에 주도적인 전력으로 임무를 수행하게 된다면 그에 대비한 전력구조 개선이 시급하게 될 것이다. 그 보다 더 큰 변화의 시나리오는 남북한 관계의 진전과 궁극적으로는 통일이 이루어졌을 경우에 있을 수 있는 한·미 간의 군사적 동맹관계의 변화와 함께 올 수 있다. 이러한 가변요소들의 변화에 따라 우리나라의 미래 안보전략환경은 달라질 수 있으며, 이것은 한국군의 조직변화와 첨단 무기체계 획득 등을 포함한 광범위한 전력구조 개선을 요구하게 될 것이다. 실제로 가까운 미래의 안보환경변화에 대비하여 수립한 「국방개혁 2.0」은 작지만 '강한 군대의 조기구현'을 목표로 군구조 분야를 비롯한 전반적인 분야에서의 개혁의 청사진을 제시하고 있다.

2) 국내정치요소(국가안보목표 및 국가안보전략)

국가안보전략환경에 따라 정부는 국가안보를 증진하기 위하여 목표를 수립하고 안보목표를 수행하기 위한 기본안보정책과 전략(국가대전략)을 수립한다. 또한 변화하는 국제정세와 안보환경에 따라 국가는 수립된 안보목표를 주기적으로 변경하게 된다. 국가안보목표는 공세지향적이거나 방어지향적일 수 있으며, 영토, 주권과 같은 사활적 국가이익과 관련될 수 있고 대테러리즘과 마약 및 이민문제와 같은 저강도 위협에 대비한 것일 수도 있다. 안보환경변화를 수용한 국가안보목표의 변경 및 수정은 필연적으로 전력구조의 변화를 가져오게 된다. 변경되거나 수정된 국가안보목표를 달성하기 위해 국가안보전략은 군사적, 비군사적 수단을 사용 또는 사용할 것을 위협하면서 국가안보상의 목표국가에 대응한다.[9)] 국가안보전략(또는 국가대전략)은 국가이익의 실현이 최대화되고 최악의 안보상황을 대비하여 국가이익의 위협이 최소가 되도록 하는 합리적 선택에 기반을 두고 있기 때문에 확률이 매우 적은 국가 간 군사적 대치상태를 대비한 군사적 수단을 준비하게 한다.[10] 이러한 국가안보목표와 국가안보전략을 결정하는 데 있어 중요한 정치적 패턴을 결정짓는 중요한 국내적 요인은 국내정치과정이다. 정치인들이 어떻게 선출되고, 어떠한 과정에 의해 정책이 결정되며, 정치인의 이념 또는 개인적 성향이 어떠한지에 대한 일반적인 요소들이 정책결정패턴에 중대한 영향을 미치게 된다. 우리나라와 같이 민주주의국가로서 비교적 비도발적인 국민과 국가 지도자에 의해 통치되는 나라는 전력구조도 위협에 대비한 최소한의 방어를 위해 준비될 것이다.

우리나라의 안보목표는 비교적 방어적이며, 평화적 통일을 지향하는 것을 골자로 한다. 그러나 만약에 여러 요인들에 의해 이러한 국가안보목표가 주변국에 대해 다소 공세적인 것으로 변한다면, 국방정책결정은 지금과는 상이한 패턴을 가지게 될 것이다. 그러나 이러한 안보목표는 짧은 기간에 형성된 것이 아니라 오랜 역사와 문화, 정치체제, 민족성과 전략문화 등에 의해 선택되는 것으로 짧은 기간에 변경되지 않는다.

3) 경제적 요소(국가자원의 가용성)

전력구조와 이와 관련된 국방획득 문제를 결정함에 있어 중요한 요소는 국가자원의 가용성이다. 군사력 건설에 있어서 직접적인 자원은 국가 경제력을 바탕으로 산정되는 국방예산에서 나온다. 국방예산의 결정은 일반적

---

9) Karl Mueller, "Strategy After Unification: Seven Questions About the Future of Air Power and Korean Security," 4th Annual International Air power Strategy Symposium, 1998.

10) 합리적 선택이란 의사결정자가 상대와의 상호관계에서 정책 또는 전략적 선택에 따르는 결과가 있으며 정책결정자는 국가이익에 최대한 긍정적인 결과(Outcome)를 얻는 정책 또는 전략적 선택을 내린다고 가정한다. 의사결정자들은 상호 전략적 선택에 따라 발생하는 결과에 대한 선호도를 가지며 상호선택에 의해 성취 가능한 결과 중 가장 큰 이익을 얻는 방법을 선택한다.

으로 소요군의 요구와 정치적 판단에 기초하여 주기적인 계획(일반적으로 연차별 또는 중기, 장기계획)에 의해 반영된다.[11)]

국방비는 크게 방위력개선비와 전력운영비로 구분되는데, 이 중 방위력개선비가 전력구조화 비용과 직접적으로 관련되어 있다. 방위력개선비는 군사력 증강에 소요되는 비용 중 전력 증강에 직접적으로 소요되는 비용, 즉 현존전력을 향상시키거나 신규전력을 창출하기 위하여 소요되는 비용이다. 각종 무기체계 획득 및 보강, 부대창설 및 증·개편 소요비용과 이와 관련된 전력 발휘에 필요한 제반 패키지 소요비용 등이 여기에 속한다. 현재 한국은 전체 국방비의 약 30% 수준이 방위력개선비로 지출된다. 전력운영비는 병력운영비 및 전력유지비로 구분되며, 병력운영비에는 인건비, 급식비, 피복비 등이 해당되며, 전력유지비는 군수지원 및 협력, 군사시설 건설 및 운영, 장병보건 및 복지향상 등에 지출되는 비용이다. 또한 지원장비 획득과 장비유지에 필요한 비용이다. 지원장비 획득비용은 전투장비를 제외한 일반 지원장비를 획득하는 데 투자되는 비용을 말한다. 장비유지비는 방위력개선비와 지원장비 획득비로 확보되는 각종 장비의 전력발휘와 적정 가동률 유지를 위한 제반 비용을 의미한다.

이러한 국방비를 지원할 수 있는 국가경제의 총체적 규모는 전력구조 정책결정을 위해 고려되는 국가적 능력으로서, 때로는 GDP 또는 1인당 GDP 등의 지표로 표현되기도 한다. 이러한 경제지표도 짧은 시간에 변화하는 것은 아니다. 변화가 있더라도 국방정책결정에 획기적인 변화를 가져오려면 주변국과 비교하여 상대적인 국가경제력 규모의 변화가 최소 수십 년

---

11) 정부와 군의 관료들은 국가의 경제발전을 예측하여 국방 중장기 계획을 수립한다. 국방장기계획은 주로 국방비전, 각 군의 비전서의 형태로 발간되는데, 이 때 국가의 가용자원을 예측하여 반영한다. 국방중기계획은 중·장기 국방정책과 군사전략을 효과적으로 구현할 수 있도록 향후 5개년간의 국방가용재원을 연도별, 사업별로 최적 배분한 국방종합계획으로 이는 연도예산편성의 근거와 부대계획, 정원, 및 인력계획 수립의 기초 자료가 된다. 국방중기계획은 기획단계에서 도출된 중·장기 군사력 건설 소요를 실천 가능한 다년도 사업계획으로 구체화하여 연도별 예산편성의 출발점이 된다고 하는 점에서 기획과 예산을 연결하는 특성이 있다.

이상은 지속되어야 할 것이다. 만약 단시간에 국가경제력의 획기적인 변화가 있다면 이것 또한 점진적인 변화보다는 혁신적인 수준의 전력구조변화를 요구하게 될 것이다. 탈냉전 이후 중국의 빠른 경제성장은 병력 중심의 군사력을 현대화되고 해·공군 중심의 기계화된 군대를 지향하는 중국식 군사혁신을 가져왔다.

한편, 국가의 총 경제력 외에 미래전을 대비한 전력구조화를 위한 무기체계획득을 위해 고려되는 경제적 요소에는 국가의 산업구조와 중공업 산업생산능력도 포함된다. 한 국가의 산업구조가 중공업 생산능력에 상대적으로 치중되어 있다면, 국산화를 통한 무기체계획득의 기회와 능력이 높음을 의미하며, 이로 인해 전력구조화 개선을 위한 무기체계획득 방법이 보다 다양해질 수 있다. 한편, 중공업 생산비중이 높다는 것은 무기체계생산과 관련한 산업이 많다는 것을 의미하며, 따라서 이들 이익단체들의 정치행위가 정책결정에 보다 강력한 영향을 줄 수 있음을 시사하기도 한다. 이러한 측면의 경제적 요소들은 정책결정내부영역에 행위자들의 정치행위에 영향을 미치는 주요 변수로 작용한다.

4) 과학기술의 발전

역사적으로 볼 때 새로운 과학기술의 등장은 전쟁무기의 발전으로 연결되는 경우가 많았다. 과학기술이 접목된 새로운 무기체계의 등장은 안보 및 전략 환경에 변화를 가져오거나, 정책결정내부영역의 주요 행위자들의 신념체계에 변화를 주어 획득정책 및 전력투자 예산결정에 영향을 미칠 수 있다.

20세기 후반 과학기술의 발전에 따른 무기체계의 발전은 군사혁신을 직접적으로 이끌거나 최소한 그와 밀접하게 관련되어 있다. 전장감시 — 지휘통제 — 정밀교전 능력을 균형있게 갖춘 시스템복합체계(System of Systems) 개념에 의한 무기체계조합은 미국적 군사혁신의 모델이 되었다. 과학기술 그 자체로는 혁신을 이끌 수가 없는 것이 분명하나, 그러한 것의 발전은 군대가 어떻게 조직되어야 하고, 군대 운영개념을 어떻게 재정립하여야 하며, 그와 관련하여 전략과 교리의 주요개념들은 어떻게 수정해 가야 하는지에 대한 근본적인 질문을 던질 수밖에 없는 상황을 조성한다.[12] 이러한 미국적 군사혁신모델은 세계의 많은 국가들의 군현대화 또는 국방개혁 및 혁신노력에 지향점을 제공하였다. 정책외부영역의 요소들 중에 과학기술은 가장 빠른 속도로 변화하는 요소들 중의 하나이다. 현대 과학기술의 빠른 발전으로 군사기술의 수명주기가 매우 빠르게 단축되면서 무기체계의 진부화가 빨라지고 있으며, 이에 따라 각국의 전력구조의 변화는 과거 어느 때보다도 빠른 템포로 진행되고 있다.

이렇듯 과학기술의 등장에 따른 진보된 무기체계의 등장은 점진적이기보다는 불연속적이고 혁신적인 정책결정을 요구하게 된다. 물론, 이러한 요구가 대중에게 충분히 인식되고, 정책하부체계에서 행위자들에게 강력하게 호소할 때만 전력구조 변화를 추진할 만한 획기적인 예산반영이 이루어 질 수 있을 것이다.

5) 사회문화적 요소

정책결정 외부요소의 마지막 고려요소로 사회문화적 요소를 빼놓을 수 없다. 아무리 좋은 정책도 그 사회의 전통적인 문화와 어우러지지 않는다면 정책결정과정에서 많은 이탈자들이 생기고 결국은 성과를 거두지 못하게 될 것이다. 일반적으로는 사회문화적 요소에 의해 경제성·복지성·공익성 등의 정책에 의한 합리적 분배가 추구되곤 하지만, 비합리적 사회의 주요 가치에 의해 정책이 영향을 받기도 한다. 때로는 한 국가사회가 가지고 있는 몇 가지의 전통적인 가치가 비합리적 절차에 의해 국방정책에 반영되기도 한다.

국방획득정책과 관련된 사회문화적인 요소는 군사적 수단과 가치에 대한 사회 구성원들의 인식과 관련이 있다. 예를 들어, 한 국가의 국민들 대다수가 군사력 유지의 목적을 최소한의 방어에 두고 주변국에 위협이 될

---

12) T. Keaney and E. Cohen, *Gulf War Air Power Survey: A Summary* (Washington, 1993), pp.238-9.

만한 공격적인 무기의 구매에 대해 부정적으로 생각한다면 이는 공세적 무기체계 획득에 영향을 미칠 수 있다. 또한 어느 한 국가의 사회적인 시각이 특정국에 대해 부정적일 때 그 특정국으로부터의 무기체계 획득에 대한 거부 움직임이 생길 수 있다. 이러한 사회문화적 요소들이 정치적 영향력을 미칠 만한 국민여론으로 자리 잡게 되는 경우에는 정책결정에 영향을 미칠 수 있는 압력으로 작용하게 된다.

3. 국민여론(Public Opinion)과 정책이미지

흔히 발생하는 일은 아니지만, 때때로 정책결정외부영역에서 어떠한 현상이 국민여론에 영향을 미치거나 특정사안에 대한 국민적 이미지에 영향을 미치면서 여러 형태의 국민의 힘(People power)을 정책결정에 반영시킬 수 있다. 정책결정외부영역의 환경적 변화에 영향을 받아서 특정 정책사안에 대한 국민적인 여론형성과 대중적 이미지의 형성이 있을 수 있다. 이러한 여론 및 이미지 형성에 중요한 역할을 하는 행위자는 언론, 전문가 또는 시민단체 등이다. 이들은 정보제공과 여론형성을 통해서 특정형태의 국방획득패턴에 대하여 부정적이거나 긍정적인 이미지를 형성하거나 특정 정책안건에 대해 동조하거나 반대하는 국민여론을 주도하기도 한다. 이러한 과정에서 때로는 정책결정내부영역의 일부 행위자들 – 예를 들어 정치인, 정부관료 등 – 이 의도적으로 여론형성에 개입하는 경우도 있다. 현대의 국민여론은 신문, 방송, 또는 인터넷 매체를 통해서 빠르게 형성될 수 있으며, 정책이미지는 이보다는 다소 장기적인 과정을 통해 형성된다.

국민여론은 직접적으로 정책에 반영되기보다는 정책결정내부영역의 정치인, 관료 또는 이익단체를 통한 압력의 형태로 작용한다. 이렇게 형성된 특정사안에 대한 대중여론과 정책이미지는 점진적인 변화가 아닌 급격한 정책변화를 불러일으킬 만한 영향력을 가진다. 예를 들면, 1990년대 후반 한국의 차세대 전투기 사업의 기종결정과정은 대중의 의견이 과거에 보지 못했던 수준의 강력한 영향요인이 될 수 있음을 경고했다. 실제로, 1990년대 중반에 SAM-X 사업은 언론 및 국민적 여론의 영향으로 사업이 연기된 바 있다. 이러한 논리에 따르면, 국민들 사이에서 장차전에서는 항공력이 전쟁승패에 결정적인 역할을 할 것이라는 항공력에 대한 긍정적인 이미지가 형성되어 있는 국가의 경우에는 항공력 중심의 군사력 건설에 보다 적극적이게 될 것이라는 가설이 가능하다 하겠다.

4. 정책결정 내부요소

정책결정 내부영역에서는 주요 행위자들이 나름대로 정책적인 신념을 가지고 정책결정을 위해 직접 개입한다. 전력구조화에 관계된 국방정책에 관여하는 주요 행위자는 정치인, 국방부, 합참 및 각 군의 관료 및 이익단체 등으로, 이들은 국방획득관련 정책과정에 적극 개입한다. 이들은 정책사안에 따라 대안별로 지지그룹을 형성하여 정치적 연합을 구성할 수도 있다. 정책대안별 지지그룹은 때로는 협조하고 때로는 서로 경쟁하면서 자신들의 정책대안이 받아들여지도록 노력한다. 예를 들어, 공군의 장거리 정밀타격 무기체계 획득의 필요성을 공감하는 행위자들이 전략목표공격이 가능한 항공전력 건설을 지원하는 정책대안에 대한 지지그룹을 형성할 수 있으며, 이러한 그룹의 정치행위는 타군의 특정 무기체계를 선호하는 그룹과 서로 대립하거나 경쟁하면서 정책수립 단계에서 영향력을 유지하게 된다.

이때 정책결정 내부행위자들의 정책선호도는 매우 중요하다. 정책결정 내부행위자들의 선호도가 전력구조 형성에 결정적 영향을 미친다면 그 선호도를 결정하는 요인이 무엇인지를 명백히 이해해야 할 것이다. 정책결정자들의 선호도를 결정하는 요인은 정치행위자들 내부와 정책결정 외부의 영역에서 찾을 수 있다. 정책결정 외부영역의 안보전략환경, 경제적(재정적) 여건, 산업체의 압력, 과학기술의 발전수준, 정치인의 지지기반이 되는 유권자의 영향 등이 행위자들의 사고나 행동에 영향을 미치면서 정책 선호도를 구성할 수 있다. 한편, 국가경제력에 의한 제한으로 말미암아 정책결정자들 또는 정치인들이 국가경제력에서 국방비가 차지하는 비중에 매우 민감할 수 있다. 특히 값비싼 첨단기술이 접목된 항공무기체계를 획득하기 위해서는 상당한 재정적 지원이 필요하기 때문에 경제적 부담에 따른 정책결정의 신중함은 증가하게 된다.

정치행위자들은 정책선호도를 형성함에 있어 행위자들 자체의 기준에 따라 합리적인 판단의 근거를 가질 수 있다. 행위자들의 합리적 판단은 행위자들이 속한 환경이나 조직특성에 따라 어느 정도 경계가 결정된다. 예를 들면, 정치인은 자신의 지역구 및 소속정당의 이념과 이익에 의해 그러한 경계선이 결정되며, 정부 관료들은 그들이 속한 부서의 조직 및 제도에 의해 경계선이 결정 되고, 각 군에 속한 행위자들은 소속 군의 전력운영방식이나 교리, 조직의 비전 등의 의해 경계선이 결정될 수 있다. 이러한 상이한 수준의 합리성은 행위자들의 협력 및 경쟁관계에 의해 서로 조율되거나 제한된다. 예를 들면, 각 군 소속 행위자들은 각 군의 정책판단 및 군 내부의 경쟁에 의한 권력관계 등에 의해 합리성이 제한될 수 있다.

한편 행위자의 합리성이 극도로 제한되는 경우는 행위자의 성격, 경험, 정서, 이념 등의 요소들이 중요하게 작용할 때 흔히 발생한다. 선출직 정치인들의 개인적 성향은 다른 행위자들보다 정책결정과정에서 더 많은 영향력을 미칠 수 있다. 정책결정내부영역의 주요 행위자별 특징들의 내용들을 살펴보자.

1) 정치인

정책결정에서 정치인의 영향력은 예산배정, 행정부에 대한 감시 및 견제, 개혁안 입법화, 기타 정치적 교섭분야에서 발휘된다. 정책사안별 이해를 같이하는 정치인들이 그룹을 형성할 때 그 영향력은 매우 커지며, 기타 행위자들과 연계를 통해 선호하는 정책사안을 추진하기 위해 정치적인 역할을 한다. 일반적으로 정치인의 선호는 지역구의 산업구조, 소속정당의 이해와 이념, 압력단체, 그리고 개인적 경험과 인식체계에 의해 결정된다. 이 중

성숙한 민주주의국가에서 가장 중요한 변수들 중의 하나는 지역구의 산업구조이다. 민주주의국가에서 정치인은 해당 지역의 유권자들의 여론과 이해관계에 의해 정치생명이 결정되며, 소속 지역의 산업구조는 유권자들의 이해관계와 직접적으로 연관이 되어있다. 예를 들어, 어떠한 지역구에 군수산업이 발전되어 있다면 그 지역의 유권자들은 국방획득정책에 매우 민감하게 반응 할 것이며, 이러한 반응은 곧 소속 정치인들에게 정치적인 압력으로 작용할 수 있다.

2) 방위산업체

정책결정내부영역에서 방위산업체의 활동은 정치인들에게 실질적인 영향을 미친다. 방위산업체의 활동은 기업의 이윤을 극대화하기 위한 것으로, 이들이 국방정책결정에 영향을 미치는 경로는 여러 가지가 있다. 우선, 주요 정책결정자 또는 정치인들에 대한 공식적인 로비와 정보제공, 또는 여론형성 및 홍보 등을 통해 영향을 미칠 수 있다. 이중 정치인들에 대한 공개적인 로비활동의 형태가 가장 일반적이고 또한 효과적이다.

방산업체의 로비가 효과적으로 작용한 대표적인 사례로는 인도의 경전투기 계획, 일본의 FS-X, 대만의 경국기 획득사례 등이 있고, 프랑스의 라팔계획, EU 국가들의 차기 전투기 구상, 미국의 JSF 계획에도 방위산업체의 적극적인 로비가 작용했다. 이들 사례에서 보듯이 대규모의 자원이 투입되는 국가 프로젝트에서부터 사소한 시험적 단계의 작업에 이르기까지 기업체들의 영향력은 결코 적지 않다. 국가별로 비교한다면 일반적으로 방위산업체가 국가경제에서 차지하는 비율이 높을수록 다른 행위자들에 비해 방위산업체의 정치적 영향력이 커진다는 가설을 세울 수 있다.

3) 군 관련 관료

합참, 각 군과 국방부와 같은 관료조직은 각기 다른 정책선호도를 가지고 국방예산 및 획득관련 정책결정에 개입한다. 이들은 어느 행위자들보다 세밀하고 구체적인 정보를 가지고 실무수준에서 정치수준까지 다양한 영역에서 정책결정에 관여할 수 있다. 이들의 정책선호도는 장기 비전서 또는 기획서에 잘 표현된다. 국방 장기비전서는 환경적 요소들을 고려하여 군사력 건설을 위한 일반적인 지침, 군의 장기적 발전계획 및 개념적 비전 등을 담고 있으며, 미래 군의 전력구조화를 위한 로드맵을 제시한다. 이러한 장기 비전서들은 각 군별로 제작되기도 하며, 국방부나 합참 수준에서 종합적으로 작성되기도 한다. 최근 우리나라에서도 각 군별로 육군비전 2050, 공군비전 2050, 해군비전 2045 등의 비전서가 작성되었으며, 국방부에서는 법제화된 '국방개혁 기본법(2006.12)'에 따라 장기적이고 종합적인 비전서를 마련해왔으며 최근 「국방비전 2050」을 마련하여 미래환경 변화에 선제적으로 대응토록 했다. 군최고의 전문가집단이 작성한 장기기획서는 정치인들의 정치행위와 실질적인 예산반영에 설득력 있는 정보를 제공할 수 있기 때문에 정책결정내부에서 매우 중요한 참조자료가 된다. 군 관료는 이러한 전문적인 정보력을 무기로 대(對)정치인 또는 대(對)국민 설득 및 홍보행위를 통해 군이 요구하는 전력구조를 갖추고자 노력한다.

5. 미국의 전력구조화 정책결정과정 사례

역사적인 기록들을 보면 지정학적 변화와 과학기술발전에 따라 미국은 군사교리와 전력구조를 반복적으로 변화시켜왔음을 알 수 있다. 20세기 동안에 미국 전력구조는 대략 15년마다 한 번씩 변화하였다. 최근의 군사혁신과 군사변혁은 이러한 변환의 연속선상에서 이해될 수 있지만 과거에 비해 매우 빠른 속도로 진행되고 있다는 점은 특기할 만하다. 9·11 테러 이후에 미국의 전력구조변화는 국가차원의 계획과 전략적 리뷰 등에서 계속적으로 논의되어 왔다.[13] 미국의 전력구조변화를 위한 구체적인 정책

13) 몇 가지 예로, Defense Planning Guidance, QDR, ADR, 그리고 기타의 국방관련

결정은 예산의 증감과 관련하여 미 행정부가 발표한 기지 재편성 및 폐쇄(Base Realignment and Closure: BRAC) 지침에 자세하게 언급되어 있다. 이 BRAC(2005) 지침에 따라 33개 주요 기지를 폐쇄하고 29개 기지를 재편성하게 되었다. 이와 같은 기지폐쇄와 재편성의 논리는 미군 전력운영에 있어 각각의 군사기지가 갖는 안보적 가치와 국방 가용예산의 범위에 대한 재평가를 바탕으로 전개된다.

미 국방성은 매년 의회 예산안 요구액을 산정하는 데 있어서 핵심적인 역할을 한다. 국방예산관련 관료요원들은 점진적이거나 혁신적인 예산증가를 목표로 전략적인 계획에 가담한다. 일반적으로 국방성은 국방예산의 기초를 계산할 때 몇 가지 중요한 영역을 고려하게 되는데, 안보환경평가, 요구되는 전력구조(군사적 능력), 군사전략이 그것이다.[14]

미국의 국방획득 과정을 살펴보면 다음과 같은 절차에 따라 획득이 진행됨을 알 수 있다. 먼저, 국방성은 과거(지난해)의 예산을 기준으로 각 군(육·해·공군 및 해병대) 및 관련부서로부터 요구예산을 종합하고, 각각의 획득프로그램에 대하여 우선순위를 부여한다. 각각의 획득프로그램에 대한 우선순위부여는 매우 중요하고 어려운 작업이며 단기간에 결정되는 것이 아니라 장기 또는 최소한 중기 계획에 의해 획득대상 무기체계의 효과가 예측된다. 그러한 우선순위 설정 시에는 매우 다양한 수준에서 많은 요소들이 고려된다. 이러한 고려요소들은 국가차원의 국방기획 또는 전략적 리뷰(Defense Planning Guidance, QDR, ADR, and other defensive reviews)를 통해 많이 논의되어진다. 국가차원의 국방기획서 또는 전략적 리뷰는 무엇보다도 미국이 당면한 안보환경과 군사기술에 대한 면밀한 분석, 그리고 현 상황과 가까운 미래에 있어서 미국의 이익과 안보/정치 목표가 무엇인지에 대한 충분한 지식과 정보를 바탕으로 한다. 다음으로 이러한 안보/정치 목표를 성취하기 위한 군사적 수단을 열거한다. 장기적 비전서 성격의 국방계획

재검토서들이 있다.

14) Department of Defense, *Quadrennial Defense Review Report* (2001), pp.1-23.

또는 전략적 리뷰에 열거되는 군사적 수단이 실제로 획득되도록 하기 위해 국방성은 무기체계별로 우선순위를 부여하여 중기계획에 반영한다. 중기계획은 보통 획득이 실현되기 5년 전에 수립되는데, 국방부는 각 군의 무기체계획득 프로그램과 대체안을 수립하여 획득옵션의 양적 수준과 우선순위를 정리한다. 예산반영이 결정되었다면, 획득전담부서에서 획득하려고 하는 무기체계별로 요구되는 성능조건(Required Operational Capability: ROC)을 정하여 요구성능에 맞는 기종을 선정하여 도입하는 절차를 따르게 된다.

이와 같이 국방관료는 안보위협분석에 따라 장기비전과 중기계획을 수립하는 등 무기체계획득 전반에 있어 주도적인 역할을 한다. 그러나 이러한 역할에도 불구하고 무기체계 획득과정에서 이들의 실제적인 영향력은 여전히 제한된다. 왜냐하면, 최고위 정책결정자인 대통령의 결정과 예산분배와 감독을 담당하는 의회의 승인이 남아있기 때문이다. 대통령의 외교정책 및 그와 연계한 전략적 결정들은 전체 획득 프로그램의 양과 질, 그리고 우선순위 부여에 있어서 결정적인 영향을 미친다. 의회의 역할은 예산결정에 국한되는 것이 아니라 행정부(국방부)에 대한 감시 및 감독의 영역을 포함한다. 따라서 특정 무기체계가 획득되기 위해서는 의회의 승인과 지원이 절대적으로 필요하다. 의회의 정치인 중 산업구조상 방위산업과 밀접한 선거구 출신의 정치인은 매우 적극적이고 주도적인 역할을 하려 한다. 예를 들어, 미국의 경우 군수산업이 많이 집중되어있는 텍사스, 미주리, 캘리포니아, 오하이오 주 등의 정치인들은 지역구의 방위산업이 위축되지 않도록 국방획득정책에 적극 개입하는 정치행위를 한다. 이때 방위산업체의 공식, 비공식적인 로비활동도 매우 활발하다.

이러한 의사결정과정에 국민여론이 직접적으로 관여하는 경우는 매우 드물다. 그러나 안보환경의 중대한 변화나 특별한 군사기술의 개발, 기타 군사문제에 대한 국민인식의 중대한 변화 등이 국방정책결정과정에 영향을 미치는 경우도 있다. 예를 들어 9·11 테러 이후 글로벌 테러리즘 위협에 대한 인식변화로 미 국민의 여론은 반테러리즘(Anti-Terrorism)과 대테러리즘(Counter-Terrorism) 역량 강화를 위한 군 전력구조재편을 요구했으며, 이에 따라 이어진 군사변혁(Military Transformation)은 강력한 지지자를 발견하게 되었다.

1) 전력구조화 접근방식의 변화

대부분의 국가들은 안보환경의 변화에 자국의 안보목표를 달성하기 위해 필요한 군사력을 준비시키는 수준에서 전력구조화를 실현한다. 이러한 위협기반접근법(Threat-Based Approach)은 대부분의 국가들이 전력구조화를 도모하는 데 있어 전통적인 접근방식이 되었다. 미국도 최근까지 변화하는 안보환경에 대하여 군사력을 준비시키는 개념으로 전력구조화 계획을 추진해 왔다. 그러나 테러와의 전쟁을 선포한 이후에 미국은 불확실한 위협등장에 수동적으로 대처하기보다는 우수한 기술력, 정보력, 경제력 등을 이용하여 새로운 위협이 등장하기 전에 그러한 위협을 억지 또는 사전에 제거할 수 있는 능력을 보유하는 능력기반접근법(Capability-Based Approach)을 고려하고 있다.

(1) 위협기반접근법

20세기 말까지 미국의 군사력 수행지침의 근간은 일반적으로 위협기반접근법이었다. 냉전기간 미국은 소련의 전력구조, 적의 전술적, 작전적, 전략적 능력과 수단 등에 주의를 기울이면서 자국과 동맹국의 전력구조화를 계획했었다. 이러한 접근법은 냉전기뿐만 아니라 걸프전에서까지도 효과적인 접근방식인 것으로 인식되었다. 위협은 주로 적대국가의 군사력과 군사력 사용에 대한 의지로 표시되었다. 대부분의 국가들은 일시적 또는 근접한 미래에 예측가능한 위협에 대응하는 식으로 전력구조를 발전시켜 왔다.

그러나 위협기반 전력구조화 접근법은 치명적인 한계점이 있다. 그것은 수동적이고 방어적인 측면이 강하여 전력구조화 노력이 전략적인 주도성을 가질 수 없다는 것이다. 위협기반접근법은 위협세력이 누구이며, 어디에서 전쟁이 발생할 가능성이 높은지를 분석한 후 이에 대처하기 위한 전략을 세우는 개념이다. 때문에 전력구조화를 위한 노력은 위협의 수준에 따라

선형적이고 고정적일 수밖에 없다. 즉 위협이 클수록 전력구조화 수준이 높아지고 위협수준이 낮을수록 전력구조화 수준도 낮을 수밖에 없다. 그렇게 되면, 새로운 기술을 적용한 첨단의 무기체계획득으로 군사혁신을 리드할 수 없다는 치명적인 약점을 노출하게 되는 것이다. 위협의 종류가 다양해지고 빠르게 변화하는 미래전 양상에 비추어볼 때 이러한 약점으로 인해 위협기반으로 전력구조화된 군대는 군의 전쟁억제 역할과 첨단화된 군의 공세적 이점을 최대한 활용할 수 없게 될 것이다.

(2) 능력기반접근법

위협기반접근법은 1991년 걸프전의 승리를 가져올 때까지만 해도 매우 효과적인 것으로 인식되었다. 그러나 이후에 레바논, 소말리아와 같은 곳에서 발생한 저강도분쟁(Low Intensity Warfare)에는 효과가 매우 제한되었다. 특히 국가의 정규군을 상대로 하는 위협기반접근법은 소련의 붕괴 이후에 분명한 적의 실체가 사라지고 위협이 다양해지면서 그 한계를 드러내게 되었다. 인종분쟁, 마약, 질병확산, 글로벌 테러리즘, 핵확산 등의 비대칭성을 내포한 위협에 대해 전통적인 개념으로 위협을 구체화시켜서 그러한 위협에 대비하기 위해 전력구조를 변경해 가는 것은 매우 비효과적인 방식이 되어버린 것이다.

미국이 당면한 21세기의 안보환경은 행위주체가 다양하고 위협의 출처가 다차원, 다방면이기 때문에 과거의 위협기반접근법으로는 적절히 대처하기 어렵게 되었다. 9·11 직후에 발표된 미 국방부의 2001 QDR(Quadrennial Defense Review: 4년 주기 국방검토서)은 능력기반접근법에 입각하여 미국은 전략적 목적을 달성하기 위해 기습, 기만, 비대칭 전쟁에 의존하게 될 적들을 억지하고 물리치기 위해 필요한 능력을 갖추어야 한다는 입장을 밝히고 있다.

2001 QDR에 따르면, 능력기반접근법은 국가가 미래에 어떠한 국가, 국가연합 또는 비(非)국가에 위협을 가하게 될 것인지를 확실히 알 수 없을 때 효과적인 접근법이다. 그 기본적인 가정은 잠재적 위협세력을 예상하기

어렵더라도 위협을 가할 잠재적 위협세력의 능력은 예측가능할 것이라는 것이다. 따라서 능력기반접근법은 전략적 관점을 확장시켜 누가 위협세력이 될 것이며 어디서 전쟁이 일어날 것을 예측하기보다는 잠재적 위협세력에 대하여 어떻게 싸울 것인지에 더 중점을 두고 있다. 미국에게는 억제 또는 격퇴시켜야 할 위협세력의 능력을 미리 식별하는 과정이 요구되며, 그에 따라 군사력 건설 및 전력구조가 준비되어야 했던 것이다. 9·11 테러 공격 이후에 미국은 미래의 위협세력들이 기습, 기만 및 비대칭적 전투에 의존하게 될 것으로 판단하고 군사력이 억제 또는 격퇴시켜야 할 그들의 능력을 식별하려는 노력을 계속해 왔다. 그러한 능력기반접근법에 따라 미군은 향상된 원격감시체계, 장거리 타격체계, 변형된 기동 및 원정군 체계가 군사력에 가져올 기회에 주목하고 있다.

우리나라의 경우 북한과 근접하여 대치하고 있는 상황이기는 하나 능력기반접근법을 고려해 볼 필요가 있다. 남북관계 역시 과거 냉전시대와는 다른 양상으로 전개되고 있을 뿐만 아니라 미래의 한반도 주변상황에 대한 예측 역시 상당한 불확실성을 내포하고 있기 때문이다. 미래에는 "누가 우리의 적인가?", "가상 적의 능력은 어느 정도인가?", "그들이 가해 올 위협의 형태는 어떠한가?" 등에 대한 불확실성이 더욱 증가할 것이다. 이러한 점들을 고려할 때 우리나라의 군사력 건설의 방향은 기존의 위협기반접근법에서 능력에 기반을 둔 접근법으로의 전환이 불가피할 것이다.

(3) 효과중심접근법

미래의 전력구조를 건설하는 방식을 위협기반에서 능력기반 접근법으로 전환한다면, 전력구조화에 필요한 군사적 수단을 획득하는 데 있어 효과중심접근법도 고려해야만 한다. 군사력 운용에 있어서 효과중심작전은 이러한 능력기반접근법과 논리적 맥락을 같이하는 전력운용개념이다.[15] 왜냐

15) Price T. Bingham, "Seeking Synergy: Joint Effects-Based Operations," *Joint Force Quarterly* (Spring 2002), pp.52-54.

하면 효과중심작전을 수행하기 위한 전력구조 개선방향은 획득된 정보지식을 바탕으로 면밀한 효과기획을 필요로 할 것이기 때문이다. 효과중심 전력구조화를 위해서는 다음 몇 가지의 전력상 두드러진 특성의 구비가 선결적으로 요구된다.16) 첫째, 정확하고 시기적절한 정보제공 능력을 갖추어야 한다. 둘째, 정밀폭격이 가능한 항공력을 갖추어야 한다. 셋째, 스텔스, 전자전 능력으로 높은 침투성 및 생존성을 갖추어야 한다. 마지막으로 효과를 극대화할 수 있도록 군의 편제 및 조직구조를 변경(수정)하여야 한다.

이렇듯 전력구조를 변화시키기 위해서는 군사력 건설과 운영에 대한 다양한 측면에서 개념적인 변화가 선행되어야 한다. 위협기반, 능력기반 또는 효과중심 접근법과 같은 여러 측면의 접근방법들을 이해하고, 이러한 개념들의 중요성을 인식하면서 미래지향적인 전력구조화를 위해 많은 노력들을 기울여 가는 것은 군 전력의 건설과 운영에 책임있는 관료들의 중요한 임무가 될 것이다.

6. 전력구조 변화 사례

1) 미국의 골드워터-니콜스 법안 이후의 지휘체계 변화

미국의 경우, 1947년의 국가안보법(National Security Act)이 수립된 이후 각 군은 독자적인 특성을 유지하면서 참모총장의 리더십이 각 군의 군사력 운영 전반에 막강한 영향력을 행사했다. 비록 단일의 민간 국방장관의 권위하에 있기는 했지만, 각 군 특유의 독자적인 지휘체계가 존재했다. 이것이 때로는 합동작전에 어려움을 가져오기도 했으며, 각 군 간의 경쟁(Inter-service Rivalry)으로 인해 국방획득과 정책에 비효율을 가져오기도 했다. 이러한 행태는 전시에 각 군이 독자적인 전력운영계획을 수립, 실행, 평가함

16) David A. Deptula, *Effects-Based Operations: Change in the Nature of Warfare* (Aerospace Education Foundation, 2001).

에 따라 합동성이 저하되고 경제적으로도 매우 비능률적인 결과를 가져왔다. 이러한 비능률이 베트남전의 실패와 연이은 이란 인질사건(1980년)과 그레나다(Grenada)침공작전(1983년)에서 여실히 드러나자 각계에서 군 지휘체계 개선에 대한 목소리가 높아지기 시작했다. 이러한 심각성을 인지하고 문제해결에 나선 선각자적인 정치인은 하원의원인 윌리엄 니콜스(William Bill Nichols)와 상원의원인 베리 골드워터(Barry Goldwater)였다. 이들이 제안한 일명 골드워터-니콜스(Glodwater-Nichols) 법안은 국방성 재조직법으로 미 합참이 야전사령부에 대해서 실질적인 군사지휘권을 행사할 수 있도록 한 법안이었다. 이 법안은 대통령의 직접적인 군사조언가로서 미 합참의장과 국방장관이 전투지휘관들에 대하여 직접적이고 일원화된 지휘권을 행사할 수 있도록 하는 것을 골자로 하고 있다.

상·하원을 통과한 이 법안이 대통령의 재가를 얻고 1986년 10월 1일부터 발효되기 시작하자 많은 변화가 일어났다. 중요한 군사적 조언이 때로는 각 군 총장의 의견을 무시하면서 대통령의 핵심 군사조언자인 합참의장에게 집중되었다. 합참의장은 군사전략을 지휘할 수 있는 권한(군령권)을 부여받았으며, 각 군 전력이 혼합 구성된 합동전력에 대한 단일의 지휘권을 보장받았다. 이러한 군사지휘권의 재조직(Restructuring)은 노력의 조화, 국방기획의 통합, 국방획득의 상호공유, 각 군 경쟁의 감소 등과 같은 긍정적인 결과를 가져왔다. 특히, 상호 공유된 획득체계는 다양한 연구 및 개발(Research & Development: R&D) 기관의 기술적 발전을 공유하게 하여 스텔스, 정밀공격무기 등과 같은 첨단기술이 매우 빠르게 발전하도록 공헌하였다. 골드워터-니콜스법안의 진정한 효과는 다국적군 사령관인 슈워츠코프(Norman Schwarzkopf)의 지상, 해상, 항공력에 대한 강력하고 충분한 지휘통제로 초강력 병행전쟁이 가능하게 하여 조기에 전쟁을 승리로 장식한 1991년의 걸프전에서 나타났다.

2) 1990년대 군사혁신

골드워터-니콜스법안이 군전력 운영에 있어서의 지휘권의 일원화와 관련된 소프트웨어적인 측면의 변화와 관련이 있다고 한다면, 전쟁지휘, 감시, 전력투사를 직접적으로 지원하는 무기체계획득은 하드웨어적인 측면과 관련이 있다. 매우 향상된 정밀공격무기체계, 유·무인기와 인공위성 등과 같은 정보·감시·정찰용 무기체계, 그리고 매우 신속한 지휘통제가 가능하도록 해주는 지휘체계의 구축은 1990년대 군사혁신의 대표적인 모습으로 인식되었다. 1990년대 이후 하드웨어 측면의 군사혁신은 미국에 의해 주도되었으며, 미국적 군사혁신모델은 군사혁신의 세계적 전파 현상과 함께 많은 국가에서 지향하는 하나의 모델이 되었다.

1990년대 미국적 군사혁신 개념을 한마디로 표현하면 오웬즈(Owens) 전 제독이 표현한 '시스템복합체계(system of systems)' 구축이라 할 수 있다.[17] 시스템복합체계(또는 메타체계)는 정보를 수집하고, 분석하고, 전달하는 능력, 전쟁/전투 지휘능력, 그리고 군사력을 실제로 적용하는 능력들과 관련된 시스템들을 하나로 연결한 복합체계라 할 수 있다. 시스템복합체계의 기본요소는 체제의 두뇌역할을 하는, 지휘(Command), 통제(Control), 통신(Communication), 컴퓨터(Computer), 정보(Intelligence)로 구성되는 C4I능력과 체계의 신경 및 감각기능을 담당하는 정보(Intelligence) 감시(Surveillance), 정찰(Reconnaissance)능력(ISR 능력) 그리고 감지되고 판단된 결정을 신속하고 정확하게 공격할 수 있는 정확한 표적공격력(PF 또는 PGMs)의 세 가지로 요약할 수 있다.[18]

C4I영역에서의 군사혁신은 각 군 또는 연합군 구성원들 간의 협조된 작전을 보장하고, 적보다 빠른 의사결정으로 작전양상 및 진행속도를 통제할 수 있는 실시간 지휘통제능력을 지향하고 있다. ISR 영역에서의 군사혁신은 적의 위협을 탐지, 식별하고 적의 의도를 무력화하는 데 필요한 우월한

---

17) Joseph S. Nye and William A. Owens, "America's Information Edge," *Foreign Affairs,* 75, 2(Mar.-Apr. 1996), pp.2-36.

18) Admiral William A. Owens, "The Emerging System of Systems," *US Naval Institute Proceeding,* vol.121, no.5(May 1995), pp.36-39. 그리고 Joseph S. Nye and William A. Owens, "America's Information Edge," *Foreign Affairs,* 75, 2 (Mar.-Apr. 1996), pp.2-36.

상황파악능력과 적을 하나의 체계로 인식하여 공격표적화 할 수 있는 능력을 구비하는 것을 목표로 하고 있다. 마지막으로 정밀공격력 측면에서의 군사혁신은 공·지·해 정보영역에 위치한 표적을 정확히 공격하여 공중 및 지·해상에서 통제력과 주도권을 계속 유지할 수 있는 능력을 갖추는 것을 지향한다.[19)]

이러한 시스템복합체계를 전장상황에 적합하게 구축하려는 군사혁신의 노력은 각 체계별 무기체계의 첨단화를 선행조건으로 한다. 따라서 지휘 및 통제, 전장감시체계, 정밀공격능력을 갖추어 하나의 생물체처럼 행동하는 시스템복합체계를 구성하기 위한 하드웨어를 구축하는 것이 군사혁신을 이루는데 선결과제로 인식되고 있다. 시스템복합체계의 구성에 필요한 첨단무기체계를 구입한다는 것은 군사혁신의 차원에서 두 가지의 매우 중요한 의미를 지닌다. 첫째, 이러한 첨단무기체계를 획득하는 것은 그 자체로 기술적 수준의 향상에 의한 군사혁신(Technology-Driven RMA)을 경험하고 있는 것이다. 둘째, 이러한 무기체계 도입에 따른 적응성을 높이기 위한 제도, 군 구조, 전략/전술, 교리, 군대문화 등의 변화는 그것을 수용한 국가의 군대를 총체적으로 군사변혁의 도화선으로 이끄는 것이다.

1990년대 군사혁신의 추세는 각국의 전력구조에 획기적인 변화를 가져왔다. 많은 국가들이 군사제도, 조직, 문화, 무기체계, 전력구조, 정책 등의 여러 영역에서 다소 상이하게, 하지만 무기체계획득의 측면에서는 매우 유사한 방향으로 국방개혁을 진행하고 있다.[20)] 무기체계 개선을 통한 전력구

---

19) 공군본부, 『공군비전 2025』(2000).

20) 1990년대 이후 많은 국가들은 미국의 군사혁신 추진에 영향을 받았지만, 보다 근본적으로는 다음의 4가지 급격한 환경적 변화에 군사혁신의 동인을 제공받았다고 할 수 있다. 첫째, 냉전이 붕괴되면서 구체적이고 고정되었던 위협이 비대칭적이고 불확실성이 높은 잠재 위협으로 대체되었다. 둘째, 방대한 군사적용기술이 디지털화 되고 우주자산에 의존하는 경향이 높아졌다. 셋째, 전쟁이 신속하게 결정되는 짧고 정교한 양상을 보이게 되었다. 마지막으로는 세계화가 각 사회에 혁신적인 변화의 동인으로 작용하게 되었다. 많은 국가들이 RMA에 대한 연구로 자국에 적용할 수 있는 모델을 개발해오고 있다. RMA 추세에 관심을 보이며 적극적인 자국군의 RMA를 추구하고 있는 국가들은 캐나다, 영국, 러시아, 중국, 네덜란드, 스웨덴, 호주, 뉴질랜드, 남아

조의 정비를 지향하는 각국의 국방개혁 노력은 미국적 군사혁신에 영향을 받아 지휘통제, 전장감시, 정밀성 개선을 위한 무기체계의 획득에 집중하고 있다. 비록 미국을 포함한 일부 선진국을 제외하면 시스템복합체계 구성에 필요한 하드웨어 능력을 갖추는 것이 매우 제한적이지만, 많은 국가들이 군사혁신 전력구조화를 위한 노력－특히 정밀공격능력을 갖춘 무기체계를 우선적으로 확보하기 위한 노력－을 계속해오고 있다. 90년대 이후 각국의 이해관계에 의해 정도의 차이는 있으나 여러 나라 군대에서 다양한 형태의 군사혁신을 추진해오고 있음을 보게 된다.

미래 시스템복합체계를 구성하는 하드웨어 측면의 발전은 매우 빠르게 진행될 것이다. 특히 인식영역, 연결성, 거리, 지속성, 정밀성, 소형화, 속도, 스텔스, 자동화, 무인화 및 시뮬레이션 등의 핵심영역에 기술적 진보가 집중될 것이다.

3) 미국의 군사변혁

기술발전에 따른 무기체계의 발전은 군사력 운영 측면의 변화를 동반하는 것이 일반적이다. 그러나 양자간에는 시간지연이 있을 수 있으며, 때로는 전자를 예상하여 후자가 미리 진행될 수도 있다.[21] 전쟁을 위한 새로운 도구의 등장 그 자체로는 군사력이 혁신적으로 발전하기 위한 필요충분조건이 될 수 없으며, 적정 수준의 정치적 변화를 포함하여, 군대조직, 교리 및 정책결정 영역에서의 변화를 위한 모험적 시도가 뒷받침되어야 한다. 미 국방성은 이러한 전력운영측면에서의 획기적인 변화과정을 군사변혁(Military Transformation)이란 용어로 표현한다.[22]

공, 싱가포르, 대만, 한국, 인도 등이다.

21) 군사기술이 특별한 군사적 요구(needs)에 부합하기 위해 진보할 수 있다. 예를 들어 작전요구성능(ROC)을 충족시키기 위해 기술을 발전시킬 수 있으며, 한국의 공군본부 조직에서 우주과를 신설한 후 향후 무기체계발전을 도모하는 경우다. Eliot Cohen, "Technology and Warfare," in J. Baylis(eds.), *Strategy in the Contemporary World*(Oxford: Oxford Univ. Press, 2013), p.133.

22) 럼스펠드 국방장관은 군사변혁을, "세계의 평화와 안정을 지탱하는 미국의 전략적

군사변혁의 과정은 각 군의 능력을 효과적으로 통합하고 연결하여 합동성이 강화된 새로운 합동작전구조화를 포함하기도 하며 급진적인 조직 및 전력배치의 변화를 포함하기도 한다. 이러한 의미에서 해외주둔 미군을 신속기동군화하여 미국의 군사력이 높은 유동성을 가지도록 변화시키는 것을 골자로 하는 세계적인 방어태세 재검토(Global Defense Posture Review: GPR)도 군사변혁의 한 과정이라 할 수 있다. 미 국방성의 군사변혁의 핵심과제는 새로운 위협에 대비한 전력운영과 관련된 것으로서 어떻게 싸울 것인가(How to fight)에 중점을 둔 전략, 작전 기획이라 할 수 있다. 테러와의 전쟁을 겨냥한 최근의 미군의 군사변혁은 합동성 강화, 네트워크중심전력(Network-Centric Force), 효과중심작전(EBO)을 수행할 수 있는 전력구축을 목표로 하고 있다.

전력운영 측면에서의 혁신적 발전은 공군의 전략가인 존 보이드의 전략이론에서 비롯되었다고 해도 과언이 아니다. 보이드의 속도에 대한 개념은 현대전에서의 무기체계 운영에 혁신적인 변화를 가져왔다. 그에 의하면 전력운영에 있어 OODA(Observe-Orient-Decide-Act)순환은 일반적인 형태이며, 이러한 순환을 빠른 템포와 리듬으로 유지하면서 상대방의 순환을 지연시키거나 차단한다면 전쟁에서 승리할 수가 있다는 것이다. 빠른 템포와 리듬은 적의 물리적, 심리적 파괴 및 마비효과를 가져올 수 있다.[23] 빠른 템포와 리듬을 주축으로 한 시간에 대한 지배력은 군사혁신을 추진하는 많은 군에서 핵심적인 키워드로 강조되고 있다. 실제로 합동성 강화, 신속결정작전, 네트워크중심 및 효과중심작전 등과 같은 전력운영개념의 근간에는 이러한 시간에 대한 지배가 공통적인 요소로 자리 잡고 있다.

위치를 지탱하기 위하여 미국의 장점을 최대한 활용하고, 미국의 비대칭적 취약성을 보호하기 위한 개념과, 능력, 사람과 조직의 새로운 조직을 통한 군사경쟁과 협력의 변화하는 현상을 유형화시키는 과정"으로 정의한다. U.S. Dod, *Elements of Defense Transformation*, Oct. 2004, p.4 참고.

23) 정확하고 간결하게 전달되는 정보력과 그것을 신속히 분석/판단하여 빠른 전력배당 및 정확한 전력운용이 가능하도록 관리하는 지휘통제능력 및 신속, 정밀 교전능력이 빠른 템포를 유지하는 데 있어서 핵심적인 역량이 된다.

III. 항공력 전력구조

앞서 살펴보았듯이, 항공력 전력구조를 결정짓는 일은 정치적, 정책적 결정을 필요로 한다. 항공력에 대한 선각자들은 그러한 결정을 지원하기 위해 끊임없는 노력을 경주해 왔다. 항공력의 효과적 운영을 위해 독립공군의 필요성을 역설했던 초기 전략사상가들의 노력으로 제2차 세계대전을 전후하여 많은 국가들에서 독립공군이 탄생되게 되었다. 독립적인 조직의 정비와 편제개편을 통해 많은 국가들에서 독립공군은 효과적인 항공전력운영 방법을 모색하여 '중앙집권적 지휘통제와 분권적 임무수행' 체제를 구축하였다. 이러한 임무수행체제를 지원하기 위한 항공력 전력구조는 크게 전투전력과 전투지원전력으로 구분할 수 있다.

1. 전투(combat)전력

전투전력은 전쟁에서 전투에 가담하여 적 표적에 대하여 직접적인 공격을 가할 수 있는 전력을 말한다. 항공우주 무기체계자산 중에 전투전력에 속하는 것은 전투기, 공격기, 폭격기, 지대지/지대공 유도탄, 무인전투기(UCAV) 등이다. 국가마다 상이하기는 하지만 이러한 전투전력을 독립적으로 유지, 관리, 운영할 수 있는 군 조직상의 핵심편제는 서방 주요국가와 우리나라의 경우 전투비행단이다. 전투비행단은 적정규모의 전투비행대대를 보유하며, 전투전력운영을 지원하기 위한 활주로, 정비 및 무장체계, 관제체계 및 작전지휘체계를 유지하고 있다. 전투비행단은 중앙집권적 지휘통제하에서 분권적 임무를 수행하는 핵심 전투전력단위라 할 수 있다. 일반적으로 전투비행단의 수(또는 전술기의 대수)는 공군의 양적 규모를 측량하는 기준이 되기도 한다. 미 공군의 경우, 전 세계적으로 얼마만큼 전투비행단의 수를 유지하느냐를 기준으로 전투전력구조의 규모를 산정한다. 양적규모의 측면에서 전투비행단 전투전력은 전투비행단의 수 또는 전술기대수에 근거하지만, 질적인 측면의 전력평가는 전투비행단이 보유한 전투기의 기종에 따라 달라진다. 예를 들어, High급 전투기인 F-35A 40여 대로 구성된 전투비행단은 같은 수의 Medium 이하급 전투기로 구성된 전투비행단 전력과 비교할 때 질적인 면에서 높은 전투력을 발휘할 수 있다. 따라서 일반적으로 한 국가의 공군이 보유한 항공전투전력을 평가하기 위해서는 보유기종과 기종별 전투비행단의 수가 공히 고려되어야 한다.

2. 전투지원(combat support)전력

전투지원전력은 전투임무를 계획 및 지원하고 전투피해평가를 산정하는데 중요한 지원역할을 담당하는 전력을 말한다. 주요 전투지원임무로는 감시(Surveillance), 정찰(Reconnaissance), 전자전(Electronic Combat), 공중전장 지휘, 통제 및 통신(Airborne Battlefield Command, Control, and Communication: ABCCC), 공중급유 및 공중수송 등의 임무가 있다. 정찰체계는 표적연구를 통해 공격임무를 계획하고 공격이 종료된 후에는 폭격피해평가(BDA) 등의 매우 중요한 역할을 수행한다. 걸프전 당시에 RC-135와 U-2/TR-1과 같은 공중정보수집기들은 항공전역이 시작되기 전에 이라크-사우디 국경을 비행하면서 이라크의 방공시스템에 대한 정보를 수집하였다. 또한 전쟁 개시 후에는 TR-1A, U-2, RF-4C, RC-135, S-3A/B 등으로 구성된 정찰체계가 임무지역에 전개되어 공중정보체계를 제공하고, 표적의 위치와 상황에 대한 통신, 전자 및 영상정보를 제공하면서 전투전력임무를 지원하였다. 감시체계는 항공기들에게 조기경보를 위한 정보를 제공하고 전투임무 시 공중지휘 및 통제를 담당하며, 적아식별(IFF)능력과 지상표적에 대한 공중감시 기능을 담당한다. 걸프전 시에 감시임무는 E-8(JSTARS), E-3C AWACS, E-2C Hawkeye, OV-10 등의 공중 감시 및 통제기들에 의해 수행되었다. 걸프전에서 처음 등장한 JSTARS는 이라크 전역에 있는 지상군의 움직임에 대한 정보를 수집하여 지상표적에 대한 공격임무를 담당하였다.

전자전투지원전력은 적의 레이더 활동을 방해(Jamming)하거나, 직접적인 파괴를 통해 무력화하는 것을 포함하는 전력이다. 걸프전의 경우, EF-111, EC-135 EC-130 등의 전자전기들이 적 레이더 방해 및 차단 임무를 수행하였고, 전술기에 장착한 HARM 미사일등으로 적 방공체계에 대한 직접적인 공격임무를 수행하였다. 전투지원임무 중 공중전장 지휘, 통제 및 통신(ABCCC)임무는 전개된 전투전력에 대한 실시간 정보를 바탕으로 ATO 및 BDA 정보를 하달하면서 전투전력을 실시간 지휘 통제하는 임무를 말한다. 공중전장 지휘, 통제 및 통신전력은 전술항공통제체계의 한 부분으로 지상의 중앙방공통제체계(한국 공군의 경우 MCRC)와 함께 항공작전에 대한 종합적인 지휘통제를 담당한다. 미 공군은 ABCCC임무를 지원하는 항공기로 EC-130E를 운영하고 있으며, AWACS 항공기와의 데이터링크(Data-Link)[24]로 실시간 효과적인 임무수행을 하고 있다.

전투/공격기의 장거리 타격능력을 지원하는 전투지원전력으로는 공중급유기가 있다. 공중급유기는 전투전력항공기의 작전행동반경을 2배 이상 늘릴 수 있어 장시간 초계임무 및 장거리 타격임무를 가능하게 한다. 걸프전 이후 각종 전투에서 KC-135, KC130, KC-10 등과 같은 공중급유기들이 활약했다. 마지막으로 수송전력은 전투전력임무에 대한 병참지원을 담당하는 전력으로서, 지·해상의 수송체계보다 월등히 신속한 병참 및 전력전개를 보장한다. 사막의 방패작전(Operation Desert Shield) 당시에 작전개시 후 이틀 동안 미국본토에서 사우디아라비아까지 91회의 전략항공수송이 이루어져 작전기지가 매우 빠르게 강화되었다. 항공수송은 사막의 방패작전 기간 중 전체 수송의 10%에 불과하였으나 주요 물자가 적기에 신속하게 수송됨으로써 매우 큰 효과를 거두었다.

이와 같이 전투지원전력의 임무들은 전투전력과 비교해 볼 때 매우 다양하다. 전투지원전력은 전투전력이 효과적 운영될 수 있도록 지원하는 전력

---

24) 데이터링크(Data-Link): 공중통신망 또는 전용회선 등을 통하여 두 개의 장치가 서로 자료전송이 가능하도록 이들 두 개의 장치를 연결하여 주는 시스템.

으로서, 미래전의 양상을 고려할 때 역할의 다양성이 더욱 증가될 것으로 예상된다. 실제로, 선진화된 공군일수록 전체 전력구조에서 전투지원전력이 차지하는 비중이 크다는 것을 알 수 있다. 전투지원전력의 규모를 판단할 때 지원기의 대수가 많고 적음보다는 전투임무에 대한 지원능력의 수준에 따라 판단하여야 한다.

3. 항공력의 전력구조화 이해

장차 안보환경이 변화하고 그에 따른 국가안보전략이 변화할 것으로 예상된다면 그에 대비한 군사력 확보를 계속하는 것은 당연한 일일 것이다. 미래 안보환경과 전략변화에 대응하여 어떠한 전력을 얼마만큼 확보할 것인가에 대한 포괄적인 노력을 전력구조화라 한다. 따라서 항공력 전력구조화는 장차전에 대비한 항공력운용을 위하여 유형, 무형의 항공자산을 건설하고 배분하는 것을 말한다.

혹자는 항공력구조화에 대한 명백하거나 포괄적인 이론은 존재하지 않는다고 주장한다. 그러나 항공력을 어떻게 형상화하고 규모는 어떻게 정할 것인지에 대한 이해를 위해 다음과 같은 몇 가지의 일반 수준의 지침이 제공되고 있다.[25]

첫째, 성공적인 항공력 전력구조화는 항공력의 본질과 특성에 대한 이해를 바탕으로 해야 한다는 것이다. 항공력의 본질과 특성은 많은 사람들에게 알려진 대로 속도, 고도, 융통성 및 치명성으로 요약될 수 있으나 보다 구체적인 내용들은 "항공력에 관한 10가지 명제"에서 표현되었다.

항공력에 관한 10가지의 명제들 중에 전력구조화에서 고려되어야 할 항공전력 운용상의 근본적인 특징 중 가장 중요한 세 가지는 다음과 같다:

---

25) Robert C. Owen, "Air Power Theory and Structuring the Republic of Korea Air Force for the Next Fifty Years," 제2회 항공전략국제학술세미나(공군대학, 1996. 9.20), p.12.

첫째, "항공력은 전략적인 무기이다," 둘째, "항공력은 공세적인 무기이다," 셋째, "항공력은 시간을 지배함으로써 심리적/물리적 충격을 배가할 수 있다"라는 것이다. 구체적으로 살펴보면, 첫째, 지상 및 해상전력과는 달리 항공력은 명백하게 전략적 수준에서 운용될 수 있다. 항공력은 군사적으로 사용되면서부터 전략가들에 의해 본질적으로 전략적인 무기로 주장되었다.[26] 둘째, 항공력의 또 다른 특징으로서 항공력은 3차원에서 활동하는 공세적인 무기이다. 전통적으로 지·해상전력은 방어적으로 운영할 때 여러 가지 이점이 있다. 이는 병참지원이 용이하고, 익숙한 지형지물을 이용할 수 있으며, 벙커, 지뢰, 기뢰 등과 같은 효과적인 방어무기들을 활용하여 공격자보다 적은 전력과 노력으로 방어가 가능한 이점이 있기 때문이다. 그러나 항공력을 방어적으로 사용하게 되면 이러한 방어의 이점을 얻을 수 없다. 항공력을 지원하는 병참지원은 공세와 방어에 차이가 없으며, 항공력은 지형지물을 이용하여 전력을 운용하지 않는다. 뿐만 아니라 적 항공력의 침투경로를 예상하여 공중에 기뢰와 같은 방어무기를 배치하는 일은 불가능하기에 공중에서 수동적인 방어는 비실용적이다. 대신에 항공력을 공세적으로 운영할 때 항공력의 특성을 최대한 살릴 수 있다. 셋째, 항공력은 시간을 지배함으로써 심리적, 물리적 충격을 배가시킬 수 있다는 것이다. 존 보이드는 항공력에 의해 OODA 루프를 빠른 템포로 운영하면 물리적, 심리적 충격효과가 발생한다고 주장하였다. 항공력은 속도, 거리, 고도상의 유연한 전력운영으로 효과적인 시간관리가 가능하다.

과학기술 및 경험적 지식의 발전으로 이러한 항공력의 특징에 대한 세부적인 내용은 어느 정도 바뀔 수 있으나 그 본질적인 내용은 쉽게 바뀌지 않는다. 항공력의 성공적인 전력구조화를 위해서는 항공력 고유의 특성 및 본질에 대한 가능한 정확한 이해가 선결되어야 한다.

둘째, 한 국가의 성공적인 항공력구조화는 그 국가의 사회구조와 문화를

---

26) Giulio Douhet, *The Command of the Air,* Dino Perrari, trans. (New York: Coward·McCann, 1942), p.15.

완전히 이해하는 데 달려 있다. 한 국가의 사회구조와 문화는 획득하고 사용할 수 있는 항공력의 양과 질, 그리고 항공력의 구성 측면에서의 여러 개념들을 해석하는 방식에 영향을 미친다. 초창기 전략사상가인 미첼과 세버스키는 경제적 능력과 정부의 전망뿐만 아니라 군인들과 민간인들이 가진 항공에 대한 마음가짐과 같이 문화적, 사회적 문제들이 군사적 수단으로서 항공력을 어떻게 운용할 것인가를 규정하는 것임을 깊이 인식했다.27) 같은 맥락에서 일부는 닫힌 사회보다 자유롭고 개방적인 사회가 효과적인 항공력 건설의 전제조건이라고 주장한다. 그 이유는 복잡하고 첨단화된 항공력 체계를 운영하기 위해서는 전문성을 가진 개인이 효과적인 전력창출을 위해 창의적이고 자발적인 희생을 해야 하는데 통제된 사회에서는 그러한 인적자산이 부족할 것이기 때문이라는 것이다.

셋째, 항공력의 효과적인 구조화를 위해서는 국가가 처한 전략환경에 대한 완전한 이해가 선행되어야 한다. 지구상의 국가는 동일한 안보 및 전략환경에 있지 않다. 현존 또는 예상되는 위협이 다르며 그에 대한 전략적 선택도 다를 수 있다. 테러와의 전쟁이나 저강도분쟁 등과 같은 비재래식 전쟁이나 복잡한 지형에서 이루어지거나 근접전의 형태로 치러지는 전투에서는 항공력의 효과가 떨어진다. 따라서 이러한 전략환경을 가진 국가는 항공력보다는 소규모의 강력한 지상병력에 대한 의존성이 높을 것이며, 정책결정자들은 정밀공격과 높은 생존성을 보장할 수 있도록 감시 및 정찰시스템 능력을 향상시키는 데 우선순위를 두고 전력구조를 갖추려 할 것이다.

넷째, 성공적인 항공력구조화는 기술적 환경에 대한 충분한 이해에 의존한다. 항공력에 관한 10가지 명제에서 주장하듯이 "기술과 항공력은 통합적, 상승적으로 연결되어 있다." 과학기술은 무기체계의 파괴효과 및 정밀

27) William Mitchell, "Winged Defense: The Development and Possibilities of Modern Air Power, Economic and Military"(New York: G. P Putnam and Sons, 1925; Toronto: General Publishing co. 1988) Chapter 1과 Alexander P. De Seversky, *Victory Through Air Power*(New York: Simon and Schuster, 1942), Chapter 1 and 12를 참조할 것.

성 개선의 영역에서뿐만 아니라 센서, 재료, 정보처리, 통신기술 등의 여러 영역에서도 효과적인 항공력 운용에 중요한 능력을 계속해서 제공할 것이다. 과학기술의 발전은 다양한 임무를 수행할 수 있는 항공력의 일반적 장점들을 강화할 것이며 육, 해군 보다 공격적인 항공력의 특성에서 나오는 능력들을 증대시킬 것이다. 정책결정자들이 과학기술에 대한 충분한 이해가 없거나 과학기술에 대한 식견있는 조언을 받아들이기를 거부한다면 그 국가는 항공력 운용의 효과를 혁신적으로 신장시키는 능력을 갖추지 못할 것이다. 30여 대 이상의 대량편대군에 의한 전력을, 정밀공격능력을 보유한 단 2대의 스텔스 폭격기로 대체할 수 있음을 이해해야 한다.

다섯째, 항공력의 성공적인 구조화는 합동성의 관점에서 이루어져야 한다. 초기 항공전략사상가인 줄리오 두헤와 존 슬레서(John Slesser)는 공히 항공력은 육군 및 해군력과 비교 혹은 연결되어 표현될 때에만 그 장점이 설득력을 갖는다고 주장했다. 합리적인 선택은 공군이 다른 군보다 비용대비 효과의 면에서 상대적인 우위를 갖는 범위 이내에서 공군으로의 자원을 이전시키는 것이다. 항공력의 전력구조는 각 군의 특성과 능력의 상대적인 장점에 대해 전력체계의 틀 안에서 비교분석된 후 합동성 효과가 최대한 반영될 수 있도록 계획되어야 한다.

여섯째, 항공력의 성공적인 구조화는 공군 내부적으로 전투전력과 지원전력 사이의 균형을 필요로 한다. 지원전력에 대한 경시적인 태도는 핵심 전투전력의 우세에도 불구하고 전쟁을 패배로 이끌 수 있다. 그 예로, 제2차 세계대전 시 독일 공군은 손실을 보충하고 연합군의 기술적 진보에 대처하기 위한 생산 및 훈련 하부구조를 제공하지 못함으로써 전쟁 초기에 가졌던 전력우세를 잃어버리게 되었다.[28)]

마지막으로, 항공력의 성공적인 구조화는 (타군에 대해서가 아니라) 위협에 대해서 외부적으로 균형을 맞출 것을 필요로 한다. 군대는 적으로부터

---

28) Williamson Murray, "Strategy for Defeat: The Luftwaffe 1939~1945"(Maxwell AFB, AL: Air Univ. Press, 1983), p.302.

의 위협을 물리치기 위해 구조화되어야 하며, 어떤 기존의 계량적 균형 혹은 타군 조직과의 비례개념을 유지하기 위해 구조화되어서는 안 된다. 가장 큰 위협에 대해 무게를 두는 방위체계가 가장 균형잡힌 전력이다.

4. 미래전 양상과 항공우주력 건설

최근 정보기술(IT) 및 군사과학기술의 획기적 발전을 통해 이뤄진 군혁신은 전쟁수행개념 자체를 크게 변화시키고 있다. 미래에 전개될 전장양상의 특징은 ① 근접전장보다 적지 '종심전장', ② 전술적 차원보다 '작전적·전략적' 차원의 전장, ③ 병력집중의 선형전장보다 효과집중의 '비선형' 전장, ④ 밀집·대량파괴의 전장보다 분산·정밀파괴의 전장이 강조되고, ⑤ 시간요소(템포, 속도, 동시성, 동기화 등)와 ⑥ 인간요소(신체적, 심리적)에 대한 충격·마비효과가 중시되는 전장이 될 것이다. 특히 전장이 수평적 및 수직적으로 크게 확대됨에 따라 지·해·공군 간의 전통적인 전장 구획이 점점 불명확해지고 있다. 과거에는 적의 종심깊이 위치한 전략적 표적은 공군만이 타격할 수 있었다. 그러나 현재 및 미래에는 해군 및 지상군의 플랫폼에 장착된 장사정(長射程) 정밀 유도무기로도 타격이 가능하다. 앞으로 공군은 현재의 작전공간을 지상군과 해군에게 많이 할애해주고, 그 대신 우주공간으로 더욱 확대해 나갈 가능성이 크다. 우주공간을 지배하지 못하면 정보지배와 공중지배가 불가능하고, 정보와 공중을 지배하지 못하면 해양과 지상을 지배할 수 없기 때문이다.

뿐만 아니라 미래전장은 합동전장이다. 전장의 디지털 네트워크화로 지·해·공의 전력이 용이하게 '합동'될 수 있고, 전쟁과 관련된 국내의 유관기관들은 물론이고 국제기관과의 '협력' 및 '연합'도 촉진되며, 전·후방의 전장이 통합되고, 가용한 모든 전쟁수단들을 효과적으로 '통합'해서 운영할 수 있다. 유인체계와 무인체계, 하드전력과 소프트 전력, 살상무기와 비살상무기 등을 목표 지향적으로, 조직적으로 결합, 통합할 수 있는 전장이

〈표 1〉 미래전장 환경 및 특징

구분	전장 환경 및 특징
위협 형태	○ 국가 간 권력투쟁에 의한 전통적 군사위협 지속 • 주변 국가의 군사력 증강 지속: 안보수호의 핵심 수단 ○ 초국가적 행위자에 의한 비군사적 위협확대 • 불특정 다수에 대해 테러, 마약, 사이버 공격, 국제범죄 등 위협 증대
전장 영역	○ 공지해 전장의 중첩화 • 합동작전의 보편화에 따른 육·해·공군의 작전 공간 중복 ○ 우주·사이버영역의 전장 확대 • 우주·사이버영역에서의 주도권 장악이 전쟁승패의 중요 요소
무기 체계	○ 항공우주, 정보통신, 무인기술을 적용한 복합정밀타격체계 운용 ○ 인명피해 최소화 및 효과 극대화를 지향하는 무기체계 발전 ○ 첨단전력에 대응할 수 있는 비대칭 전력 추구
전쟁 수행 방식	○ 네트워크중심 작전환경하 효과중심작전 지향 • 대량파괴에서 기능적 마비로 발전 ○ 약소국 및 초국가적 위협세력의 비대칭전 추구 • 우월한 적의 취약한 부분에 대한 공격으로 상대적 열세 극복 ○ 미디어사이버 공간을 이용한 심리전, 사이버전 수행 확대 • 심리전 중심의 4세대전쟁 등장 및 사이버 공간의 의존도 증가

된다. 한편 미래전장은 과거전쟁의 연장선상에서 고도로 발전된 새로운 형태의 비정규전 양상이 치러질 것이다.

위와 같은 미래 전장 환경의 변화 경향을 고려할 시 미래전쟁의 양상은 크게 '네트워크기반 신속결정전', '효과중심 정밀타격전', '우주·정보·사이버전', '비살상·무인·로봇전', '비대칭전·4세대전', '3, 4영역전·하이브리드전' 등으로 구분하여 설명할 수 있겠다. 다음의 〈표 2〉에서는 이에 대해 핵심적인 내용을 중심으로 간략하게 정리해 보았다.[29] 이러한 미래전 양상은 이미 현대전에서 구현되고 있으며 장차 계속 진보·심화될 전망으로 보

29) 미래전 양상에 대한 자세한 내용은 이성만, 『국가안보의 이론과 실제』(서울: 도서출판 오름, 2013), pp.246-255 참고.

〈표 2〉 미래전 양상과 내용

전쟁양상	내용
네트워크기반 신속결정전	지리적으로 분산된 전력, 부대 및 화력의 효과를 네트워크를 통해 합동·집중 운영하여 작전목적을 신속하게 결정적으로 달성[30]
효과중심 정밀타격전	상대방의 복잡한 시스템 속에서 치명적인 급소들(핵심노드)에 정밀타격(PGM/스텔스기술 활용)을 통해 무력화시켜 요망효과 달성[31]
우주·정보·사이버전	우주전력을 통한 우주우세, 우주기반의 정보우세 확보 및 사이버 공간 통제·지배
비살상·무인로봇전	발달된 비살상무기체계 및 무인로봇을 활용한 생명중시의 전쟁
비대칭전·제4세대전	ㅇ 상대방과 다른 수단, 방법, 차원으로 상대방의 약점을 이용한 비정규전 형태의 전쟁 ㅇ 비대칭전의 대표적인 전쟁형태로서 제4세대전쟁은 저기술(low-tech)로 적의 정치적 의지 격멸을 목표[32]
3, 4영역전·하이브리드전	ㅇ 도시지역에서의 4영역(전투, 인도적 지원, 평화임무, 심리/정보작전)을 포괄하는 전쟁[33] ㅇ 전쟁수행 주체와 방법, 수행시기가 혼합된(hybrid) 다양하고 상이한 형태의 전쟁을 동일한 전투공간에서 동시에 수행[34]

는 것이 타당하다 하겠다.

따라서 미래지향적인 항공(우주)력 건설을 위해서는 위와 같은 미래에 전개될 전쟁환경에 대한 충분한 이해와 식견을 갖고 대비해야 할 것이다. 항공우주력을 구성하는 전력구조는 크게 무기체계, 장비 및 물자, 인력, 기지 등의 기반전력을 중심으로 한 물리적 요소(hardware), 교리, 전략, 작전술, 전술지휘구조/부대편성, 교육훈련제도 등의 운용적 요소(software), 그리고 공군요원들의 사기, 기강, 심리, 문화 및 정서적 요소를 망라한 정신적 요소(heartware)로 구성된다.

---

30) Wilson, C. "Network Centric Warfare: Background and Oversight Issues for Congress," *CRS Report for Congress* (2004), p.20; US Department of Defense Office of Force Transformation (2005) *The Implementation of Network Centric*

항공우주력은 미래전 양상에 대비하여 평화를 보장할 수 있도록 기술면에서 첨단화된 무기체계와 그것을 효과적으로 운영할 수 있는 조직을 준비해야 한다. 우주, 컴퓨터, 전자, 저(低)탐지기술 및 정보체계 등의 분야에 적용되는 첨단기술이 전쟁에 대한 문제를 결정할 때 기술에 의존하는 군의 능력을 강화해줄 것이며, 항공력은 이러한 것들로부터 가장 큰 영향을 받는 자산이 될 것이다.[35] 특히, 미래 항공우주력 건설은 전장감시 및 정찰능력, 실시간 지휘능력, 정밀공격능력을 균형있게 갖추기 위한 무기체계 획득과 조직/편제 개편에 중점을 두어야 할 것이다.

그러나 미래전을 대비한 항공우주력 건설을 위한 노력은 국가의 주요 정책결정자들의 전략적 사고에 의해 결정될 수밖에 없다. 미래전 양상이 요구하는 전력구조화를 실현시키기 위해서는 반드시 의사결정자들의 합리적 선택이 뒷받침되어야 하기 때문이다.[36] 전략가는 교리, 전력구조, 획득우선순위, 그리고 국가안보전략의 한 수단으로 어느 정도의 수준과 범위에서 어떻게 군사력을 활용할 것인가 하는 문제에 대한 중대한 의사결정을 하게

Warfare; US Department of Defense, Joint Vision 2020, May 30, 2000.

31) Crowder, G. L., "Effects Based Operations Briefing," Pentagon Briefing, Mar. 19, 2003.

32) Van Creveld, M., *The Transformation of War* (New York: The Free Press, 1991); T. X. Hammes, *The Sling and The Stone: On War in the 21st Century* (St. Paul: Zenith Press, 2006), pp.30-31.

33) C. C. Krulak, "The Strategic Corporal: Leadership in the Three Block War," *Marine Corps Magazine,* 28(1) (1999), pp.28-34; J. N. Mattis and F. G. Hoffman, "Future Warfare: The Rise of Hybrid Wars," Proceedings, 132 (November 2005).

34) Hoffman, F. G., "Hybrid Warfare and Challenges," *Joint Forces Quarterly,* 52, 1st quarter, 2009, pp.35-36.

35) Phillip S. Mellinger, "Ten Propositions Regarding Airpower," *Air Power Journal,* vol.10, no.1(Spring 1996).

36) 전략적 사고는 "우리와 동일한 목표를 추구하려는 적을 우리가 보다 정확히 앎으로써, 적을 능가하고자 하는 기술(Art)"로 정의할 수 있다. Avinash Dixit and Barry Nalebuff, *Thinking Strategically: The Competitive Edge in Business, Politics, and Everyday Life* (New York: W.W. Norton & Company, 1991), p.ix.

된다. 따라서 군사력의 한 부분인 항공우주력을 확보하는 적정수준을 정하는 것은 국가안보전략을 지원하기 위해 요구되는 특정한 군사전략적 가치를 추구하기 위해 필요한 군사적 능력을 갖추는 것에 합당해야 한다. 항공력 건설은 합리적 사고를 바탕으로 수립된 국가안보전략과 연계되어야 한다.

IV. 한국공군의 항공우주력 발전 방향

앞서 살펴보았듯이, 미래 한국 항공우주력 발전방향을 설정하기 위해 고려되는 요소들 중 가장 중요한 요소는 미래 한반도 안보환경의 변화이다. 안보환경은 지정학, 주변국의 군사력과 국가 지도자의 의지, 각국의 이해관계, 외교 정책 및 전략, 세계체제 및 역내 역학관계 등과 같은 복합적인 요인들에 의해서 결정된다. 이렇듯 다양한 가변요소들을 고려하며 미래의 안보환경을 예측하는 것은 결코 쉬운 일이 아니다. 무엇보다도 정책결정자들의 의도를 예측하는 일도 매우 어렵다.

예를 들어, 북한의 군사적 능력을 판단하는 것은 그리 어려운 일이 아니나, 군사력 사용과 관련된 북한의 의지는 그리 쉽게 예측할 수 없다. 우리나라의 경우, 북한의 붕괴 가능성과 예측되는 붕괴 시나리오에 따라 안보환경이 예측될 수 있다. 지난 반세기 동안 한국의 국가안보에 대한 주요한 도전은 무력통일정책을 추구해온 북한의 위협이었다. 하지만 최근 10년 동안 심각한 정치적, 경제적 실패로 인해 북한체제의 붕괴 가능성은 점점 더 높아지고 있는 게 현실이다. 북한에서 어떤 일이 일어나든지 간에 한반도가 정식으로 통일되기 전에는 어떤 형태로든지 과도기를 거치게 될 것이다. 이러한 과도기 동안, 그리고 심지어 통일된 이후에도 한국은 새로운 형태의 안보에 대한 도전에 직면하게 될 것이다.

뿐만 아니라, 통일 이후에 북한이 아닌 다른 주변국을 상대로 안보전략을 구상해야 하는 상황에서 한국의 전력구조화는 이전과는 매우 다른 모습을 띠게 될 것이다. 그러나 한국의 과거 역사와 사회, 문화적 전통, 민족성, 정치체제와 경제발전 모델 등을 고려할 때 주변국에 대해 공세적인 교리를 발전시킬 이유를 찾아보기는 어렵다. 주변국에 대하여 비공세적인 측면에서 군사력을 준비한다면 주변국의 잠재적인 군사적 위협을 효과적으로 방어 또는 억제할 수 있는 항공우주력 건설이 가장 유용할 것이다. 방어위주의 전략을 유지하는 국가가 택할 수 있는 항공우주력 역할 모델은 거부에 의한 억제(Deterrence by Denial)에 주력하는 것이다.[37] 항공우주력의 공세적 특성을 최대한 발휘하여 군사적 충돌 시 적이 원하는 군사적 목표를 성취하지 못하도록 응징할 수 있는 강력한 항공우주력 건설을 목표로 전력구조화가 진행되어야 한다.

현재 한국 공군은 병력 약 6만 6천여 명, 항공기 약 780여 대를 보유하고 있는 막강한 전력으로 성장하였다. 현재 주력기인 KF-16과 F-15K를 주축으로 한 정밀 타격전력과 방공전력들을 통합운용할 수 있는 자동화지휘통제체제(TACC/MCRC)를 운용함으로써 세계적으로도 경쟁력있는 항공우주전력으로 발돋움하고 있다. 그럼에도 불구하고 많은 군사전문가들이 지적하듯이 한국 공군은 현대전을 수행하는 데 필수적인 전력체계 구성요소들을 균형적으로 갖추지는 못하고 있다.

특히, 미래전을 대비한 핵심전력인 감시, 정찰, 정보 전력은 매우 부족하며, 장거리 정밀공격이 가능하면서 생존성이 뛰어난 항공전력 역시 현 수준에서는 다소 부족하다. 장차 명실상부한 항공우주전력으로 자리매김하기 위해서는 전략정찰기, 무인정찰기, 위성 등과 같은 정보자산들과 적의 심장부를 강타할 수 있는 공격편대군을 지원하는 데 있어 필수전력인 전자전기, 공중조기경보통제기, 공중급유기 등의 전력들을 보유하는 것도 시급한 과제이다. 미국과 같이 세계적인 강대국도 아닌데, 이와 같은 전력들을 모두 다 갖출 수 필요가 있는가 하는 견해도 존재하는 것은 사실이지만, 정해진

37) 억제의 방법은 거부, 보복, 또는 보상의 방법이 있는데 거부에 의한 방법은 상대로 하여금 전쟁 또는 군사적 수단에 의해 목표를 성취하지 못하도록 군사적 행위의 성공 가능성을 대폭 줄이기 위해 군사력으로 억제하는 것을 말한다.

국방예산 범위 내에서 최대한 균형잡힌 전력체계들을 갖추는 일의 중요성은 아무리 강조해도 지나치지 않는다.

미래 한국군 전력구조화는 군구조 측면과 무기체계 측면이라는 두 가지의 방향에서 진행되고 있다. 조직운영 측면에서는 장차 우리나라가 직면하게 될 안보위협과 전쟁양상을 고려하여 군사력 전반의 양적 비중과 전력운영의 주도권을 설정하는 일과 관계가 있다. 6·25전쟁 종결 이후 지금까지 북한의 위협에 대한 전수방위의 개념으로 휴전선에 밀집배치된 지상군은 한국군 전체의 전력구조에서 있어 매우 큰 비중을 차지해 왔다. 그에 따라 군령과 군정에 관련된 지휘체계에 지상군 편중현상이 심했던 것도 사실이다. 그러나 미래 안보위협과 전쟁양상을 고려해 볼 때, 현재의 한국군 조직체계에는 큰 변화가 요구된다. 작전 및 전력운영 개념이 변화함에 따라 해, 공군의 역할이 증대되고 있기 때문이다. 또한 무기체계 측면에서의 전력구조화 방향은 미래전 수행에 필요한 전장감시, 지휘통제, 정밀타격 능력을 고루 갖추어 전장상황을 실시간 파악하여 지휘하면서 정밀공격으로 요망하는 효과를 얻을 수 있는 복합체계의 구성을 요구받고 있다.

1. 군구조 측면의 공군 전력구조화 방향

무기체계 발전에 따라 예측되는 미래전 양상과 한반도 미래 안보전략환경을 고려할 때 지상군 위주의 병력집약적인 군구조를 보다 첨단화된 과학기술군으로 개편해야 할 필요성이 있다. 아울러, 육·해·공군 삼군 간의 합동성 능력제고에 중점을 두어야 할 필요성도 제기된다. 육군은 집중된 병력보다는 뛰어난 기동성과 화력을 갖춘 소규모 전투부대를 강화시켜야 할 것이며, 해·공군은 ISR, C4I 및 장거리 정밀공격능력을 갖춘 무기체계를 갖추어야 할 것이다.

이러한 미래지향적인 전력구조 건설의 당위성에도 불구하고 이제까지도 병력집약적 전력구조를 유지해 온 이유는 여러 가지가 있을 수 있다. 육군이 주장하는 그 핵심적인 논리는 다음과 같다.[38] 첫째, 우리 안보에 가장 위협적인 북한군의 전력구조와 대남군사전략의 특수성에 대비해야 한다는 점이다. 117만에 달하는 지상군을 휴전선 248km에 선형적으로 집중배치해 놓고 기갑, 기계화전력, 미사일, 포병 및 비정규전부대 등 지상군전력의 70%를 평양-원산 이남에 배치시켜 놓은 북한은 유사시 지상군에 의한 속전속결을 시도할 것으로 분석되고 있다. 이러한 북한의 대남군사전략에 대비하기 위해서는 한국군도 휴전선을 따라 선형적 방어를 해야 하기 때문에 휴전선에 집중배치될 지상군 병력이 불가피하다는 논리이다.

둘째, 전 국토의 75%가 산악으로 이루어진 한국의 지형적 특수성으로 항공력에 의한 공습보다는 지상작전이 더 중요하다는 논리이다. 북한의 게릴라전술을 구사할 수 있는 지상전력은 밀폐된 산악지형을 이용해 효과적으로 공습을 피해 지상작전을 펼 수 있으므로 한국군도 이에 대비한 지상전력을 유지해야 한다는 것이다.

셋째, 유사시 우방국의 도움을 요청하게 될 때 우방국의 지상군보다는 해·공군 지원의 실현 가능성이 높기 때문에 우리군은 상대적으로 우세한 지상군을 보유해야 한다는 주장이다. 미국을 위시한 강대국이 개입을 하더라도 사상자가 많이 발생하고 전개에 장시간이 소요되는 지상군보다는 해, 공군 전력을 지원할 가능성이 높다. 때문에 한국군은 평시에 해·공군의 전력을 전시대비 수준으로 준비할 필요가 없고, 지상군 전력을 충분히 준비하는 것이 합리적이라는 논리이다.

마지막으로, 해·공군의 기지와 시설은 지상군 주둔기지보다 상대적으로 적의 일차적 기습공격에 취약하여, 개전 초에 심대한 손실을 입을 가능성이 높다는 논리이다. 적이 기습공격으로 해·공군 기지를 공격하면 첨단무기와 최신장비에 대한 의존도가 높은 해·공군전력은 신속하게 복구되기 어려울 것으로 예상된다. 때문에 그러한 취약성이 상대적으로 적은 지상군

---

38) 지상군 위주의 병력집약적 전력구조 유지의 논리는 다음의 글에 잘 요약되어 있으며, 이를 인용하였음. 배득식, "육군의 군사전략과 무기체계,"『동북아시아 전략환경변화와 우리군의 발전방향』(한국해양전략연구소, 2001), pp.87-136.

전력을 대규모로 유지해야 한다는 논리이다. 이것은 취약성을 가진 값비싼 해·공군 보다는 비교적 초전 기습공격에 덜 취약하면서도 상대적으로 저비용적인 지상군 전력이 비용대비 효과의 면에서 유리하다는 논리이다.

이러한 논리에 따른다면 한국군의 전력구조는 북한의 위협이 사라지지 않는 한 지상군 위주의 양적 규모에 집중되어야 하는 것처럼 보인다.

그러나 위의 논리는 상당한 허점을 가지고 있다. 첫째, 전방에 집중배치된 양적으로 월등한 북한의 지상군병력에 의해 수행되는 속전속결전에 대하여 그에 상응하는 지상군으로 대응한다는 논리는 현대전에서의 승리를 달성하기 위한 전략적 개념을 도외시한 것이다. 현대전에서는 마찰을 최소화하고 우회하여 상대의 취약한 부분을 마비시키는 전략이 더욱 효과적임이 입증되고 있다. 지상에서는 최소한의 방어전력으로 효과적인 방어를 하는 동안, 지상·해상·공중을 통해 우회하여 적의 후방지원차단 또는 중심부(Center of gravity 또는 vital center)를 공략하면 상대는 지상공격을 계속하기 어려워진다. 또한, 지상전투에서는 방어하는 측이 유리하기 때문에 상대적으로 적은 지상병력으로도 북한의 대량 공격에 대하여 효과적인 방어를 할 수 있다. 전략사상가들의 의견을 종합하면 공격자에 비해 약 1/3 전력으로도 충분히 효과적인 방어가 될 수 있다. 특히, 과학기술의 발달로 성능이 향상된 지뢰, 방어막, 벙커, 도로 및 교량파괴용 무기체계 등의 방어기제를 활용하면 현대전에서는 더욱 방어가 용이할 수 있다. 6·25전쟁 때와는 달리 현재 한국군은 오랜 기간 동안 축조된 견고한 방어망을 가지고 있다. 따라서 지상군은 최소한의 전력으로도 북한군에 대한 효과적인 방어를 할 수 있다. 따라서 지상군 전력은 북한 전력의 양적 규모에 맞추기 보다는 현대전 전략이 강조하는 바와 같이 적의 후방지원을 차단하거나 적의 중심부를 노릴 수 있는 우회전력을 육성하는 것이 전쟁 승리를 향한 매우 실질적인 방법이 될 것이다. 이러한 논리에 따르면, 지상의 취약지역으로 신속하게 우회할 수 있는 지상기동부대와 공중과 해상을 통해 우회할 수 있는 항공력과 해상전력의 중요성은 더욱 커질 수밖에 없다.

다음으로 지상군 위주의 전력구조를 옹호하는 두 번째 논리의 초점이 된 한반도의 지형적 특성은 역설적으로 항공력의 중요성을 더욱 역설해주고 있다. 개방되지 않고 산악지형으로 어느 정도 폐쇄되어 있는 지형은 항공 전력의 기동성을 제한하는 것이 아니라 오히려 지상군 기동성에 큰 장애요인이 된다. 지상군 위주의 선제공격은 한국형 지형에 의해 방해받으며, 방어하는 측이 오히려 유리해 질 것이다. 물론 산악지형을 이용해 비대칭적 전술을 구사하는 침입자에 대해 항공기로 공격하는 것은 비효율적일 수 있다. 그러나 이때도 항공력의 효과적인 사용은 게릴라를 공격해서가 아니라 전선 후방에 위치한 적의 지원시설, 병력, 장비 등을 차단함으로써 게릴라 공격의 효과를 상쇄할 수 있다.

지상군 옹호의 세 번째 논리는 억제논리와 국제정치의 상식을 외면한 논리이다. 앞서 언급한 것처럼 강력한 해·공군력을 갖추고 있으면 상대는 쉽게 전쟁을 시작하지 못한다. 해·공군 전력의 첫 번째 목적은 적으로 하여금 도발시 강력한 해·공군력으로 말미암아 원하는 정치적 목적을 쟁취하지 못할 것이라는 것을 알려주는 거부에 의한 전쟁억제에 있다(Deterrence by Denial). 외국에 의존하지 않고도 자체 방어할 수 있을 정도의 충분한 항공력은 전쟁억지에 매우 중요한 역할을 한다. 국제정치의 현실에서 유사시 우방국의 도움이 100% 확신할 수 없으며, 강력한 자체방어 및 억지력을 유지해야 하는 것은 매우 중요하다. 유사시 우방국이 도움을 주는 것은 전적으로 우방국의 정치적 결정이다. 우방국이 합리적 선택에 의한 정치적 결정을 한다고 가정했을 때, 그들은 전쟁의 승리가능성과 비용의 최소화를 염두에 둘 것이다. 그렇다면 미국은 막강한 지상군을 보유한 우리나라에 고비용적인 해·공군을 지원해서 전쟁에 개입하는 것이 합리적인지를 신중하게 판단하게 될 것이다. 미국의 입장에서는 방어에 필요한 수준의 지상군을 보유한 한국이 지상에서의 방어를 수행하는 국면보다는 막강한 해·공군을 보유하여 전쟁에서 승리할 가능성이 매우 높아진 국면에서 개입하는 것이 훨씬 합리적일 것이다. 전자의 국면에 일단 개입하게 되면 많은 비용을 지불해야 하기 때문이다.

마지막으로 해·공군 기지의 취약성을 공격한 논리에 대해 논해보자. 지상군과는 달리 무기체계로 승부하는 해·공군에게 있어 기지는 매우 중요하며, 기지가 마비되면 전력운영이 어렵다는 점은 사실이다. 그러나 적의 기습과 집중공격에 의해 해·공군의 기지가 무력화될 수 있다는 가정은 분명히 과장된 것이다. 일단. 해·공군의 기지를 상당 수준까지 마비시킬 수 정도의 기습능력을 북한이 가지고 있는가가 의문이다. 기습을 감행한다고 하더라도 우리가 전혀 탐지하지 못할 수 있다고 가정하는 것도 무리이다. 정보판단서에 따르면 북한이 아무리 기습을 준비하더라도 사전 1주일 전에는 징후를 파악할 수 있다. 또한, 북한의 기습에 의해 전쟁 일어난다고 하더라도 해·공군의 신속한 발진능력은 그 가치가 더욱 빛나기 마련이다. 평시의 훈련과 준비는 유사시 몇 분 또는 몇 시간 내에 전력을 투사할 수 있는 능력을 구비하여 공세적으로 전력을 운용할 수 있도록 해준다. 항공력은 공세적으로 운용되었을 때 가장 효과적이기 때문에 이를 초전에 신속하게 공세적으로 운용하는 것은 적에게 심각한 타격과 함께 기습의 효과를 차단할 수 있다.

이러한 지상군 위주의 전력구조 논리는 북한의 위협을 근거로 오랫동안 적용되어 왔으나 미래 한반도 안보전략환경을 고려하면 심각히 재고되어야 할 필요성이 있다. 장차 있을지 모르는 북한 이외의 국가와의 분쟁을 고려한다면 앞으로 해·공군 첨단전력의 중요성은 더욱 증대될 것이다. 이러한 당위성을 반영하여 지상군 조직을 축소하고 해·공군 중심의 전력운영에 상대적인 비중을 높이는 노력이 필요하다.

미래전에 대비한다면 공군 조직운영상에도 많은 변화가 따라야 할 것이다. 공군의 경우, 작전사령부/중앙방공통제소에 의한 지휘통제와 비행단에 의한 분권적 임무수행의 전력운영 편성이 매우 안정적으로 평가되어 왔다. 그러나 이것이 미래에도 변하지 않는 조직 편성이 될 수는 없다. 특히 무기체계의 발전에 따라 조직규모 및 편성에 큰 변화가 있을 것으로 예상된다. 만약 우주영역에서 본격적으로 공군의 자산이 운영된다면, 현재의 조직편성에 혁신적인 변화를 가져와야 할 것이다. 또한, 장차 무인기에 의해 정찰뿐만 아니라 제공작전, 근접항공지원, 전략목표공격 작전 등도 가능해진다면 현재의 비행단 중심 화력투사체제에 변화가 올 수도 있을 것이다. 뿐만 아니라, 스텔스 장거리정밀공격이 가능한 수직이·착륙기가 전력배치 된다면, 이 또한 비행단 규모 및 대대편성에 적지 않은 변화를 동반하게 될 것이다. 가속화된 정보산업의 발전도 네트워크중심전 수행에 가장 적합한 형태로 조직을 변화시킬 것을 요구할 것이다.

2. 무기체계 측면의 공군 전력구조화 방향

무기체계의 측면에서 미래 안보전략환경에 적합한 한국 공군의 전력구조화를 위해서는 먼저 전체 무기체계에 대한 평가를 바탕으로 임무별 요구 무기체계를 식별하는 것이 필요하다. 미래 한국군이 수행하게 될 전쟁양상을 전쟁의 전 수준(전략, 작전, 전술 수준)에 존재하는 여러 상이한 표적에 대한 거의 동시적인 공격으로 적의 전쟁의지와 능력을 마비시키는 전쟁으로 상정한다면 한국 공군에게는 시스템복합체계 구성에 필요한 무기체계가 필요하다. 즉, 공군은 전장감시, 실시간지휘통제, 정밀공격 체계를 균형적으로 갖추어야만 한다.

『공군비전 2030』은 통일한국을 가정할 때 잠재적 적의 분쟁도발을 대비하기 위한 한국 공군의 전력운영 영역으로 해안선과 국경선 밖 최소 300~500km 범위까지를 포함시키고 EEZ 및 해상교통로에서의 임무 필요성을 제시하고 있다. 이러한 전력운용개념을 수행하기 위해서는 정보·정밀공격 능력이 융합된 전력체계가 필요하게 된다. 이로써 요구되는 전력체계는 전장감시체계(ISR), 지휘통제체계(C4), 정밀공격체계(PGMs)의 유기적인 결합 체계이다. 공군비전은 이러한 영역의 전력들의 결합 및 연동을 통해 전투력 발휘의 시너지효과를 창출할 수 있도록 구축되어야 한다고 명시하고 있다.[39]

---

39) 공군본부, 『공군비전 2025』, p.38, p.46.

앞에서도 언급했듯이 미해군의 오웬즈(William A. Owens) 제독은 미래의 병행전을 대비한 시스템복합체계(system of systems) 이론을 정립한 바 있다. 시스템복합체계는 지휘부가 전쟁의 지배권을 성취할 수 있도록 전장 첩보와 정보를 통합할 수 있는 체계를 말하며, 이것의 핵심적인 3요소는 발전된 지휘통제체제(C4I), 전장감시체계(Intelligence, Surveillance, and Reconnaissance: ISR), 그리고 정밀타격체계(Precision Force: PF)이다.

전장감시체계(ISR)는 아군이 수행하고 있는 임무를 지속적으로 추적할 수 있는 새로운 수단뿐만 아니라 첩보수집, 감시 및 정찰임무와 관련된 기술을 보고하고 감지하는 행위들까지도 포함한다. 실시간지휘체계(C4I)는 감지능력을 전장공간(Battle space)에 대한 지배적인 이해로 전환할 뿐 아니라, 전장공간을 변경하고 통제하고 지배하기 위한 임무와 과제로 전환시키는 분야이다.[40] 정밀타격체계는 C4I와 ISR로부터 생성된 지식과 명령이 실제적인 행동과 결과로 전달되는 체계이다. 이 세 가지의 영역이 조화롭게 혼합될 때 강력한 시너지효과가 발생하여 하나의 안정된 체계로서 효과적

〈그림 2〉 시스템복합체계 구성

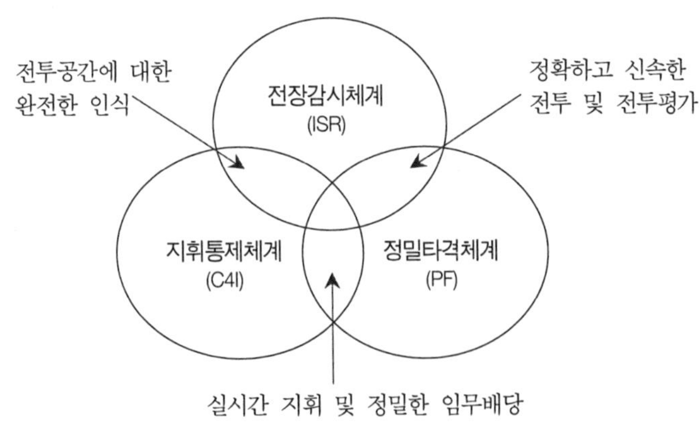

40) William A. Owens, "The Emerging US System of Systems," *Strategic Forum,* 63(Feb. 1996).

이고 지능적인 전력발휘가 가능하다. 그림은 시스템복합체계 구성에 필요한 체계구성요소를 나타낸다.[41]

1) 전장감시체계

ISR 능력을 구비하는 목적은 전장공간에 대한 지배적 지식(Dominant Battle Space Knowledge: DBK)을 확보하는 데 있다. 공군이 획득하고자 하는 ISR 위성의 센서와 유·무인 항체를 연결하는 데이터에 의한 결정적인 전투능력을 유지하는 것을 지속적인 ISR(또는 유비쿼터스 ISR)이라 한다.

ISR능력을 제공하는 무기체계로 대표적인 것은 정찰위성이다. 정찰위성의 광학(Electric Optics), 적외선(IR) 및 SAR 센서를 활용한 영상정보 수집능력은 미래의 핵심적인 ISR능력으로 주목되고 있다. 우주기반 감시 및 정찰체계는 미래 전장감시 능력 확보에 없어서는 안 될 자산이다. 현재 인공위성은 통신 및 영상자료 생산을 위한 주요자산으로 자리매김했으며, 통신송수신능력은 이미 발전의 한계를 논하지 못할 정도가 되었다. 뿐만 아니라, 위성영상자료의 해상도도 계속적으로 향상되고 있다. 실제로, 통신위성이 보내주는 GPS는 오차 1m 이내로 위치정보를 제공하고 있으며, 위성영상의 해상도도 빠른 속도로 향상되고 있다.

정찰위성을 보완하여 중·고고도 정찰용 유·무인기, 전술정찰정보수집체계(TAC-EO/IR), 공중조기경보통제기 등의 자산을 활용하면 실시간 ISR능력 확보에 더욱 가까이 접근할 수 있다. 무인기는 전술정찰, 감시 및 표적획득 체계에 중요한 역할을 담당하게 될 것이다.

유인정찰기는 보다 실질적이고 즉각적인 임무수행으로 인공위성이 지원할 수 없는 영역의 정보, 정찰, 감시 능력을 제공하고 있다. 걸프전에서 그 위력을 입증한 바 있는 JSTARS는 공중보다는 지상을 주·야간 구분없이 한눈에 볼 수 있는 정보기이다. JSTARS는 이동하는 지상목표를 탐지 및 감시할 수 있으므로 야간에 이동하는 적의 전력배치 및 집결상황을 파악하여

---

41) 『공군비전 2025』.

목표물을 선정하고 공격을 감행할 수 있도록 지원한다.

전략정찰기와 위성자산이 구성하는 종합정찰전력은 전쟁의 전 영역에서 정보를 생산하여 제공할 수 있다. JSTARS가 전장 또는 전구 수준에서 임무를 수행한다면, 전략정찰기와 위성의 대상영역은 전략수준을 포함하는 전쟁의 전 영역이다. 특히 위성은 GPS와 같은 위치 및 지리정보와 고해상도의 영상정보를 제공하여 전장상황 뿐만 아니라 후방의 전략적 요충지에 대한 위치 및 영상정보를 효과적으로 전달한다. 그러나 일반적으로 유인항공기 레이더의 식별능력은 이동하는 지상 목표물을 추적하는 과정에서 우주감시시스템(Space Surveillance System)에서 제공하는 표적 식별능력에 비해 우수하다. 특히 표적획득의 측면에서 유인정찰기의 센서 및 정보처리체계들은 지상 전장에 대한 감시 및 정찰능력이 매우 뛰어나다. 따라서 이 두 시스템이 상호보완적인 역할을 수행할 때 매우 큰 효과를 기대할 수 있다. 예를 들어, JSTARS가 산 속으로 숨어든 표적을 놓치게 된 상황에서 우주감시시스템이 그것을 희미하게나마 추적하다가 다시 JSTARS의 감시영역으로 들어왔을 때 그 임무를 넘겨줄 수 있는 보완적인 기능도 가능하다.

무인기는 저고도, 중고도, 고고도 무인기로 구별되며, 고도가 높을수록 장거리, 높은 전쟁수준의 표적에 대한 정찰, 감시 및 표적획득 임무를 담당한다. 저고도 무인기는 전술적인 수준에서 지·해상군에 의해 많이 사용될 것이며, 중·고고도(中·高高度) 무인기는 전구 및 전략표적지에 투입될 자산으로 공군에 의해 주도적으로 운용될 것이다.

과학기술의 발전은 보다 광범위하고 실시간적인 영역에서의 감시 및 정찰능력의 신장을 가져올 것이며, 광학, 적외선, 전자매체에 의존하는 ISR 장비가 기상과 시정의 제한을 극복하여 유비쿼터스 정보활동이 가능한 ISR 구축이 가능하도록 할 것이다.

무기체계획득의 측면에서 주목할 만한 사실은, ISR에 대한 강조는 그것을 지탱하는 시스템에 대한 것이 아니고 그것이 제공하는 능력에 대한 것이라는 것이다. 비록 시스템이 작고 비용이 적게 드는 것일지라도 그 능력이 뛰어나다면 그러한 장비 및 체계를 선택하여야 할 것이다. 미 공군의 점프 장군은 미 공군이 더 큰 목적의 추구를 희생하면서까지 시스템 그 자체에 얽매이면 안 된다고 주장하면서 ISR 자산에 대한 비용 대 효과의 면에서 접근해야 할 필요성을 강조하였다.[42] 그는 "나는 ISR 시스템이 공중에 있든지 우주에 있든지 신경쓰지 않는다. 사실 위성이 비용이 적게 들고 크기만 작아진다면 모든 것은 우주에 있어야 한다고 생각한다. 하지만 지금은 그 비용이 수백만 달러에 이르며, 비행물체를 만드는 데에 희생할 부분이 너무 크다."고 강조한다. 그의 말처럼 비용 대 효과의 면에서 본다면 장차 무인기의 비중은 더욱 증가할 것이다.

2) 실시간 지휘체계

정보자료가 디지털화된 연합지휘체계는 정보의 상호운용성을 보장하고 신속한 전파가 가능하도록 하면서 전장감시체계와 정밀공격체계를 연결하는 중요한 두뇌역할을 한다. 과학기술의 발전과 더불어 지휘통제의 의사결정주기가 갈수록 빨라지고 있다. 음성통신을 주요 통신방법으로 사용한 제2차 세계대전 당시에 의사결정주기는 수일이나 되었지만 걸프전에서는 데이터통신을 이용해 2시간 내에 의사결정이 가능했다. 뿐만 아니라, 이라크전에서는 영상/데이터 통신에 의해 45분 이내에 의사결정이 가능했다. 이러한 추세라면, 장차전에서는 전장상황을 보며 실시간 지휘통제가 가능할 것으로 예상할 수 있다. 실시간 지휘통제체계의 구축은 감지-타격 연동체계(Sensor to Shooter, 혹은 센서-슈터체계라고도 함)구현을 위한 필수요건이다.

항공우주전력의 실시간 지휘통제체계 구축을 위해 필요한 장비 및 체계는 전략/전술 C4I체계와 이를 지원하는 위성통신체계, 그리고 항공전력의 데이터링크체계이다. 전략/전술 C4I체계 구축의 필수요소는 신속한 정보/지식 유통과 전장가시화로 실시간 전장인식이 가능해야 한다는 점이다. C4I체계는 또한 체계적인 정보흐름의 통제를 보장하기 위해서 고속 프로세싱이 가능한 컴퓨터와 지능화된 소프트웨어를 필요로 한다. 항공전력의 데

42) James W. Canon, "Shaping The New Air Force," *Aero Space*, 2003년 4월호.

이터링크체계는 지상 및 공중의 ISR장비와 정밀타격이 가능한 High급 전투기를 상호 연동하여 연합/합동작전에 요구되는 정보가 원활히 유통되도록 지원할 수 있다.

미래전의 C4I체계는 영상을 식별하고 정보를 지능적으로 통합하여 이를 최단 시간 내에 혼란없이 기획 및 의사결정과정에 전달하게 될 것이다. 실시간 C4I에 요구되는 컴퓨터와 소프트웨어는 중앙집중식 운영방식보다는 네트워크화 되어 넓고 다양한 지역에서 동시에 정보가 공유되는 유비쿼터스 운영방식이 요구될 것이다. 이러한 체계를 통해서 실시간 전장상황이 파악되면 감시 및 통제와 정밀교전이 가능하도록 지휘할 수 있을 것이다.

미래전을 대비한 지휘체계 구축에 빠져서는 안 될 또 하나의 능력은 적의 비대칭전략에 노출될 수 있는 네트워크상의 취약성에 대비하는 것이다. 실시간 지휘체계는 현재 상용되는 와이브로와 같은 실시간 화상통신체계가 방해없이 사용될 수 있다면 충분한 기능을 담당하게 될 것이다. 그러나 유사시에 다양한 종류의 사이버 방해와 차단으로 이러한 기능이 제 기능을 하지 못하거나 기만 또는 불확실한 지휘체계로 전락할 수 있다. 다양한 소스에서 많은 양의 정보가 공유되는 상황에서 사이버 테러나 해커, 시스템마비와 같은 사이버공격은 매우 큰 손실을 발생시킬 것이기 때문에 이를 대비한 사이버전 수행이 요구된다.

3) 정밀타격체계

탁월한 전장감시능력과 실시간 지휘통제능력과 더불어 가장 중요한 능력은 정확한 타격능력을 갖추는 것이다. 탁월한 감각기능과 명석한 두뇌를 가졌다고 하더라도 매우 둔감한 근육과 부정확한 공격능력을 가진 생물이 있다면 그다지 위협적이지 않을 것이다. 미래 정예군은 탁월한 전장감시능력, 실시간 지휘통제능력과 더불어 정밀타격체계를 고루 갖추고 있어야 한다. 정밀타격능력이 가져올 전장효과는 매우 중요하다.

정밀타격체계 혹은 정밀유도무기체계를 구성하는 하드웨어는 전투기 및 폭격기와 이들이 장착하는 정밀유도무기를 포함한다. 정확하고 우수한 전투력을 발휘하는 전투기는 폭격임무뿐만 아니라 제공임무에서도 필요하다. 공중전투는 먼저보고 우세한 기동을 통해 접근하여 정확하게 공격할 수 있는 공대공무기체계를 필요로 한다. 현대전에서 전쟁의 승리와 직접적으로 연결되는 제공권 또는 공중우세를 확보하기 위한 공중전투용 제공기의 획득은 매우 중요한 사안이다. 때문에, 국가별로 우세한 성능의 제공기를 확보하고자 하는 경쟁은 매우 치열하다.

그러나 이러한 첨단의 전투기(High급 전투기)들은 매우 고가(高價)로 국가적 부담이 클 뿐만 아니라 세계적으로 수요자도 한정되어 있기에 제한된 수량 이상을 보유하기 힘들다. 반면, 다소 성능은 열세하나 다양한 임무를 수행할 수 있는 전투기(Low급 전투기)는 획득단가도 저렴하며 시장성도 가지고 있어 다량획득에 용이하다. 이러한 이유로 미국은 High와 Low급으로 구분하고, 적절한 조합을 통해 전투기 획득계획을 수립해왔다.[43]

1970년대 후반 미국이 High급인 F-15와 Low급인 F-16을 적절히 조합하여 High-Low Mix 개념으로 전투기를 획득했던 것이 대표적인 예이다. 한국 공군도 High급 전투기와 저가의 단거리 공격기(Low급) 및 그 사이의 Medium급 전투기를 적절한 비율로 획득하는 계획을 추진해왔다. 고성능과 저성능 전투기의 성능상의 적절한 조합인 High-Low Mix 개념을 기초로 하여 경제성과 효과성을 동시에 고려한 전투전력구축을 위한 방안이 모색되어야 할 것이다.

High급 전투기는 정밀유도무기를 장착하고 공중급유기 및 전자전기 등의 지원기의 지원하에 단독으로 전략목표공격임무와 공중우세 장악을 위한 제공작전에 주로 투입된다. 따라서 이러한 전투기는 기동성, 화력, 생존성 등에서 최적의 조건을 갖추어야하며, 공대공이나 공대지 공격을 위한 어떠한 임무에도 투입이 가능해야 한다. 전략목표 공격작전은 가장 큰 전력운영효과를 거둘 수 있으나 전략표적들이 비교적 적진 후방 깊숙한 곳에서

---

43) Low급 전투기는 비교적 저성능 전투기로서 저위협 지역에서 운용되며, 주로 아측 영공 내에서 근거리 방공임무와 근접항공지원임무 등을 담당한다.

지대공방공체계에 의해 견고하게 보호되어 있기 마련이므로 장거리 정밀타격능력을 갖추고 생존성이 매우 우수한 항공전력을 필요로 한다. 스텔스 성능으로 생존성이 확보되고, JDAM과 JSOW 등과 같이 인공위성 정보로 유도되는 장거리 유도폭탄 및 정밀 유도미사일 장착이 가능한 항공기라면 매우 효과적일 것이다. High급 전투기는 또한 전략목표의 또 다른 측면인 공중우세 확보에 결정적인 역할을 한다. 공중지배력에 있어 고성능의 공대공 또는 대공제압 무기체계를 갖춘 최상급 전투기의 역할은 필수적이라 할 수 있다.[44] Medium급 전투기는 작전 또는 전구(戰區) 수준의 주로 합동작전에 투입되어 적의 주요 작전표적에 효과적으로 임무수행이 가능한 중규모급 성능의 다목적 전투기로 운영되기에 적합하다. 마지막으로 Low급 전투 및 공격기는 주로 전술수준의 전투에 전력이 배당되며, 저비용으로 다수의 전력이 확보되어야 광범위한 전술영역에서의 임무수행이 가능하다.

정밀유도무기체계는 유도폭탄(Guided Bomb Units: GBU)과 미사일로 구분된다. 유도폭탄과 미사일은 유도장치에 의해 목표물로 유도된다는 점에서는 유사하지만, 추진장치의 유무에 따라 서로 구분된다. 정밀유도무기의 유도방식은 유도매체에 따라 전자광학(EO)유도, 레이저유도(LGB), GPS유도 등으로 분류된다. 전자광학유도방식은 시각적인 매체를 이용하여 유도하는 것으로, 폭탄의 앞부분에 설치된 TV카메라나 저광량 TV 또는 영상적외선카메라 등의 탐지기(Seeker)에서 포착하는 영상을 기준으로 유도되는 방식이다. 레이저유도는 레이저광선을 유도매체로 하여 폭탄을 유도하는 것으로, 목표물에 조사된 레이저신호를 폭탄의 센서가 찾아가면서 유도되는 방식이다.[45] GPS유도는 1990년대 이후 소개된 기술로 항법위성에서 발사되는 위치정보전파를 매개체로 유도하는 방식을 말한다. GPS유도는 항공우주기술의 발전으로 정확성이 증대되고 있다.

---

44) 현대전에서 공중우세를 확보한 측이 전쟁에서 패한 적이 없다. 그렇다면, 공중우세 확보를 위한 전력운영은 국면을 전쟁 승리의 결정적인 효과를 거두어 전체 전쟁에 효과를 가지고 올 수 있는 전략적 선택이라 할 수 있다.

45) 유도방식에 따라 Pave Way, Pave Strike, Pave Tack로 구분한다.

시스템복합체계 구성이 미래 항공력 건설을 위한 완성도의 척도는 아니다. 혹자는 그러한 체계가 걸프전과 같이 사막전의 환경 하에서나 다소 무능한 적, 그리고 압도적인 군사력을 집중시킬 수 있는 충분한 시간이 허용되는 상황에서는 유용하지만 도시 또는 정글지역, 산악지형 등에서는 효과를 발휘하지 못할 것이라고 주장한다. 시스템복합체계 구성의 주창자인 Owen도 이러한 체계가 모든 형태의 전쟁을 대비할 수 있다고 하지는 않았다. 그러나 어떠한 환경이든지 이것이 전쟁의 안개(fog of war)를 줄여주고 직접적인 교전을 가능한 회피하도록 하는 간접전략을 구사하는 데 유익하다고 할 수 있다.

4) 공군의 항공우주력 건설 방향

한국공군이 장차 독자적인 항공우주군 건설을 위해서는 지휘통제체제, 전장감시체제 및 정밀공격체제의 적절하고 균형잡힌 전력분배가 필요한 것이다. 이러한 패키지 개념의 전력구조화가 이루어진다면 전쟁의 전 수준에서 상이한 표적을 동시에 공격할 수 있는 항공력 운용이 가능할 것이다. 현재 한국 공군은 지대공/지대지 유도탄, 수송기, 지상레이더 등은 어느 정도 발전된 수준에서 보유하고 있으나. 첨단 전술정찰기와 전투기 중 High급에 속하는 전투기는 계속 획득 중에 있다. 장차 균형잡힌 항공력을 건설하기 위해 꼭 획득해야 하거나 대규모 성능향상이 필요한 전력은 대탄도유도탄, 전자전기, 합동감시 및 표적공격 레이더체계(JSTARS)와 같은 공대지 정보기, 전략정찰기와 위성정보 체계 등이다. 대탄도유도탄은 유인전술기를 포함하는 공세적 항공무기에 비해 상대적으로 중요성이 낮게 인식되어 왔으나, 북한의 미사일에 탑재되는 대량살상무기의 위협이 점증함에 따라 획득의 필요성이 증대되고 있다. 첨단과학기술의 빠른 발전으로 공중우세 장악을 위해 필요한 또 다른 전력이 전자전전력이다. 전자전기는 적의 레이더 또는 미사일 유도파로부터 공격기 및 전투기를 보호하여 생존성을 높여주는 역할을 한다.

현재 공군은 「공군비전 2050」(2021.2)을 수립하여 미래안보환경 변화와

4차 산업혁명 기반의 첨단과학기술 발전 양상을 예측하고, 이에 대응할 수 있는 항공우주력을 건설한다는 야심찬 비전서를 내놓았다. 이에 따르면 항공 및 우주작전능력의 발전방향으로서 확대된 항공우주력의 역할과 특성을 인식하여 공중과 우주영역의 균형발전 도모, 항공우주력의 핵심역할에 기반한 우주작전(우주상황인식, 대우주작전, 우주전력투사, 우주작전지원, 공중우주연동)을 통해 우주억제능력 확보, 항공전력과 우주전력을 통합 운영함으로써 항공 및 우주작전능력의 발전 등을 제시하고 있다.

그 구체적인 발전방향으로 열거된 항목들을 보면, 우선, 항공전력의 조화발전을 위해 고가치 소수 전력과 현용 다수 전력의 조화개념을 적용하여 전영역전투에 부합하며 적은 자원으로 큰 효과를 달성하는 항공전력을 구축하는 것이다. 또한 무인·로봇체계를 활용하여 스텔스 성능을 장착한 무인전투기, 항공모함에 탑재가능한 무인기, 고고도 장기체공 정찰용 무인기와 같은 전력을 발전시켜 생존성을 확보하는 것이다. 우주전력분야에서는 우주영역에서의 작전주도 및 우주우세를 달성하여 합동전장과 교차영역에서의 통제와 통합의 역할을 주도적으로 발휘하는 것이다. 또한 항공전력과 우주전력의 균형 달성을 위해 항공·우주겸용 전력과 우주전력을 단계적으로 증강하는 것이다. 그 외 정밀무기체계의 복합적 발전과 게임체인저급 무기(극초음속 미사일, 고출력 레이저무기, 코일건, 레일건 등 미래핵심기술을 적용하여 방어가 어려운 무기) 보유로 전쟁 억제 및 조기종결 능력을 확보하는 것이다.[46)]

그러나 미래안보환경을 대비한 전력구조개선을 위해서는 여러 가지 현실적인 장애물이 있다. 그중 가장 큰 장애물이 있다면 바로 첨단 무기체계 획득에 필요한 막대한 비용일 것이다. 특히 C4I 및 ISR 영역의 무기체계와 High급 전투기, 우주전력 무기는 매우 고가이다. 이러한 막대한 국방비는 정책결정자들이 정책외부결정요소에서의 획기적인 변화를 인식하거나 국민적 여론을 등에 업지 않는다면 쉽게 결정할 수 없는 수준이 된다. 정책외

46) 공군본부, 「공군비전 2050」(2021.2), p.42~46.

부의 결정요소, 즉 미래안보환경에서 획기적인 변화가 예상되거나, 국가적 군사교리 및 전략의 변화, 또는 기술수준에 있어서 획기적인 발전 등을 정책결정자들이 정확히 인식하고 항공력 전력구조화를 위해 노력할 때 고가의 첨단 무기체계의 획득이 가능할 것이다.

이러한 과정에서 국민여론도 큰 역할을 할 수 있다. 많은 국민들이 미래 우리나라 안보환경과 군사무기체계 발전양상을 알고 균형잡힌 복합시스템으로서의 항공력건설의 필요성을 인식하게 된다면 이러한 정책결정은 더욱 용이해 질 수 있다.

V. 우주력과 우주군 건설

1. 우주력의 개념

항공기가 군사력의 핵심수단이 되면서 항공력의 개념이 등장한 것처럼, 인류의 우주개척은 우주력의 개념을 탄생시켰다. 우주는 인류의 과학기술 진보와 정보통신 발전을 위한 평화적인 목적으로 개척되기 시작하였으나 우주활동이 가져오는 막대한 군사적·경제적 부가가치와 전략적 이점으로 인해 우주활동은 국력의 매우 중요한 부분이 되었다. 그러나 항공력의 개념이 군사적인 개념에서 먼저 출발한 것과는 달리 우주력은 국가차원과 국가안보차원, 그리고 군사적 차원에서 다소 상이한 개념으로 이해되고 있다. 국가수준에서 우주력은 우주를 개척하고 우주의 여러 활동을 통해 유형과 무형의 국익을 증진할 수 있는 능력을 말한다. 우주력은 국가경제 활동과 산업기술발전에 유형의 영향력을 미칠 수 있을 뿐만 아니라 국가적 자부심과 국제사회의 위상제고에 관련된 무형의 국익창출도 가져올 수 있다.

국가수준보다 하위수준인 국가안보수준에서 우주력은 우주활동을 통해 국가안보정책과 국가안보전략의 수립을 뒷받침하는 능력을 제공하는 것이라 할 수 있다. 구체적으로는 우주로부터 제공되는 정보력을 바탕으로 주변국으로부터의 위협판단, 군사력 건설 및 배비계획 수립, 국가안보외교를 지원하는 다양한 활동을 포함한다.

이 보다 하위 수준인 군사적인 측면에서 우주력은 '우주로부터 군사작전에 직접적으로 영향을 주는 능력'으로 정의될 수 있다. 우주가 군사적 용도로 활동되는 과정은 하늘이 군사적으로 활용되는 과정과 매우 유사하게 진행되어 왔다. 항공기의 등장 이후 가장 우선적인 임무가 공중공간을 활용한 정보정찰감시와 정보전달 임무였듯이 우주자산을 활용한 첫 번째 임무 역시 정보정찰감시 임무였다. 우주를 활용한 정보제공은 공중공간보다 지속성, 광역성, 즉시성의 측면에서 매우 유리하다.

항공력이 정보정찰감시 임무에서 공중폭격과 공중전투로 빠르게 확장되어간 것에 비해 우주력은 군사적인 용도로 사용된지 반세기가 지나도록 우주전투와 우주폭격의 영역으로 완전히 확장되지는 못하고 있다. 그러나 전쟁과 무기의 역사에서 보듯이 새로운 기술은 반드시 전쟁에 사용되는 것이 필연적인 과정이라고 본다면 우주도 전투가 이루어지는 전장으로 변모될 것이라는 예측에는 별다른 이의가 있을 수 없을 것이다.

2. 우주의 군사적 활용

1) 군사적 측면에서의 우주력

군사적 측면의 우주력은 우주활동으로 인해 군사작전에 영향을 미치는 능력이라고 말할 수 있다. 군사적 측면의 우주력 건설의 목적은 현존하거나 잠재적인 군사적 경쟁국에 대하여 우주우세(Space Superiority)를 유지하는 것이다. 우주우세란 우주에서 군사적 경쟁국 또는 적성국의 간섭을 받지 않고 우주자산을 활용한 군사적지원이 가능한 상태를 말한다.[47]

우주자산이 제공하는 군사적 분야는 크게 통신, 영상정보, 위치정보 분야에 집중되어 있다. 이러한 분야에서의 우주자산의 활용은 현대전의 핵심이라 할 수 있는 정보·정찰·감시(ISR), 실시간 지휘통제(C4), 정밀공격(Precision Force)분야에 매우 큰 영향을 미치고 있다. 인공위성이 제공하는 영상과 통신정보는 실시간 지휘통제를 위한 핵심정보를 제공하며, 위성이 제공하는 위치정보(GPS, GLONASS, Galileo 등)는 군사작전에 필수불가결한 요소인 위치추적과 항법정보를 제공할 뿐만 아니라 정밀타격무기를 유도하는 데 필요한 유도신호도 제공한다. 과학기술의 발전과 함께 유인기에 못지않은 매우 높은 해상력의 영상정보를 제공하는 위성은 실시간 지휘통제뿐만 아니라 표적식별과 배정, 표적의 우선순위 결정에 있어서도 결정적인 영향을 미친다. 이러한 군사적 이점을 얻기 위해 많은 국가들이 앞다투어 군사위성 또는 민군겸용 위성(Dual-Use Satellite) 확보에 심혈을 기울이고 있다.

현재 임무 중인 2,000여개 이상의 위성 중에는 3분의 1 가량이 군사위성이며, 나머지도 유사시에는 군사용으로 전용될 수 있다. 2003년 이라크전에서는 미국이 사용한 전체 폭탄 중 JDAM이나 JSOW와 같이 위성신호로 유도되는 폭탄이 75%를 차지했을 정도로 정밀유도무기의 우주의존도가 계속 높아지고 있다.

2) 우주기상과 군사적 활용

위성을 활용한 군사작전 지원은 우주기상으로부터 영향을 받는다. 우주기상이란 태양활동에 의해 지구와 우주환경에 영향을 미치는 전리층과 플레어 지구자기권의 전자밀도, 지구자기장 강도, 플라즈마 밀도변화 등을 말한다. 우주기상 변화의 직접적인 원인은 태양의 흑점폭발이다. 시시각각 변하는 태양의 활동에 의해 야기되는 이러한 폭발로 초당 수백km에서 2,000km에 이르는 고속의 고에너지 입자(플레어 또는 코로나)들이 방출되는데, 이것이 지구 주위를 돌고 있는 인공위성의 수명 단축과 기능장애를 유

47) 미공군 ROADMAP 2025.

발하거나 지상의 전자기 활동에 영향을 미치게 되는 것이다. 예를 들면, 우주기상 악화는 1989년에 캐나다 퀘벡주의 송전시설의 손상으로 인한 대규모 정전사태를 가져왔으며, 2006년 12월에는 강력한 태양폭풍으로 인해 수많은 GPS 위성이 영향을 받아 지구상의 여러 지역에서 GPS 수신이 불가능해지는 상황이 발생했다. 우리나라도 우주기상 악화로 2003년과 2008년에 무궁화 통신위성에 통신장애가 발생하기도 했다. 군 작전이 우주자산에 의존하는 비율이 높아질수록 우주기상을 군사적으로 활용할 필요성은 높아진다.

우주활동에 대한 의존이 높아질수록 우주기상에 의해 발생할 수 있는 위성활동 장애와 그에 따른 국가적 손실도 매우 크다. 이러한 피해로부터 위성활동을 보호할 수 있는 것은 전자기적으로 내구성 있는 위성을 개발하거나 피해발생시 즉각 복구할 수 있는 능력을 갖추는 등의 소극적인 수준을 벗어나기 어렵다. 그러나 군사적인 측면에서 본다면 우주기상을 보다 적극적으로 활용할 수 있다. 태양에서 대규모 폭발이 일어나면 약 24시간 이내에 GPS가 거의 마비되는데, 이는 군용기의 정밀항법과 GPS를 이용한 정밀유도무기 사용이 불가능해짐을 의미한다. 이러한 우주기상 악화시의 군사작전은 우주자산에 대한 의존도가 높은 국가일수록 불리해지는 반면, 우주의존도가 낮은 군사작전은 상대적으로 유리해지기 때문에 우주활용에 불리한 국가는 이 시기의 군사작전을 선택할 수 있다. 단, 이러한 선택도 우주기상에 대한 정확한 정보를 활용할 수 있을 때 가능하다. 우주력은 태양의 불규칙한 활동을 미리 감지하여 우주활동에 대하여 미리 경고하고 대처하는, 즉 우주기상에 대한 예보가 가능한 시스템을 필요로 한다. 과학기술을 총동원하여 태양활동에 의한 우주환경변화를 얼마나 빨리, 어느 정도 정확하게 예측하느냐가 우주기상 예보의 관건이 되는 것이다.

3. 우주안보와 항공우주군의 역할

1) 우주안보의 개념

우주는 물리적으로 공중과는 차별화되며 또한 국제법상으로도 영공의 적용을 받지 않아 영공과는 확연히 구분된다. 주권영역인 하늘을 적의 침략으로부터 지킨다는 영공수호의 개념과는 달리 우주안보는 우주에서 방해받지 않는 활동이 보장되는 개념을 내포하고 있다. 영역의 보호라는 측면보다는 활동의 자유를 보장한다는 개념이 우세하다고 할 수 있다. 따라서 우주안보란 "우주에 중단없는 접근과 우주의 사용에 대한 안전이 보장되고 위협으로부터 우주활동이 자유로운 것"을 의미한다.[48] 우주안보연례보고서에서 말하고 있는 '우주에의 중단없는 접근과 사용'은 현재 우주에서 활동 중인 특정 국가에 한정되는 것이 아니라 범세계적으로 해당된다. 즉, 지구상 모든 국가나 기업 또는 단체에 의한 우주로의 자유로운 접근과 사용이 허용된다는 의미이다. 우주안보에 대한 이러한 정의는 우주안보를 수호할 수 있는 주체나 수단도 국가 중심이 아니라 범세계적인 수준에서 논의되어야 함을 전제로 하고 있다. 따라서 국제법이나 협약, 이것을 지키기 위해 필요한 행위자들의 노력과 규범, 제도 등의 중요성이 일차적으로 강조된다. 이러한 맥락에서 보면 일부 국가가 자체방어용 우주안보장치를 구축하는 것은 오히려 범세계적인 우주안보에 위협이 될 수도 있다.

한편, 우주안보에 대해 국가중심적으로 다소 상이한 정의를 내리는 이도 있다. 미 해군대학원의 몰츠(Clay Moltz) 교수는 우주안보란 "외부로부터의 방해, 손상 및 파괴의 위협이 없이 우주에서 우주자산을 보유하고 운용하는 능력"이라고 정의한다.[49] 우주자산의 보유와 운용이라는 용어를 사용한 몰츠 교수의 정의는 범세계적인 우주안보를 상정한 우주안보연례보고서의 정

48) Space Security 2007, www.Spacesecurity.org, Managing Editor Jessica West et al., p.5.

49) Clay Moltz, "Evolving U.S. Perspectives on Space Security," Workshop on The State of Space Security, Jan. 24, 2008, Washington, D.C.

의에 비해 다소 지역적이고 국가적인 접근이라 할 수 있다. 우주안보에 대한 국가중심적인 접근은 1957년 미·소에 의해 우주활동이 시작된 시기부터 자연스럽게 형성되었다. 냉전 당시 미·소는 우주를 경유하는 대륙간 탄도탄을 보유한 양국 간에 혹시 있을지 모르는 충돌 가능성으로 인해 우주가 하나의 전장으로 확대될 가능성을 염두에 두었다. 1980년대에 미국 레이건 행정부는 우주에서 대륙간 탄도탄을 요격하는 개념의 SDI계획을 추진하기도 했다. 그러나 탈냉전 이후의 세계화의 진행, IGOs, NGOs, 다국적 기업 등과 같은 국제사회의 새로운 행위자들의 부각, UN의 중재기능 강화와 함께 우주안보의 범세계적 접근의 중요성이 높아지게 되었던 것이다.

이렇듯 우주안보에 대한 범세계적 접근과 국가중심적인 접근은 우주안보와 관련하여 다소 상이한 논리를 가지고 있다. 범세계적인 관점에서 본다면, 우주는 국제정치의 무정부성의 속성이 영향을 미칠 수 없는 인류 공동번영의 장소이며, 우주안보는 군사력보다는 국제법과 협약에 의해 공동안보로 지켜져야 한다. 국가안보의 관점에서 본다면, 국제정치의 무정부성이 언젠가는 우주활동에 영향을 미칠 것이며, 따라서 국가권력을 최대한 활용하여 우주에서의 지배력 확대를 추구해야 하며, 국제협약이 무력화하는 것을 대비하여 우주에 군사력 사용을 염두에 둔 우주안보를 구상해야 할 것이다.

국가안보의 측면에서 다룬다면 우주안보에 대한 범세계적인 접근보다는 국가중심적인 접근방식을 선택하는 것이 타당하다. 우주가 국가발전과 안보에 관련한 중요한 기능을 제공하고 있어 국가안보의 한 차원으로 다룰 수 있기 때문이다. 따라서 다소 국가중심적인 측면에서 우주안보를 정의하면, 우주안보란 "각종 위험과 위협으로부터 자국 우주활동의 자유와 안전이 보장받는 상태"를 말한다. 우주활동이란 우주궤도에 위성체를 발사하는 것과 관련된 활동과 위성활동에 의해 발생하는 국가전략적 기능, 군사적 능력, 경제/사회/문화적 부가가치의 창출 등과 관련된 모든 활동을 말한다. 자유와 안전은 절대적인 개념이 아니라 상대적인 개념이며, 자유와 안전의 상대적인 수준은 우주안보의 수준과 직접적으로 연결된다. 국가는 정치외교력, 국제협력, 경제력, 기술력, 정보력, 군사력 등의 국가의 주요 권력을 기반으로 필요한 수준의 우주안보를 보장할 수 있다.

국가중심적 시각에서 접근할 때 우주안보는 일반적인 영공방위에 비해 상당한 취약성을 가지고 있다. 이러한 취약성은 우주가 일반적인 영공과는 달리 주권영역이 아니며 상이한 물리적 환경을 가지고 있다는 이유에서 비롯된다. 우주기상에 의한 방해를 제외하고 우주에서의 활동이 영공에 비해서 취약성을 가지고 있는 부분을 다음과 같이 정리할 수 있다.

먼저, 우주가 특정국가의 주권영역이 될 수 없기에 사전에 예고될 수 있는 영공침공과는 달리 우주에서의 위협은 사전경고 없이 발생할 수 있다는 것이다. 위성이 가지는 고부가가치에 비해 위성을 보호하기 위한 조기경보 체계의 역할은 매우 제한되고 또한 어렵다.

둘째, 우주 궤도에서 장기간 체류하고 있는 위성체는 영공의 비행체와는 달리 다양한 종류의 위협에 항시 노출되어 있다. 궤도의 높이에 따라 다르지만 저궤도 위성은 초속 7km 이상의 빠른 속도로 2시간 이내의 회전주기를 가지고 지구를 회전한다.[50] 이러한 고속 비행에서 우주 잔해에 의한 약간의 물리적 충격은 복구할 수 없을 정도의 위성체의 기능마비를 가져올 수 있다.[51] 또한 궤도를 일정하게 순회하는 위성체는 유사시 손쉬운 군사적 표적이 될 수 있다. 지상에 군사적 위협을 가한다면, 표적이 되는 위성뿐만 아니라 위성 파괴에 따라 발생하는 잔해로 우주공간의 위험도가 높아질 수 있는 것이다.

우주안보가 상대적 취약성을 가지는 또 다른 이유는 우주활동이 제공하는 기능이 통신방해 자기장 등의 지향성무기에 의해 마비될 수 있을 정도로

50) 위성 최저고도라 할 수 있는 100km 상공에서 위성은 7.9km/sec의 속도로 1시간 24분 간격으로 지구를 공전하고 있다. 고궤도 위성인 정지위성은 35,000km의 고도에서 3.07km/sec의 속도로 지구의 자전주기(24시간)와 같이하여 지구를 공전하고 있다.

51) 위성체에 대한 물리적 충격으로 발생한 우주잔해물은 우주궤도상에 수십 년간 머물면서 우주활동을 방해할 수 있다. Michael Krepon, Theresa Hitchens, and Michael Katz-Hyman, "Preserving Freedom of Action in Space: Realizing the Potential and Limits of U.S. Spacepower," Stimson Center Report, no.66 (2007).

매우 취약하다는 점이다. 위성체는 비행체와는 달리 무인으로 전파에 의해 작동되며, 위성체가 생산하는 영상 및 통신정보도 전파에 의해 지상으로 전달되므로 사이버공격이나 전파방해 등과 같은 보이지 않는 각종의 방해에 매우 취약할 수밖에 없다.

2) 우주안보를 위한 국제레짐의 역할과 한계

우주의 군사화가 지연되고 있는 것은 무엇보다도 국제사회의 협약을 바탕으로 한 우주안보 레짐이 작용하고 있기 때문이다. 우주와 관련된 국제협약은 1958년 미국의 아이젠하워와 소련의 흐루시초프가 각각 UN에 우주활동과 관련된 법적사안을 검토해 줄 것을 요청하면서 시작되었다. UN은 1959년에 "우주의 평화적 사용을 위한 위원회(Committee on the Peaceful Usese of Outer Space: COPUOS)"를 만들었다. 이후 COPUOS는 1967년의 "우주협약(Outer Space Treaty)"을 시작으로 5개의 협약을 만들었다. 우주협약은 98개국이 가담한 가장 보편적인 협약으로, 우주의 탐험과 사용은 모든 나라의 이익을 위해서 수행되며 특정국가에 의해 주권이 주장될 수 없고 우주에서의 군사적 수단의 사용을 금한다는 것을 주요 내용으로 한다. 1967년의 우주협약이 서명된 이후 지금까지 국제사회에서 우주에 대한 자유로운 접근과 우주자산의 평화적 사용이 보장되어야 한다는 것이 국제법상에 명시된 원칙으로 받아들여져 왔다. 우주로의 자유로운 접근은 17세기 초 그로투스(Hugo Grotus)에 의해 제시된 '공해에서의 자유(The Freedom of the Seas)'라는 개념과 유사하다. 이러한 우주의 평화적 사용을 위해 제정된 국제협약을 바탕으로 우주의 평화적이고 안전한 사용에 관하여 일종의 국제레짐(International Regime)이 형성되었다고 할 수 있다.[52] 이러한 레짐의 영향으로 군사적 수단에 의한 우주안보 수호에 대한 논의는 제한되어

---

52) 국제적 레짐 형성에 중요한 역할을 담당하는 협약은 1967년의 우주협약(OST) 외에도 1968년의 우주인 구조에 관한 협약(Astronaut Rescue Agreement), 1972년의 책임협약(Liability Convention), 1975년의 등록총회(Registration Convention), 1979년의 달협정(Moon Agreement)이 있다.

왔다.

그러나 우주가 군사적 영역에 미치는 영향을 고려할 때 우주의 군사적 활용에 대한 논의를 더 이상 제한하기는 어려워지게 되었다. 대부분의 우주강국의 경우 군용 항법시스템과 감시와 정찰활동의 대부분이 우주활동에 의존하고 있으며, 정밀유도 무기의 우주의존도도 갈수록 높아지고 있다. 우주활동이 위협되는 것은 국가의 국익창출행위가 위협받을 뿐만 아니라 군사작전에도 막대한 장애를 가져오는 것을 의미하게 된 것이다. 우주활동의 많은 부분이 군사활동과 관련이 있기 때문에 우주안보에 관한 안보레짐은 일반적인 레짐과는 달리 공고한 구속력을 유지하는 데 있어 제한성을 가지고 있다.

우주안보가 지켜지기 위해서는 우주의 평화적 사용에 대한 레짐이 안정적으로 유지되어야 한다. 그러나 이러한 국제협약과 국제법은 우주에서 또는 우주로 발사되는 재래식 무기의 사용을 금지하는 데 있어 궁극적인 구속력을 발휘하는 데는 한계가 있다. 전쟁이 오직 국제협약이나 국제법에 의해 수행되는 것이 아닌 것처럼, 경쟁국의 우주활동에 의해 자국의 사활적인 국가이익이 침해당하거나 제한되는 상황에서 국가가 군사적 도발이라는 극단적 선택을 자제하는 것은 매우 어려운 일이기 때문이다. 국가이익을 최우선시하는 일부 국가들의 권력을 동원한 현실정치가 우주에까지 확산된다면 이러한 레짐의 구속력은 더 이상 유효성을 발휘하지 못할 것이다. 이러한 상황에 대비하여 특정 국가는 자국의 강제력에 의해 우주안보를 수호하기 위한 우주력 건설을 진행하고 있다.

21세기에 들어서면서 우주안보 레짐의 역할에 대해 다소 논란을 던져줄 수 있는 사례들이 등장했다. 2002년에 미국과 소련 간에 맺어졌던 대 대륙간 탄도미사일협정(Anti-Ballistic Missile Treaty)이 종료됨에 따라 미국과 러시아 간에는 우주에서의 재래식 무기의 사용을 금지하기 위한 근거가 사라지게 되었다. 우주기반 재래식 무기(Space-based weapons)를 사용할 수 있게 된 것이다. 이러한 부분에 대한 추가적인 협약이 이루어져야 하나, 우주에서 군사무기를 운영할 만큼 앞선 기술을 보유한 미국은 이를 반대하고 있다. 미국은 자국과 동맹국의 우주자산을 보호한다는 명목하에 우주에서 운용할 수 있는 무기를 독자적으로 보유함으로써 우주에서의 주도권을 확보하려 하고 있다. 이를 반증(反證)하는 예로, 우주에서의 군비경쟁을 막기 위한 다각적 협약에 관한 협상을 요구하기 위해 UN에서 1981년에 채택된 결의안에 대해 미국은 2005년에 반대의사를 밝힌 바 있다.

우주활동을 보호할 자체적인 능력을 전혀 가지고 있지 않은 많은 나라들은 우주안보에 관련하여 국제적 협력에 호소하고 있다. 반면에 2006년에 미국이 채택한 우주정책은 국제협력뿐만 아니라 국가안보를 모두 강조하는 내용을 담고 있다. 이것은 미국이 추가적인 제도나 레짐에 의해 우주의 자유로운 접근과 활동이 궁극적으로 제한받기를 원하지 않는다는 것을 암시한다.[53] 이러한 맥락에서 미국은 필요시에는 적성국이 우주에 접근하는 것을 막기 위한 제(制)우주작전(Counter space operations)을 군의 우주교리에 명시하고 있다. 미국뿐만 아니라 러시아, 중국과 일부 유럽 국가들도 자국의 군사교리에 국가안보를 지원하기 위한 우주체계의 사용을 강조하는 내용을 언급하고 있다. 중국은 국방백서에서 정보화(위성에 근거한)를 인민군의 중요한 근대화 전략의 하나로 꼽고 있다. 일본은 비공격적이며 방어적인 목적으로나마 우주에서의 활동을 허용하려는 움직임을 보이고 있고, 인도는 통합된 우주사령부의 창설을 고려하고 있다.[54] 우리나라도 군사작전의 한 형태로 우주작전을 공군의 한 교리로서 언급하여, 2006년 10월에 "우주작전"을 군사기준교리로 발간하였다.

3) 우주안보에 대한 군사적 관점

우주에서는 정치적으로 주권이 미치지 않을 뿐만 아니라 자그마한 군사적 위협에도 매우 취약하기 때문에 우주안보에 관하여 다양한 주장들이 있어 왔다. 이론적으로 보면 군사적 사용으로부터 우주를 자유롭게 해서 우

---

53) 이러한 입장은 2006년 10월에 공개된 US National Space Policy에 잘 나타나 있다.

54) Space Security 2007, p.11.

주안보를 지킬 수 있다는 일종의 '우주성역화' 주장과 정치력과 군사력을 사용한 강력한 우주통제력을 가지고 우주위협을 억제해야 한다는 '우주패권화' 주장으로 대변되는 극단적 관점이 존재한다.[55)]

우주의 평화적 사용을 최우선시하며 우주에서의 어떠한 군사적 조치도 거부하는 우주성역화 주장의 핵심내용은 우주의 평화적 활용에 대한 국제협약에 근거를 두고 국제사회에서 이것을 지켜가야 한다는 것이다. 이에 따르면, 우주에서의 군사적 무기사용은 상대국의 우주활동을 억제하는 것에 그치는 것이 아니라 궁극적으로는 국제사회의 우주활동을 제한하고 결국 자국의 우주활동도 제한하는 상황을 초래하게 된다는 것이다. 반면에 우주패권화에 대한 주장은 인류의 발전사에 비추어 군사력에 의해 지켜지지 않는다면 우주도 궁극적으로는 위협을 받을 수밖에 없다는 현실주의적 가정에 근거를 두고 있다. 우주에서의 위협을 억제하고 유사시 적성국의 군사적 위협에 대처할 수 있는 현실적 수단으로 군사력은 필요하며, 극단적으로는 우주를 활용한 군사적인 공세도 가능하다는 이러한 주장은 아직까지는 이론상으로만 존재한다.

이러한 양 극단의 주장은 모두 현실성이 떨어진다. 우주를 개척하고 있는 많은 국가들이 우주를 정찰, 통신, 감시, 정보 등 제한된 수준이긴 하지만, 군사적 목적으로 사용하고 있어 우주가 완벽한 군사적 성역으로 존재할 것이라고 가정하는 것은 비현실적이다. 한편, 일부 국가가 우주방어를 위한 군사적 수단과 우주의 위성체를 공격할 수 있는 공세적 무기를 개발하고 있으나 우주를 모든 위협으로부터 보호하고 우주에서의 질서를 주변국에 강요할 수 있는 패권적 위치에 도달할 수 있다는 가정도 현실적이지 않다.[56)]

---

55) 일부는 우주성역학파, 우주생존학파, 우주통제학파, 우주고지학파의 4가지로 분류한다. Bruce M. DeBlois (ed.), *Beyond the Paths of Heaven: The Emergence of Space Power Thought* (University Press of the Pacific, 1999) 참조.

56) 미국은 위성공격 무기(ASAT)체계를 개발하였고, 우주에서 지상을 공격할 수 있는 무기를 개발하고 있으나 이러한 무기로 우주를 모든 위협으로부터 보호한다는 것이

이러한 양 극단 대신 그 중간 어디에선가 우주안보를 위한 군사적 관점을 도출할 수 있다. 우리나라를 비롯한 중소국가들이 취할 수 있는 것은 국제사회의 우주안보레짐에 동참하는 동시에 국제협약과 국제법이 허용하는 범위 내에서 우주활동을 통해 군사적인 효용성을 높여가는 것이 최선일 것이다. 만약 우주강국들 중에 일부가 우주통제나 우주패권을 추구하게 된다면 우주의 위협은 더욱 가중될 것이며, 이러한 경우에는 우주안보를 포괄적인 안보사안으로 다루거나 이해관계국들 간 연합으로 집단안보를 구상하는 방안도 있을 수 있다.

4) 우주안보를 위한 군사적 준비

'장차 일부 국가가 국제협약이나 국제법을 무시하고 우주에서 군사적 도발을 할 수 있을까?' 하는 질문은 '미래에 문명국가들 간에 전쟁이 가능할 것인가?'란 질문과 유사하다. 우주를 위협하는 무기는 과학기술의 발전과 함께 빠르게 발전하고 있다. 무기는 위성체에 대한 직접적인 요격뿐만 아니라 기만, 통신교란, 전자파와 자기장 등을 이용한 지향성무기로 위성의 기능에 장애를 가져오는 방향으로 발전하고 있다. 이렇게 발전하고 있는 우주무기들이 앞으로 사용되지 않으리라는 기대는 지나치게 낙관적인 것이다. 혹시 있을지 모르는 우주에서의 군사적 충돌에 대해 전혀 준비되어 있지 않은 경우에 문제는 심각해질 수 있다. 2007년 중국의 대위성 요격 미사일 발사는 저고도 위성을 요격할 수 있는 중국의 기술적 능력을 보여주었을 뿐만 아니라 앞으로 어떠한 위성체든 요격할 수 있는 미사일이 개발될 수 있음을 경고하는 것이었다.

위성체 파괴를 목적으로 한 요격은 지상, 공중, 우주의 3가지 영역에서 진행될 수 있다. 지상에서 발사되는 위성공격(Ground-based ASAT)체계는 가장 초보적인 수준으로, 주로 재래식 또는 핵미사일을 발사하거나 지향성 에너지 무기를 사용하는 것이다. 미사일에 의한 공격은 기술수준이 가장

불가능하다는 주장에 동의하고 있다.

낮은 단계로서 기술수준이 높은 국가의 경우에는 비교적 큰 어려움이 없이 이를 수행할 수 있으며, 이와 관련된 기술은 저개발국가들로 점차 확산되고 있는 추세이다. 공중에서 사용하는 위성공격(Airborne ASAT)체계는 이보다 발전한 것으로 대형항공기 또는 전투기를 이용한 위성요격체계이다. 미국에서는 F-15E 전투기에 의한 ASAT능력과 MD용으로 보잉 747-400F를 개조하여 만든 Airborne Laser를 개발하였다.[57] 가장 앞선 형태인 우주기반 위성요격은 우주궤도에 운항 중인 위성에서 공격용 지향성무기(레이저 또는 고출력 마이크로파)를 이용하여 다른 위성을 공격하는 개념이다. 아직 어느 나라도 이러한 능력을 보유하고 있지는 않지만, 미국은 계속해서 이를 개발 중에 있으며 과학기술의 발전과 더불어 현실화될 가능성이 높다.[58] 이러한 능력들은 우주에 대한 위협으로 작용할 수 있고 또한 위협에 대한 거부수단으로도 사용될 수 있다.

국제정치외교활동에 있어 군사력이 최후의 수단인 것처럼, 우주활동을 보호하기 위한 노력에도 군사력의 동원은 최후의 수단이 될 것이다. 우주안보를 위해 국가는 먼저 국제협약 준수와 국제협력을 우선시해야 하며, 다음으로는 정치외교, 경제력을 동원할 것이고, 모든 평화적 수단이 불가능할 경우 군사적 수단에 의존하는 방법을 선택하게 될 것이다. 우주안보를 위한 최후의 보루로서 우주위협에 대한 거부억제력(Deterrence by Denial)을 확보하기 위한 군사력은 선진우주강국이 준비할 수 있는 최상의 군사력이 될 것이다.

우주안보를 위한 군사력 건설에 가장 앞선 미 공군은 군사적 수단에 의한 우주작전 개념을 정립해 놓았는데, 이러한 작전은 방어적 제(制)우주

---

57) 2010년 2월 11일 미국 미사일 방어국은 지상 1,000km의 우주영역을 비행하고 있는 대륙간탄도미사일에 대하여 레이저요격 실험을 성공하여 ASAT 가능성을 열었다.

58) 2007년 5월 부시 대통령은 우주에 상주하는 미사일방어체계 개발을 지원하기 위해 1천만 달러의 예산지원을 국회에 요청한 바 있다. Space Test Bed라고 알려진 이 프로그램은 우주에 대륙간 탄도탄을 요격하는 방어무기를 개발하는 것을 목적으로 하는데 유사시 자국의 안보를 위협하는 미사일이나 적성국 위성체를 요격하는 용도로도 사용될 수 있다.

(Defensive Counter-Space), 공세적 제우주(Offensive Counter-Space), 우주상황지각(Space Situation Awareness) 작전으로 구분되고 있다.[59] 방어적 제우주작전이란 자국의 우주활동에 대한 군사적 위협을 억제하거나 방어하며, 만약 피해를 입을 경우에는 이를 최대한 신속히 복구하는 작전이다. 공세적 제우주작전이란 적 우주시설의 활동을 저지하기 위한 공세적인 군사작전으로서, 적의 우주능력을 무력화 또는 저해하기 위한 공세적 작전을 말한다. 우주상황지각은 주권영역으로 보호되고 있는 지·해·공중 영역과는 달리 감시와 상황지각이 어려운 우주상황을 정확하게 인식하기 위한 우주감시네트워크를 포함하는 모든 작전을 말한다. 우주감시네트워크는 우주뿐만 아니라 지상에 기반을 둔 레이더, 광센서, 우주통제센터 등을 포함한다.

우주에서의 군사작전의 목표가 우주우세의 확보라면, 공중우세와 우주우세의 관계를 생각해 볼 수 있다. 공중과 우주가 분리되어 있기 때문에 공중우세와 우주우세가 반드시 동시에 확보할 수 있는 것은 아니다. 그러나 공중공간을 활용한 대(對)위성무기(ASAT)가 발전함에 따라 공중우세 확보는 우주우세 확보를 위해 매우 유리한 환경을 제공하게 될 것이다. 한편, 상대적인 우주우세는 공중우세를 보장할 수는 없으나, 이를 최대한 지원할 수는 있다. 공중우세와 우주우세의 상호 의존관계의 정도는 공중과 우주를 타격거리 이내로 가깝게 연결할 수 있는 과학기술의 발전과 함께 심화될 것이다.

4. 우주력 건설의 과제

1) 우주력 건설에 대한 정치적 의지

우주력은 국가적 차원에서뿐만 아니라 안보와 군사적인 측면에서도 확보가 필요한 주요한 국력자산이다. 국가정책과 중요성에 비추어 본다면 미래에 국력의 핵심 자산으로 정치외교력, 경제력, 군사력 및 정보력에 우주

59) 미공군 ROADMAP 2025.

력을 추가하는 것이 필요하다. 그러나 새로운 개념으로 등장하는 우주력에 대한 인식은 정책결정자뿐만 아니라 일반 국민들에게도 그다지 높지 않다. 국가의 우주력 건설에는 여러 가지 어려움이 있으나, 그중 가장 대표적인 것이 우주력의 중요성에 대한 인식을 확산시키고 우주력 건설에 대한 정책결정자들의 의지를 결집하는 일이다. 미래 우주안보에 대한 비전과 우주안보 수호를 위한 정치적 의지가 없다면 국가차원의 우주력 확보와 우주안보를 위한 군사력 건설은 실현되기 어렵다.

2) 예산과 우주인력 확보

우주력 건설에는 예산지원과 인력 확보가 필수적이다. 우주예산을 국방예산과 별도로 편성하지 않는 한, 국방예산하에서 각 군의 필요에 따라 우주전력 확보를 위한 예산을 기획하는 방식이 될 수밖에 없다. 미국이 이러한 방식에 따라 공군의 예산으로 우주력을 건설해 왔는데, 최근 이에 대한 비판의 목소리가 높아지고 있다. 우주의 활용성과 중요성에 비추어 특정군의 예산을 사용하게 됨으로써 공군의 예산이 지나치게 증가했고, 예산관련 각 군 간의 고질적인 마찰이 우주전력 확보에도 부정적인 영향을 미쳐왔던 것이다.[60] 이에 대한 대안으로 우주예산을 공군의 예산이 아닌 국방부예산으로 분류하고 우주전력관리도 합동군사령부처럼 3군이 순환하면서 담당하자는 주장이 제기되고 있다.

앞서 정책결정과정에 대한 설명에서도 언급했듯이 예산의 획득에는 정치적 의지가 필요하다. 특히 이미 예산에 반영되어있는 사업이 아니라 우주력 건설을 위해 새로운 예산이 필요하다면, 전문가와 정책관료, 그리고 언론과 여론의 긍정적인 지원과 함께 우주력 건설의 필요성을 인식한 정치적 연합이 형성되어야 한다.

우주력 건설에는 예산 못지않게 우주관련 다양한 부분에서 활동할 인력확보가 필요하다. 우주인력 확보는 장시간의 전문적인 교육과 경험을 필요

---

60) Benjamin S. Lambeth, *Mastering the Ultimate High Ground* (RAND, 2003).

로 하는데, 한국 공군은 이러한 부분에서 앞서가고 있다고 할 수 있다. 우주력의 중요성을 선각한 한국 공군은 우주를 향한 비전을 선점하고 우주인력을 양성하고 있으며, 2008년 9월부터는 우주정책, 전력기획 및 우주작전 수행업무와 관련된 주요직위를 우주직위로 지정하여 전문인력을 양성하고 있다.

3) 우주력 확보를 위한 각 군의 주도권 경쟁

미 공군에서 우주사령부를 창설하고 공군에서 우주를 담당하게 된 것은 우주가 하늘과 이어져 있다는 개념에서 사용되는 항공우주(Aerospace)의 개념이 확산되는 시기와 때를 같이한다. 그러나 우주는 하늘과 분명히 구분되는 물리적 법칙을 가질 뿐만 아니라 주권이 미치지 않는 국제법적 특성을 가지고 있고 이러한 특징 중 일부는 육군 또는 해군의 운용개념과 가깝다는 데서 공군의 우주선점과 주도에 새로운 도전이 제시되고 있다.[61)]

우주자산의 통제와 미래에 있을 수 있는 우주에서의 군사적 역할에 대하여 3군 간의 개념선점을 위한 주도권 경쟁은 치열하다. 공군은 우주가 하늘과 연결되어 있고 3차원 공간을 이해하는 공군만이 우주를 충분히 활용하며 또한 유사시 모든 위협으로부터 우주자산을 보호할 수 있는 능력을 갖출 수 있다고 주장한다. 해군은 우주는 공해와 같이 주권이 미치지 않는 공간으로 위성체는 공해를 항행하는 자국선박과 같은 개념으로 다룰 수 있고 이를 보호하기 위한 우주선(Spaceship)은 해군의 전력운용 개념으로도 접근할 수 있다고 주장한다. 육군도 우주는 지휘체계와 정보통신의 핵심적인 기능을 제공하는 가장 유리한 고지로서, 우세한 전력으로 선점하고 항상 고수해야하는 가장 높은 고지로 다루어야 한다고 주장한다.

---

61) 우주가 하늘과 구분된다면 어느 고도에서부터 우주라 할 수 있는가 하는 문제에 대해서는 국제적으로 확정된 협약은 없다. 그러나 산소와 질소 등 공기의 존재가 희박해지는 고도인 지표면에서 100km 이상을 우주로 간주하는 우주의 평화적 사용을 위한 국제위원회(COPUOS)의 결정을 존중하여 우리나라 과기부에서도 이 고도 이상을 우주로 간주하고 있다.

이러한 논의는 미국에서 국방획득과 지휘통솔 및 인사문제와 함께 역사적으로 해결되기 어려운 3군 간 경쟁의 주요한 테마로 부상하고 있다. 미국의 경우 우주에 관한 한 대륙간탄도탄 운용을 위해 공군의 우주방공사령부가 통제하여 왔으나, 최근에는 예산획득문제 우주의 포괄적인 활용과 우주자산 관리문제 등으로 인해 공군에 의한 관리에 비판적인 시각이 부각되고 있다.[62]

이러한 논란에도 불구하고 우주에서의 군사적 역할을 주도하는 군은 우주로의 충분한 접근성과, 활용성, 전문적 운용가능성을 가지고 있어야 할 것이다. 우주군 건설을 주도할 군은 유사시 우주와 관련된 군사작전을 위해 가장 빠른 시간에 우주에 접근할 수 있어야 할 것이며, 우주자산을 가장 효과적으로 활용하고, 우주에 대한 충분한 이해를 바탕으로 효과적으로 운용할 수 있는 충분한 전문성을 갖추고 있어야 할 것이다.

62) Benjamin S. Lambeth(2003).

참고문헌

강병철. "중간세력 국가의 안보환경과 전력구조: 이스라엘·대만·한국의 사례 비교 연구." 연세대학교 박사학위 논문. 2001.

공군본부. 『공군비전 2030』. 2009.

_______. 『공군비전 2050』. 2021.

국방부. 『국방개혁－03년 실적 및 04년 추진계획』. 2004.

김인상. "21세기 한국군 구조와 항공력의 역할." 「제2회 항공전략 국제학술 세미나 발표 논문집」. 대전: 공군대학, 1996.

김홍래. 『정보화 시대의 항공력』. 나남, 1996.

이성만. 『국가안보의 이론과 실제』. 도서출판 오름, 2015.

Baumgartner, Frank, & Bryan D. Jones. "Agenda Dynamics and Policy Subsystems." *Journal of Politics,* 53, 1991.

Bingham, Price T. "Seeking Synergy: Joint Effects-Based Operations." *Joint Force Quarterly.* Spring 2002.

Canon, James W. "Shaping The New Air Force." *Aero Space.* 2003.

Cohen, Eliot, "Technology and Warfare," In J. Baylis (eds.). *Strategy in the Contemporary World.* Oxford: Oxford University Press, 2013.

Davis, Otto, M.A.H. Dempster, and Aaron Wildavsky. "A Theory of the Budgetary Process." *APSR.* September 1996.

Davis, Paul K. (ed.). *New Challenges for Defense Planning: Rethinking How Much is Enough.* Santa Monica: RAND, 1994.

DeBlois, Bruce M. (ed.). *Beyond the Paths of Heaven, The Emergence of Space Power Thought.* University Press of the Pacific, 1999.

Department of Defense. *Quadrennial Defense Review Report,* September 30, 2001.

Deptula, David. *Effects-Based Operations: Change in the Nature of Warfare.* Aerospace Education Foundation, 2001.

Dixit, Avinash, & Nalebuff, Barry. *Thinking Strategically: The Competitive Edge in Business, Politics, and Everyday Life.* New York: W.W. Norton & Company, 1991.

Garstka, John J. "Network-Centric Warfare Offers Warfighting Advantage." *Signal.* May 2003.

Keaney, T., & E. Cohen. *Gulf War Air Power Survey: A Summary.* Washington, 1993.

Krepon, Michael, Theresa Hitchens, Michael Katz-Hyman. *Preserving Freedom of Action in Space: Realizing the Potential and Limits of U.S. Spacepower.* Stimson Center Report, no.66. 2007.

Lambeth, Benjamin S. *Mastering the Ultimate High Ground.* RAND, 2003.

Lindblom, Charles E. The Science of "Muddling Through." *Public Administration Review,* 19, 1959.

Meilinger, Phillip. "Ten Propositions Regarding Airpower." *Air Power Journal.* Spring 1996.

Mitchell, Willam. *Winged Defense: The Development and Possibilities of Modern Air Power, Economic and Military.* New York: G. P Putnam and Sons, 1925; Toronto: General Publishing co. 1988.

Moltz, Clay. "Evolving U.S. Perspectives on Space Security." *Workshop on The State of Space Security.* Jan. 24, 2008.

Mueller, Karl. "Strategy After Unification: Seven Questions About the Future of Air Power and Korean Security." 4th Annual International Air power Strategy Symposium, 1998.

Murray, Williamson. *Strategy for Defeat: The Luftwaffe 1939~1945.* Maxwell AFB, AL: Air Univ. Press, 1983.

Nye, Joseph S., & William A. Owens. "America's Information Edge." *Foreign Affairs,* 75, 2. 1996.

Owen, Robert C. "Air Power Theory and Structuring the Republic of Korea Air Force for the Next Fifty Years." 제2회 항공전략국제학술세미나, 공군대학, 1996.

Owens, William A. "The Emerging System of Systems." *US Naval Institute Proceeding,* vol.121, no.5. 1995.

Sabatier, Paul A., ed. *Theories of the Policy Process.* Westview Press, 1999.

Seversky, Alexander P. *Victory Through Air Power.* New York: Simon and Schuster, 1942.

Shultz, Jr. Richard H., Robert L. Pfaltzgraff, Jr. *The Future of Air Power in the Aftermath of the Gulf War.* Alabama: Air Univ. Press, 1992.

찾아보기

| ㄱ |

| ㄴ |

| ㄷ |

| ㄹ |

| ㅁ |

| ㅂ |

| ㅈ |

| ㅊ |

| ㅋ |

| ㅌ |

| ㅍ |

| ㅎ |

저자 소개

▸▸ **이성만**

현 | 공군사관학교 초빙교수

공군사관학교 졸업(1981)

서울대학교 정치학과 및 동대학원 졸업(1990)

프랑스 파리 제1대학 정치학과 졸업(박사, 1996)

공군사관학교 교수부 군사학처장

공군사관학교 교수부장 및 부교장

▸▸ **강창부**

현 | 공군사관학교 박물관장 겸 군사전략학과 교수

공군사관학교 졸업(1993)

서울대학교 서양사학과 졸업(문학사, 문학석사)

영국 버밍엄대 졸업(역사학 박사)

공군사관학교 군사학과 학과장